Blaukreuz
hänssler

OSWALD CHAMBERS

# Mein Äußerstes für sein Höchstes

Die Deutsche Bibliothek — CIP-Einheitsaufnahme

**Chambers, Oswald:**
Mein Äusserstes für sein Höchstes : tägliche Betrachtungen / von Oswald Chambers. [Übers. aus dem Engl.: Marlies Stubenitzky]. — [Neue Übers.]. — Wuppertal : Blaukreuz-Verl. ; Neuhausen : Hänssler-Verl., 1998
ISBN 3-89175-144-3 (Blaukreuz)
ISBN 3-7751-2113-7 (Hänssler)

Alle Rechte vorbehalten
Originaltitel: MY UTMOST FOR HIS HIGHEST
An Updated Edition In Today's Language
Copyright © 1992 by The Oswald Chambers Publications Assn., Ltd.
Original edition copyright © 1935 by Dodd, Mead & Co.
Copyright Renewed © 1963 by The Oswald Chambers Publications Assn., Ltd.
Published by special arrangement with Discovery House Publishers, Box 3566, Grand Rapids, Michigan 49501 USA

Bestell-Nr. 392.113 (Hänssler-Verlag)
Bestell-Nr. 1427 (Blaukreuz-Verlag)

© Copyright der deutschsprachigen Ausgabe 1998 by Blaukreuz-Verlag Wuppertal
Übersetzung: Marlies Stubenitzky
Umschlaggestaltung: Stefanie Bunner
Satz: AbSatz
Druck und Bindung: Ebner Ulm
Printed in Germany

# Vorwort

Kein Buch außer der Bibel hat mein Leben stärker geprägt als *Mein Äußerstes für sein Höchstes*. Noch vor unserer Eheschließung machte meine Frau mich damit bekannt und vom ersten Lesen an wurde es zum festen Bestandteil meines Tagesprogramms.

Durch dieses Buch hat Gott mir eine unschätzbare Erkenntnis gegeben, die lebenswichtig ist für jeden, der Christus wirklich nachfolgen will: Das Wesentliche für das Leben eines Christen ist seine persönliche Beziehung zu Christus. Nur wenige Menschen haben so viel Verständnis für Christus als Person wie Oswald Chambers und noch weniger können überzeugend darlegen, wie notwendig es ist, dieses Verständnis in praktisches Tun umzusetzen. Dieses Buch will nicht in Ehren gehalten und geschont, sondern gelesen und gelebt werden.

Es ermutigt mich sehr, dass diese beeindruckenden täglichen Andachten in die Sprache unserer Zeit übertragen worden sind. Diese Neuausgabe soll dazu helfen, dass sie für uns heute leichter zu lesen und zu verstehen sind. Keine einzige Aussage ist auch nur im Geringsten verändert worden. Wir hoffen, dass das Buch dadurch heute und in Zukunft noch weiter verbreitet wird.

James Reimann hat mit größter Sorgfalt darauf geachtet, das, was Oswald Chambers mitteilen wollte, unverfälscht zu erhalten. Auf ihn kann man sich verlassen. In über zwanzig Jahren gemeinsamen Dienstes habe ich seine Freundschaft, sein sorgfältiges Studium der Bibel und seine Treue als Nachfolger Christi im Beruf und im

Privatleben schätzen gelernt. Ich bete ernstlich darum, dass dieses Buch freudig aufgenommen und an viele Menschen weitergegeben wird.

*Charles F. Stanley*

# Einleitung

*Mein Äußerstes für sein Höchstes* hat mich durch die meiste Zeit meines Christseins begleitet. Der Erste, der es mir empfahl, war Charles Stanley, der Pfarrer meiner Gemeinde, der oft geäußert hatte, wie lieb ihm dieses überzeugende Werk sei. Das Buch hat seine Wirksamkeit weit über den Tod des Autors hinaus behalten. Oswald Chambers starb 1917 im Alter von 43 Jahren; die hier niedergelegten Gedanken waren ursprünglich Teile von Vorlesungen, die er zwischen 1911 und 1915 im *Bible Training College* in Clapham, einem Stadtteil von London, hielt, und von Glaubensgesprächen in seinem Dienst beim Christlichen Verein Junger Männer zwischen 1915 und 1917. Der CVJM hatte ihm die Aufgabe übertragen, in Ägypten für die australischen und neuseeländischen Soldaten zu sorgen, die während des Ersten Weltkriegs den Suezkanal zu schützen hatten. Später stellte seine Frau diese Vorlesungen und Gesprächsbeiträge zusammen und veröffentlichte sie in Buchform; 1927 in England und 1935 in den Vereinigten Staaten. Seitdem ist es zum meistverkauften Andachtsbuch aller Zeiten geworden.

Der Gedanke, es neu herauszugeben, wurde durch die Veränderungen in der englischen Sprache im Lauf der letzten hundert Jahre geweckt. Als Inhaber einer christlichen Buchhandlung habe ich im Lauf der Jahre Tausende von Exemplaren von *Mein Äußerstes für sein Höchstes* verkauft. Aber eben wegen des Sprachwandels kamen mir immer mehr Bedenken, die Leser könnten weniger

Nutzen von dem Buch haben, als eigentlich möglich wäre. Nachdem ich eines Morgens die Andacht für den Tag gelesen hatte, bat ich Gott, irgendjemandem den Auftrag zu geben, das Buch neu zu bearbeiten. Zu meiner großen Überraschung spürte ich sofort die Aufforderung von Gott, das selbst zu tun. Noch am selben Tag fing ich an.

Was Sie jetzt vor sich haben, ist das Ergebnis von etwa 1800 Stunden Forschungs- und Editionsarbeit. Es ist keine lose Umschreibung des Originaltexts; eher könnte man es als Übersetzung betrachten. Tausende von Wörtern sind auf ihre Bedeutung hin untersucht worden, um eine genaue und dabei verständliche Wiedergabe zu erreichen. Das Buch enthält auch einen Nachweis aller zitierten Bibelstellen, damit der Leser sich mit der jeweiligen Stelle genauer befassen kann. (Zur Beachtung: Bibelzitate ohne Stellenangabe sind weiter oben in derselben Andacht schon erwähnt worden.) Es empfiehlt sich, beim Lesen die Bibel griffbereit zu haben.

Dieses Buch ist nicht die Bibel; es hat den Zweck, Sie auf die Bibel hinzuweisen. Es ist mein tief empfundener Wunsch, dass dieses Werk Ihnen die kostbare Wahrheit des Wortes Gottes erschließt durch die Einsichten in diese Wahrheit, die Oswald Chambers gewonnen hat. Es soll Ihnen helfen, über Gottes Wort nachzudenken und es praktisch anzuwenden.

*James Reimann*
*Josua 1,8*

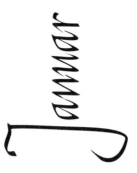

### 1. Januar

## Bei der Sache bleiben

»... wie ich sehnlich warte und hoffe, dass ich in keinem Stück zuschanden werde, sondern dass frei und offen, wie allezeit so auch jetzt, Christus verherrlicht werde an meinem Leibe, es sei durch Leben oder durch Tod« (Phil 1,20).

**Mein Äußerstes für sein Höchstes.** »... wie ich sehnlich warte und hoffe, dass ich in keinem Stück zuschanden werde ...« Wir alle werden die Schande schmerzlich zu spüren bekommen, wenn wir Jesus nicht die Lebensbereiche zur Verfügung stellen, um deren Auslieferung er uns bittet. Diese Worte des Paulus zeigen seine Haltung: »Ich bin fest entschlossen, für sein Höchstes all meine Möglichkeiten auszuschöpfen, für seine Ehre das Bestmögliche zu sein.« Ob wir diese Entschlossenheit erreichen, ist eine Willensfrage, keine Frage der persönlichen Ansicht oder der Vernunft. An diesem Punkt geht es um totale und unwiderrufliche Auslieferung des Willens. Was uns von dieser Entscheidung abhält, ist zu viel Rücksicht auf uns selbst, auch wenn wir vorgeben, es ginge uns um Rücksicht auf andere. Wenn wir ernsthaft darüber nachdenken, was es andere kosten kann, wenn wir dem Ruf Jesu gehorchen, dann sagen wir damit Gott, er wisse nicht, was unser Gehorsam für Folgen hätte. Natürlich weiß er das; bleibe also bei der Sache. Erlaube dir nicht abzuschweifen und bleibe in diesem einen Punkt ganz in Gottes Gegenwart: mein Äußerstes für sein Höchstes. Ich bin entschlossen, radikal und mit meiner ganzen Person für ihn und nur für ihn zu leben.

**Meine unbedingte Entschlossenheit für seine Heiligkeit.** »Ob es Leben oder Tod bedeutet — das ist gleichgültig!« (vgl. Phil 1, 21). Paulus war entschlossen, sich durch nichts davon abbringen zu lassen, genau das zu tun, was Gott will. Aber ehe wir aus eigenem Entschluss Gottes Willen suchen, muss eine Krise in unserem Leben eintreten. Das kommt daher, dass wir auf Gottes sanftere Anstöße nicht gern eingehen. Er führt uns zu einem Entscheidungspunkt und bittet uns, uns mit all unseren Möglichkeiten für ihn bereitzustellen, und wir fangen an zu argumentieren. Dann lässt er fürsorglich eine Krise entstehen, in der wir entscheiden müssen: ja oder nein. Dieser Augenblick kann eine Wende für unser ganzes Leben sein. Wenn du auf irgendeinem Gebiet von einer Krise betroffen bist, stelle deinen Willen ganz und unwiderruflich Jesus zur Verfügung.

## 2. Januar

# Aufbrechen ins Unbekannte?

*»... und er zog aus und wusste nicht, wo er hinkäme«* (Hebr 11,8).

Bist du schon einmal so »ausgezogen«? Wenn das so ist und du jetzt gefragt wirst, was du tun willst, kannst du keine vernünftige Antwort geben. Eine der schwierigsten Fragen bei der Arbeit für Gott ist: »Was hast du vor?« Man weiß nicht, was man tun wird. Man weiß nur, dass Gott weiß, was er tut. Achte immer auf deine Haltung Gott gegenüber, ob du auf jedem Gebiet deines Lebens bereit bist »auszuziehen« und dich ganz auf Gott zu verlassen. Dann bist du immer voller Erwartung, denn du weißt ja nie, was Gott gleich tun wird. Jeden Morgen beim Aufwachen gibt es wieder eine Möglichkeit, so »auszuziehen« und dein Vertrauen auf Gott zu setzen. »Sorgt nicht um euer Leben, ... auch nicht um euren Leib ...« (Lk 12,22). Mit anderen Worten: Lass dich nicht von dem beunruhigen, was dich beschäftigt hat, bevor du so aufgebrochen bist.

Hast du versucht, von Gott zu erfahren, was er als Nächstes vorhat? Das wird er dir nie sagen. Gott lässt uns nicht seine nächsten Pläne wissen — er zeigt uns, wer er ist. Glaubst du an einen Gott, der Wunder tut, und bist du bereit, in völliger Abhängigkeit von ihm »auszuziehen«, bis dich keine seiner Taten mehr im Geringsten überrascht?

So wie Gott dir begegnet, wenn du ihm am allernächsten bist, so ist er immer. Nimm das als Tatsache. Und dann denke, wie unnötig und respektlos es ist, sich Sorgen zu machen! Mache die ständige Bereitschaft, in Abhängigkeit von Gott aufzubrechen, zu deiner Grundhaltung, dann wird dein Leben eine unerklärliche, gottgewirkte Anziehungskraft gewinnen, an der Jesus viel Freude hat. Du musst dieses Aufbrechen mit Hilfe deiner Überzeugungen, deines Glaubens oder von Erfahrungen lernen, bis du in deinem Glauben so weit kommst, dass nichts mehr zwischen dir und Gott steht.

## 3. Januar

## »Wolken und Dunkel«

*»Wolken und Dunkel sind um ihn her ...«* (Ps 97,2).

Wer nicht durch den Heiligen Geist neu geworden ist, findet die Lehren Jesu oft simpel. Aber wenn er dann den Heiligen Geist bekommen hat, sieht er, dass »Wolken und Dunkel ... um ihn her ...« sind. Das erkennen wir erst, wenn uns die Lehren Jesu wirklich intensiv beschäftigen. Wir können nur ganz verstehen, was Jesus gesagt hat, wenn der Heilige Geist, der in uns ist, sein Licht hineinbringt. Wenn wir noch nie alle übertriebene Lässigkeit hinter uns lassen mussten, mit der wir Gott begegnen, wenn wir noch nie die Notwendigkeit gespürt haben, Gott unsere Ehrfurcht auszudrücken — dann ist es fraglich, ob wir wirklich schon einmal vor ihm gestanden haben. Wer nachlässig und respektlos in die Nähe Gottes zu kommen sucht, gehört zu den Menschen, die Jesus Christus nie kennen gelernt haben. Erst wenn wir die unglaublich beglückende und befreiende Erkenntnis gewonnen haben, was Jesus Christus *tut*, wird uns das undurchdringliche »Dunkel« bewusst in der Frage, wer er *ist*.

Jesus sagt: »Die Worte, die ich zu euch geredet habe, die sind Geist und sind Leben« (Joh 6,63). Vorher erscheint uns die Bibel einfach nur als eine Ansammlung von Worten — »Wolken und Dunkel« — und dann plötzlich bekommen sie Leben und Sinn, weil Jesus sie uns noch einmal sagt, wenn unsere Situation ihnen neue Bedeutung gibt. So spricht Gott zu uns: nicht durch Träume und Visionen, sondern durch Worte. Wenn ein Mensch zu Gott kommt, dann auf dem einfachsten denkbaren Weg: durch Worte.

## 4. Januar

# »Warum kann ich dir diesmal nicht folgen?«

*»Petrus spricht zu ihm: Herr, warum kann ich dir diesmal nicht folgen?«* (Joh 13,37)

Es gibt Zeiten, in denen man nicht versteht, warum man nicht das tun kann, was man möchte. Wenn Gott eine Wartezeit einlegt und es aussieht, als ob er nicht antwortet, dann fülle die Zeit nicht mit Betriebsamkeit aus, sondern warte. Es kann sein, dass du in dieser Zeit lernst, was Heiligung bedeutet — dass dir alle Sünde ganz abgenommen und Gottes Wesen gegeben wird — oder sie kann kommen, wenn du durch die Heiligung anfängst zu lernen, was Dienst bedeutet. Starte nicht, bevor Gott dir die Richtung angegeben hat. Wenn du auch nur den geringsten Zweifel hast, ist es nicht Gottes Leitung, was du wahrnimmst. Wenn Zweifel aufkommen, muss man auf jeden Fall warten.

Zuerst siehst du vielleicht genau, was Gott will: Du spürst deutlich, dass du eine Freundschaft aufgeben, eine Geschäftsbeziehung abbrechen oder sonst etwas Bestimmtes tun sollst — Gott will das. Aber handle nie nur auf dieses Gefühl hin. Damit würdest du Schwierigkeiten heraufbeschwören, die zu lösen Jahre dauern kann. Warte auf den Zeitpunkt, den Gott bestimmt, dann wird er es ohne Verletzung und Enttäuschung erreichen. Wenn es um Gottes Plan mit dir geht, dann warte, bis er anfängt zu handeln.

Petrus hat nicht auf Gott gewartet. Er hatte eine Vorstellung davon, wo die Falle liegen würde, aber sie lag da, wo er nicht damit rechnete. »Ich will mein Leben für dich lassen.« Das meinte er ehrlich, aber er wusste nicht, was bevorstand. »Jesus antwortete ihm: ... Der Hahn wird nicht krähen, bis du mich dreimal verleugnet hast« (38). Jesus sagte das, weil er Petrus besser kannte als Petrus sich selbst. Er konnte Jesus nicht folgen, weil er sich selbst und seine Fähigkeiten nicht gut genug kannte. Natürliche Anhänglichkeit kann dazu ausreichen, dass wir Jesus folgen, dass wir unwiderstehlich von ihm fasziniert sind, aber sie kann uns nicht zu Jüngern machen. Unsere natürlichen Gefühle für ihn werden Jesus verleugnen; sie schaffen es einfach nicht, ihm wirklich zu folgen.

## 5. Januar

# Die Kraft zur Nachfolge

*»Jesus antwortete ihm: Wo ich hingehe, kannst du mir diesmal nicht folgen; aber du wirst mir später folgen«* (Joh 13,36).

»Und als er das gesagt hatte, spricht er zu ihm: Folge mir nach!« (Joh 21,19). Drei Jahre früher hatte Jesus gesagt: »Folgt mir nach« (Mt 4,19) und Petrus war ihm ohne

Zögern gefolgt. Er spürte die unwiderstehliche Anziehungskraft Jesu und brauchte nicht die Hilfe des Heiligen Geistes. Später kam es dazu, dass er Jesus verleugnete, und das brach ihm das Herz. Dann gab Jesus ihm den Heiligen Geist und sagte wieder: »Folge mir nach!« (Joh 21,19). Jetzt hat Petrus niemanden vor sich, nur Jesus selbst. Das erste »Folgt mir nach« hatte nichts Geheimnisvolles; die Jünger gingen einfach hinter ihm her. Jetzt bittet Jesus Petrus, ein persönliches Opfer zu bringen, eigene Wünsche zurückzustellen (s. 21,18).

Zwischen diesen beiden Gesprächen bestritt Petrus mit Schwören und Fluchen, Jesus zu kennen (s. Mt 26, 69-75). Aber dann war er am Ende seines Selbstvertrauens. Auf nichts, was er hatte, würde er sich je wieder verlassen können. Erst in dieser völligen Hilflosigkeit war er bereit, all das anzunehmen, was der Auferstandene für ihn hatte. »Und als er das gesagt hatte, blies er sie an und spricht zu ihnen: Nehmt hin den heiligen Geist!« (Joh. 20,22). Auch wenn Gott dich sehr verändert hat, verlass dich nicht darauf. Verlass dich nur auf eine Person, Jesus Christus, und auf den Geist, den er gibt.

All unsere Versprechen und Vorsätze führen zum Versagen; wir haben nicht die Kraft, sie durchzuführen. Wenn wir nicht nur geistig und seelisch am Ende sind, sondern überhaupt nicht mehr können, dann können wir »den Heiligen Geist hinnehmen«. Dem »Hinnehmen« liegt die Vorstellung des Eroberns, der Machtübernahme zu Grunde. Es gibt jetzt nur noch einen, der bestimmt, wohin dein Leben führt: Jesus Christus, den Herrscher.

## 6. Januar

# Anbetung

*»Danach brach er von dort auf ins Gebirge östlich der Stadt Bethel und schlug sein Zelt auf, so dass er Bethel im Westen und Ai im Osten hatte, und baute dort dem Herrn einen Altar und rief den Namen des Herrn an«* (1. Mose 12,8).

Anbetung heißt Gott das Beste geben, das er uns gegeben hat. Geh sorgfältig um mit dem Besten, das du hast. Immer wenn du etwas Gutes von Gott bekommst, stelle es ihm als Zeichen deiner Liebe wieder zur Verfügung. Nimm dir Zeit, dich auf Gott zu konzentrieren, und gib ihm das Verfügungsrecht über sein Geschenk; das soll ein bewusster Akt der Anbetung sein. Wenn du es für dich aufbewahrst, wird es zu geistlichem Müll werden wie das Manna, als man es aufheben wollte (s. 2. Mose 16,20). Gott will nie, dass man ein Geschenk, das er gibt, ganz für sich allein behält. Es muss ihm zur Verfügung gestellt werden, dann kann er es nutzbringend für andere einsetzen.

Bethel ist ein Symbol für Gemeinschaft mit Gott; Ai symbolisiert die Welt. Zwischen beiden »schlug Abram sein Zelt auf«. Wie viel bleibenden Wert die Arbeit hat, die wir öffentlich für Gott tun, entscheidet sich daran, wie eng unsere Einheit mit ihm in den Zeiten der persönlichen Begegnung und Gemeinschaft mit Gott ist. Anbetung zwischen Tür und Angel ist immer falsch – es ist immer reichlich Zeit da, Gott anzubeten. »Tage der Stille« können zum Selbstbetrug verleiten und uns von der Notwendigkeit ablenken, Gott täglich in der Stille zu begegnen. Darum müssen wir »unser Zelt aufschlagen« an einem Ort, wo wir ihn immer in Ruhe aufsuchen können, egal wie hektisch unsere Alltagsarbeit ist. Es gibt nicht drei verschiedene Ebenen des geistlichen Lebens: Anbetung, Warten und Arbeit. Trotzdem scheint es, als ob manche von uns wie Frösche von der Anbetung zum Warten und vom Warten in die Arbeit springen. Gott hat es so gedacht, dass alle drei zusammen eine Einheit bilden. Im Leben Jesu waren sie immer zusammen und störten sich nicht. Das passiert nicht plötzlich ohne eigenes Zutun; man muss es allmählich lernen.

## 7. Januar

# Eng mit Jesus verbunden

*»Jesus spricht zu ihm: So lange bin ich bei euch, und du kennst mich nicht, Philippus?«* (Joh 14,9)

Diese Worte sollen keinen Tadel ausdrücken, nicht einmal Überraschung; Jesus will Philippus ermutigen, ihm näher zu kommen. Aber oft ist Jesus die letzte Person, zu der wir in enge Beziehung treten. Schon vor Pfingsten lernten die Jünger Jesus als den kennen, der ihnen die Macht gab, Dämonen in ihre Schranken zu weisen und

Menschen mit Jesus in Verbindung zu bringen (s. Lk 10, 18-20). Das war eine schöne Gemeinsamkeit, aber es sollte eine viel engere Beziehung folgen: »Euch aber habe ich gesagt, dass ihr Freunde seid ...« (Joh 15,15). Echte Freundschaft gibt es nicht oft auf der Welt. Sie bedeutet, dass man sich mit jemandem gedanklich, emotional und geistlich identifiziert. Alles, was wir erleben, ist dazu gedacht, dass wir fähig werden, in diese engste Beziehung mit Jesus Christus zu treten. Wir bekommen viel Gutes von ihm und wir wissen, was er uns in der Bibel sagt, aber kennen wir ihn wirklich?

Jesus sagt: »Es ist gut für euch, dass ich weggehe« (Joh 16,7). Er löste die erste Beziehung, um eine noch engere aufzubauen. Es macht Jesus Freude, wenn ein Christ sich Zeit nimmt, um sich enger an ihn anzuschließen. Dass wir Frucht tragen, wird in der Bibel immer als das sichtbare Ergebnis einer engen persönlichen Gemeinschaft mit Jesus Christus dargestellt (s. Joh 15,1-4).

Sobald wir Jesus so kennen lernen, sind wir nie mehr einsam; wir finden immer Verständnis und Mitgefühl. Wir können ihm jederzeit alles mitteilen, was uns beschäftigt, ohne dass uns jemand für allzu emotional oder wehleidig hält. Ein Christ, der mit Jesus wirklich eng verbunden ist, wird nie Aufmerksamkeit auf sich ziehen; im Gegenteil wird man an ihm erkennen, dass Jesus sein Leben bestimmt. Das ist die natürliche Folge, wenn man zulässt, dass Jesus alle Lebensbereiche bis in die Tiefe zufrieden stellt. Solch ein Leben erscheint dann als stark, ruhig und ausgeglichen. Das gibt Jesus denen, die in enger Verbindung mit ihm leben.

## 8. Januar

# Ein lebendiges Opfer

*»... baute Abraham dort einen Altar und legte das Holz darauf und band seinen Sohn Isaak, legte ihn auf den Altar ...«* (1. Mose 22,9).

Dieses Ereignis ist ein Beispiel für den Irrtum, dass wir meinen, Gott fordere letztlich ein Todesopfer von uns. Was Gott wirklich will, ist ein Opfer durch den Tod Jesu, das uns fähig macht zu tun, was Jesus getan hat, nämlich unser Leben zu verschenken. Nicht: »Herr, ich bin bereit, mit dir ... in den Tod zu gehen« (Lk 22,33), sondern: »Ich bin bereit, mich mit deinem Tod zu identifizieren, damit ich mein Leben Gott geben kann.«

Anscheinend denken wir, Gott wollte, dass wir die Dinge aufgeben! Von diesem Irrtum hat Gott Abraham befreit und dasselbe erleben auch wir. Gott verlangt nie von uns, dass wir Dinge hergeben um des Hergebens willen, sondern wir sollen sie hergeben, um das Einzige zu bekommen, das zu haben sich lohnt, nämlich ein Leben mit ihm. Es geht darum, die Fesseln zu lösen, die uns festhalten. Diese Fesseln fallen sofort ab, wenn wir uns mit dem Tod Jesu identifizieren. Damit treten wir in eine Beziehung zu Gott und so können wir ganz für ihn da sein.

Wenn wir Gott unser Leben als Opfer in den Tod geben, ist das wertlos für ihn. Er will, dass du ein »lebendiges Opfer« bist (Röm 12,1), dass du ihm alle Kräfte zur

Verfügung stellst, die durch Jesus gerettet und von Schuld befreit worden sind. Das ist es, was Gott sich wünscht.

## 9. Januar

## Selbstprüfung im Gebet

*»... und bewahre euren Geist samt Seele und Leib unversehrt, untadelig ...«* (1. Thess 5,23).

»... unversehrt ...«: Das Größte und Geheimnisvollste, was der Heilige Geist in uns tut, geschieht in den verborgenen Winkeln unserer Seele, die wir nicht erreichen können. Lies dazu Psalm 139. Der Psalmist will sagen: »Herr, du bist der Gott des frühen Morgens, der Gott des späten Abends, der Gott der Berggipfel und der Gott des Meeres. Aber, mein Gott, meine Seele reicht über den Horizont des frühen Morgens hinaus, ihre Dunkelheit kann tiefer sein als die Nacht auf dieser Erde, sie reicht höher als die Berggipfel und tiefer als alle natürlichen Meere. Du bist der Gott all dieser Dinge, sei du auch mein Gott. Ich kann weder bis in ihre Höhen noch in ihre Tiefen reichen; da sind Motive, die ich nicht erkennen, und Wünsche, die ich nicht wahrnehmen kann. Mein Gott, erforsche mich.«

Glauben wir, dass Gott all unser Denken viel weitgehender schützen und stärken kann, als wir es wahrnehmen? »... das Blut Jesu, seines Sohnes, macht uns rein von aller Sünde« (1. Joh 1,7). Wenn das nur bedeutete, dass wir von bewusster Sünde frei werden, dann wären wir ausgeliefert. Wer durch Sünde abgestumpft ist, wird sagen, dass er sich gar keiner Sünde bewusst ist. Aber die Befreiung, die wir erleben, wird bis an die äußersten Grenzen unseres Geistes reichen, wenn wir »im Licht wandeln, wie er im Licht ist« (1,7). Derselbe Geist, aus dem Jesus seine Lebenskraft bezogen hat, wird auch unseren Geist am Leben erhalten. Nur wenn Gott uns mit der unvorstellbaren Vollkommenheit seines Geistes beschützt, können Geist, Seele und Körper aufrichtig erhalten und vor Schuld bewahrt werden, bis Jesus kommt – sie werden von Gott nicht mehr schuldig gesprochen.

Wir sollten uns öfter erlauben, über diese großen und entscheidenden göttlichen Wahrheiten nachzudenken.

## 10. Januar

## Die Augen öffnen

*»... zu denen ich dich sende, um ihnen die Augen aufzutun ... So werden sie Vergebung der Sünden empfangen ...« (Apg 26,17.18).*

Im ganzen Neuen Testament fassen diese Verse die Botschaft der Jünger Jesu Christi am besten zusammen.

Das Erste, was Gott aus Freundlichkeit für uns tut, ist zusammengefasst in den Worten: »So werden sie Vergebung der Sünden empfangen …« Wenn jemand als Christ versagt, dann meist deswegen, weil er nie etwas »*empfangen*« hat. Das einzige Zeichen, dass jemand gerettet ist, ist, dass er etwas von Jesus Christus bekommen hat. Unsere Aufgabe als Mitarbeiter ist, den Menschen die Augen zu öffnen, damit sie sich aus der Dunkelheit dem Licht zuwenden können. Aber das ist nicht die Rettung. Es ist nur die Umkehr — das Handeln eines Menschen, dem seine Lage bewusst geworden ist. Es scheint mir nicht zu viel gesagt, dass die meisten sogenannten Christen in diesem Zustand sind. Ihre Augen sind geöffnet, aber sie haben nichts bekommen. Umkehren bedeutet noch nicht neu werden. Das wird heute in unseren Predigten allzu leicht vergessen. Wer wirklich neu geboren ist, der weiß: Nicht seine Entscheidung hat das bewirkt, sondern der allmächtige Gott hat es ihm gegeben. Auch wenn Menschen etwas versprechen und fest vorhaben sich daran zu halten, sind sie dadurch nicht gerettet. Rettung bedeutet, dass wir dahin kommen, im Auftrag Jesu Christi etwas von Gott zu bekommen und anzunehmen, nämlich die Vergebung der Sünden.

Danach kommt das Zweite, was Gott uns gibt und nur er geben kann: »… das Erbteil samt denen, die geheiligt sind …« (Apg 20,32). Heiligung bedeutet, dass der Mensch, der neu geboren ist, sein Recht auf Selbstbestimmung ganz bewusst an Jesus Christus abgibt und sich völlig für die Arbeit zur Verfügung stellt, die Gott für andere tut.

## 11. Januar

# Was mein Gehorsam andere kosten kann

*»Und als sie ihn abführten, ergriffen sie einen Mann, Simon ..., und legten das Kreuz auf ihn, dass er's Jesus nachtrüge«* (Lk 23, 26).

Wenn wir Gott gehorchen, kann das andere Menschen mehr kosten als uns selbst und das tut weh. Wenn wir Jesus lieben, kostet es uns nichts zu gehorchen – es macht Freude. Aber wer ihn nicht liebt, für den kann unser Gehorsam schwer erträglich sein. Wenn wir Gott gehorchen, heißt das für andere, dass ihre Pläne durchkreuzt werden. Dann werden sie spöttisch sagen: »Das nennst du Christsein?« Wir könnten den Schaden abwenden, aber nicht, wenn wir Gott gehorchen. Dann müssen wir die Folgen in Kauf nehmen.

Wenn unser Gehorsam für andere teuer wird, geht unser natürlicher Stolz in Verteidigungsstellung und wir sagen: »Ich nehme von niemandem etwas an.« Aber so können wir Gott nicht gehorchen. Wir haben kein Recht zu meinen, unsere Beziehung zu anderen Menschen müsste anders sein als die Beziehungen, die Jesus selbst hatte (s. Lk 8, 1-3).

Wenn wir versuchen, alle Folgen des Gehorsams selbst zu tragen, führt das zum Stillstand unseres geistlichen Lebens. Außerdem können wir das auch nicht.

Weil wir in Gottes Pläne für alle Menschen einbezogen sind, sind andere von unserem Gehorsam gegen ihn direkt betroffen. Halten wir dann an unserem Gehorsam gegen Gott fest und nehmen die demütigende Aufgabe auf uns, nicht für uns selbst zu entscheiden? Oder tun wir das Gegenteil und sagen: »Ich will anderen kein Leid zufügen?« Wenn wir wollen, können wir uns gegen Gott entscheiden und das wird die Lage sofort entspannen, aber es wird Jesus traurig machen. Wenn wir aber Gott gehorchen, wird er sich um die Menschen kümmern, die die Folgen unseres Gehorsams tragen müssen. Wir müssen einfach gehorchen und es ihm überlassen, was daraus wird.

Vorsicht! Wir neigen dazu Gott vorzuschreiben, welche Folgen wir freiwillig in Kauf nehmen und nur unter dieser Bedingung gehorchen zu wollen.

## 12. Januar

# Allein mit Gott

»... wenn sie allein waren, legte er seinen Jüngern alles aus« (Mk 4,34).

**Wir allein mit ihm.** Nicht immer nimmt Jesus uns beiseite und erklärt uns etwas; er erklärt uns nur so viel, wie wir verstehen können. Andere Menschen können uns als Beispiel dienen, aber Gott erwartet, dass wir selbst erkennen, wer wir sind. Das geht langsam — so langsam, dass Gott alle Zeit und die Ewigkeit braucht, bis ein Mensch so ist, wie er ihn haben will. Gott kann uns erst dann einsetzen, wenn wir zugelassen haben, dass er uns die unbekannten Tiefen des eigenen Wesens zeigt. Es ist verblüffend, wie wenig wir von uns selbst wissen! Selbst wenn wir den Neid, die Faulheit, den Stolz in uns sehen, erkennen wir sie nicht. Aber Jesus will uns alles zeigen, was wir in uns versteckt haben, bevor er anfängt an uns zu arbeiten. Wie viele von uns haben gelernt, mutig in sich hineinzuschauen?

Wir müssen begreifen lernen, dass wir nicht einmal uns selbst verstehen. Das ist das letzte Stückchen Stolz, das verschwinden muss. Der Einzige, der uns versteht, ist Gott. Die größte Belastung unseres geistlichen Lebens ist Stolz. Wenn wir einmal eine Ahnung bekommen haben, wie Gott uns sieht, sagen wir nie mehr: »Ach, ich bin ja so unwürdig.« Dann wissen wir, dass sich das von selbst versteht. Aber solange wir nicht ganz sicher sind, dass wir unwürdig sind, wird Gott uns immer mehr einengen, bis er schließlich mit uns allein ist. Wenn irgendwo noch Stolz oder Eitelkeit ist, kann Jesus uns nichts verständlich machen. Dann lässt er zu, dass wir schweres persönliches Leid erleben oder die Enttäuschung, die die Verletzung unseres intellektuellen Stolzes begleitet. Er zeigt uns viele falsche Neigungen und Wünsche, von denen wir nie gedacht haben, das müsse er uns sehen lassen, wenn wir allein sind. Vieles wird uns gezeigt und oft vergeblich. Aber wenn Gott uns allein anspricht, dann wird es klar.

## 13. Januar

# Allein mit Gott

»*Und als er allein war, fragten ihn, die um ihn waren, samt den Zwölfen, nach den Gleichnissen*« (Mk 4,10).

**Er allein mit uns.** Wenn Gott uns durch schwere Erlebnisse, Trauer, Versuchungen, Enttäuschung, Krankheit oder Wünsche, die sich zerschlagen, durch eine zerstörte Freundschaft oder eine neue Freundschaft mit sich selbst konfrontiert, wenn er uns wirklich ganz allein gegenübertritt und wir völlig sprachlos sind und keine einzige Frage mehr stellen können, dann fängt er an, uns Dinge klarzumachen. Beachte, wie Jesus die Zwölf anleitet. Nicht die Menge draußen, sondern die Jünger waren verständnislos. Seine Jünger stellten ihm immerfort Fragen und er erklärte ihnen ständig etwas, aber sie verstanden es erst, als der Heilige Geist zu ihnen gekommen war (s. Joh 14,26).

Wenn du mit Gott gehst, dann will er dir nur eines klar zeigen: wie er mit deiner Seele umgeht. Die Leiden und Schwierigkeiten im Leben anderer Menschen werden dir völlig unverständlich sein. Wir bilden uns ein, wir verstünden, was ein anderer durchmacht, bis Gott uns zeigt, dass wir dieselben Fehler haben. In uns allen ist so viel Eigensinn und Unwissenheit, die der Heilige Geist uns zeigen muss. Aber das kann er nur, wenn Jesus uns allein antrifft. Sind wir jetzt mit ihm allein? Oder sind uns unsere eigenen Ansichten, Freundschaften und Alltagssorgen wichtiger? Jesus kann uns erst dann wirklich etwas klar zeigen, wenn wir all unsere Verstandesfragen zum Schweigen bringen und ihm allein gegenübertreten.

## 14. Januar

## Wenn Gott ruft

*»Und ich hörte die Stimme des Herrn, wie er sprach: Wen soll ich senden? Wer will unser Bote sein? Ich aber sprach: Hier bin ich, sende mich!«* (Jes 6,8)

Gott hat Jesaja nicht direkt angerufen, sondern Jesaja hat Gott sprechen hören: »... Wer will unser Bote sein?« Gott ruft nicht nur wenige ausgesuchte Personen, sondern jeden Menschen. Ob ich Gottes Ruf höre oder nicht, das hängt vom Zustand meiner Ohren ab, und was ich genau höre, das hängt von meiner geistlichen Einstellung ab. »Viele sind berufen, aber wenige sind auserwählt« (Mt 22,14). Das bedeutet, nur wenige lassen erkennen, dass sie »auserwählt« sind. Die »Auserwählten«, das sind die, die durch Jesus Christus eine persönliche Beziehung zu Gott bekommen haben, deren geistlicher Zustand sich geändert hat und die offene Ohren haben. Dann hören sie »die Stimme des Herrn« ununterbrochen fragen: »... wer will unser Bote sein?« Aber Gott bestimmt nicht *einen* Menschen und sagt ihm: »Jetzt gehst du!« Auch Jesaja hat er seinen Willen nicht aufgezwungen. Jesaja war nahe bei Gott und deshalb hörte er ihn rufen. Er konnte völlig frei entscheiden, ob er antworten wollte, aber die einzig mögliche Antwort war: »Hier bin ich, sende mich!«

Warte nicht darauf, dass Gott kommt und dich zwingt oder dass er dich bittet. Als Jesus seine Jünger berief, gab es keinen unwiderstehlichen äußeren Druck. Die ruhige, aber dringliche Aufforderung: »Folgt mir nach!«, richtete sich an Menschen, die mit allen Sinnen empfänglich waren. Wenn wir zulassen, dass der Heilige Geist uns in Gottes Nähe bringt, dann werden auch wir hören, was Jesaja hörte: »die Stimme des Herrn«. Und dann werden wir auch aus freier Entscheidung sagen: »Hier bin ich, sende mich!«

## 15. Januar

# Weiße Kleider tragen

*»So sind wir ja mit ihm begraben ..., damit, wie Christus auferweckt ist von den Toten durch die Herrlichkeit des Vaters, auch wir in einem neuen Leben wandeln«* (Röm 6,4).

Niemand kann uneingeschränkt Gott gehören, ohne ein »weißes Begräbnis« durchzumachen: die Beerdigung seines natürlichen Wesens. Wer diesen entscheidenden Augenblick der Verwandlung durch den Tod nicht erlebt hat, für den wird Heiligung (s. 10. Januar) immer ein Wunschtraum bleiben. Es muss dieses »weiße Begräbnis« geben, dieses Sterben, aus dem es nur einen Weg gibt: den Weg in das Leben Jesu Christi. Ein solches Leben kann durch nichts besiegt werden. Es ist eins mit Gott in dem einen Ziel: sein Wesen sichtbar zu machen.

Bist du wirklich am Ende deines Lebens angekommen? Du hast es dir vielleicht oft vorgestellt, aber hast du es wirklich erlebt? Du kannst nicht in freudiger Erwartung sterben oder zu deiner Beerdigung gehen. Sterben heißt aufhören zu sein. Du musst dich auf Gott einstimmen und aufhören, so ein eifrig bemühter Christ zu sein wie bisher. Wir meiden Friedhöfe und weigern uns beharrlich zu sterben. Man kann nicht sterben, indem man sich darum bemüht; man muss es geschehen lassen. Es ist Sterben: »in seinen Tod getauft« werden (Röm 6, 3).

Hast du das »weiße Begräbnis« erlebt oder lebst du in einem frommen Selbstbetrug? Gibt es einen Zeitpunkt in deinem Leben, den du jetzt als deinen letzten Tag betrachtest? Gibt es eine Stelle, an die du ohne Stolz, aber voll Dankbarkeit zurückdenken und ehrlich sagen kannst: »Ja, damals, bei meinem ›weißen Begräbnis‹, da habe ich mich mit Gottes Willen einverstanden erklärt«?

»Das ist der Wille Gottes, eure Heiligung« (1. Thess 4, 3). Wenn du erst einmal wirklich begriffen hast, dass Gott das will, dann ist die natürliche Reaktion, dass du damit anfängst, Gott immer mehr bestimmen zu lassen. Willst du dieses »weiße Begräbnis« jetzt erleben? Bist du einverstanden mit ihm, dass dies der letzte Tag deines selbstbestimmten natürlichen Lebens sein soll? Wann du dein Einverständnis gibst, das bestimmst du.

## 16. Januar

# Das Wesen dessen, der ruft

*»Und ich hörte die Stimme des Herrn, wie er sprach: Wen soll ich senden? Wer will unser Bote sein?«* (Jes 6,8)

Wenn wir davon sprechen, dass Gott ruft, vergessen wir oft das Wichtigste, nämlich das Wesen dessen, der ruft. Vieles ruft heute nach uns; manche Rufe werden beantwortet und andere werden nicht einmal gehört. Ein Ruf drückt das Wesen der Person aus, die ruft, und wir können ihn nur als Ruf erkennen, wenn wir ein entsprechendes Wesen haben. Wenn Gott ruft, drückt sich darin sein Wesen aus, nicht unsere Natur. Diesen Ruf lässt Gott unser Leben durchziehen, wie Fäden ein Gewebe durchziehen, und nur wir können ihn erkennen. So trifft uns Gottes Stimme persönlich und direkt in einer bestimmten Sache und es nützt nichts zu fragen, was ein anderer darüber denkt. Wie wir mit dem Ruf Gottes umgehen, das geht nur ihn und uns selbst etwas an.

Der Ruf Gottes ist nicht Ausdruck meines Wesens; meine persönlichen Wünsche und mein Temperament spielen da keine Rolle. Solange ich von meinen eigenen Fähigkeiten und Eigenschaften ausgehe und darüber nachdenke, was mir liegt, werde ich Gottes Ruf nie hören. Aber wenn Gott mich in die richtige Beziehung zu sich selbst bringt, geht es mir so, wie es Jesaja ging. Jesaja war durch die schwere Krise, die er gerade durchgemacht hatte, so auf Gott ausgerichtet, dass Gottes Ruf ihn im

Innersten traf. Die meisten von uns können nur sich selbst hören. Und was Gott sagt, nehmen wir überhaupt nicht wahr. Um dahin zu kommen, dass wir Gottes Ruf hören, müssen wir tiefgreifend verändert werden.

## 17. Januar

## Die natürliche Reaktion

»Als es aber Gott wohlgefiel, … dass er seinen Sohn offenbare in mir …« (Gal 1,15.16).

Gott ruft uns nicht in eine ganz spezielle Arbeit. Meine Verbindung mit dem Wesen Gottes bestimmt die Art, wie ich seinen Ruf verstehe, und hilft mir zu erkennen, was ich wirklich für ihn tun möchte. Gottes Ruf ist ein Ausdruck seines Wesens; die Aufgabe, an der ich daraufhin arbeite, ist auf mich abgestimmt und Ausdruck meines Wesens. Diesen Ruf an den natürlichen Menschen beschreibt Paulus so: »Als es aber Gott wohlgefiel, … dass er seinen Sohn offenbare in mir, damit ich ihn durchs Evangelium *verkündigen* [d. h. unverfälscht in seiner Würde sichtbar werden lassen] sollte unter den Heiden …«

Arbeit für Gott ist das, was überfließt, wenn unser Wesen ganz in der Liebe zu Gott aufgeht. Aber genau genommen werden wir dazu nicht *berufen*. Die Arbeit ist das, was ich zu der Beziehung beitrage, und sie spiegelt wider, wie ich mich mit dem Wesen Gottes identifiziere. Sie wird zu einem natürlichen Teil meines Lebens. Gott bringt mich in die richtige Beziehung zu sich selbst, so dass ich seinen Ruf verstehen kann, und dann setze ich mich aus eigenem Antrieb für ihn ein. Das Motiv ist vollkommene Liebe. Wenn jemand den Ruf Gottes gehört hat, setzt er sich für ihn ein, um ihm seine Liebe zu zeigen. Die Arbeit ist Ausdruck meines Wesens und der Ruf ist Ausdruck von Gottes Wesen. Wenn er mir also sein Wesen gibt und mich seinen Ruf hören lässt, dann erfüllt seine göttliche Stimme sein ganzes Wesen und damit auch meines und in der Arbeit werden die beiden eins. Der Sohn Gottes wird in mir sichtbar und die Arbeit aus Liebe zu ihm wird zu meinem täglichen Leben.

## 18. Januar

## »Es ist der Herr!«

*»Thomas antwortete und sprach zu ihm: Mein Herr und mein Gott!«* (Joh 20, 28).

»Jesus spricht zu ihr: Gib mir zu trinken!« (Joh 4, 7). Wie oft erwarten wir, dass Jesus Christus unseren Durst stillt, während wir seinen Wünschen nachkommen sollten! Wir sollten unser Leben an ihn verschwenden, unsere ganze Person für ihn einsetzen, nicht erwarten, dass er unsere Wünsche befriedigt. »Ihr werdet ... meine Zeugen sein« (Apg 1, 8). Das heißt unverfälschte, rückhalt- und bedingungslose Liebe zu Jesus, dem Herrn; die wird ihn zufrieden stellen, wo immer er uns hinschickt.

Achte darauf, dass nichts zu deiner Treue zu Jesus Christus in Konkurrenz tritt. Der größte Konkurrent zu echter Liebe zu Jesus kann die Arbeit werden, die wir für ihn tun. Arbeiten ist leichter als mit allen Möglichkeiten für ihn da zu sein. Gott hat uns nicht nur gerufen, damit wir etwas Bestimmtes für ihn tun, sondern damit er mit uns zufrieden sein kann. Wir sollen nicht für Gott kämpfen, sondern er will uns in seinen Kämpfen einsetzen. Lieben wir unsere Arbeit mehr als Jesus Christus selbst?

## 19. Januar

# Vision und Dunkelheit

»*Als nun die Sonne am Untergehen war, fiel ein tiefer Schlaf auf Abram, und siehe, Schrecken und große Finsternis überfiel ihn*« (1. Mose 15,12).

Immer wenn Gott einem Christen eine Vision gibt, ist es so, als stellte er ihn unter den »Schatten seiner Hand« (Jes 49, 2). Dann soll der Christ still sein und zuhören. Es gibt eine »Dunkelheit«, die von zu großer Helligkeit kommt — dann ist es Zeit zum Hören. Die Geschichte von Abram und Hagar in 1. Mose 16 ist ein gutes Beispiel dafür, wie jemand in einer Zeit der Dunkelheit auf einsichtige Ratschläge hört und nicht auf das Licht wartet, das Gott schickt. Wenn Gott dir eine Vision gibt und darauf Dunkelheit folgt, dann warte. Gott selbst wird das, was er dich hat sehen lassen, in deinem Leben verwirklichen, wenn du dich nach seinem Zeitplan richten willst. Versuche nicht, Gott bei der Erfüllung seiner Zusage nachzuhelfen. Abram wartete 13 Jahre vergeblich, dass Gott spräche, und in diesen Jahren wurde all seine Selbstsicherheit zerstört. Er verließ sich nicht mehr auf sein Urteilsvermögen. Dieses jahrelange Schweigen bedeutete nicht, dass Gott mit ihm unzufrieden wäre, sondern dass Abram lernen musste. Wir brauchen nie vorzutäuschen, wir wären voll Freude und Vertrauen; wir müssen nur für Gott aufmerksam bleiben und uns auf ihn verlassen (s. Jes 50, 10.11).

Vertraue ich noch irgendwo auf mein natürliches Wesen? Oder habe ich gelernt, mich weder auf mich selbst noch auf andere Christen zu verlassen? Erwarte ich Gott durch Bücher oder Gebete oder andere schöne Erlebnisse zu begegnen? Oder verlasse ich mich auf Gott *selbst* und nicht auf das, was er gibt? »Ich bin der allmächtige Gott« — der El-Schaddai, der liebevolle Herrscher, der alles in seiner guten Hand hält (1. Mose 17, 1). Gott nimmt uns nur aus einem Grund in seine Schule: damit wir erkennen, dass er wirklich lebt und handelt. Sobald Gott für uns so real wird, verblassen die Menschen im Vergleich mit ihm zu bloßen Schatten. Wer sich in Gott gründet, den kann nichts von dem verunsichern, was andere Christen tun oder sagen.

## 20. Januar

# Hast du Lust zu jeder Arbeit?

*»Jesus antwortete und sprach zu ihm: Es sei denn, dass jemand von neuem geboren werde, so kann er das Reich Gottes nicht sehen«* (Joh 3,3).

Manchmal gehen wir eifrig und mit Freude zu einem Gebetstreffen, aber haben wir ebenso viel Lust zu so banalen Arbeiten wie Schuheputzen?

Wenn jemand durch den Heiligen Geist neu geboren wird, ist das eindeutig eine Tat Gottes, so geheimnisvoll wie der Wind und so überraschend wie Gott selbst. Wir wissen nicht, wo der Prozess anfängt – er ist irgendwo tief in unserer Seele versteckt. Vom Heiligen Geist neu geboren zu sein ist ein ständiger, dauernder, ja ein ewiger Anfang. Dadurch bekommen wir die Begeisterung des Anfangs im Denken, Reden und Leben – jeden Augenblick überrascht uns die Lebendigkeit Gottes. Lustlosigkeit ist ein Zeichen dafür, dass bei uns etwas nicht mit Gott übereinstimmt. Wir sagen uns: »Ich muss das jetzt machen, sonst wird es nie fertig.« Das ist das erste Anzeichen der Lustlosigkeit. Fühlen wir uns in diesem Moment voll Schwung und Energie oder sind wir gelangweilt und überlegen krampfhaft, was wir tun könnten? Schwung und Energie sind nicht nur die Folge von Gehorsam; sie kommen vom Heiligen Geist. Gehorsam hilft uns nur »im Licht zu bleiben, wie er im Licht ist« (s. 1. Joh 1,7).

Achte genau auf deine Beziehung zu Gott. Jesus betete: »... damit sie eins seien, wie wir eins sind« (Joh 17,22) — so dass nichts dazwischen steht. Bleibe in jeder Beziehung ständig offen für Jesus Christus. Mach niemandem etwas vor, sei *wirklich* offen für ihn. Beziehst du deine Lebenskraft irgendwo anders her und nicht von Gott selbst? Wenn dein Schwung und deine Energie nicht von Gott selbst kommen, wirst du es nicht merken, wenn seine Kraft nicht mehr da ist.

Vom Heiligen Geist geboren sein bedeutet viel mehr, als wir normalerweise annehmen. Es gibt uns eine ganz neue Sicht, und dann haben wir Lust und Kraft für alle Aufgaben aus dem unerschöpflichen Vorrat von Gottes Lebenskraft.

## 21. Januar

## Gott denkt an Vergangenes

»*So spricht der Herr: Ich gedenke der Treue deiner Jugend ...*« (Jer 2,2).

Ist es mir so natürlich wie früher, Gott meine Liebe zu ihm zu zeigen, oder erwarte ich nur noch, dass er mir Liebe erweist? Macht mein ganzes Wesen ihn froh oder beschwere ich mich immer nur, weil anscheinend nicht alles nach meinen Wünschen läuft? Wer vergisst, was Gott wichtig ist, verliert die Freude. Es ist schön, wenn man weiß, dass Jesus Christus Bedürfnisse hat, die wir erfüllen können: »Gib mir zu trinken« (Joh 4, 7). Wie viel Rücksicht habe ich letzte Woche auf seine Wünsche genommen? Konnte man an mir erkennen, wie er wirklich ist?

Gott will seinem Volk sagen: »Jetzt spürt ihr keine Liebe zu mir, aber ich weiß noch, dass das einmal so war.« Er sagt: »Ich gedenke ... der Liebe deiner Brautzeit ...« (Jer 2, 2). Bin ich so voll Liebe zu Jesus Christus wie am Anfang, als ich mir Mühe gab, ihm meine Wertschätzung zu zeigen? Begegnet er mir manchmal beim Nachdenken über die Zeit, als nur er mir wichtig war? Ist das jetzt so bei mir oder habe ich vernünftiger Überlegung den Vorzug gegeben vor Liebe und Treue zu ihm? Liebe ich ihn so, dass ich nicht nachdenke, wohin er mich vielleicht führt? Oder achte ich darauf, wie hoch ich angesehen werde, und bemesse danach, wie viel ich für ihn einsetzen soll?

Wenn ich bedenke, was Gott an der Vergangenheit wichtig ist, sehe ich vielleicht auch, dass er mir nicht mehr so viel bedeutet wie früher. Wenn das geschieht, sollte ich die Beschämung darüber nicht wegdrängen, bewirkt sie doch eine heilsame Trauer, und »die Traurigkeit nach Gottes Willen wirkt zur Seligkeit eine Reue, die niemanden reut ...« (2. Kor 7, 10).

## 22. Januar

# Bin ich Gott zugewandt?

»Wendet euch zu mir, so werdet ihr gerettet ...«
(Jes 45,22).

Erwarten wir, dass Gott zu uns kommt, um uns zu beschenken und zu retten? Gott sagt: »Wendet euch zu mir, so werdet ihr gerettet ...« Das Schwierigste im geistlichen Leben ist auf Gott konzentriert zu bleiben, aber gerade seine Segnungen machen das so schwierig. Wenn wir Probleme haben, wenden wir uns fast immer Gott zu, aber seine guten Gaben lenken unsere Aufmerksamkeit leicht ab auf andere Dinge. Die Grundaussage der Bergpredigt ist, dass wir alle Eigeninteressen einschränken sollen, bis wir mit Geist, Seele und Körper auf Jesus Christus konzentriert sind. »Wendet euch zu mir ...«

Viele von uns haben eine ziemlich genaue Vorstellung, wie ein Christ sein sollte, und wenn wir in anderen Christen und ihrer Lebensweise dieses Bild erkennen, lenkt uns das von der Konzentration auf Gott ab. Das ist nicht die Rettung — es ist nicht einfach genug. Was Gott hier meint, ist: »Wendet euch zu mir, dann *seid* ihr gerettet«, nicht: »Dann werdet ihr irgendwann gerettet«. Das, was wir suchen, finden wir, wenn wir uns bewusst auf ihn konzentrieren. Wir lassen uns leicht ablenken und ärgern uns sogar über ihn, aber er sagt immer wieder zu uns: »Wendet euch zu mir, so werdet ihr gerettet ...« Alle unsere Schwierigkeiten, Plagen und Sorgen um die Zukunft verschwinden, wenn wir uns Gott zuwenden.

Gib dir einen Ruck und wende dich Gott zu. Richte alle Erwartungen auf ihn. Auch wenn noch so viel auf dich einstürmt, schiebe es entschlossen zur Seite und konzentriere dich auf ihn. »Wendet euch zu mir ...« Sobald du ihn ansiehst, bist du gerettet.

## 23. Januar
## Durch Anschauen verwandelt

*»Nun aber schauen wir alle mit aufgedecktem Angesicht die Herrlichkeit des Herrn wie in einem Spiegel und wir werden verklärt in sein Bild«* (2. Kor 3,18).

Das schönste Kennzeichen eines Christen ist diese uneingeschränkte Offenheit vor Gott; durch sie kann das Wesen eines Menschen für andere zum Spiegel werden. Wenn der Heilige Geist uns erfüllt, verändert er uns und wir werden durch das Anschauen Gottes wie Spiegel. Wenn jemand die Vollkommenheit Gottes angeschaut hat, kann man das immer erkennen, denn man spürt innerlich, dass er das Wesen Gottes selbst widerspiegelt. Sei vorsichtig, dass nichts diesen Spiegel in dir trübt oder verschmutzt. Fast immer ist es etwas Gutes, was ihm den Glanz nimmt — etwas Gutes, aber nicht das Beste.

Der wichtigste Grundsatz ist, dass wir darauf achten, immer für Gott offen zu bleiben. Alles andere, auch Arbeit, Kleidung und Nahrung, muss davor zurückstehen.

Die Betriebsamkeit, die die Dinge fordern, lenkt unsere Aufmerksamkeit von Gott ab. Ihn anzuschauen muss unsere Lebenshaltung werden, so dass unser ganzes Leben durch und durch geistlich bleibt. Lass sonst passieren, was eben passiert; lass die Leute uns kritisieren, so viel sie wollen; nur lass niemals zu, dass etwas das Leben verdunkelt, das »verborgen (ist) mit Christus in Gott« (Kol 3,3). Bleibe in ihm und erlaube nicht, dass Betriebsamkeit und Hetze die Beziehung stören. Gerade das kann leicht passieren, aber wir müssen da vorsichtig sein. Das Schwierigste, was ein Christ lernen muss, ist wie man ständig »die Herrlichkeit des Herrn wie in einem Spiegel« sehen kann.

## 24. Januar

## Gottes Plan — mein Ziel

*»Denn dazu bin ich dir erschienen ...«* (Apg 26,16).

Die Vision, die Paulus auf dem Weg nach Damaskus hatte, war kein vorübergehendes Gefühlserlebnis, sondern sie enthielt klare Anweisungen an ihn. Und Paulus stellt fest: »Daher ... war ich der himmlischen Erscheinung nicht ungehorsam« (Apg 26,19). Was Jesus da sagte, bedeutete für Paulus praktisch: »Ich muss dein ganzes Leben beherrschen und zur Verfügung haben; du sollst keine eigenen Pläne, Ziele oder Absichten haben, nur meine.« Und auch zu uns sagt Jesus: »Nicht ihr habt mich erwählt, sondern *ich habe euch erwählt* und bestimmt, dass ihr hingeht ...« (Joh 15,16).

Wenn wir neu geboren sind und der Heilige Geist wirklich in uns ist, dann erkennen wir, wie Jesus uns haben will. Es ist wichtig zu lernen, »der himmlischen Erscheinung nicht ungehorsam« zu sein – nicht daran zu zweifeln, dass das Ziel erreichbar ist. Es ist nicht genug, dem Gedanken zuzustimmen, dass Gott die Welt erlöst hat – es reicht auch nicht zu wissen, dass der Heilige Geist alles, was Jesus getan hat, in meine Lebenspraxis umsetzen kann. Die notwendige Grundlage ist eine persönliche Beziehung zu ihm. Paulus bekam nicht eine Information oder Lehre, die er bekannt machen sollte. Er wurde in eine lebendige, persönliche, überwältigende Beziehung zu Jesus Christus gestellt. Apostelgeschichte 26,16 hat etwas ungeheuer Zwingendes: »... um dich zu erwählen zum Diener und zum Zeugen ...« Ohne die persönliche Beziehung wäre da nichts. Paulus widmete sein Leben nicht einer Sache, sondern einer Person. Er gehörte vollkommen Jesus Christus. Er sah nichts anderes und lebte für nichts anderes. »Denn ich hielt es für richtig, unter euch nichts zu wissen als allein Jesus Christus, den Gekreuzigten« (1. Kor 2,2).

## 25. Januar

# Gott Raum lassen

*»Als es aber Gott wohlgefiel ...«* (Gal 1,15).

Wenn wir Gott dienen wollen, müssen wir lernen, ihm Platz einzuräumen — Gott Bewegungsfreiheit zu lassen. Wir planen und rechnen und prognostizieren, dass dieses oder jenes eintreten wird, aber wir vergessen, Gott den Freiraum zu geben einzugreifen, wie er will. Wären wir überrascht, wenn Gott sich in unseren Versammlungen oder in unseren Predigten so zu erkennen gäbe, wie wir es nie erwartet hätten? Rechne nicht damit, dass Gott in einer bestimmten Weise handelt, aber rechne mit ihm. Die Art, wie man für ihn Platz schaffen kann, ist, dass man damit rechnet, dass er kommt, aber nicht in einer bestimmten Art. Auch wenn wir Gott schon sehr gut kennen, müssen wir doch immer noch lernen, dass er jeden Augenblick eingreifen kann. Diesen Überraschungsfaktor übersehen wir gern, aber Gott handelt nie anders. Ganz unerwartet begegnet er dir persönlich: »Als es aber Gott wohlgefiel ...«

Bleibe so beständig in der Verbindung mit Gott, dass er jederzeit die Möglichkeit hat, unerwartet zu handeln. Lebe in ständiger Erwartung und gib Gott Raum einzugreifen, wie er will.

## 26. Januar

# Bewusst für Gott da sein

*»Wenn nun Gott das Gras auf dem Feld so kleidet ...: sollte er das nicht viel mehr für euch tun ...?«*
(Mt 6, 30).

Einfache Aussagen Jesu sind uns immer rätselhaft, weil wir nicht einfach sein wollen. Wie können wir uns die Einfachheit Jesu bewahren, so dass wir ihn verstehen? Wenn wir seinen Geist für uns annehmen, ihn anerkennen, uns auf ihn verlassen und ihm folgen, wenn er uns die biblische Wahrheit erschließt, wird das Leben verblüffend einfach. Jesus bittet uns zu bedenken: »Wenn nun Gott das Gras auf dem Feld so kleidet ...«, wie »viel mehr« wird er dich kleiden, wenn du in der richtigen Verbindung mit ihm bleibst! Immer wenn unsere Beziehung zu Gott Schaden nimmt, dann deswegen, weil wir uns einbilden, wir wüssten es besser als Jesus Christus. Dann öffnen wir uns für die »Sorgen der Welt« (Mt 13, 22) und vergessen dieses »viel mehr«, das Gott uns zusagt.

»Seht die Vögel unter dem Himmel an ...« (6, 26). Ihre Aufgabe ist, sich von den Instinkten leiten zu lassen, die Gott ihnen eingegeben hat, und Gott achtet auf sie. Wenn du die richtige Beziehung zu ihm hast und dich von seinem Geist in dir leiten lassen willst, dann, so sagt Jesus, wird Gott auch für alle deine Bedürfnisse sorgen.

»Schaut die Lilien auf dem Feld an ...« (6, 28). Sie wachsen, wo sie stehen. Viele von uns wollen nicht da wachsen, wo Gott uns hinstellt. Darum wurzeln wir nirgends ein. Jesus sagt uns, dass er für alles andere sorgen wird, wenn wir dem Antrieb Gottes in uns folgen. Hat Jesus Christus uns etwa angelogen? Erleben wir dieses »viel mehr«, das er uns versprochen hat? Wenn nicht, dann weil wir uns nicht von den Kräften leiten lassen, die Gott in uns gelegt hat, und weil unser Kopf mit verwirrenden Gedanken und Sorgen vollgestopft ist. Wie viel Zeit verschwenden wir damit, Gott sinnlose Fragen zu stellen? Wir sollten ganz frei sein, um ihm jederzeit und ganz zur Verfügung zu stehen! Sich Gott weihen, das heißt sich immer wieder von allem trennen außer von dem, was Gott mir zu tun aufgetragen hat. Das ist kein einmaliges Erlebnis, sondern ein fortschreitender Prozess. Mache ich mich jeden Tag wieder von den Dingen frei und richte mich auf Gott aus?

## 27. Januar

# Die Haltung überdenken

*»Sorgt nicht um euer Leben ...«* (Mt 6,25).

Dass »die Sorge der Welt und der betrügerische Reichtum« und die Lust auf anderes das Wesen Gottes in uns ersticken können (Mt 13,22), das ist eine Warnung, die öfter wiederholt werden muss. Von diesen ständig wiederholten Angriffen sind wir nie frei. Wenn es gerade nicht um Nahrung und Kleidung geht, dann vielleicht um Geld oder zu wenig Geld, um Freunde oder Mangel an Freunden oder um schwierige Lebensumstände. Diese Dinge dringen ständig auf uns ein und sie werden uns überschwemmen und mitreißen, wenn wir dem Geist Gottes nicht erlauben, die Angriffe abzuwehren.

»Darum sage ich euch: Sorgt nicht um euer Leben...« Jesus meint, dass wir eine einzige Sache zu unserem Hauptanliegen machen sollen: unsere Beziehung zu ihm. Da schreit unsere Vernunft laut auf: »Das ist absurd! Ich *muss* mich darum kümmern, wie ich leben kann, und ich *muss* mich darum kümmern, was ich zu essen und zu trinken habe.« Aber Jesus sagt nein. Pass auf, dass du nicht denkst, wenn Jesus das sagt, kennte er deine materiellen Verhältnisse nicht. Jesus Christus kennt unsere Verhältnisse besser als wir selbst und er sagt, dass wir diese Dinge nicht so wichtig nehmen dürfen, dass sie zum Hauptinhalt unseres Lebens werden. Immer wenn wesentliche Inhalte deines Lebens in Konkurrenz geraten, achte darauf, dass deine Beziehung zu Gott den Vorrang hat.

»Es ist genug, dass jeder Tag seine eigene Plage hat« (6,34). Wie viele »Plagen« haben dich heute schon belästigt? Was für hässliche kleine Feinde haben sich bei dir gemeldet und gesagt: »Was hast du im nächsten Monat vor – und im nächsten Sommer?« Jesus verbietet uns, uns von solchen Dingen beunruhigen zu lassen. Überdenke deine Haltung. Verliere nicht das »viel mehr« aus den Augen, das dein Vater im Himmel dir verspricht (6,30).

## 28. Januar

# Jesus verfolgen?

*»Saul, Saul, was verfolgst du mich?«* (Apg 26,14).

Bist du entschlossen, nach deiner eigenen Vorstellung für Gott zu leben? Von dieser Haltung können wir nicht frei werden, solange wir nicht erlebt haben, was es heißt, »mit dem heiligen Geist und mit Feuer« getauft zu werden (Mt 3,11). Hartnäckiger Eigenwille ist immer ein direkter Angriff auf Jesus Christus. Vielleicht tut er sonst niemandem weh, aber er verletzt den Heiligen Geist. Immer wenn wir trotzig und eigenwillig sind und unsere eigenen Ziele verfolgen, verletzen wir Jesus. Jedes Mal, wenn wir auf unserem Recht bestehen und unsere Absicht durchsetzen wollen, verfolgen wir ihn. Immer wenn wir uns auf unseren Anstand verlassen, beeinträchtigen wir systematisch seinen Geist und fügen ihm Leid zu. Und wenn uns am Ende klar wird, dass es Jesus ist, den wir die ganze Zeit verfolgt haben, dann ist das eine niederschmetternde Erkenntnis.

Führt das Wort Gottes, wenn ich es dir weitergebe, zu klaren Erkenntnissen, oder widerspricht mein Verhalten dem, was ich dir sage? Vielleicht rede ich von Heiligung — vom Abgeben meiner Rechte an Christus — und doch merkt man an mir eine rebellische Art, genau die Haltung, die sich gegen Jesus Christus richtet. Der Geist Jesu orientiert sich nur an einem: vollkommener Einheit mit dem Vater. Und er sagt zu uns: »Nehmt auf euch mein

Joch und lernt von mir; denn ich bin sanftmütig und von Herzen demütig; so werdet ihr Ruhe finden für eure Seelen« (Mt 11, 29). Alles, was ich tue, sollte in vollkommener Einheit mit Jesus begründet sein, nicht in meinem eigenen Entschluss gut zu sein. Das kann bedeuten, dass andere mich ausnutzen, mich meiden oder völlig ignorieren, aber wenn ich das um seinetwillen auf mich nehme, verhindere ich damit, dass er verfolgt wird.

### 29. Januar

## Wie kann man so unwissend sein!

»Herr, wer bist du?« (Apg 26, 15).

»Denn so sprach der Herr zu mir, als seine Hand über mich kam...« (Jes 8, 11). Wenn Gott spricht, gibt es kein Ausweichen. Er spricht immer mit seiner ganzen Autorität und bemächtigt sich unseres Verstandes. Hat Gott schon einmal direkt zu dir gesprochen? Wenn ja, erkennst du sofort die persönliche Dringlichkeit, mit der er dich anspricht. Gott spricht die Sprache, die du am besten verstehst: nicht mit hörbaren Worten, sondern durch deine Situation.

Gott muss unser festes Vertrauen auf unsere eigenen Überzeugungen zerstören. Wir sagen: »Ich weiß, dass ich das tun soll« – und dann spricht Gott plötzlich und wir sind erschüttert über unsere vollkommene Unwissenheit. Gerade die Art, wie wir beschließen uns für ihn einzusetzen, zeigt, wie wenig wir ihn kennen. Wir arbeiten für ihn, aber unsere Einstellung ist nicht seine und indem wir ihn verteidigen, verletzen wir ihn. Wir treten für sein Recht ein, aber unser Vorgehen ist teuflisch; unsere Worte klingen gut, aber der Geist darin ist feindlich. »Jesus ... wies sie zurecht und sprach: Wisst ihr nicht, welches Geistes Kinder ihr seid?« (Lk 9,55). Der Geist Jesu, der sich in seinen Nachfolgern zeigt, ist in 1. Korinther 13 beschrieben.

Habe ich mich gegen Jesus gewendet durch meinen entschlossenen Eifer, ihm so zu dienen, wie ich will? Wenn ich das Gefühl habe, meine Pflicht getan zu haben, und ihn dabei doch verletzt habe, dann war das ganz sicher nicht meine Pflicht. Wenn es nach mir geht, versuche ich gar nicht sanft und friedliebend zu sein, sondern suche meine eigene Befriedigung. Wir bilden uns so oft ein, alles, was unangenehm ist, sei unsere Pflicht! Entspricht das auch nur im Geringsten dem Geist Gottes? »Deinen Willen, mein Gott, tue ich *gern* ...« (Ps 40, 9).

## 30. Januar

# Die schwierige Entscheidung

*»Samuel aber fürchtete sich, Eli anzusagen, was ihm offenbart worden war«* (1. Sam 3,15).

Gott spricht nicht auf dramatische Weise zu uns, sondern so, dass man es leicht missverstehen kann. Dann sagen wir: »Ob das wohl Gottes Stimme war?« Jesaja sagt, dass »seine Hand über mich kam«, als Gott zu ihm sprach, und meint damit den Zwang der äußeren Umstände. Nichts begegnet uns ohne das Zutun des allmächtigen Gottes. Erkennen wir, wie er handelt, oder kommt uns alles wie Zufall vor?

Gewöhne dir an zu sagen: »Rede, Herr« (1. Sam 3,9); dann wird das Leben ein Abenteuer. Immer wenn äußere Umstände dich in die Enge treiben, sage: »Rede, Herr«, und nimm dir Zeit zu hören. Schwierigkeiten sind nicht einfach Strafen. Sie sollen uns dazu bringen zu sagen: »Rede, Herr«. Erinnere dich, wie Gott früher einmal zu dir gesprochen hat. Weißt du noch, was er gesagt hat? War es Lukas 11,13 oder 1. Thessalonicher 5,23? Durch das Hören werden wir aufnahmefähiger und lernen, Gott immer so zu hören wie Jesus.

Soll ich meinem »Eli« sagen, was Gott mir gezeigt hat? Hier liegt die schwierige Entscheidung, wenn ich gehorchen will. Wenn wir Vorsehung spielen und denken: »Ich muss Eli schützen« (wobei Eli für die besten Menschen steht, die wir kennen), dann sind wir ungehorsam. Gott hat Samuel nicht befohlen, es Eli zu sagen – er musste das selbst entscheiden. Was Gott dir gesagt hat, kann deinen »Eli« verletzen, aber wenn du versuchst das Leiden eines anderen zu verhindern, blockiert das die Verbindung zwischen dir und Gott. Wenn du verhinderst, dass jemandes rechte Hand abgehauen oder sein rechtes Auge ausgerissen wird (s. Mt 5,29.30), tust du es auf eigene Gefahr.

Frage nie jemanden um Rat, wenn Gott dich auffordert, eine Sache vor ihm zu entscheiden. Wenn du dir Rat holst, wirst du fast immer gegen Gott handeln. »... da besprach ich mich nicht erst mit Fleisch und Blut ...« (Gal 1,16).

## 31. Januar
# Erkennst du deine Berufung?

»... ausgesondert, zu predigen das Evangelium Gottes ...« (Röm 1,1).

Unsere Aufgabe ist nicht in erster Linie vollkommene Menschen zu sein, sondern das Evangelium Gottes bekannt zu machen. Das Allerwichtigste ist, dass man erkennt, dass das, was Gott getan hat, *die* bleibende Wirklichkeit ist. Die Wirklichkeit ist nicht menschliche Güte oder Vollkommenheit, Himmel oder Hölle – die Wirklichkeit ist, dass Jesus uns frei gemacht hat. Das zu erkennen ist heute die wesentlichste Voraussetzung für jeden, der im christlichen Bereich arbeitet. Wir als christliche Arbeiter müssen uns daran gewöhnen, dass uns gezeigt wird, dass die Erlösung die einzige gültige Wirklichkeit ist. Eine untadelige Lebensführung kann uns nicht retten; sie kann nur Zeichen sein, dass Christus uns gerettet hat. Wenn wir an unsere gute Wesensart glauben, werden wir untergehen, sobald es ums Ganze geht.

Paulus sagt nicht, er hätte sich selbst »ausgesondert«, sondern: »Als es aber Gott wohlgefiel, der mich ... ausgesondert ... hat« (Gal 1, 15). Paulus nahm sich selbst nicht allzu wichtig. Und solange wir uns auf unsere eigene untadelige Lebensführung konzentrieren, sind wir weit davon entfernt, wirklich zu erleben, dass wir freigekauft sind. Christliche Mitarbeiter versagen, wenn sie ihren Wunsch nach persönlicher Vollkommenheit ernster nehmen als den Wunsch, Gott kennen zu lernen. »Verlange nicht, dass ich mich mit der realen Kraft der Erlösung gegen den menschlichen Schmutz um mich her befasse; mich interessiert, was Gott tun kann, um mich vor mir selbst attraktiver zu machen.« Solche Reden sind ein Zeichen, dass ich von dem, was Gott wirklich tut, nichts verstanden habe. Bedingungslos für Gott da zu sein ist etwas ganz anderes. Gott kann mich nicht frei machen, wenn ich mich nur für mich selbst interessiere. Paulus interessierte sich nicht für sich selbst. Er stand Gott ohne Rücksichten, ohne Vorbehalte zur Verfügung, und Gott hatte ihn zu einem einzigen Zweck »ausgesondert«: das Evangelium Gottes bekannt zu machen (s. Röm 9, 3).

# Februar

## 1. Februar

## Der Aufruf Gottes

*»Denn Christus hat mich nicht gesandt zu taufen, sondern das Evangelium zu predigen ...«* (1. Kor 1,17).

Hier stellt Paulus fest, dass Gott Menschen dazu aufruft, das Evangelium zu predigen. Aber vergiss nicht, was Paulus mit dem »Evangelium« meint, nämlich die Erlösung durch Jesus Christus. Wir neigen dazu, die Heiligung des Einzelnen zum Schwerpunkt unserer Predigten zu machen. Paulus spricht nur von persönlichen Erlebnissen, um etwas zu erklären, nie als Selbstzweck. Wir sind nicht beauftragt, die persönliche Rettung oder das Leben in der Abhängigkeit von Gott zu predigen; wir sind beauftragt, Jesus Christus zu »erhöhen« (s. Joh 12,32). Es ist ungerecht zu sagen, Jesus Christus hätte für die Erlösung gelitten, damit *ich* den Zugang zu Gott habe. Jesus Christus hat all das auf sich genommen, um die ganze Welt zu erlösen und sie vollkommen wiederhergestellt in Gottes Gegenwart zu bringen. Dass wir die Erlösung selbst erleben können, zeigt wie real und wirksam sie ist, aber dieses Erlebnis ist ein Nebenprodukt und nicht das Ziel der Erlösung. Wenn Gott ein Mensch wäre, wie satt müsste er unser ständiges Betteln haben, dass er *uns* rettet und mit sich vereint! Wir belasten ihn von früh bis spät mit Bitten, *uns* etwas zu geben oder von etwas zu befreien! Wenn wir endlich mit der Grundlage in Berührung kommen, mit der Tatsache, dass Christus die ganze Welt in Verbindung mit Gott gebracht hat, dann belästigen wir ihn nie mehr mit unseren kleinen persönlichen Beschwerden.

Die einzige Leidenschaft, die Paulus hatte, war der Wunsch, das Evangelium bekannt zu machen. Trauer, Enttäuschungen und Gefahren von außen nahm er aus diesem einen Grund gern in Kauf: All das stärkte seine unverbrüchliche Treue zur Botschaft Gottes.

## 2. Februar

# Die zwingende Kraft der Berufung

*»Und wehe mir, wenn ich das Evangelium nicht predigte!«* (1. Kor 9,16).

Weigere dich nicht zu hören, wenn Gott dich anruft. Jeder Mensch, den Gott gerettet hat, ist aufgefordert, von seiner Rettung zu berichten. Das ist aber nicht dasselbe wie die Berufung zum Predigen, es ist nur ein Beispiel, das man für die Predigt gebrauchen kann. In diesem Vers spricht Paulus von der schmerzhaften Unruhe, die die zwingende Kraft der Berufung, das Evangelium zu predigen, bei ihm hervorruft. Versuche nicht, Paulus' Worte über die Berufung zum Predigen auf solche Menschen anzuwenden, die Gott ruft, damit sie gerettet werden. Nichts ist leichter als gerettet zu werden, denn das tut Gott ganz allein, so wie er will — »wendet euch zu mir, so werdet ihr gerettet ...« (Jes 45,22). Christus verlangt nie dasselbe von denen, die gerettet werden, und von denen, die seine Jünger sein wollen. Wir sind durch das Kreuz Christi dazu bestimmt, gerettet zu werden. Aber ein Jünger wird man aus eigener Entscheidung: *»Wenn jemand ...«* (Lk 14,26).

Paulus spricht davon, dass Gott ihn zu seinem Diener gemacht hat, und als solche werden wir nie gefragt, was wir tun oder wohin wir gehen wollen. Gott gebraucht uns wie Brot und Wein nach seinen Wünschen. »Ausgesondert, zu predigen« (Röm 1,1) bedeutet, dass man Gottes

Ruf hören kann. Sobald jemand anfängt diesen Ruf zu hören, leidet er in einer Art, die dem Wesen Christi entspricht. Plötzlich sind alle Ziele, alle Wünsche an das Leben, alle Zukunftsaussichten völlig ausgelöscht. Nur eines bleibt übrig: »... ausgesondert, zu predigen das Evangelium ...« Das »Wehe mir« gilt für einen Menschen, der versuchen würde andere Pläne zu verfolgen, obwohl dieser Ruf ihn erreicht hat. Diese Bibelschule besteht, damit jeder von euch erkennen kann, ob Gott hier einen Menschen hat, dem es wirklich wichtig ist, sein Evangelium bekannt zu machen, und ob Gott dich dazu aussucht. Wenn Gott dich so zwingend beruft, dann lass dich nicht durch andere Stimmen ablenken.

### 3. Februar

## »Der Abschaum der Menschheit«

*»Wir sind geworden wie der Abschaum der Menschheit, jedermanns Kehricht ...«* (1. Kor 4,13).

Das ist nicht übertrieben. Wenn es auf uns nicht zutrifft, die wir uns Diener des Evangeliums nennen, dann nicht darum, weil Paulus vergessen oder missverstanden hätte, was die Worte genau besagen, sondern weil wir zu viel Rücksicht auf unsere eigenen Wünsche nehmen, um zum Abfall oder »Abschaum der Menschheit« zu werden. »... und erstatte an meinem Fleisch, was an den

Leiden Christi noch fehlt ...« (Kol 1, 24): Das ist nicht das Merkmal eines Christenlebens überhaupt, sondern das Kennzeichen eines Lebens, das Gott für sich einsetzt: »... ausgesondert, zu predigen das Evangelium Gottes ...« (Röm 1, 1).

»Ihr Lieben, lasst euch durch die Hitze nicht befremden, die euch widerfährt zu eurer Versuchung...« (1. Petr 4, 12). Wenn wir meinen, das, was uns passiert, sei ungewöhnlich, dann weil wir ängstlich und feige sind. Wir sind meist so auf unsere eigenen Wünsche und Interessen fixiert, dass wir uns aus der Gefahrenzone halten und sagen: »Das mache ich nicht mit; keinen Schritt gebe ich nach.« Und wir werden nicht gezwungen; wenn du willst, kannst du haarscharf daran vorbeikommen. Du kannst dich weigern, zu denen zu gehören, die Gott »ausgesondert (hat), zu predigen das Evangelium ...« Oder du kannst sagen: »Es kommt nicht darauf an, ob ich als ›Abschaum der Menschheit‹ behandelt werde, wenn nur das Evangelium bekannt gemacht wird.« Ein echter Diener Jesu Christi ist bereit, sich foltern zu lassen, um zu bestätigen, dass das Evangelium echt und wirksam ist. Wenn jemand mit hoher Moral auf Verachtung, Unmoral, Verrätereien und Lügen stößt, widert ihn dieses Verhalten so an, dass er sich abwendet, die Hoffnung verliert und sich dem Schuldigen verschließt. Aber das Wunder, durch das Gottes Erlösung sich als echt erweist, ist, dass auch der schlimmste und gemeinste Verbrecher nie an die Grenzen seiner unendlichen Liebe kommen kann. Paulus sagt nicht, Gott hätte ihn ausgesondert, um zu zeigen, was für einen bewundernswerten Menschen er aus ihm machen kann, sondern »*dass er seinen Sohn offenbarte in mir ...*« (Gal 1, 16).

## 4. Februar

# Seine zwingende Autorität

»*Denn die Liebe Christi drängt uns ...*« (2. Kor 5,14).

Paulus sagt, er werde überwältigt, gefügig gemacht und wie in einem Schraubstock festgehalten durch »die Liebe Christi«. Nur sehr wenige von uns wissen, was das bedeutet, wenn Gottes Liebe uns im Griff hat. Wir lassen uns so oft einfach von unseren Erfahrungen leiten. Paulus wurde so stark und zwingend von Gottes Liebe bestimmt, dass nichts anderes Einfluss auf sein Handeln hatte. »Die Liebe Christi drängt uns ...« Wenn das Verhalten eines Menschen das zum Ausdruck bringt, ist es unverkennbar. Dann weißt du, dass Gottes Geist in diesem Menschen ganz frei handeln kann.

Wenn wir von Gottes Geist neu geboren sind, dann konzentrieren sich unsere Berichte ganz auf das, was Gott für uns getan hat, und das ist gut so. Aber es ändert sich grundsätzlich, wenn wir »die Kraft des heiligen Geistes empfangen, der auf euch kommen wird ...« (Apg 1,8). Erst dann fängt man an zu verstehen, was Jesus gemeint hat, als er weiter sagte: »... und werdet *meine Zeugen* sein ...« Nicht Zeugen dessen, was Jesus tun kann – das ist allgemeines Grundwissen –, sondern »meine Zeugen«. Dann nehmen wir alles, was passiert, so an, als ob es ihm passierte: Lob und Tadel, Verfolgung und Belohnung. Niemand kann so für Christus einstehen, wenn er nicht vollkommen von seiner überragenden Autorität in

Bann gezogen ist. Sie ist das Einzige, worauf es ankommt, aber seltsamerweise ist sie oft das Letzte, was wir als christliche Mitarbeiter überhaupt wahrnehmen. Paulus sagt, dass Gottes Liebe ihn fest im Griff hat und dass sie es ist, die sein Handeln bestimmt. Ihm war gleichgültig, ob die Leute ihn für verrückt hielten oder nicht. Er lebte nur für eines: die Menschen zu überzeugen, dass Gottes Gericht kommt, und ihnen »die Liebe Christi« nahe zu bringen. Diese völlige Hingabe an »die Liebe Christi« ist das Einzige, was dein Leben fruchtbar macht. Und sie macht immer Gottes Vollkommenheit und seine Macht sichtbar und lenkt nie die Aufmerksamkeit auf dich und darauf, was du durch Gottes Gnade geworden bist.

## 5. Februar

# Opferbereitschaft

»Und wenn ich auch geopfert werde bei dem Opfer und Gottesdienst eures Glaubens, so freue ich mich und freue mich mit euch allen« (Phil 2,17).

Bist du bereit, dich für die Arbeit eines anderen Christen herzugeben, wenn Gott das will — deine Zeit und Lebenskraft ohne Gegengabe für den Glauben und den Einsatz anderer zu verschenken? Oder meinst du: »Im Augenblick bin ich nicht bereit, mich ganz herzugeben, und ich will auch nicht, dass Gott mir vorschreibt, wie ich mich für ihn einsetzen soll. Ich will selbst bestimmen, wo ich mich einsetze. Und ich möchte, dass bestimmte Leute es merken und sagen: ›Gut so‹?«

Es ist eine Sache, Gott so zu dienen, wie er es will, wenn man als Held angesehen wird, aber eine ganz andere, wenn dir Gott eine Arbeit bestimmt hat, bei der dich andere als »Fußabtreter« benutzen. Vielleicht will Gott, dass du später mit Recht sagen kannst: »Ich kann niedrig sein ...« (Phil 4,12). Bist du bereit, dich so zu verbrauchen zu lassen? Bist du bereit, noch weniger zu gelten als ein Tropfen am Eimer — so völlig unbedeutend zu sein, dass sich niemand an dich erinnert, auch wenn man an die denkt, für die du gearbeitet hast? Bist du bereit zu geben und dich anzustrengen, bis du erschöpft und verbraucht bist, und nicht zu erwarten, dass man dir hilft, sondern selbst zu helfen? Es gibt Christen, die können keine einfache Alltagsarbeit tun und dabei ihre christliche Haltung bewahren, weil sie meinen, solche Dienste seien unter ihrer Würde.

## 6. Februar

## Opferbereitschaft

»*Denn ich werde schon geopfert ...*« (2. Tim 4,6).

Bist du bereit, dich ganz und rückhaltlos zu verschenken? Das ist eine Entscheidung des Willens, nicht des Gefühls. *Sage* Gott, dass du bereit bist, dich ganz für ihn aufzuopfern. Dann nimm die Folgen an, wie sie kommen, und beschwere dich nicht über das, was Gott dir vielleicht schickt. Gott lässt dich wahrscheinlich eine innere Krise erleben, in der dir niemand helfen kann. Äußerlich sieht dein Leben vielleicht aus wie sonst auch; die Änderung findet in deinem Willen statt. Wenn du die Krise in deinem Willen durchgestanden hast, dann ist es dir nicht mehr wichtig, wenn sie auf deine äußeren Verhältnisse übergreift. Wenn du die Sache nicht zuerst mit Gott auf der Ebene des Willens festmachst, wirst du im Ernstfall nur in Selbstmitleid verfallen.

»Bindet das Opfer mit Seilen an die Hörner des Altars.« So gibt die englische King-James-Bibel Psalm 118,27 wieder. Du musst bereit sein, dich auf den Altar legen zu lassen und das Feuer auszuhalten; bereit sein zu erleben, was der Altar symbolisch darstellt: Verbrennung, Reinigung und die Aussonderung für einen einzigen Zweck. Damit werden alle Wünsche und Gefühlsbindungen weggenommen, die nicht in Gott begründet oder auf ihn gerichtet sind. Aber nicht du nimmst sie weg, sondern Gott. Du »bindest das Opfer ... an die Hörner des Altars« und achtest darauf, nicht in Selbstmitleid zu verfallen, wenn das Feuer angezündet wird. Nachdem du durch das Feuer gegangen bist, kann dich nichts mehr erschüttern oder entmutigen. Wenn dann wieder eine Krise eintritt, wirst du sehen, dass sie dich nicht mehr so bewegt wie früher. Welches Feuer steht dir bevor?

Sage Gott, dass du bereit bist, das Opfer zu sein, dann wird Gott dir zeigen, dass er alles ist, was du dir je von ihm erträumt hast.

## 7. Februar

# Mutlosigkeit

*»Wir aber hofften, er sei es, der Israel erlösen werde. Und über das alles ist heute der dritte Tag, dass dies geschehen ist«* (Lk 24, 21).

Alle Tatsachen, die die Jünger da berichten, sind wahr, aber die Schlüsse, die sie daraus ziehen, sind falsch. Im geistlichen Bereich ist alles falsch, was geeignet ist, uns den Mut zu nehmen. Wenn ich deprimiert oder belastet bin, bin ich schuld, nicht Gott und auch niemand sonst. Mutlosigkeit kann zwei Gründe haben: Entweder habe ich mir einen egoistischen Wunsch erfüllt oder ich konnte ihn nicht erfüllen. Beides macht mich mutlos. Begehrlichkeit bedeutet: »Das muss ich sofort haben.« Geistliche Begehrlichkeit veranlasst mich eine Gebetserhörung von Gott zu fordern, anstatt Gott selbst zu suchen, der das Gebet erhört. Was habe ich gehofft oder geglaubt, dass Gott tun würde? Ist heute schon »der dritte Tag« und er hat immer noch nicht getan, was ich erwartet habe? Habe ich darum Recht, wenn ich den Mut verliere und Gott Vorwürfe mache? Immer wenn wir darauf bestehen, dass Gott unser Gebet erhören muss, sind wir auf dem Holzweg. Der Zweck des Gebets ist die Begegnung mit Gott, nicht die Erhörung. Wenn man sich körperlich wohl fühlt, ist man nicht mutlos, denn Mutlosigkeit ist ein Zeichen von Krankheit. Das gilt auch im geistlichen Bereich. Mutlosigkeit im geistlichen

Bereich ist unrecht und wir sind immer selbst daran schuld.

Wir möchten himmlische Visionen und welterschütternde Ereignisse erleben, um Gottes Macht zu sehen. Auch dass wir manchmal mutlos sind, beweist das. Aber kaum einmal erkennen wir, dass Gott die ganze Zeit in unserem Alltagsleben und in den Menschen um uns handelt. Wenn wir nur gehorchen und das tun wollen, was Gott uns als Nächstliegendes zeigt, dann sehen wir ihn. Wenn wir lernen, gerade in den alltäglichen Dingen zu erkennen, dass Jesus Christus der vollkommene Gott und Herrscher ist, dann bekommen wir damit einen der erstaunlichsten Einblicke in das Wesen Gottes.

## 8. Februar

# Der Preis der Heiligung

*»Er aber, der Gott des Friedens, heilige euch durch und durch …«* (1. Thess 5,23).

Wenn wir Gott bitten uns zu heiligen, also uns ganz für sich in Besitz zu nehmen, sind wir dann auch bereit die Voraussetzungen zu erfüllen? Wir nehmen das Wort *Heiligung* oft viel zu leicht. Sind wir bereit, den Preis für die Heiligung zu bezahlen? Der Preis ist eine starke Einschränkung all unserer menschlichen Interessen und eine intensive Pflege und Förderung unserer geistlichen Interessen. Heiligung bedeutet, dass wir uns intensiv auf Gottes Standpunkt konzentrieren. Sie bedeutet, dass wir alle körperlichen, seelischen und geistlichen Kräfte nur für das pflegen und bereithalten, was Gott will. Sind wir wirklich darauf vorbereitet, dass Gott alles in uns ausführt, wofür er uns ausgesucht hat? Und wenn er damit fertig ist, sind wir dann bereit, uns Gott ganz zur Verfügung zu stellen, so wie Jesus es getan hat? »Ich heilige mich selbst für sie...« (Joh 17, 19). Einige von uns haben noch nicht angefangen die Heiligung zu erleben, weil wir noch nicht verstanden haben, was Heiligung für Gott bedeutet. Heiligung bedeutet mit Jesus eins zu werden, so dass das Wesen, das sein Leben bestimmt hat, nun unser Leben bestimmt. Ist uns wirklich klar, was das kosten wird? Es wird uns buchstäblich alles kosten, was in uns ist und nicht von Gott ist.

Sind wir bereit, uns auf die ganze Tragweite dieses Gebets von Paulus einzulassen? Sind wir bereit zu sagen: »Herr, ich bin ein Sünder und du hast mich aus Liebe gerettet. Mache mich dir so ähnlich wie möglich?« Jesus hat Gott darum gebeten, dass wir mit ihm so eins werden, wie er eins mit dem Vater ist (s. Joh 17, 21-23). Der unwiderlegbare Beweis, dass der Heilige Geist in einem Menschen tätig ist, ist eine eindeutige Familienähnlichkeit mit Jesus Christus und Freiheit von allem, was ihm unähnlich ist. Sind wir bereit, uns von allem anderen zu lösen, damit der Heilige Geist in uns handeln kann?

## 9. Februar

# Geistliche Erschöpfung

*»Der Herr, der ewige Gott ..., wird nicht müde noch matt ...«* (Jes 40, 28).

Erschöpfung bedeutet, dass unsere Lebenskraft völlig ermüdet und verbraucht ist. Geistliche Erschöpfung ist nicht die Folge von Sünde, sondern der Arbeit für Gott. Ob die Arbeit dich erschöpft oder nicht, das hängt davon ab, woher deine Kraft kommt. Jesus sagte zu Petrus: »Weide meine Schafe!«, aber er gab ihm keine Weide für sie. Wir sollen für andere zu Brot und Wein werden, und das bedeutet, dass *du* die geistliche Nahrung für andere sein musst, bis sie gelernt haben, sich von Gott zu ernähren. Sie werden dich völlig aussaugen bis zum allerletzten Tropfen. Achte darauf, deinen Vorrat aufzufüllen, sonst wirst du bald völlig erschöpft sein. Andere sind darauf angewiesen, das Leben Jesu durch dich zu bekommen, solange sie nicht gelernt haben, es direkt für sich in Anspruch zu nehmen. Du musst buchstäblich ihre Nahrungsreserve sein, bis sie ihre Nahrung unmittelbar von Gott nehmen können. Wir sind es Gott schuldig, für seine Schafe und Lämmer – wie für ihn selbst – das Bestmögliche zu sein.

Hast du vor lauter Erschöpfung aufgegeben, weil du so viel für Gott gearbeitet hast? Wenn ja, dann lass deine Liebe und Sehnsucht wieder neu aufflammen. Denke nach, warum du für Gott arbeitest. Ist dein Motiv deine eigene Einsicht oder die Erlösung durch Jesus Christus? Achte immer auf die Grundlage deiner Liebe und vergiss nicht, wo deine Kraftquelle liegt. Du hast kein Recht zu klagen: »Ach Herr, ich bin so erschöpft.« Er hat dich gerettet und in seinen Dienst genommen, um dich zu verbrauchen. Lass dich für Gott aufbrauchen, aber denke daran, dass er deine Reserve ist. »Alle meine Quellen sind in dir« (Ps 87,7).

## 10. Februar

## Bist du blind für Gott?

»Hebet eure Augen in die Höhe und seht! Wer hat dies geschaffen?« (Jes 40,26).

Zur Zeit Jesajas hatte Gottes Volk seine Fähigkeit zur Gotteserkenntnis abstumpfen lassen, indem es Götzenbilder verehrte. Aber Jesaja veranlasste sie, den Himmel zu betrachten; das bedeutet, dass sie anfingen, ihren Verstand und ihre Vorstellungskraft richtig zu gebrauchen. Wenn wir Gottes Kinder sind, dann ist die Natur ein kostbarer Schatz für uns und wir sehen, dass sie von Gott kommt. Dann merken wir, wie Gott uns mit jedem Windstoß, mit jedem Sonnenauf- oder -untergang entgegenkommt, mit jeder Wolke, jeder blühenden Blume und jedem Blatt, das sich verfärbt, wenn wir nur anfangen, unser abgestumpftes Denken zu aktivieren und es wahrzunehmen.

Ob jemand sich an Gott orientiert, das lässt sich daran erkennen, ob er sein Denken und seine geistigen Kräfte unter Kontrolle hat. Orientierst du dich an einem Götzenbild? Bist du selbst dieser Götze? Deine Arbeit? Deine Vorstellung, wie ein Mitarbeiter sein sollte, oder vielleicht das Erlebnis, gerettet und geheiligt zu werden? Wenn ja, dann bist du blind für Gott. Wenn Schwierigkeiten auftauchen, bist du machtlos und musst im Dunkeln bleiben. Wenn du nicht mehr richtig sehen kannst, schau nicht zurück auf deine Erlebnisse, sondern sieh Gott an. Er ist es, den du brauchst. Geh über dich selbst hinaus, weg von deinen Götzen und weg von allem anderen, was dein Denken abgestumpft hat. Wach auf, gib zu, dass Jesajas Spott über sein Volk auch dir gilt, und richte deine Gedanken und deinen Blick bewusst auf Gott.

Wenn wir das Gefühl haben, unser Beten nütze nichts, dann kommt das zum Teil daher, dass wir unsere Vorstellungskraft verloren haben. Wir können uns oft nicht einmal mehr vorstellen, dass wir uns bewusst vor Gott stellen. In der Fürbitte ist es noch wichtiger als im persönlichen Umgang mit anderen, Brot und Wein zu sein. Gott gibt einem Christen die Vorstellungskraft, damit er über sich selbst hinauswachsen und einen festen Platz in einem Beziehungsnetz finden kann, das er vorher nie gekannt hat.

## 11. Februar

# Bestimmt Gott dein Denken?

*»Wer sein Denken auf dich gerichtet hat, den bewahrst du in vollkommenem Frieden; denn er verlässt sich auf dich«* (Jes 26,3 nach der englischen King-James-Bibel).

Orientiert sich dein Denken an Gott oder ist es verkümmert? Ein durch Vernachlässigung verkümmertes Denken ist eine der Hauptursachen für Erschöpfung und Schwäche bei Mitarbeitern. Wenn du noch nie deine geistige Kraft gebraucht hast, um dich vor Gott zu stellen, dann fange jetzt damit an. Es gibt keinen Grund, warum Gott zu dir kommen sollte. Du musst deine Gedanken und deine Aufmerksamkeit von allen Götzen abwenden und ihn anschauen, dann wirst du gerettet (s. Jes 45,22).

Deine geistige Kraft ist das größte Geschenk, das Gott dir gegeben hat, und sie sollte ihm ganz zur Verfügung stehen. Du solltest versuchen, »alles Denken in den Gehorsam gegen Christus gefangen zu nehmen« (s. 2. Kor 10,5). Das wird eine entscheidende Hilfe für deinen Glauben sein, wenn eine schwierige Zeit kommt, denn dann kann dein Glaube mit dem Heiligen Geist zusammenarbeiten. Wenn du Gedanken und Vorstellungen hast, die Gott ehren, übe dich darin, sie mit allem, was in der Natur vorgeht, zu verbinden und zu vergleichen: mit dem Sonnenauf- und -untergang, dem Mond- und Sternenlicht und dem Wechsel der Jahreszeiten. Dann wirst du anfangen zu erkennen, dass auch deine

Gedanken von Gott sind, und deine Geisteskraft wird nicht mehr deinem impulsiven Denken ausgeliefert sein, sondern kann immer für Gott eingesetzt werden.

»Wir haben gesündigt samt unseren Vätern, wir haben Unrecht getan und ... gedachten nicht an deine große Güte ...« (Ps 106,6.7). Wenn das für dich gilt, wache sofort auf und gib deinem Gedächtnis einen Stoß. Denke nicht: »Aber im Augenblick spricht Gott ja gar nicht zu mir.« Du solltest ihn hören können. Denke daran, wem du gehörst und für wen du arbeitest. Sporne dich selbst zur Erinnerung an, dann wird deine Liebe zu Gott um das Zehnfache wachsen. Dann wird dein Denken nicht mehr ausgehungert, sondern hellwach und begeistert sein und deine Hoffnung unsäglich hell und schön.

## 12. Februar

### Hörst du Gott zu?

*»... und sprachen zu Mose: Rede du mit uns, wir wollen hören; aber lass Gott nicht mit uns reden, wir könnten sonst sterben«* (2. Mose 20,19).

Meist sind wir Gott nicht bewusst und absichtlich ungehorsam; wir hören ihm einfach nicht zu. Gott hat uns seine Gebote gegeben, aber wir beachten sie nicht – nicht aus willentlichem Ungehorsam, sondern weil wir ihn nicht wirklich lieben und achten. »Liebt ihr mich, so werdet ihr meine Gebote halten« (Joh 14, 15). Wenn wir erst einmal merken, dass wir Gott damit ständig missachtet haben, dann tut es uns Leid und wir schämen uns, ihn nicht ernst genommen zu haben.

»Rede du mit uns ..., aber lass Gott nicht mit uns reden ...« Wenn wir lieber auf christliche Mitarbeiter hören als auf Gott, zeigen wir damit, wie wenig wir ihn lieben. Oft hören wir gern Erfahrungsberichte von Christen, wollen aber nicht, dass Gott selbst zu uns spricht. Warum haben wir solche Angst davor, Gott reden zu hören? Weil wir wissen: Wenn Gott spricht, müssen wir entweder tun, was er sagt, oder ihm sagen, dass wir nicht gehorchen wollen. Wenn es aber nur ein Mitarbeiter ist, der zu uns redet, haben wir das Gefühl, wir könnten nach Wahl gehorchen oder nicht. Wir sagen dann: »Das siehst eigentlich nur du so, auch wenn ich nicht bestreiten will, dass du vielleicht Gottes Wahrheit sagst.«

Verletze ich Gott ständig, indem ich einfach nicht auf ihn achte, während er mich die ganze Zeit als sein geliebtes Kind behandelt? Wenn ich ihn endlich doch höre, fällt der Schmerz, den ich ihm zugefügt habe, auf mich zurück. Und dann frage ich: »Herr, warum war ich nur so dickfellig und eigensinnig?« So geht es uns immer, wenn wir Gott schließlich hören. Unsere Freude, ihn endlich zu hören, ist echt, aber gedämpft durch die Scham, dass wir so lange dazu gebraucht haben.

## 13. Februar

# Die Wachheit der Liebe

*»Und Samuel sprach: Rede, denn dein Knecht hört«*
(1. Sam 3,10).

Wenn ich einmal sorgfältig und genau auf Gottes Worte gehört habe, heißt das noch nicht, dass ich von nun an immer auf alles achten werde, was er sagt. Dass ich so wenig wahrnehme und beachte, was er sagt, damit zeige ich Gott, wie wenig ich ihn liebe und achte. Wenn ich einen Freund liebe, verstehe ich instinktiv, was er will. Und Jesus sagt: »Ihr seid meine Freunde...« (Joh 15,14). Habe ich diese Woche gegen ein Gebot meines Herrn verstoßen? Wenn ich erkannt hätte, dass es ein Gebot Jesu ist, wäre ich nicht absichtlich ungehorsam gewesen. Aber die meisten von uns missachten Gott so sehr, dass sie ihn nicht einmal hören. Es ist, als ob er gar nicht zu ihnen gesprochen hätte. Das Ziel meines geistlichen Lebens ist eine so vollständige Einheit mit Jesus Christus, dass ich Gott immer höre und weiß, dass auch er mich immer hört (s. Joh 11,41). Wenn ich mit Jesus Christus eins bin, höre ich Gott ständig mit der Wachheit der Liebe. Eine Blume, ein Baum oder auch ein Christ kann mir vermitteln, was Gott mir sagen will. Was mich am Hören hindert, ist meine Aufmerksamkeit für anderes. Nicht dass ich Gott nicht hören wollte — aber die entscheidenden Bereiche meines Lebens gehören noch nicht ihm. Sie gehören den Dingen, auch der Arbeit oder meinen eigenen Überzeugungen. Dann kann Gott sagen, was er will, ich höre ihn einfach nicht. Wer Gottes Kind ist, der sollte immer mit der Einstellung leben: »Rede, denn dein Knecht hört.« Wenn ich diese Wachheit der Liebe nicht fördere und pflege, kann ich Gottes Stimme nur zu gewissen Zeiten hören. Zu anderen Zeiten bin ich taub für ihn, weil ich auf andere Dinge achte, die ich meine tun zu müssen. So lebt man nicht, wenn man Gottes Kind ist. Hast du Gottes Stimme heute schon gehört?

## 14. Februar

# Hören lernen

*»Was ich euch sage in der Finsternis, das redet im Licht; und was euch gesagt wird in das Ohr, das predigt auf den Dächern«* (Mt 10,27).

Manchmal lässt Gott uns Dunkelheit erleben, damit wir lernen, ihn zu hören und ihm zu gehorchen. Wie man Singvögel im Dunkeln hält, damit sie singen lernen, so stellt Gott uns manchmal unter den »Schatten seiner Hand« (Jes 49,2), bis wir lernen ihn zu hören. »Was ich euch sage in der Finsternis ...« Höre aufmerksam zu, wenn Gott dich mit Dunkelheit umgibt, und sei ganz still, solange sie dauert. Ist es im Augenblick dunkel um dich, was deine äußeren Umstände oder dein Leben mit Gott angeht? Wenn ja, dann bleibe still. Im Dunkeln bist du nicht in der richtigen Verfassung zum Sprechen — Dunkelheit ist die Zeit zum Hören. Erzähle anderen nicht von deiner Lage; forsche nicht in Büchern, um den Grund für die Dunkelheit zu finden; höre nur einfach und gehorche. Wenn du zu anderen redest, kannst du nicht gleichzeitig hören, was Gott sagt. Wenn du im Dunkeln bist, höre, dann wird Gott dir etwas sehr Wichtiges geben, was du einem anderen Menschen sagen sollst, wenn du erst wieder im Licht bist.

Nach jeder solchen dunklen Zeit sollten wir ein Gemisch von Freude und Scham empfinden. Wenn nur Freude da ist, zweifle ich, ob wir Gott überhaupt gehört haben. Wir sollten uns freuen, dass wir Gott hörten, aber uns hauptsächlich schämen, dass wir so lange brauchten, um ihn zu hören! Dann möchten wir rufen: »Wie schwer und langsam habe ich gehört und verstanden, was Gott mir gesagt hat!« Gott hat es tage- und sogar wochenlang gesagt. Aber wenn du ihn dann hörst, gibt er dir die Fähigkeit, dich zu schämen. Das nimmt einem Menschen die Härte — und du wirst von nun an immer *gleich* auf Gott hören.

## 15. Februar

# »Soll ich meines Bruders Hüter sein?«

*»Denn unser keiner lebt sich selber ...«* (Röm 14,7).

Hast du schon einmal daran gedacht, dass du vor Gott für andere verantwortlich bist? Wenn ich mir zum Beispiel in meinem Privatleben erlaube, Gott nicht zu gehorchen, leiden alle in meiner Umgebung. »Wenn ein Glied leidet, so leiden alle Glieder mit ...« (1. Kor 12,26). Wenn du Egoismus, geistiger Nachlässigkeit, moralischer Dickfelligkeit oder geistiger Schwäche Raum gibst, leiden alle darunter, die mit dir zu tun haben. Da fragst du: »Aber wer ist denn einem Leben nach solchen Maßstäben gewachsen?« »... dass wir tüchtig sind, ist von Gott ...« (2. Kor 3,5) und nur von ihm.

»... und werdet meine Zeugen sein ...« (Apg 1,8). Wie viele von uns sind bereit, rückhaltlos alle nervliche, geistige, sittliche und geistliche Kraft für Jesus Christus zu verbrauchen? Das meint Gott mit dem Wort *Zeuge*. Aber das braucht Zeit; sei also geduldig mit dir selbst. Warum hat Gott uns auf der Erde zurückgelassen? Nur um gerettet zu werden und ihm zu gehören? Nein, sondern damit wir für ihn arbeiten. Bin ich bereit, mich für ihn wie Brot und Wein an andere zu verschenken? Bin ich bereit, für meine Zeit und dieses Leben wertlos zu sein außer zu einem einzigen Zweck: Menschen zu Jüngern des Herrn Jesus Christus zu machen? Mein Einsatz für Gott ist meine Art, ihm für das unaussprechlich wertvolle Geschenk zu danken, dass er mich gerettet hat. Vergiss nicht, Gott kann leicht jeden von uns aus dem Dienst nehmen, wenn wir uns weigern, uns gebrauchen zu lassen: »... damit ich nicht andern predige und selbst verwerflich werde« (1. Kor 9, 27).

## 16. Februar
# Inspiriertes Handeln

*»Wach auf, der du schläfst, und steh auf von den Toten ...«* (Eph 5, 14).

Nicht jede Bereitschaft, etwas anzufangen, ist von Gott. Wenn jemand sagt: »Steh auf und fang an! Pack deine Faulheit an der Gurgel und wirf sie über Bord!«, – dann ist das normale menschliche Initiative. Aber wenn der Heilige Geist kommt und zu uns sagt: »Steh auf und fang an!«, – dann merken wir plötzlich, dass er unser Handeln inspiriert.

Wenn wir jung sind, haben wir alle viele Träume und ehrgeizige Pläne, aber früher oder später erkennen wir, dass wir sie nicht verwirklichen können. Wir haben nicht die Kraft das zu tun, was wir so gern wollten, also neigen wir dazu, unsere Träume und Pläne aufzugeben. Manchmal kommt dann Gott und sagt zu uns: »Steh auf von den Toten ...« Wenn Gott uns inspiriert, steckt darin eine so unglaubliche Kraft, dass wir »von den Toten aufstehen« und Unmögliches tun können. Das Bemerkenswerte an der geistlichen Initiative ist, dass Leben und Kraft erst kommen, nachdem wir »aufgestanden sind und angefangen haben«. Gott gibt uns nicht das Leben, das überwindet; er gibt uns Leben, *indem wir überwinden.* Wenn Gott uns inspiriert und sagt: »Steh auf von den Toten ...«, dann müssen wir selbst aufstehen; Gott hebt uns nicht auf. Jesus sagte zu dem Mann mit der verdorrten Hand: »Strecke deine Hand aus!« (Mt 12, 13). Sobald der Mann das tat, wurde seine Hand geheilt. Aber er musste selbst anfangen. Wenn wir den Anfang machen, Widerstände zu überwinden, werden wir sehen, dass Gott uns inspiriert, weil er uns sofort die Kraft seines Lebens schenkt.

### 17. Februar
## Handeln gegen Niedergeschlagenheit

*»Steh auf und iss!«* (1. Kön 19, 5).

An dieser Stelle schenkt der Engel Elia keine Vision, er erklärt ihm nicht die Schrift und tut überhaupt nichts Aufsehenerregendes. Er sagt Elia einfach, er solle etwas ganz Gewöhnliches tun, nämlich aufstehen und essen. Deprimierte Stimmungen gehören zum Leben; nur Materielles kann nicht niedergeschlagen sein. Wenn wir Menschen nicht bedrückt sein könnten, könnten wir auch nicht glücklich und begeistert sein. Manche Dinge im Leben neigen dazu, uns zu bedrücken, zum Beispiel alles, was mit dem Tod zusammenhängt. Wenn du deine Fähigkeiten einschätzt, musst du immer auch mit der Möglichkeit rechnen, niedergeschlagen zu werden.

Wenn Gottes Geist uns begegnet, schenkt er uns meist keine großartigen Visionen, sondern er trägt uns auf, das Einfachste zu tun, was sich denken lässt. Depressive Verstimmungen lenken uns leicht vom Alltäglichen ab. Aber wenn Gott eingreift, dann spornt er uns an, die einfachsten und natürlichsten Dinge zu tun; wir hätten Gott nie in diesen Dingen erwartet, aber wenn wir sie tun, begegnet er uns. Die Anstöße, die uns in diese Richtung weisen, sind Anstöße zum Handeln gegen die Niedergeschlagenheit. Aber wir müssen den Anfang machen und es in der Kraft Gottes tun. Wenn wir etwas nur tun, um über unsere depressiven Verstimmungen hinwegzukommen, dann vertiefen wir sie nur. Aber wenn der Heilige Geist uns antreibt, instinktiv etwas Bestimmtes zu tun, dann ist die Niedergeschlagenheit verschwunden, sobald wir es tun. In dem Augenblick, in dem wir aufstehen und gehorchen, erreichen wir eine höhere Ebene des Lebens.

## 18. Februar

# Handeln gegen Verzweiflung

*»Steht auf, lasst uns gehen!«* (Mt 26,46).

Im Garten Gethsemane schliefen die Jünger ein, als sie wach bleiben sollten, und als ihnen aufging, was sie getan hatten, waren sie verzweifelt. Wenn wir spüren, dass wir etwas getan haben und nicht wieder gutmachen können, verzweifeln wir leicht. Dann denken wir: »Jetzt ist alles vorbei und nichts mehr zu machen; was soll ich da noch versuchen?« Wenn wir meinen, solche Verzweiflung wäre ungewöhnlich, irren wir uns. Sie ist eine ganz normale menschliche Reaktion. Immer wenn wir erkennen, dass wir eine besondere Chance nicht genutzt haben, neigen wir zur Verzweiflung. Aber dann kommt Jesus und sagt uns liebevoll etwa Folgendes: »Willst du wirklich weiter schlafen? Diese Gelegenheit ist für immer verpasst, da kannst du nichts machen. Aber jetzt steh auf, lass uns das Nächste in Angriff nehmen« (s. Mt 26,45.46). Mit anderen Worten: Lass die Vergangenheit ruhen, aber lass sie in der liebevollen Hand Christi ruhen und lass uns in die unbesiegbare Zukunft mit ihm gehen.

Jeder von uns erlebt hin und wieder so etwas. Es gibt wirklich Ereignisse, die uns in Verzweiflung stürzen, und wir können uns nicht selbst daraus befreien. Die Jünger hatten in diesem Fall etwas Undenkbares getan: Sie waren eingeschlafen, anstatt mit Jesus zu wachen. Aber er ergriff selbst die Initiative gegen ihre Verzweiflung und sagte im Prinzip: »Steht auf und tut, was jetzt getan werden muss!« Wenn Gott uns so anspricht, was müssen wir dann tun? Uns völlig auf ihn verlassen und so beten, dass wir wissen, dass uns auf der Grundlage der Erlösung vergeben ist.

Lass nie zu, dass das Gefühl des Versagens deinen nächsten Schritt vereitelt.

## 19. Februar
## Handeln gegen die »Tretmühle«

*»Mache dich auf, werde licht«* (Jes 60,1).

Gegen den Stumpfsinn der täglichen Arbeit müssen wir anfangen zu handeln, als ob es keinen Gott gäbe. Es ist zwecklos darauf zu warten, dass Gott uns hilft. Er tut es nicht. Aber sobald wir »uns aufmachen«, sehen wir, dass er da ist. Immer wenn Gott uns einen Anstoß gibt, ist es unsere Pflicht und eine Gehorsamsfrage, gleich zu handeln. Dann müssen wir etwas tun, wenn wir gehorchen wollen, und nicht untätig dasitzen. Wenn wir »uns aufmachen und licht werden« wollen, wird unsere Arbeit von Gott verwandelt.

Harte, eintönige Arbeit ist mit der beste Test um festzustellen, welchen Charakter wir haben. Solche Arbeit ist weit entfernt von allem, was wir uns als ideale Tätigkeit vorstellen. Sie ist einfach, aber körperlich sehr schwer, ermüdend und schmutzig. Und wenn wir sie tun müssen, wird unser geistliches Leben augenblicklich auf die Probe gestellt und wir erkennen, ob es echt ist. Lies Johannes 13. Da sehen wir, wie der Mensch gewordene Gott das größte Beispiel einer niedrigen Arbeit gibt: Er wäscht Fischern die Füße. Danach sagt er zu ihnen: »Wenn nun ich, euer Herr und Meister, euch die Füße gewaschen habe, so sollt auch ihr euch untereinander die Füße waschen« (Joh 13,14). Wenn solche Arbeiten das Licht Gottes ausstrahlen sollen, dann brauchen wir Inspiration von Gott. Es kommt vor, dass jemand etwas so tut, dass diese Arbeit uns für immer als heilig und göttlich im Gedächtnis bleibt. Vielleicht ist es eine ganz gewöhnliche Alltagsaufgabe, aber wenn wir sehen, *wie* sie ausgeführt wird, erscheint sie uns anders. Wenn Gott durch uns etwas tut, gibt er dem immer eine neue Qualität. So nimmt er auch unseren menschlichen Körper und verwandelt ihn, und damit wird der Körper jedes Christen zu einem »Tempel des heiligen Geistes« (1. Kor 6,19).

## 20. Februar
# Handeln gegen Tagträume

»*Steht auf und lasst uns von hier weggehen*« (Joh 14,31).

Sich eine Aufgabe zu vergegenwärtigen, um sie richtig ausführen zu können, ist richtig. Aber sie sich nur vorzustellen, wenn wir sie eigentlich schon praktisch tun sollten, ist falsch. In diesem Kapitel hat Jesus seinen Jüngern so viel Wunderbares gesagt, dass man meinen könnte, er würde sie jetzt wegschicken, damit sie über all das nachdenken können. Aber Jesus hat bloße Tagträume nie geduldet. Wenn wir Gott suchen und seinen Willen für uns herausfinden wollen, dann sind Tagträume gut und richtig. Aber wenn wir dazu neigen Dingen nachzuträumen, von denen wir wissen, dass wir sie schon tun sollten, dann ist das nicht gut und Gottes Segen liegt nicht darauf. Gott wendet sich gegen diese Art der Tagträumerei, indem er uns zum Handeln anspornt. Dann sind seine Anweisungen ungefähr so: »Sitz oder steh nicht nur da, fang an!«

Wenn Gott zu uns gesagt hat: »Geht ihr allein an eine einsame Stätte...« (Mk 6,31), und wir dann still vor ihm warten, dann ist das Nachdenken vor ihm, um seinen Willen zu erfahren. Aber wenn Gott einmal gesprochen hat, dann sieh dich vor, dass du nicht in bloßes Tagträumen verfällst. Gib ihm Spielraum, dass er die Quelle all deiner Träume, deiner Freude und deines Glücks sein kann, und achte darauf, konsequent zu tun, was er sagt. Wenn du in jemanden verliebt bist, dann sitzt du nicht nur den ganzen Tag da und träumst von ihm oder ihr – dann gehst du und tust etwas für diese Person. Das will Jesus Christus von uns. Wenn wir uns in Träume verlieren, wenn Gott schon gesprochen hat, ist das ein Zeichen, dass wir ihm nicht trauen.

## 21. Februar

## Liebst du ihn wirklich?

*»Sie hat ein gutes Werk an mir getan«* (Mk 14,6).

Wenn das, was wir Liebe nennen, uns nicht über uns selbst hinausführt, ist es keine echte Liebe. Wenn wir uns vorstellen, Liebe sei ihrem Wesen nach vorsichtig, vernünftig, klug und immer maßvoll, haben wir ihren wahren Sinn nicht verstanden. Das gilt vielleicht für Zuneigung und vielleicht schafft es uns auch ein Gefühl der Wärme, aber Liebe ist so nicht richtig beschrieben.

Hast du schon einmal das Bedürfnis gehabt etwas für Gott zu tun, nicht weil es zweckmäßig oder deine Pflicht war oder dir irgendeinen Nutzen versprach, sondern einfach weil du ihn liebst? Hast du jemals daran gedacht, dass du Gott etwas geben kannst, was Wert für ihn hat? Oder sitzt du nur da, vertiefst dich in das Wunder der Erlösung und vergisst alles, was du für ihn tun könntest? Ich meine nicht Werke, die man als göttlich und als Wunder ansehen könnte, sondern einfache, normale menschliche Tätigkeiten — daran könnte Gott erkennen, dass du ihm ganz gehören willst. Hast du schon einmal etwas gemacht, was im Herzen Jesu so etwas hervorgerufen hat wie die Tat Marias von Betanien? »Sie hat ein gutes Werk an mir getan.«

Manchmal scheint es, als ob Gott darauf wartet, ob wir ihm solche kleinen Geschenke machen, nur um ihm zu zeigen, wie echt unsere Liebe zu ihm ist. Gott ganz zur Verfügung zu stehen ist mehr wert als eine untadelige

Lebensführung. Die Sorge um unseren persönlichen Lebenswandel führt dazu, dass wir uns auf uns selbst konzentrieren, und dann machen wir uns unnötig Gedanken, wie wir leben und reden und aussehen, aus Angst, Gott zu beleidigen. Aber »die vollkommene Liebe treibt die Furcht aus« (1. Joh 4,18), wenn wir ihm nur wirklich ergeben sind. Wir sollten uns nicht mehr fragen: »Bin ich überhaupt von Nutzen?«, und meinen, dass wir ihm nicht von großem Nutzen sind. Es geht gar nicht darum, nützlich zu sein, sondern für Gott selbst wertvoll zu sein. Wenn wir uns ihm wirklich ganz unterordnen, dann handelt er immer und bei jeder Gelegenheit durch uns.

## 22. Februar

# Geduld lernen

*»Seid stille und erkennet, dass ich Gott bin!«* (Ps 46,11).

Geduld ist mehr als nur etwas zu ertragen. Sie ist ein Ertragen in der unumstößlichen Gewissheit, dass das, was wir erwarten, eintreten wird. Geduld ist auch mehr als einfaches Festhalten an etwas, denn solches Festhalten kann auch einfach die Angst sein loszulassen und zu fallen. Geduld ist ganzer Einsatz für den Glauben daran, dass unser allmächtiger Herr nicht besiegt wird. Unsere größte Angst ist im Allgemeinen nicht, dass wir verurteilt werden, sondern dass Jesus Christus irgendwie die Macht genommen werden könnte. Daher fürchten wir auch, dass gerade das, wofür Jesus eingetreten ist – Liebe, Gerechtigkeit, Vergebung und Freundlichkeit unter den Menschen – sich am Ende nicht durchsetzen, sondern ein unerreichbares Ziel bleiben könnte. Deshalb sind wir zur Geduld aufgerufen. Das ist kein Aufruf festzuhalten und sonst nichts zu tun, sondern sich bewusst einzusetzen in dem Wissen, dass Gott nie besiegt wird.

Wenn unsere Hoffnungen gerade jetzt scheinbar enttäuscht werden, bedeutet das nur, dass Gott sie von falschen Motiven befreit. Alles, was Menschen erhoffen und erträumen, wird erfüllt werden, wenn es gut ist und von Gott kommt. Aber eine der anstrengendsten Aufgaben, die es für uns gibt, ist auf Gott zu warten. Er gibt uns Erfüllung, »weil du mein Wort von der Geduld bewahrt hast ...« (Offb 3,10).

Bewahre Geduld in geistlichen Dingen.

## 23. Februar

# Der Wille zum Dienen

*»... so wie der Menschensohn nicht gekommen ist, dass er sich dienen lasse, sondern dass er diene ...«* (Mt 20,28).

Jesus hat auch gesagt: »Ich aber bin unter euch wie ein Diener« (Lk 22,27). Paulus hatte vom Dienen dieselbe Vorstellung wie Jesus: »... wir aber eure Knechte um Jesu willen« (2. Kor 4, 5). Irgendwie meinen wir meist, wenn jemand in den christlichen Dienst berufen worden ist, dann müsse er anders sein und höher stehen als andere. Aber nach dem, was Jesus Christus sagt, ist er dazu berufen, der »Fußabtreter« für andere zu sein — sie geistlich anzuleiten, aber nie über ihnen zu stehen. Paulus sagt: »Ich kann niedrig sein …« (Phil 4, 12). Paulus' Vorstellung vom christlichen Dienst war, sich selbst bis zum Letzten, was er war, für andere herzugeben. Und es war nicht wichtig, ob er Lob oder Tadel erfuhr. Solange es noch einen Menschen gab, der Jesus nicht kannte, fühlte sich Paulus diesem Menschen verpflichtet, bis er seinen Retter kennen lernte. Aber das Hauptmotiv für Paulus' Arbeit war nicht Liebe zu anderen Menschen, sondern Liebe zu seinem Herrn. Wenn wir uns der Menschheit verpflichtet fühlen, versagen wir schnell und verlieren den Mut, denn wir werden immer wieder viel Undankbarkeit von anderen erleben. Aber wenn die Liebe zu Gott unser Motiv ist, kann uns keine noch so große Undankbarkeit davon abbringen, füreinander einzutreten.

Das Vorbild für Paulus' Willen, sich für andere einzusetzen, ist die Art, wie Christus mit ihm umgegangen ist; »… der ich früher ein Lästerer und ein Verfolger und ein Frevler war …« (1. Tim 1, 13). Wie schlecht die Menschen Paulus auch behandeln mochten, sie konnten ihm nie so viel Trotz und Hass erweisen, wie er Jesus Christus entgegengebracht hatte. Sobald wir erkennen, dass Jesus in all unserer Ärmlichkeit, Eigensucht und Sünde für uns da war, kann keine Behandlung durch andere mehr unseren Willen erschüttern, um seinetwillen für andere da zu sein.

## 24. Februar

# Das Glück des Opferns

*»Ich aber will gern hingeben und hingegeben werden für eure Seelen«* (2. Kor 12,15).

Wenn »die Liebe Gottes ausgegossen ist in unsere Herzen durch den heiligen Geist« (s. Röm 5,5), fangen wir bewusst an, uns mit den Interessen und Plänen Jesu Christi für andere Menschen zu identifizieren. Und Jesus hat Interesse an jedem Einzelnen. Als christliche Mitarbeiter haben wir kein Recht, uns von eigenen Interessen und Wünschen leiten zu lassen. Die Identifikation mit den Wünschen Jesu ist sogar einer der besten Tests, wie unsere Gemeinschaft mit Jesus Christus ist. Das Glück des Opferns besteht darin, dass ich mein Leben für Jesus, meinen Freund, hergebe (s. Joh 15, 13). Ich werfe mein Leben nicht weg, sondern ich stelle es bewusst und bereitwillig für ihn und seine Absichten mit anderen Menschen zur Verfügung. Und das tue ich nicht zu irgendeinem eigenen Zweck. Paulus hat sein Leben für einen einzigen Zweck eingesetzt: Menschen für Jesus Christus zu gewinnen. Paulus hat die Menschen immer auf Christus hingewiesen, nie auf sich selbst. Er sagt: »Ich bin allen alles geworden, damit ich auf alle Weise einige rette« (1. Kor 9, 22).

Wenn jemand meint, um für Gott leben zu lernen, müsse er immer mit Gott allein sein, kann er anderen nichts mehr nützen. Das ist, als ob man sich auf einen

Sockel stellte und vom Rest der Gesellschaft isolierte. Paulus lebte für Gott, und überall, wo er war, konnte Jesus Christus ihn jederzeit für sich gebrauchen. Viele von uns interessieren sich nur für ihre eigenen Ziele und Jesus kann sie nicht einsetzen, wie er will. Aber wenn wir ihm ganz ergeben sind, haben wir keine eigenen Ziele zu verfolgen. Paulus sagt sinngemäß, er könne als »Fußabtreter« für andere dienen, ohne es übel zu nehmen, denn er lebte für seine Liebe zu Jesus. Wir haben eine Neigung, nicht Jesus Christus zu lieben, sondern Dinge, die uns mehr geistliche Freiheit lassen als die völlige Hingabe an ihn. Freiheit konnte Paulus gar nicht motivieren. Er stellt sogar fest: »Ich selber wünschte, verflucht und von Christus getrennt zu sein für meine Brüder ...« (Röm 9,3). Hatte Paulus den Verstand verloren? Keineswegs! Wenn jemand liebt, ist das nicht übertrieben. Und Paulus liebte Jesus Christus.

## 25. Februar

# Armut im Dienst

*»Es kann doch nicht sein, dass ihr mich um so weniger liebt, je mehr ich euch liebe!«* (2. Kor 12,15 GN).

Die natürliche Liebe von Menschen erwartet Gegenliebe. Aber Paulus meint hier: »Es ist für mich nicht entscheidend, ob ihr mich liebt oder nicht. Ich bin ja bereit, auf alles zu verzichten, auch in völliger Armut zu leben, nicht nur euretwegen, sondern auch um euch zu Gott bringen zu können.« »Denn ihr kennt die Gnade unseres Herrn Jesus Christus: obwohl er reich ist, wurde er doch arm um euretwillen...« (2. Kor 8, 9). Und Paulus hat dieselbe Vorstellung vom Dienen wie Christus. Er fragte nicht danach, was es ihn selbst kostete — er würde alles gern hergeben. Das machte Paulus Freude.

Die offizielle Kirche stellt sich unter einem Diener Gottes etwas völlig anders vor als Jesus Christus. Seine Vorstellung ist, dass wir ihm zur Verfügung stehen, indem wir für andere da sind. Jesus Christus war sozialistischer als die Sozialisten. Er sagt, dass der Größte in seinem Reich allen dienen soll (s. Mt 23, 11). Was einen Jünger Jesu wirklich von anderen unterscheidet, ist nicht seine Bereitschaft das Evangelium bekannt zu machen, sondern seine Bereitschaft so etwas zu tun wie anderen die Füße waschen — also Dinge, die den Menschen unwichtig erscheinen, aber bei Gott das Entscheidende sind. Paulus hatte seine Freude daran, sein Leben für Gottes Interesse an anderen Menschen einzusetzen, und er fragte nicht nach dem Preis. Aber wenn wir eine Arbeit übernehmen wollen, wägen wir vorher unsere persönlichen und finanziellen Interessen ab: »Was ist, wenn Gott will, dass ich dorthin gehe? Was für ein Gehalt bekomme ich? Wie ist das Klima? Wer versorgt mich? Solche Dinge muss man doch bedenken.« All das zeigt, dass wir uns nur mit Vorbehalt für Gott einsetzen. Aber beim Apostel Paulus gab es weder Bedingungen noch Vorbehalte. Paulus richtete sein Leben nach der Vorstellung, die Jesus Christus von einem Jünger hat; das ist nicht nur jemand, der das Evangelium bekannt macht, sondern jemand, der in der Hand Jesu Christi zu Brot und Wein wird, die andere stärken.

## 26. Februar

# Unsere Zweifel an Jesus

*»Spricht zu ihm die Frau: Herr, hast du doch nichts, womit du schöpfen könntest, und der Brunnen ist tief«* (Joh 4,11).

Hast du schon einmal gedacht: »Die tiefe Wahrheit in Gottes Wort ist beeindruckend, aber er kann doch nicht erwarten, dass ich so lebe und all das im Alltag berücksichtige?« Wenn wir uns mit Jesus Christus auseinander setzen und dabei bedenken, wer er ist und was er tut, dann sind wir oft hochmütig. Wir meinen, dass er zwar hohe Ideale hat, die wir bewundern, aber wir halten ihn für wirklichkeitsfremd: Was er sagt, so meinen wir dann, könne man in Wirklichkeit nicht tun. Praktisch jeder von uns denkt auf dem einen oder anderen Gebiet so über Jesus. Diese Zweifel oder Bedenken gegen Jesus fangen an, wenn wir über Fragen nachdenken, die unsere Aufmerksamkeit von Gott ablenken. Wir sprechen von dem, was er mit uns vorhat, und andere fragen uns: »Wo willst du das Geld zum Leben hernehmen? Wie willst du leben und wer wird für dich sorgen?« Manchmal fangen die Bedenken auch in uns selbst an und wir sagen Jesus, unsere Lebensumstände seien doch etwas zu schwierig für ihn. Das klingt dann etwa so: »Man kann leicht sagen: ›Vertraue auf Gott‹, aber man muss doch von etwas leben; Jesus hat nichts, womit er Wasser schöpfen kann – er hat nicht die Mittel, uns das Nötige zu geben.« Nimm dich vor frommem Selbstbetrug in Acht und denke nicht: »Nein, ich zweifle nicht an Jesus, nur an mir selbst.« Wenn wir ehrlich sind, müssen wir zugeben, dass wir nie an uns selbst zweifeln, denn wir meinen genau zu wissen, was wir können und was nicht. Aber wir zweifeln an Jesus. Und der Gedanke, dass er tun kann, was wir nicht können, verletzt unseren Stolz.

Meine Zweifel kommen daher, dass ich in mir selbst die Mittel suche, mit denen er verwirklichen wird, was er sagt. Meine Bedenken haben ihren Grund in meiner eigenen Unfähigkeit. Wenn ich erkenne, dass ich solche Bedenken habe, sollte ich sie ans Licht bringen und offen zugeben: »Herr, ich habe an dir gezweifelt. Ich habe nicht an deine Fähigkeiten geglaubt, sondern nur an meine eigenen. Und ich habe nicht geglaubt, dass deine Macht unbegrenzt ist, auch wenn ich nur wenig davon verstehe.«

## 27. Februar

# Wie wir Jesus einschränken

*»Woher hast du dann lebendiges Wasser?«* (Joh 4,11).

»Der Brunnen ist tief« — noch viel tiefer, als die samaritische Frau wissen konnte. Da ist die Unergründlichkeit des menschlichen Lebens; da sind die tiefen »Brunnen« in dir selbst. Hast du das Handeln Jesu an dir so eingeschränkt und ihm so viele Möglichkeiten genommen, dass er nichts mehr an dir tun kann? Nimm an, da ist ein tiefer »Brunnen« von Verletztheit und Angst in deinem Innern und dann kommt Jesus und sagt: »Euer Herz erschrecke nicht!« (Joh 14,1). Würdest du dann die Achseln zucken und sagen: »Der Brunnen ist zu tief, Herr, und selbst du findest darin keinen Trost und keinen Frieden?« Das stimmt. Jesus holt seine Gaben nicht aus den Tiefen des menschlichen Wesens herauf; er bringt sie von oben her mit. Wenn wir nur an das denken, was der Heilige Israels bisher mit unserem Einverständnis für uns getan hat, dann schränken wir ihn ein, und ebenso wenn wir denken: »Natürlich kann ich von Gott nicht erwarten, dass er gerade dies tut.« Gerade das, woran sich seine grenzenlose Macht erweist, damit sollten wir als Jünger Jesu rechnen. Sobald wir vergessen, dass er allmächtig ist, schränken wir seine Möglichkeiten ein, an uns und für uns zu handeln. Er wird dadurch nicht ärmer, aber wir. Wir kommen gern zu Jesus, damit er uns tröstet und seine Liebe zeigt, aber wenn er sich als unser allmächtiger Herrscher zeigt, werden wir meist sehr zurückhaltend.

Manche von uns sind keine leuchtenden Vorbilder der Christenheit und der Grund dafür ist, dass wir noch nicht erkannt haben, dass Christus allmächtig ist. Wir nennen uns Christen und haben Entsprechendes erlebt, aber wir haben uns selbst nicht aus der Hand gegeben und Jesus Christus übereignet. Wenn wir in Schwierigkeiten geraten, schränken wir seine Möglichkeiten ein, indem wir denken: »Das kann er natürlich nicht ändern.« Dann versuchen wir nur noch den Grund unseres eigenen Brunnens zu erreichen, um Wasser für uns selbst zu bekommen. Gib nicht auf, sage nicht: »Das kann er nicht.« Sieh Jesus an, dann weißt du, dass er es kann. Unsere Unvollkommenheit reicht tief, aber mache dir die Mühe, von dir selbst abzusehen und auf ihn zu schauen.

## 28. Februar

# »Jetzt glaubt ihr?«

*»Darum glauben wir... Jesus antwortete ihnen: Jetzt glaubt ihr?«* (Joh 16,30.31).

»Jetzt glauben wir...« Aber Jesus fragt dagegen: »Jetzt glaubt ihr? Siehe, es kommt die Stunde..., dass ihr... mich allein lasst« (16,31.32). Viele christliche Mitarbeiter haben Jesus Christus allein gelassen und versuchen trotzdem für ihn zu arbeiten, aus Pflichtgefühl oder weil sie es selbst für nötig erachten. Der eigentliche Grund dafür ist, dass sie nicht das Leben des auferstandenen Jesus haben. Wir sind aus der engen Gemeinschaft mit Gott herausgefallen, weil wir uns in Glaubensdingen auf unseren eigenen Verstand verlassen haben (s. Spr 3, 5.6). Das ist keine bewusste Sünde und nicht strafwürdig. Aber wenn jemand einmal merkt, wie sehr er sich selbst daran gehindert hat Jesus zu verstehen und wie er sich selbst Unsicherheit, Leiden und Schwierigkeiten verursacht hat, dann muss er beschämt und mit Reue zurückkommen.

Unser Vertrauen auf das Leben des auferstandenen Christus muss viel tiefer reichen als bisher. Wir sollten uns angewöhnen, ständig in allen Fragen seinen Rat zu suchen, und nicht nach unserer eigenen Vernunft entscheiden und ihn dann bitten, die Entscheidungen zu segnen. Er kann sie nicht segnen; diese Entscheidungen sind nicht göttlich, sondern menschlich und außerdem wirklichkeitsfern. Wenn wir etwas nur aus Pflichtgefühl tun, versuchen wir einen Maßstab einzuhalten, der mit Jesus Christus konkurriert. Dann werden wir stolz und arrogant und denken, wir wüssten in jeder Lage, was richtig ist. Wir lassen uns von unserem Pflichtgefühl beherrschen, obwohl doch das Leben des auferstandenen Jesus in uns herrschen sollte. Wir sollen nicht »im Licht« unseres Gewissens oder Pflichtgefühls »wandeln«; wir sollen »im Licht wandeln, *wie er im Licht ist* …« (1. Joh 1, 7). Wenn wir etwas aus Pflichtgefühl tun, können wir anderen leicht die Gründe unseres Handelns erklären. Aber wenn wir etwas tun, um Jesus zu gehorchen, gibt es keine andere Erklärung — nur Gehorsam. Darum kann man jemanden, der Jesus nachfolgt, so leicht lächerlich machen oder missverstehen.

## 29. Februar

# Was soll Jesus für dich tun?

*»Was willst du, dass ich für dich tun soll? Er sprach: Herr, dass ich sehen kann«* (Lk 18, 41).

Gibt es etwas in deinem Leben, was nicht nur dich stört, sondern womit du auch anderen zur Last fällst? Wenn ja, dann ist es immer etwas, was du selbst nicht in der Gewalt hast. »Die aber vornean gingen, fuhren ihn an, er solle schweigen. Er aber schrie noch viel mehr ...« (18, 39). Sei so lange aufdringlich, bis du Jesus selbst gegenüberstehst. Mache nicht die Vernunft zum Gott. Wenn wir still abwarten, anstatt unser Problem zu benennen, vergöttern wir damit nur unsere Vernunft. Wenn Jesus dich fragt, was du willst, dass er in deiner unvorstellbar schwierigen Lage für dich tun soll, dann vergiss nicht, dass er nicht »vernünftig«, sondern immer übernatürlich handelt.

Es ist bemerkenswert, wie sehr wir Gott festlegen, indem wir uns nur das merken, was wir ihm früher schon erlaubt haben für uns zu tun. Wir sagen zum Beispiel: »Das habe ich noch nie geschafft und schaffe es auch nicht mehr.« Die Folge ist, dass wir nicht den Mut haben, um das zu bitten, was wir uns wirklich wünschen. Stattdessen finden wir es lächerlich, Gott um so etwas zu bitten. Wenn es unmöglich ist, ist es genau das, worum wir bitten müssen. Wenn es nicht unmöglich ist, ist es keine echte Belastung. Und Gott will das tun, was völlig unmöglich ist.

Dieser Mann bekam die Fähigkeit zu sehen. Aber das, was wir am allerwenigsten erreichen können, ist dass wir so sehr mit Jesus eins werden, dass nichts mehr von unserem alten Wesen übrig bleibt. Gott will das tun, wenn du ihn bittest. Aber du musst wirklich glauben, dass er alle Macht hat. Glauben bekommen wir nicht nur, indem wir glauben, was Jesus sagt, sondern noch mehr, indem wir uns auf ihn selbst verlassen. Wenn wir nur das wahrnehmen, was er sagt, lernen wir nie glauben. Erst wenn wir Jesus selbst sehen, wird das Unmögliche, das er an uns tut, uns so selbstverständlich wie das Atmen. Unsere Zerrissenheit ist nur die Folge unseres eigenen Widerstandes gegen eine klare Entscheidung. Wir *wollen* nicht glauben; wir *wollen* nicht loslassen und das Seil durchtrennen, das das Boot an der Küste festhält — lieber kämpfen wir mit Schwierigkeiten.

# März

## 1. März

## Die schmerzliche Frage

*»Hast du mich lieb?«* (Joh 21,17).

Petrus reagiert bemerkenswert anders auf diese schmerzliche Frage als noch vor ein paar Tagen. Da erklärte er noch mit unverhohlenem Trotz: »Und wenn ich mit dir sterben müsste, will ich dich nicht verleugnen« (Mt 26,35; s. auch V. 33.34). Unser natürliches Ich, unsere Individualität, spricht ihre Gefühle deutlich aus. Aber die echte Liebe in unserer inneren, geistlichen Person kann man nur erkennen, wenn man dem Schmerz ausgesetzt wird, den diese Frage von Jesus Christus auslöst. Petrus liebte Jesus, wie jeder natürliche Mensch einen guten

Menschen liebt. Aber das ist nur Gefühl. Es reicht zwar tief in unser natürliches Ich, aber berührt nie den Geist eines Menschen. Echte Liebe spricht sich nicht so einfach aus. Jesus sagt: »Wer mich *bekennt* vor den Menschen (d. h. seine Liebe durch alles, was er tut, zum Ausdruck bringt), den wird auch der Menschensohn bekennen vor den Engeln« (Lk 12,8).

Entweder wir müssen erleben, wie alle unsere Illusionen über uns selbst in sich zusammenfallen oder wir haben nicht zugelassen, dass Gottes Wort unser Leben formt. Gottes Wort verletzt uns mehr, als es Sünde je kann, denn Sünde macht die Sinne stumpf. Aber diese Frage Jesu erhöht unsere Wahrnehmungsfähigkeit so sehr, dass wir den Schmerz, den er damit verursacht, kaum ertragen können. Er verletzt nicht nur unser natürliches Ich, sondern auch die innere geistliche Person. »Denn das Wort Gottes ist lebendig und kräftig ... und dringt durch, bis es scheidet Seele und Geist ...« (Hebr 4,12). Wenn Christus uns diese Frage stellt, können wir unmöglich eine richtig durchdachte Antwort geben, denn wenn er uns direkt anspricht, ist das zu schmerzhaft. Die Verletzung ist so tief, dass alles, was in unserem Wesen nicht im Einklang mit seinem Willen steht, den Schmerz spürt. Den Schmerz, den Gottes Worte seinen Kindern zufügt, kann man mit nichts anderem verwechseln, aber in eben diesen schmerzhaften Augenblicken zeigt Gott uns seine Wahrheit.

## 2. März
# Hat Christus dir weh getan?

»Spricht er zum dritten Mal zu ihm: ... hast du mich lieb?« (Joh 21,17).

Hast du jemals im tiefsten Inneren deines Wesens, da, wo du am empfindlichsten bist, diesen Schmerz gespürt, den Christus auslöst? An dieser Stelle können weder der Teufel noch Sünde oder menschliche Gefühle Schmerz verursachen. Diesen Teil deines Wesens kann nur das Wort Gottes erreichen. »Petrus wurde traurig, weil er zum dritten Mal zu ihm sagte: Hast du mich lieb?« Aber zugleich wurde ihm klar, dass er im tiefsten Inneren Jesus liebte. Danach erst begann er zu sehen, warum Jesus so hartnäckig fragte. Petrus hatte jetzt nicht mehr den leisesten Zweifel; er würde sich nie wieder täuschen lassen. Eine leidenschaftliche Antwort war nicht notwendig, auch keine spontanen Handlungen oder Gefühlsäußerungen. Es war etwas ganz Neues für ihn, als er erkannte, wie sehr er Jesus liebte; er war so erstaunt, dass er einfach sagte: »Herr, du weißt alle Dinge...« Petrus sah jetzt, wie sehr er seinen Herrn wirklich liebte, und da brauchte er nicht zu sagen: »Schau doch auf diesen oder jenen Liebesbeweis.« Als Petrus allmählich entdeckte, wie groß seine Liebe zu Jesus wirklich war, da sah er, dass seine Augen so fest auf ihn gerichtet waren, dass er niemand anderen im Himmel oder auf der Erde wirklich wahrnahm. Aber das wusste er nicht, bevor Jesus ihm diese bohrenden, schmerzhaften Fragen stellte. Wenn Christus fragt, zeigt er mir damit immer mein wahres Ich.

Wie geradlinig, wie geduldig und geschickt geht Jesus Christus mit Petrus um! Er stellt seine Fragen immer genau zum richtigen Zeitpunkt. Selten, aber wahrscheinlich einmal im Leben jedes Jüngers, drängt er uns an die Wand und verletzt uns mit seinen bohrenden Fragen. Dabei merken wir, dass wir ihn in Wirklichkeit viel mehr lieben, als man es mit Worten ausdrücken kann.

## 3. März

# Sein Auftrag an uns

*»Weide meine Schafe«* (Joh 21,17).

So entsteht Liebe. Gottes Liebe ist nicht geschaffen — sie ist sein Wesen. Wenn wir durch den Heiligen Geist das Wesen Christi in uns aufnehmen, vereinigt er uns mit Gott, so dass seine Liebe sich in uns zeigt. Der Heilige Geist in uns will uns nicht einfach irgendwie mit Gott eins machen, er will es so tun, dass wir genau so mit dem Vater eins sind, wie Jesus es war. Welcher Art war die Einheit, die Jesus Christus mit dem Vater hatte? Er war so eins mit ihm, dass er gehorchte, als sein Vater ihn auf die Erde schickte, damit er sich für uns hergab. Und er sagt zu uns: »Wie mich der Vater gesandt hat, so sende ich euch« (Joh 20,21).

Petrus weiß jetzt, dass er seinen Herrn wirklich liebt; das hat er erkannt, als Jesus die schmerzliche Frage an ihn stellte. Das Nächste, was Jesus will, ist dies: »Verschenke dich selbst. Sprich nicht davon, wie sehr du mich liebst, und erzähle nicht von der großen Erkenntnis, die ich dir gegeben habe; weide einfach meine Schafe.« Jesus hat ein paar höchst seltsame Schafe: Manche sind schmutzig und ungepflegt, manche sind ungeschickt oder drängen sich vor und manche sind weggelaufen! Aber Gottes Liebe verbraucht sich nie und wenn meine Liebe vom Heiligen Geist kommt, der in mir ist, verbraucht sie sich auch nie. Gottes Liebe achtet nicht auf die Vorurteile, die von meiner natürlichen Individualität herkommen. Wenn ich meinen Herrn liebe, darf ich mich nicht von natürlichen Gefühlen leiten lassen – ich muss seine Schafe weiden. Er entbindet uns nicht von dem Auftrag, den er uns gegeben hat, und lässt uns nicht ablösen. Sei vorsichtig, dass du nicht Gottes Liebe karikierst, indem du deinen natürlichen Gefühlen, Sympathien oder Meinungen folgst. Das wäre eine Verunglimpfung der wahren Liebe Gottes.

## 4. März

# Trifft das auf mich zu?

»Aber ich achte mein Leben nicht der Rede wert ...«
(Apg 20,24).

Es ist leichter, sich für Gottes Sache einzusetzen, wenn man nicht ausdrücklich berufen ist und keinen Einblick in Gottes Plan bekommen hat, denn dann braucht man sich nicht darum zu kümmern, was er will. Dann lässt man sich von seiner Vernunft leiten, getarnt mit einer Schicht von christlichen Gefühlen. Wenn man Gottes Auftrag nie wahrnimmt, ist man vielleicht wohlhabender und aus der Sicht der Menschen erfolgreicher und man hat mehr Freizeit. Aber wenn Jesus Christus dir einen Auftrag gibt, dann ist die Erinnerung an diese Aufgabe immer gegenwärtig und treibt dich an, seinen Willen zu tun. Dann kannst du nicht mehr auf der Grundlage deiner Vernunft für ihn arbeiten.

Was ist mir in meinem Leben »der Rede wert?« Wenn Jesus Christus nicht von mir Besitz ergriffen hat und ich mich ihm nicht zur Verfügung gestellt habe, dann betrachte ich die Zeit, die ich für ihn einsetze, und meine Vorstellung vom Dienst für ihn als wertvoll. Auch mein Leben ist dann für mich »der Rede wert«. Aber Paulus sagt, für ihn sei sein Leben nur wertvoll, damit er die Aufgabe erfüllen kann, die Gott ihm gegeben hat, und er verbrauchte keine Kraft für etwas anderes. Dieser Vers zeigt, wie Paulus fast ärgerlich wird über die Bitte, an sich selbst zu denken. Ihm waren alle Überlegungen gleichgültig außer der, wie er seine Aufgabe richtig erfüllen konnte. Tatsächlich kann unsere normale, vernünftige Arbeit für Gott zu unserer völligen Hingabe an ihn in Konkurrenz treten. Unsere vernunftgemäße Arbeit geht von folgendem Gedanken aus: »Betrachte, wie viel du hier erreichen kannst, und überlege, wie viel Sinnvolles du in dieser bestimmten Arbeit leisten würdest.« Damit entscheiden wir, dass nicht Jesus Christus, sondern unser eigenes Urteilsvermögen bestimmt, wo wir arbeiten sollen und wo wir am meisten nützen können. Überlege nie, ob du nützlich bist oder nicht — aber bedenke immer, dass du nicht dir selbst gehörst (s. 1. Kor 6,19). Du gehörst ihm.

### 5. März
# Ist er wirklich mein Herr?

»... wenn ich nur meinen Lauf vollende und das Amt ausrichte, das ich von dem Herrn Jesus empfangen habe ...« (Apg 20,24).

Freude entsteht dadurch, dass ich erlebe, wie der besondere Zweck, zu dem ich erschaffen und neu geboren worden bin, vollkommen erfüllt wird — nicht dadurch, dass ich etwas selbst Gewähltes erfolgreich tue. Die Freude, die Jesus erlebte, kam daher, dass er das tat, womit ihn der Vater beauftragt hatte. Und er sagt zu uns: »Wie mich der Vater gesandt hat, so sende ich euch« (Joh 20,21). Hast du eine bestimmte Aufgabe von Gott bekommen? Dann musst du ihr treu bleiben – dann darfst du dein Leben nur insofern als wertvoll betrachten, als es hilft, diese Aufgabe zu erfüllen. Stelle dir vor, wie schön es sein wird, wenn du weißt, dass du getan hast, was Jesus dir aufgetragen hat, und ihn zu dir sagen hörst: »Recht so, du tüchtiger und treuer Knecht« (Mt 25,21). Jeder muss einen Platz im Leben finden. Und geistlich gesehen finden wir ihn, wenn Gott uns eine Lebensaufgabe gibt. Um sie zu bekommen, müssen wir eng mit Jesus verbunden sein und ihn besser kennen, nicht nur als unseren persönlichen Retter. Und wir müssen bereit sein, uns der unwiderstehlichen Autorität von Apostelgeschichte 9,16 auszusetzen: »Ich will ihm zeigen, wie viel er leiden muss um meines Namens willen.«

»Hast du mich lieb?« Dann »weide meine Schafe!« (Joh 21,17). Er gibt uns keine Auswahl von Aufgaben, die wir übernehmen könnten. Er bittet uns, dem Auftrag absolut treu zu sein, den wir erkennen, wenn wir in der denkbar engsten Gemeinschaft mit Gott sind. Wenn du eine solche Aufgabe von Christus bekommen hast, dann weißt du, dass die Notwendigkeit nicht dasselbe ist wie die Berufung: Die Notwendigkeit bietet die Möglichkeit, der Berufung nachzukommen. Die Berufung ist, die Aufgabe zu erfüllen, die du bekommen hast, als du mit ihm ganz eins warst. Das bedeutet nicht, dass eine ganze Reihe verschiedener Aufgaben für dich vorgesehen wären. Es bedeutet aber, dass du auf das achten musst, was Gott dir aufträgt, und das kann manchmal heißen, dass man die Bitten um Einsatz auf anderen Arbeitsfeldern ausschlägt.

## 6. März

# Den nächsten Schritt gehen

»... in großer Geduld, in Trübsalen, in Nöten, in Ängsten« (2. Kor 6,4).

Wenn du keinen Einblick in Gottes Pläne bekommen hast und nichts da ist, was dich begeistert, wenn dich niemand sieht und ermutigt, dann brauchst du die Hilfe des allmächtigen Gottes, um in deinem Glaubensleben weiterzugehen, die Bibel zu lesen und zu erforschen, dein Familienleben richtig zu führen und zu tun, was du ihm schuldig bist. Dieses Weitergehen erfordert viel mehr göttliche Kraft und ein viel stärkeres Bewusstsein, dass die Kraft von ihm kommt, als das Predigen des Evangeliums.

Jeder Christ muss das Wesen der Menschwerdung Jesu erleben, indem er das jeweils Notwendige in die Praxis umsetzt und mit eigenen Händen tut. Wenn wir keine Vision haben, keine Ermutigung und keinen Fortschritt erfahren, sondern nur den Alltag mit seinen gewöhnlichen Pflichten vor uns haben, verlieren wir den Mut und geben auf. Was auf die Dauer wirklich Gott und sein Handeln an seinen Kindern sichtbar macht, das ist gleichbleibende Geduld, auch wenn andere nicht sehen können, was wir tun. Und der einzige Weg, nicht im Alltagstrott unterzugehen, ist Gott anzuschauen. Bitte Gott, deinen Geist wach zu halten für den auferstandenen Christus, dann kann dir keine Alltagsarbeit den Mut nehmen. Erlaube dir nie den Gedanken, manche Arbeiten seien unter deiner Würde oder zu unbedeutend für dich, und denke an das Beispiel Christi in Johannes 3,1-17.

## 7. März

## Die Quelle der Freude

*»Aber in dem allen überwinden wir weit durch den, der uns geliebt hat«* (Röm 8,37).

Hier spricht Paulus von dem, was einen Christen von der Liebe Gottes trennen könnte. Aber das Bemerkenswerte ist, dass *nichts* zwischen Gottes Liebe und eines seiner Kinder treten kann. Die Dinge, die Paulus hier erwähnt, können die enge Gemeinschaft unserer Seele mit Gott zerstören und unser natürliches Wesen von ihm trennen und das passiert auch. Aber nichts davon kann zwischen Gottes Liebe und die Seele eines Christen treten. Die Grundlage des christlichen Glaubens ist die grenzenlose und unverdiente Liebe Gottes, die über das Natürliche hinausgeht, wie sie am Kreuz auf Golgatha sichtbar geworden ist; sie haben wir nicht verdient und wir können sie auch nicht verdienen. Paulus stellt fest, dass sie der Grund ist, warum wir »in allem weit überwinden«. Wir siegen ruhmreich und mit einer Freude, die gerade aus den Erlebnissen kommt, die uns zugrunde zu richten scheinen.

Riesige Wellen, die einen normalen Schwimmer in Angst versetzen, machen dem Wellenreiter, der sie schon kennt, die allergrößte Freude. Wenn wir das nun auf uns übertragen, dann ist das, was wir bekämpfen und zu vermeiden suchen — Ängste, Leiden und Verfolgung —, gerade dasselbe, was überschäumende Freude in uns auslöst. »In dem allen überwinden wir weit durch den, der uns geliebt hat«, nicht trotz dieser Dinge, sondern mitten darin. Wer Gott gehört, erfährt die Freude Gottes nicht trotz der Schwierigkeiten, sondern *ihretwegen*. Paulus sagt: »Ich habe die überschwängliche Freude in aller unsrer Bedrängnis« (2. Kor 7,4).

Die Leuchtkraft, die von dieser überschwänglichen Freude ausgeht, wird nicht aus etwas Vorübergehendem gespeist, sondern aus Gottes Liebe, die sich durch nichts verändern lässt. Und was uns begegnet, ob es nun alltäglich oder erschreckend ist, kann uns nicht »scheiden ... von der Liebe Gottes, die in Christus Jesus ist, unserm Herrn« (Röm 8,39).

## 8. März

# Hingabe

»*Ich bin mit Christus gekreuzigt*« (Gal 2,19).

Um mit Jesus Christus eins zu werden, muss man nicht nur bereit sein die Sünde aufzugeben, man muss auch seine ganze Sicht der Welt und der Dinge ihm unterordnen. Vom Heiligen Geist neu geboren werden bedeutet, dass wir Dinge erst loslassen müssen, bevor wir andere nehmen können. Das Erste, was wir hergeben müssen, ist alle Heuchelei und alle Beschönigungen. Unser Herr möchte nicht, dass wir ihm unseren guten Charakter, unsere Ehrlichkeit oder unsere Bemühungen um Besserung geben, sondern unsere handfeste Sünde. Sie ist tatsächlich das Einzige, was er uns abnehmen kann. Und anstatt unserer Sünde gibt er uns handfeste Gerechtigkeit. Aber wir müssen auf alle Vorspiegelungen, wir wären etwas, verzichten, und alle Ansprüche aufgeben, für Gott überhaupt beachtenswert zu sein.

Wenn wir das getan haben, zeigt uns der Heilige Geist, was wir als Nächstes ausliefern müssen. Mit jedem Schritt in diesem Prozess müssen wir unseren Anspruch auf Selbstbestimmung aufgeben. Sind wir bereit, unser Recht auf all unseren Besitz, unsere Wünsche und alles, was unser Leben ausmacht, für ihn herzugeben? Sind wir bereit, uns mit dem Tod Jesu Christi identifizieren zu lassen?

Ehe wir uns ganz zur Verfügung stellen, werden wir eine schmerzliche Enttäuschung erleben. Wenn man sich wirklich so sieht, wie Gott es tut, dann erschrecken einen nicht die schlimmen und peinlichen Sünden der menschlichen Natur am meisten, sondern der Stolz in einem selbst, der sich gegen Jesus Christus richtet. Wenn man sich im Licht Gottes sieht, wird man schwer getroffen von Scham, Ekel und unausweichlicher Sündenerkenntnis.

Wenn du vor der Frage stehst, ob du ganz für Gott da sein willst oder nicht, entschließe dich, durch die Krise hindurch weiterzugehen und alles, was du hast und was du bist, ihm zu übereignen. Dann wird Gott dich so ausstatten, dass du alles tun kannst, was er von dir will.

## 9. März
# Umkehren oder mit Jesus gehen?

»*Wollt ihr auch weggehen?*« (Joh 6,67).

Das ist eine eindringliche Frage. Die Worte Jesu treffen uns oft dann am härtesten, wenn er am einfachsten redet. Obwohl wir doch wissen, wer Jesus ist, fragt er: »Wollt ihr auch weggehen?« Jesus gegenüber müssen wir immer die Freude am Neuen und Unerwarteten bewahren, auch wenn wir persönlich in Gefahr geraten können.

»Von da an wandten sich viele seiner Jünger ab und gingen hinfort nicht mehr mit ihm« (6,66). Sie zogen sich von Jesus zurück, nicht unbedingt in die Sünde, aber weg von ihm. Viele Menschen setzen heute all ihre Zeit und Kraft in die Arbeit für Jesus Christus ein, aber sie gehen nicht wirklich mit ihm. Das, was Gott ständig von uns erwartet, ist das Einssein mit Jesus Christus. Wenn wir durch die Heiligung von der Sünde losgelöst sind, sollten wir uns darin üben, diese enge geistliche Einheit zu bewahren. Wenn Gott dir klar zeigt, was er für dich will, dann sind alle besonderen Methoden, diese Verbindung zu halten, völlig unnötig. Es ist nichts weiter nötig als das normale Leben in vollkommener Abhängigkeit von Jesus

Christus zu führen. Versuche nie, dein Leben mit Gott anders zu führen, als er es will. Und er will, dass du ihm absolut treu bleibst. Das Geheimnis des Mitgehens mit Jesus ist, sich keine Sorgen über die Unsicherheiten der Zukunft zu machen.

Petrus sah Jesus nur als den, der ihn und die ganze Welt retten kann. Aber Jesus will, dass wir seine Mitarbeiter werden.

In Vers 70 erinnert Jesus Petrus liebevoll daran, dass er ihn als seinen Begleiter ausgesucht hat. Und jeder von uns muss diese Frage für sich ganz allein beantworten: »Willst du auch weggehen?«

## 10. März

# Die Botschaft im Leben bestätigen

*»Predige das Wort«* (2. Tim 4,2).

Gott rettet uns nicht nur, damit wir Werkzeuge für ihn werden, sondern damit wir seine Söhne und Töchter werden. Er macht uns nicht zu geistlichen Akteuren, sondern zu seinen Boten, und die Botschaft muss ein Teil unserer selbst sein. Der Sohn Gottes war selbst die Botschaft: »Die Worte, die ich zu euch geredet habe, die sind Geist und sind Leben« (Joh 6,63). Wir als seine Jünger sollen sein lebendiges Beispiel dafür sein, dass die Botschaft wahr ist. Auch ein natürlicher Mensch, der nicht an Christus glaubt, ist bereit zu helfen, wenn man ihn darum bittet; aber damit Gott seine Botschaft durch das Leben eines Menschen bestätigen kann, muss der Mensch den Schmerz der Sündenerkenntnis, das Getauftsein mit dem Heiligen Geist und den unwiderstehlichen Drang kennen, sich für Gottes Absichten zur Verfügung zu stellen.

Predigen ist nicht dasselbe wie Erfahrungsberichte geben. Ein Prediger ist jemand, der Gottes Ruf gehört hat und entschlossen ist, all seine Kraft einzusetzen, um Gottes Wahrheit bekannt zu machen. Gott führt uns über unsere eigenen Pläne und Vorstellungen für unser Leben hinaus und formt uns seinem Plan entsprechend, so wie er es mit den Jüngern nach Pfingsten getan hat. Der Sinn des Pfingstwunders war nicht die Jünger etwas zu lehren, sondern sie zu einer Verkörperung dessen zu machen, was sie predigten; sie sollten buchstäblich Gottes leibhaftige Botschaft sein. »... und werdet meine Zeugen sein ...« (Apg 1, 8).

Wenn du predigst, gib Gott das volle Verfügungsrecht über dich. Bevor seine Botschaft andere frei machen kann, muss diese Freiheit sich in dir verwirklichen. Bereite dich sorgfältig vor und dann gib Gott die Freiheit, deine Rede zu seiner Ehre »feurig zu machen«.

## 11. März

# Der »himmlischen Erscheinung« gehorchen

»Daher ... war ich der himmlischen Erscheinung nicht ungehorsam« (Apg 26,19).

Wenn wir die »himmlische Erscheinung« aus dem Blick verlieren, die Gott uns hat sehen lassen, dann sind nur wir schuld — nicht Gott. Wir sehen sie nicht mehr, weil wir geistlich nicht mehr recht wachsen. Wenn wir das, was wir über Gott glauben, nicht auf unsere Alltagsbelange anwenden, wird das, was Gott uns hat schauen lassen, nie erfüllt. Wir können der »himmlischen Erscheinung« nur folgen, wenn wir unser Äußerstes für sein Höchstes geben: unser Bestes zu seiner Ehre. Das können wir nur erreichen, wenn wir uns dazu entschließen, das ständig im Gedächtnis zu behalten, was Gott uns gezeigt hat. Aber der Härtetest ist, dieser Schau in den Kleinigkeiten des Alltags zu folgen — jede Minute sechzig Sekunden und jede Stunde sechzig Minuten, nicht nur in den persönlichen Gebetszeiten und den Gemeindeversammlungen.

»Wenn sie sich auch hinzieht, so harre ihrer« (Hab 2,3). Wir können das Geschaute nicht durch eigene Anstrengungen verwirklichen, aber wir müssen uns davon inspirieren lassen, bis es sich selbst erfüllt. Ganz am Anfang haben manche von uns vielleicht eine Schau gehabt, aber nicht gewartet. Wir stürzten uns sofort auf die praktische Arbeit und als die Schau schließlich erfüllt war, konnten wir sie gar nicht mehr sehen. Auf etwas Geschautes zu warten, das »sich hinzieht«, das lässt erkennen, ob wir Gott wirklich treu sind. Wenn wir uns von der praktischen Arbeit »auffressen« lassen, erleben wir nicht, wie die Schau sich erfüllt, und können unserer eigenen Seele schaden.

Achte auf die Stürme, die Gott schickt. Nur durch die Wirbel dieser Stürme sät Gott seine Kinder aus. Bist du eine leere Hülse, in der kein Samen ist? Das hängt davon ab, ob du wirklich im Licht dessen lebst, was du gesehen hast, oder nicht. Lass dir von Gott durch seinen Sturm einen Platz bestimmen und geh erst dann, wenn er das tut. Wenn du dir selbst aussuchst, wohin du gesät werden willst, wirst du dich als unfruchtbare Hülse erweisen. Aber wenn du zulässt, dass Gott dich aussät, wirst du »viel Frucht bringen« (s. Joh 15, 8).

Es ist lebenswichtig, dass wir im Licht dessen, was Gott uns sehen ließ, leben und vorwärts gehen (s. 1. Joh 1, 7).

## 12. März

# Völlige Hingabe

*»Da fing Petrus an und sagte zu ihm: Siehe, wir haben alles verlassen und sind dir nachgefolgt«* (Mk 10,28).

Auf diese Feststellung des Petrus antwortet Jesus, dass die Jünger dies »um meinetwillen und um des Evangeliums willen« getan haben (10, 29), nicht um für sich selbst einen Nutzen zu haben. Meine nicht, du könntest dich an Gott ausliefern, um dir dadurch vielleicht persönliche Vorteile einzuhandeln, etwa so: »Ich stelle mich Gott zur Verfügung, damit er mir die Sünde abnimmt und mich gerecht macht.« Befreiung von der Sünde und Rechtfertigung sind das Ergebnis einer richtigen Verbindung mit Gott, aber Hingabe aus solchen Motiven entspricht bestimmt nicht dem Wesen des Christseins. Das Motiv unserer Hingabe sollte überhaupt nicht persönlicher Gewinn sein. Wir sind so egozentrisch geworden, dass wir meist nur noch zu Gott gehen, um etwas von ihm zu bekommen, und nicht mehr um seiner selbst willen. Das ist, als ob man sagen wollte: »Nein, Herr, dich will ich nicht, ich will mich selbst. Aber du sollst mich reinigen und mir deinen Heiligen Geist geben. Ich will in deinem Schaukasten ausgestellt werden, damit ich sagen kann: ›Das hat Gott für mich getan.‹« Wenn die Hingabe echt ist, sollten wir an In-den-Himmel-kommen, an Befreiung von der Sünde und Nützlichkeit für Gott keine Gedanken verschwenden. Die echte und völlige Hingabe ist eine alles bestimmende persönliche Liebe zu Jesus Christus selbst.

Welche Rolle spielt Jesus Christus, wenn es um unsere menschlichen Beziehungen geht? Die meisten von uns würden ihn dann im Stich lassen und sich so entschuldigen: »Ja, Herr, ich habe dich rufen hören, aber meine Familie braucht mich und ich habe auch eigene Interessen. Weiter kann ich wirklich nicht gehen« (s. Lk 9,57-62). Jesus sagt dazu: »Der kann nicht mein Jünger sein« (Lk 14,26.33).

Echte Hingabe ist immer mehr als natürliche Liebe. Wenn wir nur unseren Widerstand aufgeben wollen, dann wird Gott sich selbst geben, um alle, die uns umgeben, in seine Fürsorge einzuschließen und den Mangel zu beheben, der durch unseren Gehorsam entstanden ist. Gib dich mit nichts zufrieden, das weniger ist als völlige Hingabe an Gott. Die meisten von uns haben einen geistlichen Einblick bekommen, was das bedeutet, aber sie haben es noch nie praktisch erlebt.

## 13. März

# Gottes Hingabe an uns

*»Denn also hat Gott die Welt geliebt, dass er seinen eingeborenen Sohn gab …«* (Joh 3,16).

Gerettet zu werden heißt nicht nur von der Sünde frei werden und für sich selbst freien Zugang zu Gott bekommen. Die Rettung, die von Gott kommt, macht mich völlig frei von mir selbst und gibt mir eine vollkommene Einheit mit ihm. Wenn ich daran denke, wie ich meine Rettung erlebt habe, dann denke ich an das Freiwerden von der Sünde und daran, dass Gott mich persönlich angenommen hat. Aber Rettung ist viel mehr! Sie bedeutet, dass der Heilige Geist mich in enge Verbindung mit der Person des wahren Gottes bringt. Und je mehr ich in die völlige Hingabe an Gott hineingezogen werde, umso mehr fasziniert mich, wie unendlich viel größer er ist.

Wenn wir sagen, wir seien berufen Heiligung zu predigen, verfehlen wir das Wesentliche. Wir sind dazu berufen, Jesus Christus bekannt zu machen (s. 1. Kor 2,2). Dass er uns von der Sünde befreit und mit sich selbst in Kontakt bringt, ist nur eine Auswirkung seiner unbegreiflichen und vollkommenen Hingabe an uns.

Wenn wir ihm wirklich ganz gehören, dann ist bei uns nichts mehr von der Mühe zu spüren, ihm ergeben bleiben zu wollen. Unser ganzes Wesen wird von dem eingenommen, dem wir gehören. Sprich nicht von Hingabe, wenn du nichts davon verstehst. Und du wirst sie nie verstehen, wenn du nicht erkennst, dass Johannes 3,16 bedeutet: Gott hat sich vollkommen und bedingungslos für uns gegeben. Wenn wir uns ihm übereignen, müssen wir uns ihm ebenso geben, wie er sich für uns gegeben hat: ganz, bedingungslos und ohne Rückhalt. Dann denken wir gar nicht an Folgen oder Bedingungen dieser Hingabe, denn wir werden völlig von ihm in Anspruch genommen.

## 14. März

## Nachgeben

*»Wem ihr euch zu Knechten macht, um ihm zu gehorchen, dessen Knechte seid ihr ...«* (Röm 6,16).

Wenn ich anfange zu überlegen, was mich bestimmt und beherrscht, dann muss ich zuerst bereit sein mir einzugestehen, dass nur ich selbst dafür verantwortlich bin, wenn ich in irgend einer Sache nachgegeben habe. Wenn ich an mein Ich gefesselt bin, bin ich schuld, denn irgendwann früher habe ich meinem Ich nachgegeben. Auch wenn ich Gott gehorche, tue ich das, weil ich mich irgendwann einmal ihm überlassen habe.

Wenn ein Kind seiner Selbstsucht nachgibt, merkt es, dass das die härteste Sklaverei ist, die es gibt. Keine Kraft in der menschlichen Seele ist stark genug, die Unterdrückung aufzuheben, die durch Nachgeben entsteht.

Wenn du zum Beispiel nur eine Sekunde lang einer Begehrlichkeit nachgibst, dann wirst du zu ihrem Sklaven, auch wenn du dich dafür hasst. (Wie wir schon sagten, ist Begehrlichkeit: »Ich brauche es jetzt!« Dabei kann es um Körperliches oder auch um Geistiges gehen.) Keine menschliche Macht kann diese Abhängigkeit lösen oder unwirksam machen, nur die Kraft der Erlösung kann das. Du musst in deinem versklavten Zustand dem Einzigen nachgeben und dich ausliefern, der die Macht brechen kann, die dein Leben beherrscht, nämlich dem Herrn Jesus Christus. »... weil er mich gesalbt hat ..., zu predigen den Gefangenen, dass sie frei sein sollen ...« (Lk 4,18; Jes 61,1).

Wenn du einer Sache nachgibst, wirst du bald spüren, welche ungeheure Macht sie über dich hat. Auch wenn du sagst: »Ach, ich kann diese Gewohnheit jederzeit ablegen, wenn es mir passt«, weißt du doch, dass du es nicht kannst. Du merkst, dass die Gewohnheit dich völlig beherrscht, weil du ihr bereitwillig nachgegeben hast. Man kann leicht singen: »Jesus ist kommen, nun springen die Bande«, und dabei im Alltag offensichtlich ein Sklave seiner selbst sein. Aber wenn man Jesus nachgibt, hört jede Sklaverei bei jedem Menschen auf.

## 15. März

# Die Erfahrung des Schreckens

*»Die ihm aber nachfolgten, fürchteten sich«* (Mk 10,32).

Am Anfang unseres Lebens mit Jesus Christus fühlten wir uns ziemlich sicher, alles zu wissen, was man wissen muss, um Jesus zu folgen. Es war eine Freude, alles andere zurückzulassen und sich ihm mit einer furchtlosen Liebeserklärung zu Füßen zu werfen. Aber jetzt sind wir vielleicht nicht mehr ganz so sicher. Jesus ist weit vor uns und sieht fremd und ungewohnt aus: »... und Jesus ging ihnen voran; und sie entsetzten sich« (10,32).

Jesus kann uns in einer Art erscheinen, die auch seine Nachfolger vor Schreck erstarren und ihren Glauben »nach Atem ringen« lässt. Wie diese ungewohnte Person, die ihr »Angesicht hart gemacht (hat) wie einen Kieselstein« (Jes 50,7), so fest entschlossen vor mir hergeht, das erschreckt mich zutiefst. Er sieht nicht mehr wie mein Berater und Freund aus und ich habe keine Ahnung, wie er die Dinge sieht. Ich kann nur noch dastehen und ihn verwirrt anstarren. Zuerst dachte ich, ich verstünde ihn, aber jetzt bin ich unsicher. Ich fange an, den Abstand zwischen ihm und mir zu erkennen, und er ist mir nicht mehr vertraut. Ich weiß überhaupt nicht, wo er hingeht, und das Ziel scheint weit in die Ferne gerückt.

Jesus musste jede Sünde und jeden Schmerz, den Menschen erleben können, von Grund auf empfinden und verstehen, und das erscheint uns an ihm so fremd.

Wenn wir ihn so sehen, spüren wir, dass wir ihn eigentlich nicht kennen. Wir erkennen keinen einzigen Wesenszug an ihm wieder und haben nicht die leiseste Ahnung, wie wir ihm folgen könnten. Er ist weit vor uns, führt uns zwar, aber ohne jede Vertrautheit; Freundschaft mit ihm ist undenkbar.

Diese Erfahrung, vor Jesus zu erschrecken, ist wesentlich, wenn man ihm folgen will. Die Gefahr ist, dass wir dazu neigen, uns an Zeiten zu erinnern, in denen wir gehorcht haben, und an Dinge, die wir für Gott auf uns genommen haben, um unsere Begeisterung für ihn nicht abflauen zu lassen (s. Jes 1, 10.11). Wenn dich ein solcher Schrecken trifft, halte ihn aus, bis er vorbei ist, denn aus ihm entsteht die Fähigkeit, Jesus wirklich zu folgen, und das schafft eine unbeschreibliche Freude.

## 16. März

# Christus wird richten

»*Denn wir müssen alle offenbar werden vor dem Richterstuhl Christi ...*« (2. Kor 5,10).

Paulus sagt uns, dass alle, Prediger ebenso wie andere Menschen, »vor dem Richterstuhl Christi offenbar werden müssen«. Aber wenn du hier und jetzt schon lernen willst, dein Leben der Herrschaft durch das ungetrübte Licht Christi auszusetzen, dann wird dir das letzte

Gericht nur Freude machen, weil du dann siehst, wie Gott dein Wesen verändert hat. Erinnere dich immer wieder an den Richterstuhl Christi und lebe in dem Bewusstsein, dass er dich für sich in Besitz genommen hat. Wenn du eine verkehrte Haltung gegen einen Mitmenschen einnimmst, folgst du damit dem Geist des Teufels, auch wenn deine Lebensführung noch so korrekt ist. Schon ein einziges liebloses Urteil über einen anderen Menschen dient den Zielen der Hölle in dir. Bringe es sofort ans Licht und gestehe ein: »Herr, hier habe ich mich schuldig gemacht.« Sonst verhärtet sich dein Herz immer mehr. Eine der bösen Folgen der Sünde ist, dass wir sie akzeptieren. Nicht nur Gott bestraft Sünde, auch sie selbst setzt sich im Menschen fest und fordert ihren Tribut. Manche Dinge musst du einfach tun, so viel du auch kämpfst und betest, und die Folge ist, dass du dich allmählich daran gewöhnst und am Ende nicht einmal mehr merkst, dass es Sünde ist. Diese zwangsläufigen Folgen der Sünde kann nichts und niemand verhindern oder abändern, außer der Kraft, die du bekommst, wenn der Heilige Geist in dir Wohnung nimmt.

»Wenn wir im Licht wandeln, *wie er im Licht ist...*« (1. Joh 1,7). Für viele von uns bedeutet »im Licht wandeln« die Maßstäbe einhalten, die wir für andere aufgestellt haben. Die schlimmste, folgenschwerste Haltung, die sich heute bei uns findet, ist nicht absichtliche Heuchelei, sondern sie erwächst daraus, dass man sich unbewusst selbst betrügt.

## 17. März

# Das Hauptziel des Dieners

*»... setze ich alles daran, zu tun, was ihm gefällt ...«*
(2. Kor 5,9 GN).

»... setze ich alles daran ...« Es erfordert eine bewusste Entscheidung und bewusster Mühe, sein Ziel ständig vor Augen zu haben. Es bedeutet, dass wir uns jahraus, jahrein an das Wichtigste halten; wir dürfen nicht zu unserem ersten Ziel machen, Menschen für Christus zu gewinnen oder Kirchen zu gründen oder Erweckungen zu erleben, sondern immer nur »zu tun, was ihm gefällt«. Wenn unsere Arbeit fehlschlägt, liegt das nicht an mangelnder geistlicher Erfahrung, sondern daran, dass wir uns nicht bemühen das Ziel, und zwar das richtige Ziel, im Auge zu behalten. Betrachte dich selbst mindestens einmal in der Woche gründlich vor Gott, um zu sehen, ob dein Leben dem Maßstab entspricht, den er dir setzt. Paulus war wie ein Musiker, der nicht an Applaus vom Publikum denkt, wenn er nur einen anerkennenden Blick von seinem Dirigenten bekommt.

Wenn wir uns ein Ziel setzen, das uns auch nur ganz wenig von dem Hauptziel ablenkt, »vor Gott bestehen zu können« (s. 2. Tim 2,15), dann kann das dazu führen, dass Gott uns vom weiteren Dienst ausschließt. Wenn du erkennst, wohin das Ziel dich führt, dann verstehst du, warum es so wichtig ist, »Jesus nicht aus den Augen (zu) lassen« (Hebr 12,2 GN). Paulus spricht von der Notwendigkeit, seinen Körper zu beherrschen, damit er ihn nicht in die falsche Richtung führt. Er sagt: »... ich bezwinge meinen Leib und zähme ihn, damit ich nicht ... verwerflich werde« (1. Kor 9, 27).

Ich muss lernen, alles in seiner Beziehung zum wesentlichen Ziel zu sehen und das ununterbrochen vor Augen zu haben. Wie gut mich Gott für andere Menschen gebrauchen kann, das entscheidet sich daran, wie ich in meinem persönlichen Leben wirklich bin. Ist es mein erstes Ziel, so zu sein, wie er mich haben will, und ihm Freude zu machen — oder ist es etwas weniger Wichtiges, auch wenn es erhaben klingt?

## 18. März
# Will ich das erreichen?

»... und die Heiligung vollenden in der Furcht Gottes« (2. Kor 7, 1).

»Weil wir nun solche Verheißungen haben ...« Ich nehme Gottes Zusagen für mich in Anspruch und erwarte, dass sie erfüllt werden, und das ist gut so, aber es ist nur die menschliche Sicht. Gottes Sicht ist, dass ich durch seine Versprechen erkennen soll, dass er einen Besitzanspruch an mich hat. Ist mir zum Beispiel bewusst, dass mein Körper »ein Tempel des heiligen Geistes ist« (1. Kor 6, 19), oder dulde ich eine körperliche Angewohnheit, die dem Licht Gottes eindeutig nicht standhalten könnte? Gott hat durch die Heiligung seinen Sohn in mir gestaltet (s. Gal 4, 19), er hat mich von der Sünde gelöst und in seinen Augen gerecht gemacht. Aber ich muss anfangen, mein natürliches Wesen durch Gehorsam in ein geistliches Wesen zu verwandeln. Gott gibt uns Anweisungen auch für die kleinsten Dinge im Leben. Und wenn er dir Sünde zeigt, »besprich dich nicht erst mit Fleisch und Blut« (s. Gal 1, 16), sondern mache dich gleich davon frei. Halte dich in deinem Alltag von der Sünde frei.

Ich muss alles Schmutzige in meinem natürlichen und geistlichen Wesen loswerden, bis beide mit dem Wesen Gottes harmonieren. Ist mein geistliches Denken in Einklang mit dem Wesen des Sohnes Gottes in mir oder ist es rebellisch und trotzig? Lasse ich zu, dass das Denken Christi in mir Gestalt annimmt (s. Phil 2, 5)? Christus hat nie von seinem Selbstbestimmungsrecht gesprochen; er hat immer darauf geachtet, sich geistlich seinem Vater unterzuordnen. Auch ich bin dafür verantwortlich, dass mein Geist in Übereinstimmung mit seinem Geist bleibt. Und wenn ich dafür sorge, führt Jesus mich nach und nach auf das Niveau, auf dem er lebte – zur völligen Unterordnung unter den Willen seines Vaters, wo mir nichts anderes mehr wichtig ist. Bin ich dabei, diese »Heiligung (zu) vollenden in der Furcht Gottes«? Kann Gott mit mir tun, was er will, und fangen die Leute an, in meinem Wesen immer mehr Gott zu erkennen?

Lege dich mit allen Konsequenzen auf Gott fest und lass alles andere ohne Bedauern hinter dir. Setze Gott wirklich an die erste Stelle in deinem Leben.

## 19. März

# Abrahams Glaube

»*Und er zog aus und wusste nicht, wo er hinkäme*« (Hebr 11,8).

Im Alten Testament konnte man die Beziehung eines Menschen zu Gott daran erkennen, wie weit dieser Mensch aus seiner Umgebung herausgelöst wurde. Bei Abraham wird das in der Trennung von seiner Familie und seinem Heimatland sichtbar. Wenn wir heute von Aussonderung sprechen, meinen wir keine buchstäbliche Trennung von Familienmitgliedern, die nicht persönlich an Gott glauben, sondern eine geistige und moralische Distanzierung von ihren Ansichten. Das meint Jesus Christus in Lukas 14,26.

Aus dem Glauben zu leben bedeutet niemals zu wissen, wohin man geführt wird, aber doch den zu kennen und zu lieben, der uns führt. Es ist wirklich ein Leben aus *Glauben*, nicht aus Verstand und Überlegung – wir kennen den, der uns aufruft zu gehen. Der Glaube gründet sich auf die Bekanntschaft mit einer Person, und einer der größten Trugschlüsse, denen wir verfallen, ist die Vorstellung, wenn wir Glauben hätten, würde Gott uns sicher zum Erfolg in der Welt führen.

Das Endstadium des Glaubenslebens ist die Ausprägung einer Persönlichkeit und der Weg dahin ist voller Wechselfälle. Wenn wir beten, spüren wir Gottes Gegenwart um uns, aber sie verändert uns meist nur kurzfristig.

Dann kommen wir zu unseren Alltagstätigkeiten zurück und der Glanz verschwindet. Ein Leben im Glauben ist nicht eine Reihe von herrlichen Gipfelerlebnissen oder ein ununterbrochener Höhenflug, sondern die konsequente Bewältigung des Alltags, ein Gehen, ohne müde zu werden (s. Jes 40, 31). Es ist auch nicht eine Frage der Heilung des Ausgesonderten, sondern etwas viel Weitergehendes. Es ist ein Glaube, der in Schwierigkeiten durchhält und sich bewährt. Abraham ist nicht ein Vorbild für die Heilung, sondern ein Vorbild für das Leben im Glauben, in einem Glauben, der geprüft wurde und der sich auf den wahren Gott verlässt. »*Abraham hat Gott geglaubt …*« (Röm 4, 3).

## 20. März
## Freundschaft mit Gott

»*Wie könnte ich Abraham verbergen, was ich tun will …?*« (1. Mose 18, 17).

**Die Freuden dieser Freundschaft.** In 1. Mose 18 zeigt sich die Schönheit einer wahren Freundschaft mit Gott im Vergleich zu dem gelegentlichen Bewusstsein seiner Gegenwart beim Beten. Diese Freundschaft bedeutet, dass du so eng mit Gott verbunden bist, dass du ihn nie zu bitten brauchst, dir seinen Willen zu zeigen. Deine Vertrautheit mit ihm bestätigt, dass du bald das Ziel deiner Bemühungen im Glaubensleben erreichen wirst. Wenn du richtig mit Gott verbunden bist, lebst du in Freiheit und Freude: du *bist* Gottes Wille. Und all deine vernünftigen Entscheidungen entsprechen seinem Willen für dich, wenn du nicht eine Warnung spürst, durch die Gott deinen Geist zurückhält. Du kannst im Licht dieser vollkommenen und beglückenden Freundschaft mit Gott frei entscheiden, denn du weißt, wenn du falsch entscheidest, wird er dich liebevoll warnen. Wenn er das tut, musst du sofort aufhören.

**Die Schwierigkeiten dieser Freundschaft.** Warum hat Abraham an dieser Stelle aufgehört zu beten (18,32.33)? Seine Beziehung zu Gott war noch nicht so vertraut, dass er hätte weiter mit Gott verhandeln können, bis er ihm seinen Wunsch erfüllte. Wenn wir unseren eigentlichen Wunsch im Gebet nicht nennen und denken: »Ich weiß ja nicht, vielleicht will Gott das gar nicht« – dann liegt noch ein Stück Wachstum vor uns. Wir erkennen daran, dass wir noch nicht so eng mit Gott vertraut sind, wie Jesus es war und wie er es möchte: »... damit sie eins seien, wie wir eins sind« (Joh 17,22). Denke an das, worum du zuletzt gebetet hast: Ging es dir um deinen Wunsch oder um Gott? Wolltest du eine Geistesgabe für dich haben oder Gott nahe kommen? »Denn euer Vater weiß, was ihr bedürft, bevor ihr ihn bittet« (Mt 6,8). Der Grund, warum du bitten sollst, ist, damit du Gott besser kennen lernst. »Habe deine Lust am Herrn; der wird dir geben, was dein Herz wünscht« (Ps 37,4). Wir sollten konsequent weiterbeten, um Gott selbst ganz verstehen zu lernen.

## 21. März

# Einheit oder nur Interesse?

»*Ich bin mit Christus gekreuzigt*« (Gal 2,19).

Es ist eine Notwendigkeit, der sich keiner von uns in seinem geistlichen Leben entziehen kann, das Todesurteil gegen unser sündiges Wesen zu unterschreiben. Ich muss meine spontanen Ansichten und meine durchdachten Glaubenssätze in ein grundsätzliches Urteil gegen die Sünde verwandeln und das heißt gegen jeden Anspruch auf Selbstbestimmung, den ich habe. Paulus sagt: »Ich bin mit Christus gekreuzigt.« Das heißt nicht: »Ich bin entschlossen, Jesus nachzuahmen« oder: »Ich will ernsthaft versuchen ihm zu folgen«, sondern: »Ich bin mit ihm *eins geworden* in seinem Tod.« Wenn ich diese grundsätzliche Entscheidung einmal treffe und danach handle, dann ist alles, was Christus am Kreuz *für* mich erreicht hat, auch *in* mir erreicht. Wenn ich mich Gott vorbehaltlos zur Verfügung stelle, kann der Heilige Geist mir die Gerechtigkeit Jesu Christi geben.

»Ich lebe, doch nun nicht ich ...« (2,20). Meine Individualität bleibt erhalten, aber das Motiv, aus dem ich lebe, und das Wesen, das mich bestimmt, sind ganz andere geworden. Ich habe noch denselben Körper, aber der alte teuflische Anspruch auf Selbstbestimmung ist zerstört.

»Denn was ich jetzt lebe im Fleisch« – nicht was ich gern leben möchte oder worum ich sogar bete, sondern das Leben, das ich jetzt mit meinem natürlichen sterblichen Wesen führe — das Leben, das andere sehen können — »das lebe ich im Glauben an den Sohn Gottes ...« Diesen Glauben an Jesus Christus hatte Paulus nicht von sich aus, sondern Gottes Sohn hatte ihn ihm gegeben (s. Eph 2,8). Das ist kein Glaube an den Glauben, sondern ein Glaube, der alle denkbaren Grenzen überschreitet — ein Glaube, den nur Gottes Sohn geben kann.

## 22. März

## Ein brennendes Herz

»*Brannte nicht unser Herz in uns ...?*« (Lk 24,32).

Wir müssen dieses Geheimnis des brennenden Herzens lernen. Plötzlich erscheint uns Jesus, Feuer flammt auf und er lässt uns wunderbare Dinge schauen, — aber dann müssen wir lernen, das Feuer in uns wach zu halten. Es ist die Kraft, mit der wir alles aushalten können. Was das innere Feuer erstickt, das ist der gewöhnliche trübe Alltag mit seinen immer gleichen Pflichten und Menschen — außer wenn wir gelernt haben, wie man in Jesus bleiben kann.

Viele Belastungen, die uns Christen treffen, rühren nicht von der Sünde her, sondern von unserer Unwissenheit über die Gesetzmäßigkeiten unseres eigenen Wesens.

Ob wir zum Beispiel einem bestimmten Gefühl seinen Lauf lassen sollen, das sollten wir ausschließlich danach entscheiden, wozu dieses Gefühl letztlich führen wird. Denke es konsequent bis zum Schluss durch und wenn das Ergebnis so ist, dass Gott es verurteilen würde, unterbinde es sofort. Wenn aber Gottes Geist das Gefühl geweckt hat und du lässt nicht zu, dass es sich frei in dir entfaltet, dann wirst du nicht so reagieren können, wie Gott es wollte. So geht es unrealistischen und allzu emotionalen Leuten. Und je stärker das Gefühl ist, umso tiefer wird es dich in falsches Handeln hineinziehen, wenn es nicht nach Gottes Absicht ausgeübt wird. Wenn Gottes Geist dich in Bewegung setzt, dann lege deine Entscheidungen möglichst unwiderruflich fest und kümmere dich nicht um die Folgen. Wir können nicht immer auf dem »Berg der Verklärung« bleiben und uns im Licht der göttlichen Erscheinung sonnen (s. Mk 9,1-9). Aber wir müssen dem Licht folgen, das wir da gesehen haben; wir müssen danach handeln. Wenn Gott uns eine Erleuchtung gibt, dann müssen wir gleich dort eine Vereinbarung mit ihm treffen, gleich was es kostet.

> *Wir wecken nicht nach eignem Wunsch*
> *das Feuer, das im Herzen brennt;*
> *der Geist bewegt sich, wo er will,*
> *kein Mensch das Ziel, den Ursprung kennt;*
> *doch ein Beschluss, vor Gott gefasst,*
> *wird Tat auch unter Müh und Last.*

## 23. März

# Bin ich fleischlich gesinnt?

*»Denn wenn Eifersucht und Zank unter euch sind, seid ihr da nicht fleischlich …?«* (1. Kor 3,3).

Der natürliche Mensch, der nicht an Christus glaubt, weiß nichts von »fleischlicher« Gesinnung. Erst der Kampf des Heiligen Geistes und der natürlichen, »fleischlichen« Wünsche gegeneinander, der mit der neuen Geburt anfängt, macht sichtbar, ob jemand für seine natürlichen Bedürfnisse lebt. Aber Paulus sagt: »Lebt aus der Kraft, die der Geist Gottes gibt; dann müsst ihr nicht euren selbstsüchtigen Wünschen folgen« (Gal 5,16 GN). Das bedeutet, dass die »fleischliche« Einstellung verschwinden wird.

Gerätst du leicht in Streit und regst dich über Kleinigkeiten auf? Meinst du, kein Christ sonst wäre so? Doch, nach Paulus gibt es das, und er begründet das mit unserem natürlichen Egoismus. Reagierst du auf etwas, was in der Bibel steht, mit spontanem Ärger und Widerspruchsgeist? Dann beweist das, dass du noch deinen eigenen Wünschen folgen willst. Wenn der Prozess der Heiligung in dir weitergeht, wird irgendwann nichts mehr von dieser Einstellung da sein.

Wenn Gottes Geist in dir etwas Unrechtes aufzeigt, dann bittet er dich nicht, es in Ordnung zu bringen; er bittet dich nur, die Wahrheit anzuerkennen, und dann bringt er es in Ordnung. Wer Gott gehorchen will, wird sein Unrecht sofort eingestehen und vor Gott völlig offen sein. Aber wer für sich selbst leben will, wird sagen: »Natürlich, das kann ich erklären.« Wenn Gottes Licht dich trifft und du darin dein Unrecht erkennst, dann sei ein »Kind des Lichtes« (s. Joh 12, 36). Gestehe ein, was du falsch gemacht hast, und Gott wird sich darum kümmern. Wenn du aber versuchst dich zu rechtfertigen, zeigst du damit, dass du dich nicht von Gott leiten lassen willst.

Wie kann ich erkennen, dass ich nicht mehr für meine Selbstsucht lebe? Betrüge dich nicht selbst; wenn du nicht mehr »fleischlich« bist, wirst du es wissen. Dieser Zustand ist viel realer, als man sich vorstellen kann. Und Gott wird dir mehrere Gelegenheiten geben, an dir selbst zu erkennen, wie er dich verändert hat. Das zeigt sich in ganz praktischen Situationen. Plötzlich wirst du wissen: »Wenn das früher passiert wäre, hätte ich es übel genommen!« Und du wirst immer wieder verblüfft sein über die Veränderung, die Gott in dir bewirkt hat.

## 24. März
# »Abnehmen« um seinetwillen

*»Er muss wachsen, ich aber muss abnehmen«* (Joh 3, 30).

Wenn ein anderer nicht ohne dich leben kann, ist das ein Zustand, den Gott nicht will. Deine erste Verantwortung als Mitarbeiter Gottes ist ein »Freund des Bräutigams«

zu sein (3, 29). Wenn du siehst, dass jemand nahe daran ist zu begreifen, was Jesus Christus will, dann weißt du, dass du deine Möglichkeiten richtig eingesetzt hast. Und wenn du siehst, dass dieser Mensch mitten in einer schwierigen und schmerzhaften Entscheidungssituation steckt, versuche nicht sie zu verhindern, sondern bete darum, dass seine Schwierigkeiten noch zehnmal größer werden, damit keine Macht der Erde oder der Hölle ihn mehr von Jesus Christus fern halten kann. Immer wieder versuchen wir für einen anderen Gott zu spielen. Aber wir sind Stümper, wir trampeln herein und verhindern das, was Gott will, indem wir sagen: »Diese Schwierigkeit muss man dem Menschen ersparen.« Dann sind wir nicht »Freunde des Bräutigams«; unser Mitleid steht im Weg. Eines Tages wird dieser Mensch zu uns sagen: »Du bist ein Dieb. Du hast mir den Wunsch gestohlen, Jesus zu folgen, und du bist schuld, dass ich den Anschluss verloren habe.«

Freue dich nicht mit anderen über etwas Falsches, sondern sieh zu, dass du dich über das Richtige freust. »Der Freund des Bräutigams ... freut sich sehr über die Stimme des Bräutigams. Diese meine Freude ist nun erfüllt. Er muss wachsen, ich aber muss abnehmen« (3, 29.30). Das ist eine freudige, keine traurige Feststellung: Endlich werden sie dem Bräutigam begegnen! Johannes sagt, das sei seine Freude, und er selbst tritt beiseite, der Diener entfernt sich spurlos, man denkt nicht mehr an ihn.

Höre genau zu und konzentriere dich ganz darauf, ob du die Stimme des Bräutigams im Leben eines Menschen hörst. Überlege nicht, ob sie vielleicht schwere Verluste, Schwierigkeiten oder Krankheit mit sich bringt. Freue dich einfach mit der Begeisterung, die Gott schenkt, dass seine Stimme zu hören war. Vielleicht wirst du oft erleben, wie Jesus Christus erst zulässt, dass sich jemand ins Unglück stürzt, bevor er ihn rettet (s. Mt 10, 34).

## 25. März

## Die richtige Beziehung

*»Der Freund des Bräutigams aber ...«* (Joh 3, 29).

Güte und Reinheit sollten nie die Aufmerksamkeit auf sich lenken, sondern nur Magneten sein, die Menschen zu Jesus Christus ziehen. Wenn meine Heiligkeit nicht andere zu ihm zieht, ist es nicht die richtige Heiligkeit; dann weckt sie nur unangemessene Gefühle und böse Wünsche in den Menschen und lenkt sie vom richtigen Ziel ab. Man kann ein vorbildliches Leben führen und doch andere daran hindern, den Weg zu Christus zu finden, weil er nur zeigt, was Christus an ihm getan hat, aber nicht Jesus Christus selbst. Dann bleibt bei anderen der Eindruck: »Was ist das für ein guter Mensch!« So kann ich kein echter »Freund des Bräutigams« sein; ich wachse unentwegt, er aber nicht.

Um wirklich treue Freunde des Bräutigams zu sein, müssen wir mehr darauf achten, die Lebensbeziehung zu ihm über alles andere zu stellen, auch über den Gehorsam. Manchmal gibt es keinen Auftrag auszuführen und wir haben nur die Aufgabe, eine Lebensverbindung mit Jesus Christus aufrechtzuerhalten und aufzupassen, dass sich nichts dazwischendrängt. Nur manchmal geht es um Gehorsam. Kommt eine Krise, dann müssen wir herausfinden, was Gott will. Aber der größte Teil unseres Lebens wird nicht von dem Versuch bestimmt, bewusst zu gehorchen, sondern diese Beziehung zu erhalten: der »Freund des Bräutigams« zu sein. Christliche Arbeit kann tatsächlich zum Mittel werden, den Blick eines anderen von Jesus Christus abzulenken. Es ist möglich, dass wir nicht mehr »Freunde des Bräutigams« sind, sondern uns im Leben eines anderen Gottes Aufgabe anmaßen, und damit arbeiten wir mit seinen eigenen Waffen gegen ihn.

### 26. März

## Gott sehen durch Reinheit

*»Selig sind, die reinen Herzens sind; denn sie werden Gott schauen«* (Mt 5,8).

Reinheit ist nicht dasselbe wie Unschuld — sie ist viel mehr. Reinheit ist das Ergebnis einer beständigen Harmonie mit Gott. Unsere Reinheit muss wachsen. Auch wenn unser Leben mit Gott in Ordnung und unsere innere Reinheit tadellos ist, kann unser Leben doch manchmal äußerlich beschmutzt und fleckig werden.

Davor schützt Gott uns absichtlich nicht, denn dadurch erkennen wir, wie nötig es ist, unseren geistlichen Blick für Gott durch Reinheit zu erhalten. Wenn unser Leben mit Gott von außen her nur im Geringsten geschädigt wird, müssen wir alles andere warten lassen, bis es wieder in Ordnung ist. Vergiss nicht, dass geistliche Einsicht von unserem Charakter abhängt; »die *reinen Herzens* sind«, die werden »Gott schauen«.

Gott macht uns durch sein souveränes und liebevolles Eingreifen rein, aber an einer Stelle müssen wir trotzdem besonders aufpassen. Dadurch, dass wir im natürlichen Leben mit anderen Menschen und anderen Anschauungen zu tun haben, können wir leicht »schmutzig« werden. Nicht nur unser »inneres Heiligtum« muss in der richtigen Verbindung mit Gott bleiben, auch die Außenbereiche müssen so gestaltet werden, dass sie ganz der Reinheit entsprechen, die Gott uns schenkt. Wenn diese Außenbereiche nicht in Ordnung sind, wird unsere geistliche Einsicht gleich undeutlich. Wenn wir eine innige persönliche Gemeinschaft mit Jesus Christus aufrechterhalten wollen, dann heißt das, dass wir bestimmte Dinge nicht tun und noch nicht einmal denken dürfen. Und manches, was für andere unbedenklich ist, wird dann für uns unannehmbar.

Bei dem Versuch, deine persönliche Reinheit im Umgang mit anderen Menschen zu erhalten, ist es hilfreich, diese Menschen so zu sehen, wie Gott sie sieht. Sage zu dir selbst: »Dieser Mensch ist *vollkommen in Jesus Christus!* Dieser Freund, diese Verwandte ist *vollkommen in Jesus Christus!*«

## 27. März

# Gott sehen durch gute Lebensführung

*»Steig herauf, ich will dir zeigen, was nach diesem geschehen soll«* (Offb 4,1).

Bessere Einsicht und mehr geistlichen Einblick kann man nur erreichen, indem man den eigenen Charakter vervollkommnet. Wenn du das Höchste und Beste erreichst, das du im natürlichen Leben kennst, dann wird Gott immer wieder zu dir sagen: »Freund, rücke hinauf!« (Lk 14,10). Auch bei der Versuchung gibt es eine Gesetzmäßigkeit, nach der du aufgefordert wirst, immer höher aufzusteigen, aber wenn du es tust, begegnest du nur wieder anderen Versuchungen. Gott und der Teufel gebrauchen beide diese Strategie zum Höhersteigen aufzufordern. Aber der Teufel will uns damit zum Bösen verleiten und die Wirkung ist völlig anders als bei Gott. Wenn der Teufel dich in eine bestimmte Position erhebt, dann gibt er dir solche Vorstellungen von Heiligkeit, die kein natürliches Wesen aushalten oder erreichen kann. Dann wird dein Leben, geistlich gesehen, eine akrobatische Schauveranstaltung hoch oben auf einem Kirchturm. Da klammerst du dich fest, versuchst das Gleichgewicht zu halten und wagst nicht dich zu bewegen. Aber wenn Gott dich von sich aus in seine Nähe erhebt, dann findest du eine weite Ebene vor, auf der du dich leicht bewegen kannst.

Vergleiche einmal diese Woche deines geistlichen Lebens mit derselben Woche im letzten Jahr, um zu sehen, wie Gott dich auf eine höhere Ebene geführt hat. Wir alle sehen die Dinge jetzt von einer höheren Warte aus. Lass nie zu, dass Gott dir eine Einsicht gibt, ohne sie gleich auf dein Leben anzuwenden und dich danach zu richten. Bleibe in ihrem Licht und arbeite daran, sie zu praktizieren.

Dein geistliches Wachstum lässt sich nicht daran messen, dass du an Jesus festgehalten hast, sondern dass du erkennst und begreifst, wo du geistlich stehst. Hast du Gott sagen hören: »Rücke hinauf«, nicht äußerlich und hörbar, sondern in deinem innersten Wesen?

»Wie könnte ich Abraham verbergen, was ich tun will ...?« (1. Mose 18,17). Gott muss uns im Dunkeln lassen über das, was er tut, so lange, bis unser Charakter so weit gewachsen ist, dass wir einen Stand erreichen, auf dem er es uns zeigen kann.

## 28. März

# Missverständnisse

*»Lasst uns wieder nach Judäa ziehen! Seine Jünger aber sprachen zu ihm: ... und du willst wieder dorthin ziehen?«* (Joh 11,7.8).

Es kann sein, dass ich nicht verstehe, was Jesus Christus sagt, aber darum darf ich jetzt nicht behaupten, dass er sich geirrt haben muss. Das wäre gefährlich und wenn ich meine, mein Gehorsam gegen Gottes Anweisung würde Jesus in ein schlechtes Licht setzen, dann ist das immer falsch. Was ihn verunglimpft, ist immer nur Ungehorsam. Wenn er mir eindeutig zeigt, was ich tun soll, und ich meine Vorstellung von seiner Ehre wichtiger nehme, kann das nicht richtig sein. Es ist auch dann nicht richtig, wenn ich ihm ehrlichen Herzens eine solche Bloßstellung ersparen möchte. Wenn Anweisungen von Gott kommen, kann ich das an ihrer unaufdringlichen Beharrlichkeit erkennen. Aber wenn ich anfange das Für und Wider abzuwägen, kommen mir Zweifel und Widersprüche in den Sinn und damit etwas, was nicht von Gott ausgeht. Das kann dazu führen, dass ich annehme, seine Anweisung an mich sei falsch gewesen. Viele von uns halten sich an ihr eigenes Bild von Jesus Christus, aber wie viele sind Jesus Christus selbst treu? Treue zu Jesus heißt, dass ich auch da vorwärts gehen muss, wo ich nichts sehen kann (s. Mt 14, 29). Treue zu meiner eigenen Vorstellung bedeutet, dass ich es mir erst einmal überlege. Aber Treue ist nicht intellektuelles Verstehen, sondern eine bewusste Selbstverpflichtung auf die Person Jesu Christi, die auch dann gilt, wenn ich den Weg vor mir nicht sehen kann.

Überlegst du, ob du etwas im Glauben an Jesus anfangen oder warten sollst, bis du genau sehen kannst, wie du tun sollst, was er möchte? Gehorche ihm einfach und unterdrücke seine Freude nicht. Wenn er dir etwas sagt und du anfängst abzuwägen, dann hast du das falsch verstanden, was ihm Ehre macht und was nicht. Bist du Jesus treu oder deinem eigenen Bild von ihm? Folgst du dem, was er sagt, oder versuchst du Kompromisse einzugehen mit Gedanken, die nicht von ihm sind? »Was er euch sagt, das tut« (Joh 2, 5).

## 29. März

# Wenn Gott plötzlich kommt

»*Seid auch ihr bereit!*« (Lk 12,40).

Das Wichtigste für einen Mitarbeiter im christlichen Dienst ist, dass er immer und in jeder Lage bereit ist, Jesus Christus zu begegnen. Das ist nicht leicht, gleich wie unsere Erfahrungen damit sind. Es ist kein Kampf gegen Sünde, Schwierigkeiten oder äußere Umstände; es geht darum, dass wir nicht so in unserer Arbeit für Jesus Christus aufgehen, dass wir nicht mehr jederzeit bereit sind, ihm selbst zu begegnen. Wesentlich ist nicht, uns mit unseren Lehren und Glaubenssätzen auseinander zu setzen, auch nicht mit der Frage, ob er uns gebrauchen kann; wesentlich ist, uns ihm selbst zu stellen.

Jesus kommt meist nicht dann, wenn wir ihn erwarten; er erscheint, wenn wir am wenigsten mit ihm rechnen, und immer in den unsinnigsten Situationen. Wer für Gott arbeitet, kann ihm nur treu bleiben, wenn er mit Überraschungsbesuchen Jesu rechnet. Diese Bereitschaft lernen wir nicht durch die Arbeit, sondern durch ein intensives Bewusstsein, dass Gott wirklich ist und jeden Augenblick auftauchen kann. Diese gespannte Erwartung führt uns zu der kindlichen Haltung neugierigen Staunens, die er uns geben will. Wenn wir für Jesus Christus bereit sein wollen, müssen wir aufhören religiöse Formen zu pflegen. Wir müssen aufhören, den Glauben wie eine Art gehobenen Lebensstil zu gebrauchen, und mit der Wirklichkeit Gottes rechnen.

Wenn du das religiöse Denken der modernen Welt meidest und stattdessen »auf Jesus siehst« (s. Hebr 12, 2), wenn du willst, was er will, und denkst, was er denkt, wird man dich für einen weltfremden Träumer halten. Aber wenn er mitten in der Hetze der Alltagsarbeit plötzlich erscheint, wirst du der Einzige sein, der vorbereitet ist. Du solltest niemandem trauen und auch auf den edelsten Christen der Welt nicht hören, wenn er dir die Sicht auf Jesus Christus versperrt.

## 30. März

# Gleichgültig gegen Gott?

*»Und er sieht, dass niemand auf dem Plan ist, und verwundert sich, dass niemand ins Mittel tritt«* (Jes 59, 16).

Viele von uns hören auf zu beten und verschließen sich Gott, weil Beten sie nur emotional interessiert. Es klingt gut, wenn wir sagen, dass wir beten, und wir lesen Bücher, die den Nutzen des Betens beschreiben: das beruhige den Geist und erhebe die Seele. Aber aus diesem Vers des Propheten Jesaja geht hervor, dass Gott sich über diese Beurteilung des Gebets sehr wundert.

Anbetung und Fürbitte gehören zusammen; eins ist ohne das andere nicht möglich. Fürbitte bedeutet, dass wir Gott so nahe kommen, dass wir über die Person, für die wir beten, so denken wie Christus (s. Phil 2,5). Anstatt Gott anzubeten, halten wir ihm oft genug Vorträge darüber, wie Gebet wirken soll. Wenn wir sagen: »Aber, Herr, ich weiß nicht, wie du das machen willst«, ist das Anbetung oder Zweifel? Es ist ein sicheres Zeichen, dass wir nicht wirklich anbeten. Wenn wir Gott aus den Augen verlieren, wird unsere Haltung starr und dogmatisch. Dann werfen wir unsere Forderungen vor ihn hin und schreiben ihm vor, was er für uns tun soll. Wir beten Gott nicht mehr an und versuchen auch nicht, unser Denken dem Denken Christi anzupassen. Und wenn wir uns Gott verschließen, werden wir auch gleichgültig gegen andere Menschen.

Beten wir Gott so an, dass wir ihm nahe kommen und in der engen Verbindung mit ihm seine Gedanken über die Menschen erfahren können, für die wir beten? Leben wir in einer lebendigen Beziehung zu Gott oder sind wir starr und dogmatisch geworden?

Hast du den Eindruck, dass niemand richtig für andere betet? Dann übernimm das selbst. Sei ein Mensch, der Gott anbetet und mit ihm so verbunden ist, wie er das will. Setze dich aktiv in der Fürbitte ein und vergiss nicht, dass es wirklich Arbeit ist — Arbeit, die all deine Kraft fordert, aber bei der es keine versteckten Fallen gibt. Das Evangelium zu predigen hat seine Gefahren, aber in der Fürbitte gibt es sie nicht.

## 31. März

# Offen für Gott oder Heuchler?

»Wenn jemand einen Bruder sündigen sieht, eine Sünde nicht zum Tode, so mag er bitten, und Gott wird ihm das Leben geben — denen, die nicht sündigen zum Tode« (1. Joh 5,16).

Wenn wir nicht sorgfältig darauf achten, wie Gottes Geist in uns handelt, werden wir geistliche Heuchler. Wir sehen, wo andere versagen, und diese Erkenntnis verwenden wir für kritische oder spöttische Bemerkungen, anstatt sie zum Anlass zur Fürbitte für diese Menschen zu nehmen. Gott zeigt uns diese Dinge an anderen nicht durch unseren scharfen Verstand, sondern durch einen direkten Hinweis seines Geistes. Wenn wir nicht aufpassen, merken wir gar nicht, dass es Gott ist, der uns diese Einsicht gegeben hat, wir kritisieren andere und vergessen, dass Gott sagt: »... so mag er bitten, und Gott wird ihm das Leben geben — denen, die nicht sündigen zum Tode.« Achte darauf, dass du nicht zum Heuchler wirst und all deine Zeit darauf verwendest, andere zum richtigen Leben mit Gott zu bringen, bevor du selbst ihn anbetest.

Eine der heikelsten Aufgaben, die Gott uns gibt, und am meisten durch Selbsttäuschung gefährdet, sind Erkenntnisse über andere. Er gibt uns solche Erkenntnisse, damit wir für diese Menschen Verantwortung vor ihm übernehmen und so über sie denken lernen, wie Christus denkt (s. Phil 2, 5). Wir sollten für sie um das bitten, was Gott ihnen nach seinen eigenen Worten geben will, nämlich »das Leben — denen, die nicht sündigen zum Tode«. Nicht dass wir Gott in Verbindung mit unserem Verstand bringen könnten, aber wir können so wach und aufmerksam werden, dass Gott uns seine Gedanken über die Menschen, für die wir beten, vermitteln kann.

Kann Jesus Christus sein Leiden um die Menschen in uns wieder erkennen? Das kann er nur, wenn wir so innig mit ihm verbunden sind, dass wir die Menschen, für die wir beten, so sehen wie er. Es wäre gut, wenn wir lernten so engagiert für andere einzutreten, dass Jesus Christus sich uneingeschränkt an unserem Gebet freut.

### 1. April

# Hilfsbereit oder herzlos?

»*Denn der Geist tritt so für das Volk Gottes ein, wie es Gott gefällt*« — »*Jesus Christus ... sitzt an Gottes rechter Seite und tritt für uns ein*« (Röm 8, 27.34 GN).

Brauchen wir noch mehr Gründe, um für andere zu beten? »Jesus ... lebt für immer, und bittet für sie« (Hebr 7, 24.25) und der Heilige Geist »tritt ... für das Volk Gottes ein«! Ist unsere Beziehung zu anderen so, dass wir für sie »eintreten«, weil wir Gottes Kinder sind und uns vom Heiligen Geist leiten lassen? Schauen wir uns an, wie unsere Lebensumstände im Augenblick sind: Scheint es uns, als ob Krisen über uns hereinbrechen, die uns oder andere in unserer Familie, im Betrieb oder im Land direkt betreffen? Werden wir aus der Gegenwart Gottes weggedrängt und finden keine Zeit zur Anbetung? Wenn das so ist, müssen wir diesen Störungen Einhalt gebieten und in eine so lebendige Verbindung mit Gott kommen, dass unsere Beziehung zu anderen Menschen durch konsequentes Beten aufrechterhalten wird, denn dadurch tut Gott Wunder.

Unternimm nichts voreilig, auch nicht aus deinem Wunsch heraus zu tun, was er will. So oft fangen wir tausend Dinge von uns aus an und dann belasten uns Menschen und Probleme so sehr, dass wir Gott nicht mehr anbeten und auch nicht mehr wirksam für andere beten. Wenn wir eine Aufgabe bekommen und die entsprechende Belastung spüren, aber nicht in einer Haltung der Anbetung sind, verschließen wir uns Gott und verzweifeln. Ständig lässt Gott uns Menschen begegnen, die uns nicht interessieren, und wenn wir nicht konsequent Gott anbeten, sind wir natürlicherweise herzlos gegen sie. Dann sagen wir ihnen schnell einen Bibelvers, der ihnen einen Stich versetzt, oder wir lassen sie mit einem flüchtigen und lieblosen Rat stehen und gehen weg. Ein herzloser Christ muss für Christus etwas sehr Trauriges sein.

Sind wir so auf Gott ausgerichtet, dass wir uns an der Fürbitte Christi und des Heiligen Geistes beteiligen können?

## 2. April

# Unvergleichliche Herrlichkeit

»... der Herr hat mich gesandt ..., dass du wieder sehend und mit dem heiligen Geist erfüllt werdest« (Apg 9,17).

Zugleich mit seinem Augenlicht bekam Paulus auch einen geistlichen Einblick in das Wesen Jesu Christi. Von diesem Zeitpunkt an waren sein ganzes Leben und seine Predigten vollständig von Jesus Christus beherrscht: »Denn ich hielt es für richtig, unter euch nichts zu wissen als allein Jesus Christus, den Gekreuzigten« (1. Kor 2,2). Paulus ließ nie wieder zu, dass irgendetwas seine innere Aufmerksamkeit auf sich zog oder festhielt außer der Person Jesu Christi.

Wir müssen lernen, einen starken Charakter zu entfalten, so stark, wie wir es in unserer Vision von Jesus Christus gesehen haben.

Bleibendes Merkmal eines geistlich ausgerichteten Menschen ist die Fähigkeit richtig zu verstehen, was Jesus Christus als der Herr für sein Leben bedeutet, und die Fähigkeit, anderen Gottes Pläne zu erklären. Das beherrschende Interesse seines ganzen Lebens ist Jesus Christus. Immer wenn man diesen Wesenszug an einem Menschen sieht, gewinnt man den Eindruck, wirklich einen Menschen »nach Gottes Herzen« vor sich zu haben (Apg 13,22).

Lass nie zu, dass etwas dich von dem ablenkt, was Jesus Christus dir deutlich gemacht hat. Daran zeigt sich, ob du auf Gott ausgerichtet bist oder nicht. Nicht auf ihn ausgerichtet zu sein bedeutet, dass andere Dinge immer interessanter für dich werden.

> *Nichts sonst kann mir wichtig werden,*
> *seit ich Jesus hab gesehn;*
> *immer wird mir der Erlöser*
> *klar und licht vor Augen stehn.*

## 3. April
## »Wenn du doch erkenntest!«

»Wenn doch auch du erkenntest zu dieser Zeit, was zu deinem Frieden dient! Aber nun ist's vor deinen Augen verborgen« (Lk 19,42).

Jesus zog im Triumph nach Jerusalem ein und die ganze Stadt war in Aufruhr; aber da war ein fremder Gott: der Stolz der Pharisäer. Dieser Gott sah fromm und aufrichtig aus, aber Jesus nannte seine Diener »übertünchte Gräber, die von außen hübsch aussehen, aber innen sind sie voller Totengebeine und lauter Unrat« (Mt 23,27).

Was macht dich blind für den Frieden Gottes »zu dieser Zeit«? Hast du einen fremden Gott? Das braucht kein abscheuliches Ungeheuer zu sein — es kann dein unabhängiges Wesen sein, das dein Leben bestimmt. Nicht nur einmal hat Gott mich mit einem fremden Gott konfrontiert und ich wusste, dass ich ihn loslassen sollte, aber ich tat es nicht. Ich überlebte die Krise mit letzter Kraft, nur um zu erkennen, dass ich immer noch von diesem fremden Gott beherrscht wurde. Ich bin blind für das, was mir Frieden bringen kann. Es ist erschreckend, dass wir oft gerade da auf unserem Eigenwillen bestehen, wo Gottes Geist uns ganz ungehindert leiten sollte, und damit machen wir die Sache noch schlimmer und laden vor Gott noch mehr Schuld auf uns.

»Wenn doch auch du erkenntest …« Was Gott hier sagt, durch die Tränen Jesu bekräftigt, trifft uns direkt. Es zeigt, dass wir für unsere Fehler selbst verantwortlich sind. Wenn wir etwas nicht sehen wollen oder wegen Sünde nicht sehen können, macht Gott uns dafür verantwortlich. Und »nun ist's vor deinen Augen verborgen«, weil du ihm dein natürliches Wesen nie ganz ausgeliefert hast. Diese versäumten Möglichkeiten sind etwas unendlich Trauriges. Türen, die wir geschlossen haben, öffnet Gott nie wieder. Er öffnet andere Türen, aber er erinnert uns, dass es Türen gibt, die wir selbst ohne Not geschlossen haben. Hab keine Angst, wenn Gott dir Vergangenes zeigt. Lass deiner Erinnerung freien Lauf. Wenn sie dir Kummer und Selbstvorwürfe bringt, gehört das mit zur Absicht Gottes. Er will die versäumten Gelegenheiten so verwandeln, dass du daran für die Zukunft lernen und wachsen kannst.

## 4. April

# Der Weg zum beständigen Glauben

»Siehe, es kommt die Stunde ..., dass ihr zerstreut werdet ...« (Joh 16,32).

Jesus macht den Jüngern hier keinen Vorwurf. Ihr Glaube war echt, aber unbestimmt und ohne Klarheit, und er kam in den bestimmenden Faktoren des Lebens nicht zur Wirkung. Die Jünger kehrten zu ihren eigenen Interessen zurück, die sie noch außer Jesus Christus hatten. Wenn Gott uns durch den Heiligen Geist eine vollkommene Verbindung mit sich selbst gegeben hat, müssen wir unseren Glauben im Alltag üben. Wir werden zerstreut werden, nicht in die Mission, sondern in die Leere unseres eigenen Umfeldes. Dort werden wir Unfruchtbarkeit und Zerstörung erleben, damit wir erfahren, wie es Menschen geht, die innerlich für Gott tot sind. Sind wir darauf vorbereitet? Ganz sicher suchen wir uns das nicht aus, aber Gott lenkt die Umstände so, dass wir dahin kommen. Solange wir das nicht durchmachen, lebt unser Glaube nur von Gefühlen und von Gottes Geschenken. Aber wenn wir dahin kommen, gleich wo wir dann sind oder welcher Art die innere Leere ist, dann können wir Gott loben und wissen, dass alles gut ist. Das meine ich, wenn ich sage, dass der Glaube im Alltag geübt werden muss.

»... und mich allein lasst.« Sind wir »zerstreut« worden und haben wir Jesus allein gelassen, indem wir nicht erkannten, wie er für uns sorgte? Sehen wir nicht, wie Gott durch unsere Lebensumstände handelt? Gott, der alles regiert, lässt dunkle Zeiten in unserem Leben zu, und dann kommen sie. Sind wir bereit, Gott mit uns tun zu lassen, was er will? Sind wir bereit, auf die offensichtlichen äußeren Wohltaten Gottes zu verzichten? Solange Jesus Christus nicht ganz über uns herrscht, hat jeder von uns eigene Ziele, für die er arbeitet. Unser Glaube ist echt, aber er ist noch nicht beständig. Und Gott hat es nie eilig. Wenn wir bereit sind zu warten, wird Gott uns zeigen, dass wir bis jetzt nur an dem interessiert sind, was er uns gibt, und nicht an Gott selbst. Unser Glaube gründet noch auf der Erfahrung, dass Gott uns Gutes tut.

»... aber seid getrost, ich habe die Welt überwunden« (16, 33). Wir brauchen unbesiegbare geistliche Kraft.

### 5. April

## Seinen Kampf verstehen

*»Da kam Jesus mit ihnen zu einem Garten, der hieß Gethsemane, und sprach zu den Jüngern ...: Bleibt hier und wacht mit mir!«* (Mt 26, 36.38).

Wir können den Kampf Christi im Garten Gethsemane nie ganz verstehen, aber wenigstens brauchen wir ihn nicht missverstehen. Es ist der Kampf der Person, die Gott und den Menschen in sich vereint, angesichts der

Sünde. Über Gethsemane können wir durch eigene Erfahrung nichts lernen. In Gethsemane und auf Golgatha hat sich etwas ganz Einmaliges ereignet – sie sind für uns das Tor zum Leben.

Es war nicht der Tod am Kreuz, gegen den Jesus in Gethsemane kämpfte. Er hat sogar deutlich betont, dass es seine volle Absicht war zu sterben. Seine Angst war, dass er diesen Kampf als Mensch nicht durchstehen könnte. Er wusste, dass er ihn als Sohn Gottes bestehen würde – da konnte ihn der Teufel nicht angreifen. Aber Satan wollte, dass Jesus als Mensch ganz allein den Kampf für uns auf sich nähme. Wenn Jesus das getan hätte, hätte er uns nicht retten können (s. Hebr 9,11-15). Wenn du den Bericht über den Kampf in Gethsemane liest, denke auch an die Versuchung in der Wüste: »... der Teufel ... ließ ... ihn vorläufig in Ruhe« (Lk 4,13). In Gethsemane war Satan wieder da und wurde wieder besiegt. Der letzte Angriff des Teufels auf Jesus als *Mensch* war in Gethsemane.

In Gethsemane kämpfte der Sohn Gottes darum, seine Bestimmung als Erlöser der Welt zu erfüllen. Hier wird sichtbar, wie viel es ihn gekostet hat, dass wir Gottes Kinder werden können. Nur weil er diesen Kampf durchgestanden hat, können wir so einfach gerettet werden. Das Kreuz Christi war der triumphale Sieg des *Menschensohnes*. Es ist nicht nur das Zeichen, dass Christus gesiegt hat, sondern dass er mit seinem Sieg die Menschheit gerettet hat. Was der Menschensohn durchgemacht hat, das öffnet jedem Menschen den Zugang zur Gegenwart Gottes selbst.

## 6. April

# Gott und die Sünde

»... der unsere Sünde selbst hinaufgetragen hat an seinem Leibe auf das Holz ...« (1. Petr 2,24).

Das Kreuz Christi zeigt unmissverständlich, dass Gott die Sünde verurteilt hat. Bringe das Kreuz Christi nie mit der Vorstellung von Märtyrertum in Verbindung. Es war der höchste Sieg und hat die Fundamente der Hölle erschüttert. Nichts in Zeit und Ewigkeit ist so absolut sicher und unwiderlegbar wie das, was Jesus Christus am Kreuz erreicht hat: Er hat es möglich gemacht, dass die ganze Menschheit wieder in die richtige Verbindung mit Gott gebracht wird. Er hat die Erlösung zur Grundlage des menschlichen Lebens gemacht; das heißt, er hat jedem Menschen die Möglichkeit eröffnet, Gemeinschaft mit Gott zu bekommen.

Das Kreuz ist nichts, was Jesus *passiert* wäre, sondern er ist gekommen, um zu sterben; er kam mit der Absicht gekreuzigt zu werden. Er ist »das Lamm, das geschlachtet ist« (Offb 13,8). Dass Christus Mensch geworden ist, wäre bedeutungslos ohne das Kreuz. Trenne nicht die Aussagen: »*Er ist offenbart im Fleisch*« (1. Tim 3, 16) und »*Er hat den, der von keiner Sünde wusste, für uns zur Sünde gemacht*« (2. Kor 5,21). Der Zweck der Menschwerdung war die Erlösung. Gott kam als Mensch auf die Welt, um die Sünde wegzunehmen, nicht um etwas für sich zu erreichen. Der Tod Jesu ist das zentrale Ereignis der Geschichte und der Ewigkeit und zugleich die Antwort auf alle zeitlichen und ewigen Probleme.

Der Tod Jesu ist nicht der Tod eines Menschen, sondern der Tod Gottes, und ein Mensch kann ihn nie ganz nacherleben. Am Kreuz macht Gott sein Wesen sichtbar. Es ist die Tür, durch die jeder einzelne Mensch Einheit mit Gott erreichen kann. Aber durch diese Tür geht man nicht nur durch; man bleibt da, denn da findet man Leben.

Das Zentrum der Rettung ist das Kreuz Christi. Man kann nur darum so leicht gerettet werden, weil es Gott so viel gekostet hat. Am Kreuz sind Gott und der sündige Mensch in einem gewaltigen Zusammenstoß eins geworden, und der Weg zum Leben hat sich geöffnet. Aber alle Verluste und Schmerzen, die dieser Zusammenstoß verursacht hat, hat Gott auf sich genommen.

## 7. April

# Warum wir nicht verstehen

*»... gebot Jesus ihnen, dass sie niemandem sagen sollten, was sie gesehen hatten, bis der Menschensohn auferstünde von den Toten«* (Mk 9,9).

So wie es den Jüngern befohlen war, solltest auch du nichts sagen, bis der Menschensohn in dir auferstanden ist — bis das Wesen des auferstandenen Christus dich so bestimmt, dass du wirklich verstehst, was er hier auf der Erde gelehrt hat. Wenn du innerlich wächst und das richtige Stadium erreichst, werden dir die Worte Jesu so klar, dass du dich wunderst, warum du sie vorher nicht verstanden hast. Und du hast sie nur darum nicht verstanden, weil du das geistliche Entwicklungsstadium noch nicht erreicht hattest, um richtig damit umzugehen.

Gott verheimlicht uns diese Dinge nicht, sondern wir können sie nicht aufnehmen, wenn wir geistlich noch nicht entsprechend entwickelt sind. Einmal sagt Jesus: »Ich habe euch noch viel zu sagen, aber ihr könnt es jetzt nicht ertragen« (Joh 16, 12). Wir müssen mit dem Wesen des Auferstandenen eins werden; erst dann können wir das ertragen, was er uns zeigt. Wissen wir überhaupt etwas vom Leben des auferstandenen Jesus in uns? Das Zeichen, dass wir es wissen, ist, dass uns sein Wort verständlich wird. Gott kann uns nichts zeigen, wenn wir nicht seinen Geist haben. Und unsere eigenen hartnäckigen und rechthaberischen Ansichten können wirkungsvoll verhindern, dass Gott uns irgendetwas zeigt. Aber wenn das Wesen des Auferstandenen sich in uns durchsetzt, hört unsere Unempfänglichkeit für ihn sofort auf.

» ... niemandem sagen ...« Viele Leute erzählen, was sie auf dem Berg der Verklärung gesehen haben — ihr großes Erlebnis mit Gott. Sie haben eine Vision gesehen und berichten davon, aber was sie sagen, hat nichts zu tun mit der Art, wie sie leben. Es fügt sich nicht zusammen, denn in ihnen ist Jesus noch nicht auferstanden. Wie lange wird es dauern, bis das Wesen des Auferstandenen in dir und in mir Gestalt gewinnt und sichtbar wird?

### 8. April

# Der Sinn der Auferstehung

*»Musste nicht Christus dies erleiden und in seine Herrlichkeit eingehen?«* (Lk 24,26).

Der Tod Christi ist der Durchgang zu seinem Leben. Seine Auferstehung bedeutet für mich, dass er die Macht hat, auch mir sein Leben zu geben. Als ich neu geboren wurde, hat der auferstandene Christus mir dasselbe Leben gegeben, das er selbst hat.

Die Bestimmung des auferstandenen Christus — seine im voraus festgelegte Aufgabe — war, dass er »viele Söhne zur Herrlichkeit geführt hat« (Hebr 2,10). In der Erfüllung dieser Aufgabe hat er das Recht, uns zu Söhnen und Töchtern Gottes zu machen. Wir können nie ganz dieselbe Beziehung zu Gott haben wie Gottes Sohn, aber es ist der Sohn, der uns diese Beziehung eines Kindes zum Vater ermöglicht. Als unser Herr von den Toten auferstand, trat er in ein Leben ganz neuer Art ein — ein Leben, das er vor der Menschwerdung nicht gekannt hatte. Diese Art Leben hatte es vorher nie gegeben. Und für uns bedeutet seine Auferstehung, dass das Leben, das er uns gibt, kein Leben alter Art ist, sondern dieses ganz neue Leben des Auferstandenen. Eines Tages werden wir einen Körper haben, der so ist wie sein Körper nach der Auferstehung, aber schon hier und jetzt können wir die Macht und Wirksamkeit seiner Auferstehung erleben und »in einem neuen Leben wandeln« (Röm

6,4). Paulus' ausdrückliche Absicht war: »Ihn möchte ich erkennen und die Kraft seiner Auferstehung ...« (Phil 3,10).

Jesus betete: »Denn du hast ihm Macht gegeben über alle Menschen, damit er das ewige Leben gebe allen, die du ihm gegeben hast« (Joh 17,2). Der Begriff *Heiliger Geist* ist eigentlich nur eine andere Bezeichnung für die Erfahrung, dass das ewige Leben hier und jetzt in Menschen wirksam ist. Der Heilige Geist ist Gott, der die Versöhnungskraft des Kreuzes Christi ständig in unserem Leben entfaltet. Danke Gott für die herrliche und ehrfurchtgebietende Tatsache, dass der Heilige Geist das Wesen Jesu selbst in uns ausbilden kann, wenn wir ihm nur gehorchen wollen.

## 9. April

# Hast du Jesus gesehen?

»*Danach offenbarte er sich in anderer Gestalt zweien von ihnen ...*« (Mk 16,12).

Jesus sehen ist nicht dasselbe wie gerettet werden. Viele Menschen, die Jesus nie gesehen haben, haben doch Gottes Liebe angenommen und leben als seine Kinder. Aber wenn du ihn einmal gesehen hast, dann bist du nie wieder wie vorher. Andere Dinge können dich nie mehr so in Anspruch nehmen.

Man sollte immer den Unterschied beachten zwischen dem, was man als das Wesen Jesu erkennt, und dem, was er für uns getan hat. Wenn du nur siehst, was er für dich getan hat, dann ist dein Gott zu klein. Aber wenn du eine Vision von ihm hattest, und du hast ihn gesehen wie er wirklich ist, dann zählt es nicht mehr viel, was dir im Leben begegnet; dann kannst du dich an den halten, den du nicht siehst, als sähest du ihn (s. Hebr 11,27). Der Mann, der von Geburt an blind war, kannte Jesus nicht, bis er sich ihm zeigte und bekannt machte (s. Joh 9). Jesus zeigt sich denen, für die er etwas getan hat, aber wir können nicht bestimmen oder voraussagen, wann er kommt. Er kann jederzeit plötzlich erscheinen. Dann kannst du sagen: »Ich bin sehend geworden« (s. Joh 9,25).

Jesus muss sich jedem, der ihn sehen soll, persönlich zeigen; niemand kann Jesus mit deinen Augen sehen. Und wenn einer ihn gesehen hat und der andere nicht, kann es Spaltungen geben. Du kannst niemanden dazu bringen, ihn zu sehen; das muss Gott tun. Hast du Jesus gesehen? Dann wünschst du dir, dass andere ihn auch sehen. »Und die gingen auch hin und verkündeten es den andern. Aber auch denen glaubten sie nicht« (Mk 16,13). Wenn du ihn siehst, dann musst du es jemandem sagen, auch wenn er es nicht glaubt.

> *Könnt' ich's erklären, würdest du es glauben!*
> *Was niemand denken kann, hab' ich gesehn!*
> *Wie sollt' ich's sagen, wie du es begreifen?*
> *Nur wenn du selbst ihn siehst, kannst du verstehn.*

## 10. April

# Entscheidung gegen die Sünde

*»Wir wissen ja, dass unser alter Mensch mit ihm gekreuzigt ist, damit der Leib der Sünde vernichtet werde, so dass wir hinfort der Sünde nicht dienen«* (Röm 6,6).

**Mit Christus gekreuzigt.** Hast du dich darauf festgelegt, dass die Sünde in dir völlig ausgerottet werden muss? Es dauert lange, bis man dahin kommt, eine so umfassende und folgenschwere Entscheidung gegen die Sünde zu treffen. Aber wenn du einmal entscheidest, dass die Sünde in dir sterben muss – nicht nur beherrscht, unterdrückt oder bekämpft, sondern gekreuzigt werden, so wie Christus für die Sünde der Welt gestorben ist – dann ist das der wichtigste Augenblick in deinem Leben. Niemand kann einen anderen zu dieser Entscheidung führen. Vielleicht sind unser Verstand und unser Geist überzeugt, dass sie nötig wäre, aber wir müssen auch danach handeln und ausdrücklich diese Entscheidung treffen, zu der Paulus uns hier auffordert.

Raffe dich auf, nimm dir Zeit, mit Jesus allein zu sein, und triff diese wichtige Entscheidung, indem du sagst: »Herr, mache mich eins mit deinem Tod, bis ich weiß, dass die Sünde in mir tot ist.« Entscheide grundsätzlich, dass die Sünde in dir getötet werden muss.

Für Paulus war das nichts, was er irgendwann in Zukunft von Gott erwartete, sondern eine sehr bestimmte und grundlegende Erfahrung. Bist du bereit,

Gottes Geist in dir forschen zu lassen, bis du weißt, wie viel Sünde in dir ist und wie sie sich auswirkt? Bist du bereit, genau das zu sehen, was in dir gegen Gottes Geist kämpft? Wenn ja, willst du dich dann Gottes Urteil über die Sünde anschließen: dass sie nämlich mit Christus sterben muss? Du kannst nicht davon ausgehen, »dass ihr der Sünde gestorben seid« (6,11), wenn du nicht vor Gott eine radikale Willensentscheidung dafür getroffen hast.

Hast du das besondere Vorrecht in Anspruch genommen, mit Christus gekreuzigt zu werden, bis in deinem Körper nichts mehr ist als nur sein Leben? »Ich bin mit Christus gekreuzigt. Ich lebe, doch nun nicht ich, sondern Christus lebt in mir« (Gal 2,19.20).

## 11. April

# Göttliches Wesen

»*Denn wenn wir mit ihm verbunden und ihm gleichgeworden sind in seinem Tod, so werden wir ihm auch in der Auferstehung gleich sein*« (Röm 6,5).

**Mit Christus auferstanden.** Der Beweis, dass ich die Kreuzigung mit Jesus erlebt habe, ist, dass ich ihm eindeutig ähnlich bin. Wenn der Geist Jesu in mich hineinkommt, ordnet er mein persönliches Leben vor Gott neu. Durch seine Auferstehung hat Jesus die Macht, auch mir

Gottes Leben zu geben, und alles, was mein Leben ausmacht, muss jetzt auf die Grundlage seines Lebens gestellt werden. Ich kann hier und jetzt das Leben des auferstandenen Jesus haben und es äußert sich darin, dass ich so werde wie er.

Alle Schriften des Paulus durchzieht dieser Gedanke: Wenn die Entscheidung, mit Jesus in seinem Tod eins zu werden, einmal gefallen ist, dringt das Leben des auferstandenen Jesus in alle Bereiche der menschlichen Natur ein. Als Mensch so zu leben wie der Sohn Gottes, das erfordert die Allmacht Gottes: sein uneingeschränkt wirksames göttliches Wesen. Man kann den Heiligen Geist nicht wie einen Gast in ein einziges Zimmer im Haus einladen; er nimmt alles in Besitz. Und sobald ich entscheide, dass mein »alter Mensch« (also meine Veranlagung zur Sünde) mit dem Tod Jesu eins werden muss, nimmt der Heilige Geist mich in Besitz. Er übernimmt alles. Meine Sache ist es, »im Licht zu wandeln« (s. 1. Joh 1,7) und alles zu tun, was er mir zeigt. Wenn ich diese wichtige Entscheidung gegen die Sünde getroffen habe, ist es nicht mehr schwer, mich so zu verstehen, dass ich »der Sünde gestorben« bin (Röm 6,11), denn dann merke ich, dass das Leben Jesu ständig in mir ist. Wie die Menschheit eine eigene Wesensart hat, so hat auch der heilige Gott eine eigene Wesensart – und sie zeigt sich uns in Jesus. Und diese göttliche Wesensart ist mir gegeben worden. Gott legt die Wesensart seines Sohnes in mich hinein und damit bin ich ein geistliches Wesen neuer Art.

## 12. April

# Vollkommene Herrschaft

*»Der Tod kann hinfort über ihn nicht herrschen ... was er aber lebt, das lebt er Gott. So auch ihr, haltet dafür, dass ihr der Sünde gestorben seid und lebt Gott in Christus Jesus«* (Röm 6,9-11).

**Ewiges Leben mit Christus.** Jesus Christus hat ewiges Leben auf menschlicher Ebene dargestellt. Genau dieses Leben, nicht nur eine Nachahmung, wird in unserem sterblichen Körper sichtbar, wenn wir wieder geboren werden. Das ewige Leben ist nicht ein Geschenk, das Gott uns gibt; es ist *Gott selbst*, der sich uns gibt. Die Kraft und Autorität, die sich bei Jesus so deutlich zeigte, wird durch Gottes unumschränkte Gnade auch in uns sichtbar, wenn wir diese umfassende und wirksame Entscheidung gegen die Sünde getroffen haben.

»Ihr werdet die Kraft des heiligen Geistes empfangen, der auf euch kommen wird ...« (Apg 1,8) – nicht Kraft als Geschenk vom Heiligen Geist; die Kraft *ist* der Heilige Geist, also nicht etwas, was er uns gibt. Durch das Kreuz wird das Leben, das in Jesus war, zu unserem Leben, wenn wir uns entscheiden, mit ihm eins zu sein. Wenn es schwierig ist, in die richtige Verbindung mit Gott zu kommen, dann weil wir diese grundsätzliche Entscheidung gegen die Sünde nicht treffen wollen. Aber wenn wir sie dann treffen, ist sofort Gottes vollkommenes Leben da. Jesus ist gekommen, um uns unbegrenzte Lebenskraft zu geben: »... damit ihr erfüllt werdet mit der ganzen Gottesfülle« (Eph 3,19). Das ewige Leben ist zeitunabhängig. Es ist dasselbe Leben, das Jesus führte, als er auf der Erde war, und die einzige Quelle dieses Lebens ist Jesus Christus.

Auch der schwächste Christ kann die göttliche Kraft des Sohnes Gottes erleben, wenn er bereit ist »loszulassen«. Aber jede Bemühung, an der eigenen Kraft »festzuhalten«, auch wenn es nur ein kleines Stückchen ist, schränkt das Leben Jesu in uns ein. Wir müssen immer wieder loslassen, dann kommt langsam aber sicher das herrliche, erfüllte Leben Gottes in uns hinein und durchdringt alle Lebensbereiche. Dann hat Jesus die vollkommene Herrschaft über uns, und andere merken, dass wir zu ihm gehören.

## 13. April
# Wenn die Last zu schwer wird

*»Wirf dein Anliegen auf den Herrn ...«* (Ps 55,23).

Wir müssen unterscheiden lernen zwischen Lasten, die zu tragen für uns gut sind, und solche, die wir nicht tragen sollten. Die Last von Zweifel oder Sünde sollten wir nie tragen, aber manche Lasten legt Gott uns auf und will sie auch nicht von sich aus wegnehmen. Gott will, dass wir sie auf ihn abwälzen; wir sollen buchstäblich unser Anliegen, das er uns gegeben hat, »auf den Herrn werfen«. Wenn wir anfangen für Gott zu arbeiten, aber dann den Kontakt mit ihm verlieren, dann wird unser Verantwortungsgefühl zu schwer werden und uns alle Kraft rauben. Aber wenn wir bereit sind, die Aufgaben, die er uns gegeben hat, wieder auf ihn abzuwälzen, dann wird er dieses überwältigende Gefühl der Verantwortung wegnehmen und uns stattdessen bewusst und verständlich machen, dass er selbst da ist.

Viele Christen fangen mutig und aus guten Beweggründen an für Gott zu arbeiten. Aber weil sie keine enge Gemeinschaft mit Jesus Christus haben, verlieren sie bald den Mut. Sie wissen nicht wohin mit der Belastung und das macht sie müde. Andere sehen das und sagen: »Wie traurig, dass diese großartige Arbeit so enden musste!«

»Wirf dein Anliegen auf den Herrn ...« Bisher hast du alle Verantwortung allein getragen, aber du solltest bewusst das eine Ende auf Gottes Schulter legen. »... und die Herrschaft ruht auf seiner Schulter« (Jes 9,5). Gib Gott alle Belastungen zurück, die er dir aufgelegt hat. Wirf sie nicht einfach beiseite, sondern komm damit zu ihm und bringe sie ihm. Dann wirst du sehen, dass die Belastung abnimmt, weil du nicht allein damit bist. Aber du darfst nie versuchen, von dir aus deine Aufgabe loszuwerden.

## 14. April

# Innerlich unbesiegbar

*»Nehmt auf euch mein Joch und lernt von mir ...«*
*(Mt 11, 29).*

»Wen der Herr lieb hat, den züchtigt er ...« (Hebr 12, 6). Wie kleinlich sind unsere Klagen! Unser Herr will uns dahin bringen, dass wir Gemeinschaft mit ihm haben können, aber er hört uns nur seufzen und stöhnen und sagen: »Ach Herr, ich möchte doch nur sein wie andere Leute!« Jesus bittet uns darum, uns neben ihn zu stellen und das eine Ende des Jochs zu übernehmen, damit wir zusammen ziehen können. Darum sagt er zu uns: »Mein Joch ist sanft und meine Last ist leicht« (11, 30). Bist du so mit dem Herrn Jesus verbunden? Wenn ja, wirst du Gott danken, wenn du den Druck seiner Hand spürst.

»Er gibt dem Müden Kraft und Stärke genug dem Unvermögenden« (Jes 40, 29). Gott kommt und befreit uns aus unserer Sentimentalität und dann werden unsere Klagen zu einem Loblied. Der einzige Weg, die Kraft Gottes kennen zu lernen, ist das Joch Jesu auf sich zu nehmen und von ihm zu lernen.

»... die Freude am Herrn ist eure Stärke« (Neh 8, 10). Woher kommt die Freude der Christen? Wenn man manche Christen sieht, die man nicht gut kennt, könnte man annehmen, sie hätten gar keine Probleme oder Belastungen. Aber wir müssen das realistisch sehen. Allein die Tatsache, dass Gottes Friede, Licht und Freude in ihnen ist, beweist schon, dass auch Belastungen da sind. Die Belastung, die Gott uns auflegt, zerdrückt die Weintrauben, die in uns wachsen, damit sie zu Wein werden, aber die meisten von uns sehen nur den Wein und nicht die Belastung. Keine Macht der Welt oder der Hölle kann Gottes Geist besiegen, der im Geist eines Menschen lebt; er macht ihn innerlich unbesiegbar.

Wenn dein Leben nur Gejammer ist anstatt Wein für andere, dann mach rücksichtslos Schluss damit. Ganz sicher ist es eine Schande, wenn ein Christ in der Kraft Gottes schwach ist.

## 15. April

# Unachtsamkeit gegen Gott

*»Aber die Opferhöhen in Israel wurden nicht entfernt; doch war das Herz Asas rechtschaffen sein Leben lang«* (2. Chr 15,17).

In den äußeren, sichtbaren Bereichen seines Lebens war Asa nicht in allem gehorsam. Er gehorchte in den Dingen, die ihm am wichtigsten vorkamen, aber nicht in allem verhielt er sich richtig. Achte darauf, nie zu denken: »Ach, das ist für mich nicht so wichtig.« Auch wenn es dir nicht viel bedeutet, kann es für Gott sehr wichtig sein. Ein Kind Gottes sollte nichts im eigenen Leben als unwichtig ansehen. Wie lange wollen wir Gott noch daran hindern, uns irgendetwas zu zeigen? Dabei versucht er es immer wieder und verliert nie die Geduld. Vielleicht sagst du: »Ich bin richtig mit Gott verbunden«, aber die »Opferhöhen« in deinem Leben sind immer noch da. Es gibt noch einen Bereich, wo du ungehorsam bist. Bestehst du darauf, dass deine Beziehung zu Gott ungetrübt ist, und zugleich gibt es da etwas, worüber er dich unsicher macht? Wenn Gott dich in einer Beziehung unsicher macht, höre sofort damit auf, gleich was es ist. Für Gott ist nichts unwichtig, was uns betrifft.

Gibt es Bereiche in deinem körperlichen oder geistigen Leben, auf die du noch nie geachtet hast? Wenn ja, dann kann es sein, dass du zwar denkst, in allen wichtigen Bereichen sei alles in Ordnung, aber dass du trotzdem nachlässig bist — dann bist du nicht konzentriert und aufmerksam genug. So wenig wie das Herz Urlaub vom Schlagen braucht, so wenig brauchst du Urlaub davon, auf Gottes Wünsche für dein Leben zu achten. Man kann nicht einen Tag lang von jeder Moral Urlaub nehmen und dabei ein guter Mensch bleiben, und ebenso kann man nicht von Gott Urlaub nehmen und von ihm bestimmt bleiben. Gott will, dass du ganz ihm gehörst, und damit du für ihn da sein kannst, musst du sehr aufmerksam auf ihn hören. Das erfordert auch viel Zeit. Aber manche von uns meinen, sie könnten über alle Probleme hinweg von einem Höhepunkt zum anderen schreiten und brauchten nur ein paar Minuten dafür aufzuwenden.

## 16. April

# Vom Berg herunterkommen

*»Glaubt an das Licht, solange ihr's habt ...«* (Joh 12,36).

Für uns alle gibt es Augenblicke, in denen wir uns besser fühlen als jemals zuvor und denken: »Ich fühle mich zu allem fähig; wenn ich nur immer so wäre!« Aber wir sollen nicht immer so sein. In diesen Augenblicken gewinnen wir Einsichten, die wir dann in die Praxis umsetzen müssen, auch wenn wir uns nicht danach fühlen. Viele von uns sind für den Alltag nicht brauchbar, wenn sie nicht in Hochstimmung sind. Aber wir müssen unser Alltagsleben so gestalten, wie Gott es uns zeigte, als wir seine Nähe erlebten.

Lass nie zu, dass ein Gefühl, das die Gegenwart Gottes in dir geweckt hat, sich einfach verflüchtigt. Mache dich nicht selbst unbrauchbar, indem du denkst: »Wie herrlich, in diesem wunderbaren Zustand zu sein!« Handle gleich. Tu etwas, auch wenn du es nur tust, weil du eigentlich keine Lust hast zu handeln. Wenn Gott dir in einer Gebetsversammlung zeigt, was du tun sollst, sage nicht: »Ja, ich will es tun« — tu es! Nimm dich selbst am Schlafittchen und überwinde deine menschliche Faulheit. In unserer Sehnsucht nach Hochgefühlen ist immer auch ein Stück Faulheit; wir sprechen von nichts anderem als von unseren Plänen für diese Erlebnisse. Wir müssen lernen, im »grauen« Alltag nach dem zu leben, was wir in der Nähe Gottes gesehen haben.

Gib nicht auf, weil du einmal in Schwierigkeiten geraten bist. Versuche es wieder. Brich die Brücken hinter dir ab und verpflichte dich Gott in einem Willensakt. Nimm deine Entscheidungen nicht zurück, aber sieh zu, dass du so entscheidest, wie du es in der Gegenwart Gottes gesehen und gelernt hast.

## 17. April

## Alles oder nichts?

*»Als Simon Petrus hörte, dass es der Herr war, gürtete er sich das Obergewand um ... und warf sich ins Wasser«* (Joh 21,7).

Hast du schon einmal eine Krise durchgemacht, in der du bewusst, in vollem Ernst und ohne Vorbehalt alles losgelassen hast? Das ist eine Krise des Willens. Äußerlich kommst du vielleicht oft an so einen Punkt, aber das führt dich nicht weiter. Die eigentliche Krise, die zur Hingabe oder völligen Auslieferung führt, findet nicht in äußeren Ereignissen, sondern tief im Inneren statt. Wenn du nur Äußerliches aufgibst, kann das sogar ein Zeichen sein, dass du ganz und gar abhängig bist.

Hast du deinen Willen bewusst an Jesus Christus ausgeliefert? Das ist ein Entschluss des Willens, nicht des Gefühls; wenn dadurch ein gutes Gefühl entsteht, ist es nur ein kleines zusätzliches Geschenk, das dem Entschluss folgt. Wenn du die Aufmerksamkeit auf deine Gefühle richtest, wirst du diese Entscheidung nie treffen. Frage Gott nicht, auf welche Inhalte sich dein Entschluss beziehen soll, sondern fälle die Entscheidung, deinen Willen in allem auszuliefern, was du siehst, ob es nun Äußerlichkeiten sind oder Dinge von tiefer innerer Bedeutung.

Wenn du draußen auf dem Meer die Stimme Jesu Christi hörst, dann kannst du alle deine Überzeugungen und deine Prinzipientreue sich selbst überlassen; konzentriere dich nur darauf, die enge persönliche Beziehung zu ihm aufrechtzuerhalten.

## 18. April

# Bereit sein

»Als aber der Herr sah, dass er hinging, ... rief Gott ihn ... Er antwortete: Hier bin ich« (2. Mose 3,4).

Wenn Gott spricht, sind viele von uns wie in einem Nebel und antworten nicht. Moses Antwort an Gott zeigt, dass er weiß, wo er steht, und dass er bereit ist. Zur Bereitschaft gehört, dass wir die richtige Verbindung mit Gott haben und dass wir wissen, wo wir stehen. Wir sind oft so eifrig, Gott zu sagen, wo wir selbst gern hingehen möchten. Aber die Menschen, die für Gott und seine Arbeit bereitstehen, die werden die Ersten sein, wenn er

Menschen beruft. Nur zu oft warten wir darauf, dass sich uns eine besondere Gelegenheit oder etwas Sensationelles bietet, und wenn wirklich so etwas kommt, rufen wir schnell: »Hier bin ich.« Immer wenn wir spüren, dass Jesus Christus sich anschickt, eine große Veränderung zu bewirken, dann sind wir da, aber für unscheinbare Aufgaben stehen wir nicht zur Verfügung.

Für Gott bereitstehen heißt, dass wir die kleinsten wie die größten Dinge gern für ihn tun, ohne Unterschiede zu machen. Es bedeutet, dass wir nicht aussuchen, was wir tun wollen, sondern was Gott vorhat, dafür stehen wir zur Verfügung. Immer wenn sich eine Aufgabe zeigt, hören wir Gottes Stimme, wie Jesus die Stimme seines Vaters hörte, und dann können wir uns der Aufgabe ganz widmen aus Liebe zu ihm. Jesus Christus erwartet, dass er mit uns genau so umgehen kann, wie sein Vater mit ihm umgegangen ist. Dann kann er uns überall einsetzen, wo er will, und kann uns angenehme oder niedrige Aufgaben geben, weil wir so mit ihm eins sind, wie er mit dem Vater eins ist — »... damit sie eins seien, wie wir eins sind« (Joh 17,22).

Rechne mit Gottes plötzlichen Überraschungsbesuchen. Wer bereit ist, braucht sich nicht noch vorzubereiten — er ist ja bereit. Wie viel Zeit verschwenden wir damit, uns vorzubereiten, wenn Gott uns schon gerufen hat! Der brennende Dornbusch ist ein Symbol für all das, was zur vollen Bereitschaft eines Menschen gehört, und sein Feuer ist die Gegenwart Gottes selbst.

## 19. April

# Die unwahrscheinlichste Versuchung

*»Joab ... war einst nicht zu Absalom übergegangen, hatte sich aber diesmal auf die Seite Adonijas gestellt«* (1. Kön 2,28 GN).

Joab hatte die schwerste Prüfung seines Lebens bestanden, als er bedingungslos treu zu David hielt und sich nicht dem faszinierenden und ehrgeizigen Absalom anschloss. Trotzdem lief er gegen Ende seines Lebens zu dem schwachen und feigen Adonija über. Beachte immer, dass die Stelle, an der ein anderer nachgegeben hat, dieselbe ist, an der jeder in Gefahr ist nachzugeben (s. 1. Kor 10,11-13). Vielleicht hast du gerade erfolgreich eine große Krise bestanden; dann sei besonders wachsam in den Dingen, die anscheinend gar nicht als Versuchung in Frage kommen. Bilde dir nicht ein, die Bereiche, in denen du schon früher standhaft warst, könnten dich jetzt kaum noch zu Fall bringen.

Wir neigen zu der Ansicht: »Wenn ich die größte Krise meines Lebens bestanden habe, ist es sehr unwahrscheinlich, dass ich mich jetzt wieder weltlichen Dingen zuwende.« Versuche nicht vorauszusagen, wo dir die Versuchung begegnen wird; die unwahrscheinlichste Stelle ist zugleich die gefährlichste. Gerade nach einem großen Erlebnis mit Gott können diese unwahrscheinlichen Wirkungen eintreten. Sie sind nicht immer stark und beherrschend, aber sie sind da. Und wenn du dich nicht rechtzeitig warnen lässt, werden sie dich zu Fall bringen. Du bist Gott in großen Schwierigkeiten und unter Opfern treu geblieben – jetzt nimm dich vor der Unterströmung in Acht. Verfalle nicht in übertriebene Selbstprüfung und Angst vor der Zukunft, aber sei wachsam; halte dein Gedächtnis wach vor Gott. Unkontrollierte Stärke ist in Wirklichkeit doppelte Schwäche, denn da können die unerwarteten Versuchungen wirkungsvoll deine Kraft untergraben. Die Personen in der Bibel sind meist ihren Stärken erlegen, nicht ihren Schwächen.

»... die ihr aus Gottes Macht durch den Glauben bewahrt werdet ...« (1. Petr 1,5) – das ist die einzige Sicherheit.

## 20. April
# Kann ein Christ Gott zu Unrecht beschuldigen?

»Denn auf alle Gottesverheißungen ist in ihm das Ja« (2. Kor 1,20).

Das Gleichnis von den anvertrauten Talenten (Mt 25, 14-30) ist eine Warnung: Es ist möglich, dass wir unsere Fähigkeiten falsch einschätzen. Das Gleichnis betrifft nicht unsere natürlichen Begabungen und Fähigkeiten, sondern hier geht es um den Heiligen Geist, wie er den Jüngern zuerst am Pfingsttag gegeben wurde. Wir dürfen unsere geistliche Fähigkeit nie nach unserem Verstand oder unserer Bildung einschätzen; was wir in geistlichen Dingen für Möglichkeiten haben, das misst sich an den Versprechen, die Gott uns gibt. Wenn wir weniger bekommen, als Gott uns geben will, dann beschuldigen wir Gott, so wie der Sklave Gott zu Unrecht beschuldigte: »Du erwartest Dinge von mir, zu denen du mich gar nicht befähigt hast. Das ist zu viel verlangt und hier, wo du mich hingestellt hast, kann ich das nicht leisten.« Wenn es um Gottes allmächtigen Geist geht, sage nie: »Ich kann nicht.« Lass dich nicht von den Begrenzungen deiner eigenen Fähigkeiten beeinflussen. Wenn wir den Heiligen Geist bekommen haben, dann erwartet Gott, dass an uns sichtbar wird, wie der Heilige Geist arbeitet.

Zu seiner Rechtfertigung klagte der Sklave seinen Herrn in allen Punkten an, im Prinzip so: »Was du von mir verlangst, steht in gar keinem Verhältnis zu dem, was du mir gegeben hast.« Haben wir Gott zu Unrecht angeklagt, indem wir uns Sorgen machten, obwohl er doch gesagt hat: »Trachtet zuerst nach dem Reich Gottes und nach seiner Gerechtigkeit, so wird euch das alles zufallen« (Mt 6,33)? Sorgen zeigen genau die Einstellung, die der Sklave hatte: »Ich weiß, dass du mich allein, ungeschützt und angreifbar zurücklassen willst.« Wer von Natur aus faul ist, neigt immer zur Kritik, er sagt: »Man hat mir keine Chance gegeben«; und wer im geistlichen Leben faul ist, kritisiert Gott. Faule Leute greifen oft von sich aus andere an.

Denke immer daran, dass unsere Fähigkeiten und Möglichkeiten auf geistlichem Gebiet auf Gottes Versprechen gründen und durch sie bestimmt werden. Hat

Gott die Macht, seine Versprechen zu erfüllen? Was wir darauf antworten, hängt davon ab, ob wir den Heiligen Geist haben oder nicht.

## 21. April

## Jesus nicht weh tun

*»So lange bin ich bei euch, und du kennst mich nicht, Philippus?«* (Joh 14,9).

Jesus muss sich wohl immer wieder über uns wundern — wir machen alles so schwierig. Unsere eigenen vorgefassten Meinungen machen uns das Verständnis schwer, aber wenn wir unkompliziert denken, begreifen wir leicht und können auch unterscheiden. Philippus erwartete die zukünftige Enthüllung eines überwältigenden Geheimnisses, aber nicht durch Jesus, den er schon zu kennen meinte. Das Geheimnis Gottes liegt nicht in der Zukunft — es ist jetzt da, obwohl wir immer darauf warten, dass es sich in der Zukunft durch ein gewaltiges und schwerwiegendes Ereignis offenbart. Auch wenn wir Jesus ohne Zögern gehorchen, ist es doch wahrscheinlich, dass wir ihn mit unseren Bitten verletzen: »Herr, zeige uns den Vater ...« (14,8). An seiner Reaktion erkennen wir sofort unseren Fehler: »Siehst du ihn denn nicht? Wenn du ihn hier bei dir nicht findest, dann kannst du ihn überhaupt nicht sehen.« Wir möchten, dass Gott seinen Kindern sichtbar erscheint, aber Gott gibt sich nur *in* seinen Kindern zu erkennen. Und andere erkennen die Zeichen, aber der Christ selbst sieht sie nicht. Wir möchten alles genau wissen, was er in uns tut, aber wenn wir es wüssten, könnten unsere Erwartungen an ihn nicht vernünftig und gesund bleiben. Wenn wir Gott immer nur um Erlebnisse bitten und wenn diese Erlebnisse uns am Weitergehen hindern, dann tun wir Jesus weh. Gerade unsere Fragen tun ihm weh, denn es sind keine kindlichen Fragen.

»Euer Herz erschrecke nicht!« (14,1.27). Tue ich Jesus weh, indem ich Schrecken und Unruhe zulasse? Wenn ich glaube, dass Jesus so ist, wie er sagt, drückt mein Leben diesen Glauben aus? Lasse ich zu, dass mich etwas in Angst versetzt, oder lasse ich ungesunde und unvernünftige Fragen zu? Ich muss zu einer so bedingungslosen und unanfechtbaren Gemeinsamkeit mit ihm kommen, dass ich alles genau so annehme, wie es von ihm kommt. Gott leitet uns nie irgendwann später, sondern immer hier und jetzt. Wenn du erkennst, dass Gott *jetzt* hier ist, dann erlebst du auch sofort seine Freiheit.

## 22. April

# Beständiges Licht

*»Nun aber schauen wir alle mit aufgedecktem Angesicht die Herrlichkeit des Herrn ...«* (2. Kor 3,18).

Wer Gott dienen will, muss so selbstständig sein, dass es ihm gar nicht auffällt, wenn er allein dasteht. Am Anfang des Christenlebens gibt es Enttäuschungen: Menschen, an denen wir uns orientiert haben, verlassen uns, und solche, die zu uns gehalten haben, wenden sich ab. Daran müssen wir uns so gewöhnen, dass wir nicht einmal merken, wenn wir auf uns selbst gestellt sind. Paulus sagt: »... stand mir niemand bei, sondern sie verließen mich alle ... Der Herr aber stand mir bei und stärkte mich ...« (2. Tim 4,16.17). Wir dürfen uns nicht auf Lichter verlassen, die ausbrennen, sondern nur auf das eine Licht, das immer bleibt. Wenn Menschen weggehen, die uns wichtig sind, sind wir traurig, bis wir erkennen, dass das so sein soll, damit uns nur eines übrig bleibt: selbst unmittelbar Gott anzuschauen.

Lass nicht zu, dass irgendetwas deine Entschlossenheit schwächt, in Fragen, die dich und deinen Glauben betreffen, direkt Gott anzuschauen. Und immer wenn du predigst, sorge dafür, dass du vorher bei Gott klärst, was du sagen sollst, dann wird sein Leuchten die ganze Zeit über nicht verblassen. Ein christlicher Mitarbeiter ist jemand, der sich ständig an Gott selbst orientiert und daraufhin mit anderen spricht. Die Arbeit im Auftrag

Christi ist beständig von diesem Leuchten umgeben, das der Mitarbeiter selbst nicht wahrnimmt: »... Mose ... wusste nicht, dass die Haut seines Angesichts glänzte, weil er mit Gott geredet hatte« (2. Mose 34,29).

Wir sind nicht beauftragt, unsere Zweifel offen darzulegen oder die ganz persönlichen Freuden und Glücksgefühle unseres Lebens mit Gott zu äußern. Das Geheimnis des Mitarbeiters ist, dass er ununterbrochen in harmonischer Verbindung mit Gott bleibt.

## 23. April

## Die Arbeit anbeten?

»*Denn wir sind Gottes Mitarbeiter*« (1. Kor 3,9).

Lass dich auf keine Arbeit für Gott ein, die es nötig oder doch leicht macht, die Konzentration auf ihn zu meiden. Sehr viele christliche Mitarbeiter beten ihre Arbeit an. Das einzig Wesentliche für christliche Mitarbeiter sollte aber sein, sich auf Gott zu konzentrieren. Dadurch werden alle anderen Begrenzungen im Leben, seien sie nun geistig, charakterlich oder geistlich, restlos aufgehoben durch die Freiheit, die Gott seinem Kind gibt — vorausgesetzt es ehrt ihn und ist nicht eigensinnig. Wenn ein Mitarbeiter sich nicht von dieser Konzentration auf Gott bestimmen lässt, belastet ihn seine Arbeit oft allzu sehr. Dann ist er an seine Grenzen gebunden und verfügt nicht frei über Körper, Verstand und geistliche Kräfte. In der Folge wird er völlig erschöpft und mutlos. Er hat keine Freiheit und keine Freude mehr am Leben. Er ist nervlich, geistig und emotional so überbelastet, dass Gottes Kraft nicht bei ihm »ankommt«.

Aber das Gegenteil gilt ebenso: Wenn wir wirklich auf Gott konzentriert sind, dann sind wir von allen Begrenzungen frei und werden nur noch von Gott allein bestimmt und beherrscht. Wir sind nicht mehr selbst für die Arbeit verantwortlich. Unsere Verantwortung besteht nur darin, in lebendiger Verbindung mit Gott zu bleiben und darauf zu achten, dass nichts unsere Zusammenarbeit mit ihm behindern kann. Die Freiheit, die Gott seinem Jünger gibt, ist die Freiheit eines Kindes, und alles, was unser Leben bisher eingeengt hat, verschwindet, wenn Jesus uns rettet. Aber wir müssen uns bewusst bleiben, dass wir nur zu einem einzigen Zweck befreit worden sind: um von dem, der mit uns arbeitet, völlig abhängig zu sein.

Wir haben kein Recht zu bestimmen, wo wir eingesetzt werden wollen, oder uns im Voraus ein Bild von der Arbeit zu machen, auf die Gott uns vorbereitet. Gott plant alles; und wo immer er uns hinstellt, sollte es unser einzig wichtiges Ziel sein, uns in vorbehaltloser Hingabe an ihn ganz für diese Arbeit einzusetzen. »Alles, was dir vor die Hände kommt, es zu tun mit deiner Kraft, das tu ...« (Pred 9,10).

## 24. April

# Warnung vor Erfolgsdenken

*»Doch darüber freut euch nicht, dass euch die Geister untertan sind«* (Lk 10, 20).

Die größte Gefahr, der wir als christliche Mitarbeiter ausgesetzt sind, sind nicht weltliche Interessen und auch nicht Sünde. Was uns zum Verhängnis werden kann, ist ein übermäßiges Verlangen nach Erfolg in der geistlichen Arbeit, und zwar Erfolg nach den religiösen Vorstellungen und Maßstäben der heutigen Zeit, in der wir leben. Suche nie Anerkennung von anderen, sondern nur von Gott, und sei immer bereit, »zu ihm hinaus(zu)gehen aus dem Lager und seine Schmach (zu) tragen« (Hebr 13, 13). In Lukas 10, 20 sagt Jesus seinen Jüngern, sie sollten sich nicht über Erfolg in der Arbeit freuen, aber es scheint, als sei das das Einzige, worüber die meisten von uns sich wirklich freuen. Wir betrachten die Dinge wie Händler: Wir zählen, wie viele Menschen Gott gerettet und angenommen hat, dann danken wir Gott und denken, alles sei in Ordnung. Aber unsere Arbeit fängt erst da an, wo Gott den Grund gelegt hat. Unsere Aufgabe ist nicht Menschen zu retten, sondern sie zu Jüngern zu machen. Gott rettet Menschen durch die Macht seiner Liebe und nimmt sie als Kinder an und unsere Aufgabe als Jünger ist es, sie auch zu Jüngern zu machen, bis sie sich ganz Gott unterstellt haben. Wer sich wirklich vollkommen Gott zur Verfügung stellt, ist Gott mehr wert als hundert

Menschen, die der Heilige Geist nur angesprochen hat. Als Mitarbeiter Gottes müssen wir, geistlich gesehen, unsere eigene Art fortpflanzen, und an diesen Menschen wird man sehen, dass wir seine Mitarbeiter sind. Gott führt uns durch seine Freundlichkeit zu einer bestimmten Qualität der Lebensführung und wir sind dafür verantwortlich, auch andere zur gleichen Lebensweise anzuleiten.

Wenn ein Mitarbeiter nicht ein Leben führt, das »verborgen (ist) mit Christus in Gott« (Kol 3,3), fängt er leicht an andere herumzukommandieren, anstatt selbst ein lebendiger, aktiver Jünger zu sein. Viele von uns tun das, wir zwingen Personen und ganzen Gruppen unsere Wünsche auf. Aber Jesus setzt uns nie so unter Druck. Immer wenn Jesus von Jüngerschaft spricht, tut er das in einem Bedingungssatz und sagt nie allgemein oder autoritär: »Du musst!« Jünger Jesu ist man freiwillig.

## 25. April

# Zur rechten Zeit bereit

*»Steh dazu, es sei zur Zeit oder zur Unzeit«* (2. Tim 4,2).

Viele von uns leiden unter der unvernünftigen Neigung, nur »zur Unzeit« zum Evangelium zu stehen. Die »Zeit« bezeichnet nicht die Gelegenheit, die sich bietet — sie bezeichnet unseren Zustand. Der Vers heißt: »Predige das

Wort, steh dazu, es sei zur Zeit oder zur Unzeit«, also ob es uns gerade passt oder nicht. Wenn wir nur das täten, wozu wir Lust haben, würden manche von uns nie etwas tun. Es gibt Menschen, die sind auf geistlichem Gebiet einfach nicht einsatzfähig. Ihre Verbindung mit Gott ist schwach und nicht tragfähig und sie wollen nichts tun, wenn sie nicht von Gott dazu angeregt werden. Der Beweis, dass unsere Beziehung zu Gott gesund ist, ist dass wir unser Bestes tun, ob wir uns nun inspiriert fühlen oder nicht.

Eine der größten Gefahren für einen christlichen Mitarbeiter ist, dass er ganz auf die besonderen Augenblicke der Eingebung fixiert ist, die Gott ihm gibt. Wenn Gottes Geist dir eine Zeit neuer Einsicht und Stärkung gibt, dann hast du den Eindruck: »Jetzt, wo ich dies erlebt habe, werde ich immer so für Gott sein.« Das wirst du aber nicht, dafür wird Gott sorgen. Diese Zeiten sind Geschenke und nur Gott kann sie geben. Du kannst sie nicht selbst herbeiführen, wann du willst. Wenn du sagst, du willst für Gott immer nur in Höchstform sein wie in diesen besonderen Augenblicken, dann wirst du Gott unerträglich lästig. Dann tust du nie etwas, wenn Gott dir nicht die ganze Zeit das Bewusstsein erhält, dass er dich inspiriert. Wenn du diese besonderen Zeiten zu einem Gott machst, dann wird Gott immer mehr aus deinem Leben verschwinden und nicht zurückkommen, bis du gehorsam die Arbeit tust, die du vor dir siehst, und dich nicht mehr von diesen besonderen Augenblicken beherrschen lässt, die er dir gegeben hat.

## 26. April

# Der höchste Aufstieg

*»Nimm Isaak, deinen einzigen Sohn ..., und opfere ihn ... zum Brandopfer auf einem Berge, den ich dir sagen werde«* (1. Mose 22, 2).

Der Charakter eines Menschen bestimmt, wie er Gottes Willen versteht (s. Ps 18, 25.26). Abraham verstand Gottes Befehl so, dass er seinen Sohn töten müsse, und von diesem traditionellen Glauben konnte er sich nur durch ein ungeheuer schmerzhaftes Erlebnis lösen. Gott konnte seinen Glauben auf keine andere Art davon befreien. Wenn wir Gott so gehorchen, wie wir ihn in aufrichtigem Glauben verstehen, dann wird Gott uns aus den traditionellen Vorstellungen lösen, die wir von ihm haben. Es gibt viele solche Vorstellungen, die wir loswerden müssen: zum Beispiel, Gott ließe ein Kind sterben, weil seine Mutter es zu sehr liebt. Das ist eine teuflische Lüge und eine Entstellung von Gottes Wesen! Wenn der Teufel verhindern kann, dass wir diesen höchsten Aufstieg in Angriff nehmen und uns von unseren traditionellen Irrtümern in Bezug auf Gott lösen, dann tut er das. Wenn wir aber Gott treu bleiben, wird er uns durch ein sehr schmerzhaftes Erlebnis zu einer besseren Erkenntnis seiner selbst führen.

Das Entscheidende, was wir von Abrahams Glauben an Gott lernen können, ist dass Abraham bereit war, alles für Gott zu tun. Er war fest entschlossen Gott zu gehorchen, auch wenn seine eigenen Ansichten dadurch verletzt würden. Abraham hing nicht an seinen eigenen Überzeugungen, sonst hätte er Isaak getötet und die Stimme des Engels für die verstellte Stimme des Teufels gehalten. So würde ein Fanatiker handeln. Wenn du Gott treu bleibst, wird er dich geradewegs durch alle Hindernisse hindurch zur höchsten Erkenntnis seiner selbst leiten. Aber du musst immer bereit sein, im Bedarfsfall deine eigenen Überzeugungen und traditionellen Glaubenssätze aufzugeben. Bitte Gott nicht, dich auf die Probe zu stellen. Sage nicht wie Petrus, du seist zu allem bereit, sogar »ins Gefängnis und in den Tod zu gehen« (Lk 22, 33). Abraham hat so etwas nicht gesagt — er ist Gott einfach treu geblieben und Gott hat seinen Glauben von Irrtümern befreit.

## 27. April

# Was willst du?

*»Und du begehrst für dich große Dinge?«* (Jer 45,5).

Möchtest du »große Dinge« für dich selbst erreichen, anstatt eine große Persönlichkeit werden zu wollen? Gott will, dass du viel enger mit ihm verbunden bist als nur so, dass du Geschenke von ihm annimmst; er will, dass du ihn kennen lernst. Auch große Dinge, die wir für uns haben wollen, sind nur nebensächlich und vorübergehend. Aber Gott gibt uns nichts Nebensächliches. Nichts ist leichter als die richtige Beziehung zu Gott aufzubauen — vorausgesetzt du suchst Gott und nicht nur das, was er dir geben kann.

Wenn du nur so weit gekommen bist, Gott um Dinge zu bitten, dann hast du noch nicht das Geringste davon verstanden, was Hingabe ist. Du bist auf Grund deiner eigenen Bedingungen Christ geworden. Da protestierst du und sagst: »Ich habe Gott um den Heiligen Geist gebeten, aber er hat mir nicht den Frieden und die Gelassenheit gegeben, die ich erwartete.« Und sofort zeigt Gott dir den Grund: Du suchst gar nicht ihn, sondern etwas für dich selbst. Jesus sagt: »Bittet, so wird euch gegeben« (Mt 7,7). Bitte Gott um das, was du willst, und denke nicht nach, ob das eine zulässige Bitte ist, denn wenn du ihm immer näher kommst, wirst du irgendwann gar nicht mehr um Dinge bitten. »Denn euer Vater weiß, was ihr bedürft, bevor ihr ihn bittet« (Mt 6,8). Warum dann bitten? Damit du ihn kennen lernst.

Wünschst du dir »für dich große Dinge«? Hast du gesagt: »Herr, fülle mich ganz und gar mit deinem Geist?« Wenn Gott es nicht tut, dann weil du ihm nicht ganz ergeben bist; du weigerst dich noch, etwas Bestimmtes zu tun. Bist du bereit dich zu fragen, was du wirklich von Gott willst und warum? Gott nimmt nie Rücksicht auf das, was du schon bekommen hast, weil er dir in Zukunft die ganze Fülle geben will. Er will dich nicht für den Augenblick glücklich und dankbar machen, sondern er arbeitet stetig daran, dich schließlich vollkommen zu machen: »...damit sie eins seien, wie wir eins sind...« (Joh 17,22).

## 28. April

# Was du bekommen wirst

*»... dein Leben sollst du wie eine Beute davonbringen, an welchen Ort du auch ziehst«* (Jer 45,5).

Das ist eine unergründliche, aber gültige Zusage Gottes an alle, die ihm vertrauen: »Ich will dir dein Leben geben.« Was sollte man sich mehr wünschen als das eigene Leben? Es ist doch das Entscheidende. »Wie eine Beute«, das heißt, wohin du auch kommst, selbst wenn es die Hölle wäre, wird dein Leben unbeschadet daraus hervorgehen. So viele von uns sind in dem Wunsch gefangen, anderen etwas vorzuzeigen, nicht mit Reichtum und Wertsachen anzugeben, sondern mit Gaben von Gott. All das, was wir so stolz zur Schau tragen, bleibt nur kurze Zeit. Aber es gibt etwas Größeres, das ewig bleibt: das Leben, das »verborgen (ist) mit Christus in Gott« (Kol 3,3).

Bist du bereit, dich von Gott ganz in die Einheit mit ihm hineinnehmen zu lassen und das, was du die »großen Dinge im Leben« nennst, nicht mehr wichtig zu nehmen? Bist du bereit, dich ganz auszuliefern und loszulassen? Ob deine Hingabe echt und bedingungslos ist, zeigt sich daran, ob du auf die Frage verzichtest: »Was willst du damit erreichen?« Sei vorsichtig mit eigenen Vorstellungen und Vermutungen. Sobald du den Gedanken zulässt: »Wozu das?«, zeigst du, dass du dich nicht ganz unterwirfst und Gott nicht wirklich vertraust. Wenn du dich völlig zur Verfügung stellst, denkst du nicht mehr darüber nach, was Gott tun will. Hingabe bedeutet, dass du dir den Luxus verbietest, Fragen zu stellen. Wenn du nur noch für Gott da bist, dann sagt Gott gleich zu dir: »Dein Leben sollst du wie eine Beute davonbringen ...« Wenn Menschen das Leben satt haben, dann darum, weil Gott ihnen nichts gegeben hat: Sie haben nicht die Zusage, »ihr Leben wie eine Beute davonzubringen«. Der Ausweg aus dieser Lage ist, sich Gott zur Verfügung zu stellen. Und sobald du dich wirklich Gott ganz hingibst, wirst du vollkommen überrascht und begeistert sein. Dann gehörst du Gott ganz und ohne Einschränkung und er hat dir dein Leben gegeben. Wenn es dir nicht so geht, dann entweder weil du in einer Beziehung ungehorsam bist oder weil du nicht bereit bist, unkompliziert genug zu denken.

## 29. April

### Überraschungen erwarten

*»Es ist aber noch nicht offenbar geworden, was wir sein werden«* (1. Joh 3,2).

Von Natur aus neigen wir dazu, genau zu sein: Wir versuchen immer genau vorauszusehen, was sich als Nächstes ereignen wird. Darum sehen wir Ungewissheit als etwas Schlechtes an. Wir meinen, wir müssten ein vorbestimmtes Ziel erreichen; aber das Leben mit Gott ist nicht so. Das Wesen des Lebens mit Gott ist, dass wir sicher wissen: Wir leben in Ungewissheit. Darum wurzeln wir nicht ein. Unsere Vernunft sagt: »Was wäre, wenn ich in der und der Lage wäre?« Wir können uns keine Lage vorstellen, in der wir noch nie gewesen sind.

Gewissheit kennzeichnet das Leben nach der natürlichen Vernunft — faszinierende Ungewissheit kennzeichnet das Leben mit Gott. Dass wir uns auf Gott verlassen können, das heißt, dass wir in jeder anderen Hinsicht unsicher sind und nicht wissen, was der nächste Tag bringt. Das wird im Allgemeinen mit einem bedrückten Seufzer gesagt, aber es sollte ein Ausdruck gespannter Erwartung sein. Wir wissen nicht, wie der nächste Schritt aussieht, aber wir wissen, dass Gott zuverlässig ist. Sobald wir uns ganz Gott überlassen und die Aufgabe angehen, die er uns vorgelegt hat, überrascht er uns immer wieder von neuem. Wenn wir nur noch bestimmte Lehrsätze verbreiten oder verteidigen, stirbt etwas in uns. Das ist kein Glaube an Gott — da glauben wir nur an unsere Lehrsätze über ihn. Jesus sagt: »Wenn ihr nicht umkehrt und werdet wie die Kinder ...« (Mt 18, 3). Das Leben mit Gott ist das Leben eines Kindes. Wir sind nicht unsicher in Bezug auf Gott, sondern darüber, was er als Nächstes tun wird. Wenn unsere Sicherheit nur in unseren Glaubenssätzen liegt, dann werden wir selbstgerecht und überkritisch und die Überzeugung, unsere Lehre sei vollständig und endgültig, schränkt uns ein. Aber wenn wir die richtige Beziehung zu Gott haben, ist das Leben voll spontaner, freudiger Erwartung. Jesus sagt: »... und glaubt an mich!«, nicht: »Glaubt bestimmte Lehren über mich.« Lass ihn alles bestimmen, dann ist es herrlich und faszinierend unsicher, wie er handeln wird — aber du kannst sicher sein, dass er handelt. Bleibe ihm treu.

## 30. April

## Spontane Liebe

*»Die Liebe ist langmütig und freundlich ...«* (1. Kor 13,4).

Liebe ist nicht berechnend, sondern spontan — das heißt, sie kann sich plötzlich ganz ungewöhnlich äußern. In der von Paulus beschriebenen Liebe ist nichts von berechenbarer Sicherheit. Wir können das, was wir denken und tun wollen, nicht vorher festlegen, indem wir sagen: »Ich will jetzt nie mehr etwas Böses denken und ich will alles glauben, was ich nach dem Willen Jesu glauben soll.« Nein, das Merkmal der Liebe ist Spontaneität. Wir halten uns die Worte Jesu nicht absichtlich als Maßstab vor Augen, sondern wenn sein Geist in uns zu bestimmen hat, dann leben wir nach seinem Maßstab, ohne es zu merken. Und in der Rückschau wundern wir uns, wie unabhängig wir von unseren Gefühlen waren — das ist das Zeichen, dass echte spontane Liebe da war. Erst in der Rückschau können wir erkennen, ob das, was wir erlebt haben, das Leben Gottes in uns betrifft.

Die Quellen, aus denen Liebe fließt, sind in Gott und nicht in uns. Es ist unsinnig zu denken, Gottes Liebe sei von Natur aus in uns, weil wir so geschaffen seien. Seine

Liebe ist nur da, weil sie »ausgegossen (ist) in unsre Herzen durch den heiligen Geist ...« (Röm 5,5).

Wenn wir Gott beweisen wollen, wie sehr wir ihn lieben, ist das ein sicheres Zeichen, dass wir ihn in Wirklichkeit nicht lieben. Der Beweis, dass wir ihn lieben, ist dass unsere Liebe ganz spontan ist und ganz natürlich aus seinem Wesen in uns hervorgeht. Und wenn wir zurückschauen, können wir nicht begründen, warum wir bestimmte Dinge getan haben, aber dann wissen wir, dass es seine spontane Liebe in uns war, die uns motiviert hat. Gottes Leben zeigt sich auf diese spontane Weise, weil die Quellen seiner Liebe im Heiligen Geist liegen.

# Mai

## 1. Mai

## Glaube — nicht Gefühl

»Denn wir wandeln im Glauben und nicht im Schauen«
(2. Kor 5,7).

Eine Zeit lang ist uns deutlich bewusst, wie wichtig wir Gott sind. Aber wenn Gott beginnt, uns dann in seiner Arbeit einzusetzen, machen wir oft bald einen jämmerlichen Eindruck und reden nur noch von unseren Problemen und Schwierigkeiten. Dabei versucht Gott ständig uns dazu zu bringen, dass wir unauffällig unsere Arbeit tun, ohne im Rampenlicht zu stehen. Wenn wir das zu entscheiden hätten, wäre keiner von uns in der geistlichen Arbeit unauffällig. Können wir auch dann noch arbeiten, wenn es scheint, als ob Gott den Himmel verschlossen hätte? Manche von uns wollen immer für jeden sichtbar als Heilige dastehen, mit goldenem Heiligenschein und immer im Licht göttlicher Eingebung, und am liebsten hätten sie überhaupt nur mit anderen Christen zu tun. Ein von sich überzeugter Christ ist für Gott nicht brauchbar. Er ist nicht normal und dem täglichen Leben nicht gewachsen und hat keinerlei Ähnlichkeit mit Gott. Wir sind auf der Erde nicht als unfertige Engel, sondern als Menschen, um die Arbeit zu tun, die hier anfällt. Und wir müssen das mit unendlich viel mehr Widerstandskraft tun als andere, weil wir von oben geboren sind.

Wenn wir immer wieder versuchen, die besonderen Augenblicke der Eingebung zurückzuholen, ist das ein Zeichen, dass es nicht Gott ist, den wir suchen. Wir werden abhängig von diesen Momenten, in denen Gott wirklich zu uns gesprochen hat, und bestehen darauf, dass er es wieder tun muss. Aber Gott will, dass wir »im Glauben wandeln«. Wie viele von uns haben sich selbst ausgegrenzt in dem Gedanken: »Ich kann nichts mehr tun, wenn Gott mir nicht erscheint?« Das wird er nie tun. Wir müssen selbst aufstehen, ohne Eingebung und ohne plötzliche Berührung von Gott. Dann kommt die Überraschung und wir merken plötzlich: »Er war ja die ganze Zeit da und ich wusste es nicht!« Lebe nicht für besondere Erlebnisse mit Gott — das sind Überraschungen. Gott zeigt sich und inspiriert uns nur, wenn er sieht, dass wir nicht in Gefahr sind, uns dadurch verleiten zu lassen. Wir dürfen die Augenblicke, in denen uns Gott sich zeigt, nie als das normale Leben betrachten. Das normale Leben ist unsere Arbeit.

## 2. Mai

# Auf die Erfüllung warten

*»Wenn sie sich auch hinzieht, so harre ihrer«* (Hab 2,3).

Geduld ist nicht dasselbe wie Gleichgültigkeit; zur Geduld gehört enorme Kraft und die Fähigkeit, alle Angriffe abzuwehren. Wenn ein Mensch Gott geschaut hat, dann erwächst daraus Geduld, denn damit inspiriert er uns echt und wirksam. Mose hielt durch, nicht aus Prinzipientreue und auch nicht aus Pflichtgefühl gegen Gott, sondern weil Gott ihm erschienen war. »... denn er hielt sich an den, den er nicht sah, als sähe er ihn« (Hebr 11,27). Wer Gott geschaut hat ist nicht irgendeiner bestimmten Sache verpflichtet; er ist Gott selbst verpflichtet. Man kann immer erkennen, ob eine Vision von Gott kommt, weil dann eine inspirierende Kraft von ihr ausgeht. Was dir da begegnet, ist erhaben und gibt dir neue Kraft, weil es alles mit Gottes Macht ausgestattet ist. Es kann eine Zeit kommen, in der du überhaupt kein Wort von ihm wahrnimmst, so wie sie sein Sohn während der Versuchung in der Wüste erlebt hat. Wenn das passiert, dann halte aus. Die Kraft dazu ist da, weil du Gott geschaut hast.

»Wenn sie sich auch hinzieht, so harre ihrer.« Der Beweis, dass wir Gott geschaut haben, ist dass wir uns um mehr bemühen, als wir schon haben. Wenn man geistlich zufrieden ist, ist das schlecht. Der Psalmist sagt: »Wie soll ich dem Herrn vergelten all seine Wohltat...? Ich will den Kelch des Heils nehmen...« (Ps 116,12.13). Wir suchen gern Erfüllung in uns selbst und denken dann: »Jetzt habe ich es geschafft! Jetzt bin ich ganz geheiligt und kann alles ertragen.« Damit sind wir schon auf dem Weg ins Verderben. Wir müssen mehr anstreben, als wir schon erreichen. Paulus sagt: »Nicht, dass ich's schon ergriffen habe oder schon vollkommen sei; ich jage ihm aber nach ...« (Phil 3, 12). Wenn wir nur das haben, was wir bewusst erlebt haben, haben wir nichts. Aber wenn wir die inspirierende Kraft Gottes haben, ist das mehr, als wir wahrnehmen können. Mache dir klar, dass es gefährlich ist, im Leben mit Gott nachlässig zu werden.

## 3. Mai

# Gebet für das Leben

*»Betet allezeit mit Bitten und Flehen im Geist ...«*
(Eph 6, 18).

Wenn wir über längere Zeit für andere beten, kann es sein, dass unser gehorsames Gebet für diese Menschen sie mehr kostet, als wir je für möglich gehalten haben. Dann besteht die Gefahr, dass wir anfangen, aus Mitleid um menschliche Erleichterung für sie zu bitten, während Gott dabei war, unsere Gebete zu erhören und sie allmählich auf eine ganz neue Seinsebene zu heben. Immer wenn wir nicht mehr ganz mit Gottes Interesse und Fürsorge für Menschen übereinstimmen und unserem menschlichen Mitgefühl den Vorrang geben, ist die Lebensverbindung mit Gott unterbrochen. Dann stehen unsere Sorge und unser Mitleid mit ihnen im Weg und somit werfen wir Gott etwas vor.

Wir können unmöglich lebendig und wirksam für andere beten, wenn wir uns nicht völlig auf Gott verlassen können. Und die schwersten Zerstörungen dieser vertrauensvollen Beziehung zu Gott, die für unser Beten so notwendig ist, gehen von unserem menschlichen Mitgefühl und unserer Voreingenommenheit aus. Einheit mit Gott ist der Schlüssel zur Fürbitte und wenn die Einheit verloren geht, dann meist aus Mitleid mit anderen und nicht durch Sünde. Sünde wird die Beziehung des Fürbittenden zu Gott wahrscheinlich nicht stören, aber Mitleid tut das. Es kann Mitleid mit uns selbst oder mit anderen sein, wenn wir denken: »Ich lasse nicht zu, dass das passiert.« Und schon stehen wir nicht mehr in der Lebensverbindung mit Gott.

Beten für andere Menschen lässt dir weder Zeit noch Lust, für dein eigenes »erbärmliches Ich« zu bitten. Du brauchst dich nicht anzustrengen, Gedanken an eigene Belange herauszuhalten, denn sie tauchen gar nicht erst auf, so dass man sie abweisen müsste. Du bist darin völlig eins mit Gottes fürsorglichem Interesse für andere Menschen. Gott gibt uns Urteilsvermögen über das Leben anderer Menschen, um uns zur Fürbitte für sie aufzurufen, nicht damit wir sie kritisieren.

## 4. Mai

# Geleitete Fürbitte

»*Weil wir denn nun, liebe Brüder, durch das Blut Jesu die Freiheit haben zum Eingang in das Heiligtum …*« (Hebr 10,19).

Bilde dir nicht ein, es sei schon Fürbitte, wenn wir unsere eigenen menschlichen Gefühle und Interessen Gott vortragen und dann verlangen, dass er alles tut, worum wir bitten. Die Möglichkeit zu Gott zu kommen haben wir ausschließlich, weil Christus sich stellvertretend für uns mit der Sünde identifiziert hat. Wir haben diese Freiheit »*durch das Blut Jesu*«.

Eigensinn gegenüber Gott ist das größte Hindernis für die Fürbitte, denn er beruht auf einem natürlichen »Verständnis« für Dinge, die wir bei uns und anderen sehen. Wir meinen, dass das keiner Buße bedarf. Wir leben in der Vorstellung, in jedem von uns gäbe es gute und edle Züge, die die Versöhnung durch das Kreuz Christi nicht brauchten. Dieses Denken bringt eine Nachlässigkeit und Interesselosigkeit hervor, die uns zum Beten für andere unfähig macht. Dann identifizieren wir uns nicht mit Gottes liebevoller Sorge für andere, sondern ärgern uns über ihn. Aber mit unseren eigenen Vorstellungen sind wir immer zur Stelle und so verkommt unsere Fürbitte zu einer Verherrlichung unserer natürlichen Gefühle. Wir müssen zur Kenntnis nehmen: dass Jesus »für uns zur Sünde gemacht« wurde, zieht eine radikale Änderung all unserer Sympathien und Interessen nach sich. Geleitete Fürbitte bedeutet, dass wir unsere natürlichen Gefühle für andere bewusst durch Gottes Interesse an ihnen ersetzen.

Bin ich eigensinnig oder lasse ich mich leiten? Will ich mich durchsetzen oder ist meine Beziehung zu Gott vollkommen? Bin ich ungeduldig oder auf Gott ausgerichtet? Richte ich mich nach meinem eigenen Willen oder will ich mit ihm eins sein?

## 5. Mai

# Gericht und Liebe

*»Denn die Zeit ist da, dass das Gericht anfängt an dem Hause Gottes«* (1. Petr 4,17).

Wer für Christus arbeitet, darf nie vergessen, dass die Rettung eine Idee Gottes ist und nicht von Menschen kommt. Darum können wir ihre Tiefe nicht ermessen. Die Rettung ist der große Gedanke Gottes, nicht ein menschliches Erlebnis. Das Erleben ist nur die Tür, durch die die Rettung in unser Bewusstsein tritt, damit wir wahrnehmen können, was auf einer viel tieferen Ebene stattgefunden hat. Wirb nie für das Erlebnis; mache den großen Gedanken Gottes bekannt, der hinter dem Erlebnis steht. Wenn wir predigen, geben wir nicht Anweisungen, wie man der Hölle entkommt und gut und anständig wird, sondern wir bringen den Menschen die gute Nachricht von Gott.

In den Reden Jesu Christi wird immer wieder das Gericht betont; das Gericht ist das Zeichen für Gottes Liebe. Stelle dich nie gegen Gott auf die Seite eines Menschen, der es schwierig findet, zu Gott zu kommen, denn dafür kann Gott nichts. Wir brauchen den Grund der Schwierigkeit nicht herauszufinden, sondern nur Gottes Wahrheit darzustellen; dann zeigt der Heilige Geist, wo das Problem liegt. Die Qualität unserer Predigt entscheidet sich daran, ob sie alle Zuhörer mit dem Urteil Gottes konfrontiert. Wenn wir die Wahrheit bekannt machen, stellt der Heilige Geist jeden einzelnen Zuhörer direkt vor Gott.

Wenn Jesu uns je etwas zu tun aufgetragen hätte, wozu er uns nicht befähigen könnte, wäre er ein Lügner. Und wenn wir unsere eigene Unfähigkeit als Hindernis oder als Ausrede benutzen, um nicht gehorchen zu müssen, dann sagen wir damit Gott, da gäbe es etwas, was er noch nicht berücksichtigt hat. Jedes Stückchen Selbstvertrauen auf unserer Seite muss durch Gottes Macht vernichtet werden. In dem Augenblick, wo wir erkennen, dass wir vollkommen unfähig und von ihm abhängig sind, entfaltet Gottes Geist seine Macht.

## 6. Mai

# Freiheit und der Anspruch Jesu

*»Zur Freiheit hat uns Christus befreit! So steht nun fest ...«* (Gal 5,1).

Wer geistlich denkt, kommt nie mit der Forderung: »Du musst das und das glauben!« Wer geistlich denkt, wird verlangen, dass du dich nach dem richtest, was Jesus sagt. Wir sollen nicht an die Bibel glauben, sondern an den, den die Bibel uns vorstellt (s. Joh 5,39.40). Wir sollen den Menschen nicht Gedanken- und Meinungsfreiheit anbieten, sondern Freiheit für ihr Gewissen bringen. Und wenn wir selbst in der Freiheit leben, die Christus uns gegeben hat, dann werden andere zu derselben Freiheit kommen: der Freiheit, die aus der Anerkennung des absoluten Bestimmungs- und Herrschaftsrechts Jesu Christi erwächst.

Dein Verhaltensmaßstab soll immer nur das sein, was Jesus sagt. Nimm sein Joch auf dich (s. Mt 11,29) und kein anderes und achte darauf, nie etwas von anderen zu verlangen, was Jesus Christus nicht verlangt. Es dauert lange, bis Gott uns beigebracht hat, dass nicht jeder Mensch im Irrtum ist, der nicht genauso denkt wie wir. Gott legt sich nie auf unsere Meinung fest. Es gibt nur eine wahre Freiheit: die Freiheit, die Jesus unserem Gewissen gibt und die uns ermöglicht, das Richtige zu tun.

Ärgere dich nicht über andere. Denke daran, wie Gott mit dir umgegangen ist: behutsam und geduldig.

Aber verwässere nie Gottes Wahrheit. Lass sie wirken und versuche nicht sie zu verteidigen. »Darum gehet hin und machet zu *Jüngern*...« (Mt 28,19) — nicht »bekehrt zu euren eigenen Ansichten«.

## 7. Mai
## Für die Ewigkeit bauen

*»Denn wer ist unter euch, der einen Turm bauen will und setzt sich nicht zuvor hin und überschlägt die Kosten, ob er genug habe, um es auszuführen?«*
(Lk 14,28).

Hier spricht Jesus nicht von Kosten, die wir berechnen müssen, sondern von solchen, die er schon berechnet hat. Die Kosten waren dreißig Jahre Leben in Nazareth, drei Jahre öffentliches Auftreten, Verleumdung und Hass, der unbegreiflich schwere Kampf in Gethsemane und der Angriff auf ihn auf Golgatha — das Zentrum, um das sich alle Zeit und Ewigkeit drehen. Jesus Christus hat die Kosten berechnet. Bei der Endabrechnung wird niemand über ihn lachen und sagen: »Dieser Mensch hat angefangen zu bauen und kann's nicht ausführen« (14,30).

Die Bedingungen, die Jesus in Vers 26, 27 und 33 für die Jüngerschaft nennt, bedeuten, dass er für seine gewaltigen Baupläne Menschen einsetzen will, die er innerlich ganz neu gemacht hat. »Wenn jemand zu mir kommt und hasst nicht seinen Vater, Mutter, Frau, Kinder, Brüder, Schwestern und dazu sich selbst, *der kann nicht mein Jünger sein*« (14, 26). Das bedeutet, dass Jesus für seine Bauprojekte nur Menschen gebraucht, die ihn persönlich, leidenschaftlich und treu lieben — deren Liebe zu ihm auch die der engsten menschlichen Beziehungen weit übersteigt. Die Bedingungen sind streng, aber von einer herrlichen Klarheit.

Alles, was wir bauen, wird Gott begutachten. Wenn Gott uns durch sein Feuer beurteilt, das alles sichtbar macht und reinigt, wird er dann sehen, dass wir auf dem Fundament Jesu unsere eigenen Pläne verwirklicht haben? (s. 1. Kor 3, 10 - 15). In unserer Zeit wird ungeheuer viel unternommen und wir versuchen für Gott zu arbeiten und da liegt die Gefahr. Im eigentlichen Sinn des Wortes können wir nie für Gott arbeiten. Jesus ist der Baumeister und nimmt uns in seinen Dienst, damit wir ihm voll für seine Baupläne und Unternehmungen zur Verfügung stehen und seine Anweisungen befolgen; und niemand hat das Recht zu bestimmen, wo er eingesetzt werden will.

## 8. Mai

# Glaube und Geduld

»Weil du mein Wort von der Geduld bewahrt hast...«
(Offb 3, 10).

Geduld ist mehr als nur Durchhalten, mehr als nur ein Festhalten bis zuletzt. Wer Gott gehört, ist wie Pfeil und Bogen in den Händen eines Bogenschützen. Gott zielt auf etwas, das der Christ nicht sehen kann, aber unser Herr spannt den Bogen immer weiter und von Zeit zu Zeit sagt der Christ: »Ich kann nicht mehr.« Aber Gott hört nicht darauf; er zieht weiter, bis die Spannung ausreicht, um das Ziel zu erreichen. Erst dann lässt er den Pfeil fliegen. Vertraue dich Gott an. Bist du gerade jetzt in einer Lage, in der du Geduld brauchst? Halte an deiner innigen Gemeinschaft mit Jesus Christus fest mit der Geduld, die der Glaube gibt.

Glaube ist kein schwächliches und erbärmliches Gefühl, sondern ein starkes und widerstandsfähiges Vertrauen darauf, dass Gott vollkommene Liebe ist. Wenn du ihn auch im Augenblick nicht sehen kannst und nicht verstehst, was er tut, kennst du doch ihn selbst. Gefährlich wird dein Leben, wenn du nicht die Gelassenheit hast, die entsteht, wenn man sich auf die ewige Wahrheit verlässt, dass Gott vollkommene Liebe ist. Glaube kann die größte Anstrengung deines Lebens sein: dich in völligem Vertrauen und ohne Rücksicht auf dich selbst nur an Gott zu halten.

Mit Jesus Christus hat Gott alles aufs Spiel gesetzt, was er hatte, um uns zu retten, und jetzt will er, dass wir in rückhaltlosem Vertrauen auf ihn alles aufs Spiel setzen, was wir haben. Es gibt immer Bereiche in unserem Leben, die dieser Glaube noch nicht geformt hat — Bereiche, in denen Gottes Wesen noch nicht wirkt. Solche Bereiche hat es bei Jesus Christus nicht gegeben und soll es auch bei uns nicht geben. Jesus betete: »Das ist aber das ewige Leben, dass sie dich ... erkennen« (Joh 17,3). Ewiges Leben im eigentlichen Sinn ist ein Leben, das alles, was es ertragen muss, ohne Gefährdung ertragen kann. Wenn wir diesen Standpunkt einnehmen, wird das Leben zu einer herrlichen Möglichkeit, ständig wunderbare Dinge zu erleben. Gott arbeitet an uns, damit wir zu diesem Zentrum der Kraft vordringen können.

### 9. Mai

## Mehr anstreben

»*Wo keine Offenbarung ist, wird das Volk wild und wüst*« (Spr 29,18).

Es ist ein Unterschied, ob man an einem Grundsatz festhält oder ob Gott sich einem gezeigt hat. Ein Grundsatz bringt keine Inspiration zum Handeln mit sich, aber eine Vision tut das. Menschen, die ganz von idealistischen Grundsätzen eingenommen sind, *tun* selten etwas. Ein

Mensch kann sogar mit seiner Vorstellung von Gott erklären, warum er seine Pflicht bewusst vernachlässigt. Jona versuchte seinen Ungehorsam zu entschuldigen, indem er zu Gott sagte: »... denn ich wusste, dass du gnädig, barmherzig, langmütig und von großer Güte bist und lässt dich des Übels gereuen« (Jona 4,2). Vielleicht habe ich auch eine richtige Vorstellung von Gottes Eigenschaften und gerade darum tue ich nicht meine Pflicht. Aber wo Gott sich gezeigt hat, da ist auch Ehrlichkeit und Integrität, denn die Vision gibt mir den Impuls zum richtigen Handeln.

Unsere eigenen idealistischen Grundsätze können uns einschläfern und ins Verderben bringen. Kläre für dich selbst vor Gott, ob du etwas von ihm geschaut oder ob du nur Grundsätze hast.

*Man muss sich weiter strecken, als man reicht, wozu ist sonst der Himmel?*

»Wo keine Offenbarung (prophetische Vision) ist ...« Wenn wir Gott aus dem Blick verlieren, werden wir rücksichtslos. Dann lassen wir unsere Zurückhaltung fallen und tun wissentlich das Falsche. Wir beten auch nicht mehr und verlieren den Blick dafür, wie Gott die kleinen Alltagsdinge sieht. Wir fangen einfach an nach eigenem Gutdünken zu handeln. Wenn wir von uns aus alles nehmen und tun, was wir wollen, wenn wir nicht mehr erwarten, dass Gott eingreift, dann geht es abwärts mit uns. Dann haben wir die Vision verloren. Ist unsere ganze Haltung heute davon geprägt, dass Gott sich uns gezeigt hat? Erwarten wir, dass Gott Größeres tut als je zuvor? Ist unsere Einstellung zum Leben mit Gott erwartungsvoll und einsatzfreudig?

## 10. Mai

# Fang an!

*»... und erweist in eurem Glauben Tugend ...«*
(2. Petr 1,5).

»Erweisen« bedeutet, dass wir etwas tun müssen. Wir vergessen allzu leicht, dass wir nicht tun können, was Gott tut, und dass Gott nicht tut, was wir tun können. Wir können uns nicht selbst retten oder heiligen – das tut Gott. Aber gute Gewohnheiten oder einen guten Charakter gibt Gott uns nicht und er zwingt uns auch nicht, so zu leben, wie es ihm gefällt. Das alles müssen wir selbst tun. Wir müssen an uns selbst arbeiten (s. Phil 2,12 GN), um die Rettung, die Gott uns schon gegeben hat, wirksam zu machen. »Erweisen« bedeutet, dass wir uns etwas angewöhnen müssen, und das ist am Anfang schwierig. Wir müssen die Initiative ergreifen, selbst anfangen – uns selbst den Weg vorzeichnen, den wir gehen müssen.

Gib nicht der Neigung nach, nach dem Weg zu fragen, wenn du ihn genau kennst. Fang an – zögere nicht mehr – geh den ersten Schritt. Setze Gottes Hinweise sofort in die Tat um, wenn er spricht, und bleibe bei deinen ersten Entscheidungen, ohne sie anzuzweifeln. Wenn Gott dir etwas aufträgt und du zögerst, ist das ein leichtsinniges Spiel mit der Freundlichkeit, die Gott dir entgegenbringt. Fang selbst an, triff gleich jetzt eine Willensentscheidung und mache dir den Rückzug unmöglich.

Brich die Brücken hinter dir ab, sage dir: »Ich *will* diesen Brief schreiben«, »ich *will* diese Schulden bezahlen«, und dann tu es! Es darf nicht mehr rückgängig zu machen sein.

Wir müssen uns angewöhnen, in allem genau auf Gott zu hören, wir müssen üben herauszufinden, was er sagt, und uns danach zu richten. Wenn wir, sobald eine schwerwiegende Entscheidung ansteht, uns instinktiv an Gott wenden, dann wissen wir, dass diese Gewohnheit in uns gefestigt ist. Wir müssen da anfangen, wo wir *sind*, nicht wo wir noch nicht sind.

## 11. Mai

### »Liebt einander«

»... erweist ... in der brüderlichen Liebe die Liebe zu allen Menschen« (2. Petr 1,5.7).

Liebe ist für die meisten von uns etwas Unbestimmtes: Wir wissen nicht, was wir meinen, wenn wir von Liebe reden. Wer liebt, zieht eine Person eindeutig anderen vor, und im geistlichen Bereich fordert Jesus diesen Vorzug uneingeschränkt für sich selbst (s. Lk 14,26). Am Anfang, wenn »die Liebe Gottes ... ausgegossen (ist) in unsre Herzen durch den heiligen Geist«, ist es leicht, Jesus an die erste Stelle zu setzen. Aber dann müssen wir das üben, was in 2. Petrus 1 aufgezählt ist, damit es sich in unserem Leben auswirkt.

Als Erstes entfernt Gott rigoros alle Unaufrichtigkeit, allen Stolz und alle Eitelkeit aus meinem Leben. Und der Heilige Geist macht mir klar, dass Gott mich nicht geliebt hat, weil ich liebenswert bin, sondern weil es sein Wesen ist zu lieben. Jetzt befiehlt er mir, anderen ebensolche Liebe zu erweisen: »Das ist mein Gebot, dass ihr euch untereinander liebt, wie ich euch liebe« (Joh 15,12). Damit sagt er: »Ich werde dich mit mehreren Leuten zusammenbringen, die du nicht achten kannst, aber du musst ihnen meine Liebe erweisen, so wie ich sie dir erwiesen habe.« Das ist keine herablassende Leutseligkeit gegen Menschen, die sie nicht wert sind, sondern seine Liebe, und die wird nicht über Nacht in uns erkennbar. Vielleicht haben manche von uns versucht sie zu erzwingen, aber dann waren wir bald erschöpft und enttäuscht.

»Der Herr ... hat Geduld mit euch und will nicht, dass jemand verloren werde ...« (2. Petr 3,9). Es ist gut, wenn ich mich selbst betrachte und sehe, wie unvergleichlich er mit mir umgegangen ist. Wenn ich weiß, dass Gott mich so grenzenlos geliebt hat, muss ich einfach hinausgehen und andere ebenso lieben. Vielleicht ärgert mich, dass ich mit einem ungewöhnlich schwierigen Menschen leben muss. Aber wie unleidlich bin ich zu Gott gewesen! Bin ich bereit, so sehr mit Jesus, dem Herrn, eins zu werden, dass sein sanftes und liebevolles Wesen ständig durch mich weitergeht? Wie die natürliche Liebe muss auch Gottes Liebe in mir gepflegt werden, sonst bleibt und wächst sie nicht. Liebe ist spontan, aber sie muss durch Disziplin erhalten werden.

## 12. Mai

# Keine Gewohnheiten haben

*»Denn wenn dies alles reichlich bei euch ist, wird's euch nicht faul und unfruchtbar sein lassen ...«* (2. Petr 1,8).

Wenn wir anfangen, eine Gewohnheit zu entwickeln, ist uns das voll bewusst. Es gibt Zeiten, da ist uns bewusst, dass wir ein gutes Verhalten ausbilden, das Christus entspricht, aber dieser Zustand sollte schnell vorübergehen, wenn unser Glaube sich weiterentwickelt. Wenn wir in diesem Stadium stecken bleiben, werden wir geistlich hochmütig. Gute geistliche Gewohnheiten lässt man am besten ganz in das Wesen Christi eingehen, das in uns ist, bis sie zu einem so spontanen Ausdruck unseres Lebens werden, dass wir sie nicht mehr wahrnehmen. Unser Leben mit Gott macht es notwendig, dass wir immer wieder auf unser Inneres achten und sehen, wo wir stehen, denn jeder von uns hat bestimmte Eigenschaften noch nicht in sein Wesen aufgenommen.

Eine fromme Gewohnheit kann zu deinem Gott werden — auch die Gewohnheit, zu bestimmten Tageszeiten zu beten oder die Bibel zu lesen. Achte einmal darauf, wie dein Vater im Himmel deinen Zeitplan durcheinander wirft, wenn du anfängst deine Gewohnheit anzubeten und nicht das Ziel, zu dem sie führen soll. Manchmal sagen wir: »Im Augenblick kann ich nicht; jetzt ist meine Zeit der Stille mit Gott.« Dann ist es in Wirklichkeit deine Zeit der Stille mit deiner Gewohnheit und dir fehlt noch etwas vom Wesen Christi. Stelle fest, worin der Mangel liegt, und übe diese Eigenschaft ein, die dir noch fehlt.

Zur Liebe gehört, dass da keine festen, bewussten Gewohnheiten sind — sie gehen so in Christus auf, dass du sie übst, ohne es zu merken. Wenn dir bewusst ist, dass du lebst, wie Gott es will, dann verbietest du dir selbst bestimmte Dinge — obwohl sie Gott dir nicht untersagt hat. Das bedeutet, dass dir noch ein Wesenszug fehlt, der eigentlich zu dir gehört. Das einzige wirklich geistliche Leben hat Jesus Christus geführt und er war bei Gott zu Hause, ganz gleich, wo er sich aufhielt. Gibt es einen Ort, an dem du Gott nicht in selbstverständlicher Vertrautheit begegnen kannst? Dann lass es zu, dass Gott in diese bestimmte Situation hereinkommt, wie sie auch sei, bis du mehr von seinem Wesen aufnimmst und die fehlenden Eigenschaften entwickelst. Dann wird dein Leben einfach wie das eines Kindes.

## 13. Mai

# Sich ein gutes Gewissen erhalten

*»Darin übe ich mich, allezeit ein unverletztes Gewissen zu haben vor Gott und den Menschen«* (Apg 24, 16).

Wenn Gott uns etwas befiehlt, dann gibt er den Befehl in Wirklichkeit an das Wesen seines Sohnes in uns. Darum sind seine Forderungen schwierig für unser menschliches

Wesen, in dem Gottes Sohn gestaltet wird (s. Gal 4,19). Aber sobald wir gehorchen, macht er sie leicht.

Das Gewissen ist meine Fähigkeit, sich am strengsten Maßstab zu orientieren, den ich kenne, und mich daran zu erinnern, was dieser Maßstab von mir fordert. Es ist das Auge der Seele, das sich entweder auf Gott richtet oder auf das, was wir als das Beste ansehen. Das erklärt, warum das Gewissen bei verschiedenen Menschen verschieden ist. Wenn ich mir normalerweise immer Gottes Maßstäbe vor Augen halte, richtet sich mein Gewissen immer nach Gottes vollkommenem Gesetz und zeigt mir, was ich tun soll. Die Frage ist: Will ich gehorchen? Es kostet Mühe, mein Gewissen so sensibel zu erhalten, damit ich leben kann, ohne jemanden zu kränken. Ich sollte in so vollkommener Übereinstimmung mit Gottes Sohn leben, dass sein Geist in mir durch alles, was in meinem Leben passiert, erneuert wird und dass ich schnell erkennen kann, was Gott will, »nämlich das Gute und Wohlgefällige und Vollkommene« (Röm 12,2; s. auch Eph 4,23).

Gott gibt uns immer genaue Anweisungen. Bin ich so hellhörig, dass ich selbst das leiseste Flüstern des Geistes wahrnehme und weiß, was ich tun soll? »Und betrübt nicht den heiligen Geist Gottes ...« (Eph 4,30). Er spricht nicht mit Donnerstimme; er spricht so leise, dass man ihn leicht ignorieren kann. Und das Einzige, was mein Gewissen für ihn wach hält, ist die Gewohnheit, innerlich für Gott offen zu bleiben. Wenn du anfängst zu argumentieren, höre sofort auf. Frage nicht: »Warum darf ich das nicht?« Das ist der falsche Weg. Wenn dein Gewissen spricht, gibt es kein Argumentieren. Was es auch ist — gib es auf und achte darauf, dass du innerlich einen klaren Blick behältst.

## 14. Mai

# Freude an Widerständen

*»... damit auch das Leben Jesu an unserem Leibe offenbar werde«* (2. Kor 4,10).

Um zum Ausdruck zu bringen, was Gott aus Liebe in uns getan hat, müssen wir Gewohnheiten ausbilden, die Gottes Wesen entsprechen. Dabei geht es nicht nur darum, dass wir nicht in die Hölle kommen, sondern unsere Rettung soll so sein, dass »das Leben Jesu an unserem Leibe offenbar werde«. Und nur in widrigen Umständen können wir sein Wesen in unserem sterblichen Körper sichtbar machen. Sieht man an mir die rücksichtsvolle Behutsamkeit Jesu oder nur meine eigene Ungeduld, die mich beherrschte, als ich ohne ihn lebte? Das Einzige, was mich fähig macht, Freude an Widrigkeiten zu haben, ist der dringende Wunsch, dass das Wesen des Sohnes Gottes sich in mir zeigen kann. Wenn ich diesen Wunsch habe, muss ich einfach sagen: »Herr, ich gehorche dir gern in dieser Beziehung«, auch wenn das noch so schwierig ist. Dann tritt der Sohn Gottes sofort in mir in Erscheinung und lässt in meinem Körper etwas sichtbar werden, was sein Wesen ausdrückt.

Du darfst nicht gegen ihn argumentieren. Sobald du dem Licht Gottes gehorchst, leuchtet sein Sohn durch dich gerade in der Schwierigkeit; aber wenn du gegen Gott ankämpfst, »betrübst du seinen Geist« (s. Eph 4,30). Du musst dich so »in Form« halten, dass das

Wesen des Sohnes Gottes sich in dir darstellen kann, und wenn du dich selbst bedauerst, bleibst du nicht in Form. Unsere Lebensbedingungen sind das Mittel für Gott, sichtbar zu machen, wie wunderbar vollkommen und außerordentlich rein sein Sohn ist. Wenn wir eine neue Möglichkeit finden, Gottes Sohn erfahrbar zu machen, sollte uns das immer wieder mit gespannter Erwartung erfüllen. Es ist eine Sache Leiden zu suchen und eine ganz andere, mit den Schwierigkeiten umzugehen, die Gott uns begegnen lässt, wenn er unsere Lebensumstände nach seinem Willen gestaltet. Und wenn Gott dich in eine schwierige Lage bringt, kann er auch leicht »all eurem Mangel abhelfen« (Phil 4,19).

Halte dich innerlich so in Form, dass du das Wesen des Sohnes Gottes sichtbar machen kannst. Lebe nicht von der Erinnerung an frühere Erlebnisse, sondern lass Gottes Wort immer lebendig und aktiv in dir sein.

## 15. Mai

### An der Aufgabe wachsen

»... damit ihr erkennt, zu welcher Hoffnung ihr von ihm berufen seid ...« (Eph 1,18).

Vergiss nicht, dass deine Rettung dazu dienen soll, dass das Wesen Jesu in deinem Körper sichtbar wird (s. 2. Kor 4,10). Richte all deine Kräfte und Fähigkeiten darauf, alles zu erreichen, was dir als Gottes Kind zur Verfügung steht; nimm jede Gelegenheit wahr, die sich dir bietet, um daran zu wachsen.

Du hast nichts für deine Rettung getan, aber du musst etwas tun, damit sie sichtbar wird. Du musst »an dir selbst arbeiten« (s. Phil 2,12 GN), damit das, was Gott schon in dir getan hat, sich auswirkt. Kann man an deiner Sprache, deinen Gedanken und Gefühlen erkennen, dass Gott in dir wirkt? Wenn du immer noch so erbärmlich griesgrämig bist und alles sich nach dir richten soll, dann lügst du, wenn du sagst, Gott hätte dich gerettet und für sich angenommen.

Gott ist der vollkommene Planer und er lässt Schwierigkeiten in deinem Leben zu, um zu sehen, ob du sie richtig bewältigen kannst: »... mit meinem Gott über Mauern springen« (Ps 18,30). Gott schützt dich nicht vor dem, was zum Leben eines Menschen gehört, der sein Kind ist. Im ersten Petrusbrief 4,12 steht: »Ihr Lieben, lasst euch durch die Hitze nicht befremden, die euch widerfährt zu eurer Versuchung, als widerführe euch etwas Seltsames.« Wachse an der Aufgabe: Tu das, was die Situation erfordert. Es ist nicht entscheidend, wie weh es tut, sondern ob Gott dadurch die Möglichkeit hat, das Leben Jesu in deinem Körper sichtbar zu machen.

Gott möchte nicht, dass wir uns bei ihm beschweren, sondern dass wir Freude am Leben mit ihm haben — dass wir bereitwillig akzeptieren, was er uns begegnen lässt. Das einzige Ziel unseres Lebens ist, dass wir Gottes Sohn erfahrbar machen; und wenn wir das erreichen, verschwinden all unsere Ansprüche und Forderungen an Gott. Jesus hat seinem Vater nie Forderungen gestellt und wir sollen es auch nicht tun. Wir sind hier, um uns nach seinem Willen zu richten, damit er durch uns erreichen kann, was er will. Wenn wir das erkennen und umsetzen, gebraucht er uns als Brot und Wein, um anderen Nahrung und Stärkung zu geben.

## 16. Mai

# Gottes Fürsorge erkennen

»... damit ihr dadurch Anteil bekommt an der göttlichen Natur ...« (2. Petr 1,4).

Durch Gottes Zusagen haben wir Anteil an seinem eigenen Wesen bekommen. Jetzt müssen wir dieses göttliche Wesen in unser menschliches Wesen einarbeiten, indem wir Gewohnheiten entwickeln, die Gott entsprechen. Die erste solche Gewohnheit ist zu erkennen, wie Gott für uns sorgt. Stattdessen sagen wir: »Das kann ich mir nicht leisten.« Diese Aussage bemäntelt eine der schlimmsten Lügen. Da reden wir, als ob unser himmlischer Vater uns ohne einen Pfennig Geld stehen ließe! Wir halten es für ein Zeichen echter Demut, am Ende eines Tages zu sagen: »Heute bin ich gerade so durchgekommen, aber es war sehr schwierig.« Und dabei hat uns der allmächtige Gott in Christus alles gegeben (s. Röm 8,32)! Und er wird das ganze Weltall einsetzen, um uns Gutes zu tun, wenn wir ihm nur gehorchen wollen. Ist es wirklich wichtig, dass wir in schwierigen Verhältnissen leben? Warum schließlich nicht? Wenn wir uns selbst bedauern und uns den Luxus erlauben, uns elend zu fühlen, dann schließen wir uns selbst von Gottes Reichtum aus und hindern auch andere daran, sich seiner Fürsorge anzuvertrauen. Es gibt keine schlimmere Sünde als Selbstmitleid, denn damit nehmen wir Gott die Herrschaft über uns und setzen unseren Egoismus an seine Stelle. Dann hört man nichts als nur Klagen von uns und wir werden geistlich wie ein Schwamm: Wir nehmen und nehmen, können nie etwas geben und sind nie zufrieden.

Solange Gott nicht mit uns zufrieden ist, nimmt er uns all unseren sogenannten Reichtum, bis wir lernen, dass wir von ihm leben, wie der Psalmist sagt: »Alle meine Quellen sind in dir!« (Ps 87, 7). Wenn man an uns nicht Gottes Erhabenheit, Liebe und Macht erkennen kann, sind wir vor ihm dafür verantwortlich. »Gott aber kann machen, dass alle Gnade unter euch reichlich sei, damit ihr in allen Dingen allezeit volle Genüge habt...« (2. Kor 9, 8). Lerne also, Gottes Liebe reichlich an andere weiterzugeben und auch selbst großzügig zu geben. Lass dich von Gottes Wesen prägen und mit ihm eins machen, dann wird sein Segen ununterbrochen durch dich weitergegeben.

## 17. Mai

# Wie wir seine Himmelfahrt verstehen

*»Und es geschah, als er sie segnete, schied er von ihnen und fuhr auf gen Himmel«* (Lk 24,51).

Wir haben in diesem Leben keine Erfahrungen, die dem entsprechen, was Christus nach seiner Verklärung erlebt hat. Von diesem Zeitpunkt an war sein Leben ganz und gar stellvertretend. Bis zur Verklärung führte er das Leben eines normalen, aber vollkommenen Menschen. Aber von der Verklärung an ist uns alles fremd: Gethsemane, das Kreuz, die Auferstehung. Sein Kreuz ist der Zugang, durch den jeder in Gottes Leben kommen kann; durch seine Auferstehung hat er das Recht, jedem ewiges Leben zu geben, und mit der Himmelfahrt kehrte Christus in den Himmel zurück und hielt die Tür für die Menschheit offen.

Die Verklärung wurde mit der Himmelfahrt vollendet. Wenn Jesus direkt vom Berg der Verklärung aus zum Himmel aufgefahren wäre, wäre er allein gewesen. Dann wäre er für uns nichts als eine bewundernswürdige Gestalt. Aber er verzichtete auf die Freude des Himmels und kam vom Berg herunter, um sich mit der gefallenen Menschheit zu identifizieren.

Die Himmelfahrt ist die Vollendung und Erfüllung dessen, was mit der Verklärung angefangen hat. Christus kehrte zu seiner ursprünglichen Herrlichkeit zurück, aber nicht mehr nur als Gottes Sohn — er kam zugleich als der

*Menschensohn* zum Vater zurück. Weil der Menschensohn zum Himmel aufgefahren ist, kann jetzt jeder Mensch unmittelbar zum Thron Gottes selbst kommen. Als Menschensohn schränkte Jesus Christus absichtlich seine Allmacht, Allgegenwart und Allwissenheit ein. Aber jetzt stehen sie ihm wieder in ihrer ganzen Kraft zur Verfügung. Als Menschensohn hat Jesus Christus jetzt alle Macht vor Gott. Seit seiner Himmelfahrt ist er der König aller Könige und Herr aller Herren.

## 18. Mai

## Einfach, aber zielgerichtet

»*Seht die Vögel unter dem Himmel an ... Schaut die Lilien auf dem Feld an ...*« (Mt 6, 26.28).

»Schaut die Lilien auf dem Feld an, wie sie wachsen: sie arbeiten nicht, auch spinnen sie nicht« — sie *sind* einfach! Betrachte das Meer, die Luft, Sonne, Mond und Sterne: Auch sie *sind* einfach und doch erfüllen sie für uns so große Aufgaben. Allzu oft behindern wir den Einfluss, den Gott durch uns ausüben will, durch unsere bewusste Anstrengung, konsequent und nützlich zu sein. Jesus sagt, dass es nur einen Weg gibt, geistlich zu wachsen und sich weiterzuentwickeln, und zwar indem man sich ganz auf Gott konzentriert. Im Prinzip meint Jesus hier: »Macht euch keine Gedanken, ob ihr anderen nützt;

glaubt nur einfach an mich.« Mit anderen Worten, achte auf die Quelle, dann werden aus dir »Ströme lebendigen Wassers fließen« (Joh 7,38). Wir können nicht durch unsere Vernunft herausfinden, woher unser natürliches Leben kommt; hier sagt Jesus, dass auch geistliches Wachstum nicht daher kommt, dass man sich direkt auf das geistliche Leben konzentriert. Es kommt daher, dass man unseren Vater im Himmel anschaut. Unser Vater kennt unsere Lebenssituation und wenn wir uns nicht auf die Umstände, sondern auf ihn konzentrieren, dann wachsen wir geistlich — genau wie »die Lilien auf dem Feld«.

Die Menschen, die den stärksten Einfluss auf uns ausüben, sind nicht dieselben, die ständig auf uns einreden. Es sind die, die einfach da sind, wie Sterne am Himmel oder wie »die Lilien auf dem Feld« — unaufdringlich und ungekünstelt. Ein solches Leben formt und prägt uns.

Wenn du willst, dass Gott dich gebraucht, pflege die richtige Verbindung mit Jesus Christus, indem du auf ihn konzentriert bleibst. Dann wird er jede Minute deines Lebens gebrauchen — aber dein Bewusstsein wird nicht wahrnehmen, dass du von ihm gebraucht wirst.

## 19. Mai

# »Du hast mich errettet aus der Tiefe des Todes«

*»Wer will uns scheiden von der Liebe Christi?«* (Röm 8, 35).

Gott schützt sein Kind nicht vor allen Schwierigkeiten; er verspricht: »Ich bin bei ihm in der Not« (Ps 91, 15). Es ist nicht entscheidend, wie bedrohlich oder schmerzlich die Notlage ist; nichts kann jemals die Beziehung zwischen Gott und seinem Kind zerstören. »Aber in dem allen überwinden wir weit ...« (37). Paulus spricht hier nicht von eingebildeten Nöten, sondern von ganz realen Gefahren. Und er sagt, dass wir in diesen Gefahren großartige Sieger sind, nicht weil wir so einfallsreich oder so mutig sind, sondern weil sie alle nicht die grundlegende Gemeinschaft mit Gott in Jesus Christus beeinträchtigen können. Wenn in der Situation eines Christen nichts ist, was er lieber nicht hätte, dann tut er mir Leid.

»Trübsal ...«: Trübsal ist nie ein großartiges und erwünschtes Erlebnis; aber gleich wie sie sich äußert — anstrengend, ärgerlich oder einfach hinderlich — sie kann uns nicht »scheiden von der Liebe Christi«. Lass nie zu, dass solche belastenden Ereignisse oder auch die »Sorge der Welt« (Mt 13, 22) dich vergessen lassen, dass Gott dich lieb hat.

»Angst ...«: Kann Gottes Liebe auch dann sicher halten, wenn scheinbar alle Menschen und Dinge um uns herum sagen, seine Liebe sei Betrug und Gerechtigkeit gäbe es nicht?

»Hunger ...«: Können wir nicht nur an Gottes Liebe glauben, sondern auch noch »weit überwinden«, wenn wir nichts zu essen haben?

Entweder ist Jesus ein Betrüger und hat auch Paulus betrogen – oder jemand, der an Gottes Liebe festhält, erlebt etwas ganz Außergewöhnliches, wenn er in eine aussichtslose Lage gerät. In all diesen Situationen, die ihm zusetzen, ist die Vernunft am Ende. Nur eines kann erklären, was er erlebt: die »Liebe Gottes, die in Christus Jesus ist« (39). Immer wieder muss ich sagen: »Du hast mich errettet aus der Tiefe des Todes« (Ps 86,13).

## 20. Mai

## Das eigene Leben gewinnen

*»Seid standhaft, und ihr werdet euer Leben gewinnen«* (Lk 21,19).

Wenn jemand wieder geboren ist, kommt eine Zeit, in der sein Denken nicht so lebhaft und aktiv wie früher ist. Wir müssen erst lernen, dieses neue Leben, das in uns ist, zu äußern, und das tun wir, indem wir die Denkweise Christi ausbilden (s. Phil 2,5). Lukas 21,19 bedeutet, dass wir erst durch Geduld den Zugang zu unserem eigentlichen Leben gewinnen. Aber viele von uns bleiben lieber am Anfang des Christenlebens stehen, anstatt weiterzugehen und unser Inneres mit dem neuen Leben, das Gott in uns hineingelegt hat, in Einklang zu bringen. Wir versagen, weil wir nicht wissen, wie Gott uns geschaffen hat, und wir beschuldigen den Teufel für Dinge, die unser eigenes undiszipliniertes Wesen verursacht. Wie könnten wir sein, wenn wir die Wahrheit erkannt hätten!

Es gibt Dinge, deretwegen braucht man nicht zu beten – zum Beispiel Launen. Launenhaftigkeit werden wir nie durch Beten los, aber dadurch, dass wir sie rigoros aus unserem Wesen verbannen. Stimmungen haben ihre Ursache fast immer in einer bestimmten körperlichen Verfassung, nicht in unserem Wesen selbst. Man muss ständig darum kämpfen, nicht auf die Stimmungen zu achten, die unser Gesundheitszustand auslöst, aber wir dürfen ihnen nie auch nur für einen einzigen Augenblick nachgeben. Wir müssen uns selbst am Kragen packen und schütteln; dann sehen wir, dass wir es können, obwohl wir überzeugt waren, wir könnten es nicht. Das Problem, das die meisten von uns belastet, ist dass wir nicht wirklich *wollen*. Bei einem Christen kommen der Mut und die Entschlossenheit, die Gott hat, in seinem natürlichen Wesen zur Wirkung.

## 21. Mai

# »Unvernünftiger« Glaube

*»Trachtet zuerst nach dem Reich Gottes und nach seiner Gerechtigkeit, so wird euch das alles zufallen«* (Mt 6,33).

Diese Worte Jesu fallen uns sofort auf als das Revolutionärste, was Menschen je gehört haben. »Trachtet zuerst nach dem Reich Gottes ...« Auch die von uns, die wirklich geistlich denken, argumentieren genau umgekehrt: »Aber ich *muss* doch leben; ich *muss* genügend Geld verdienen; ich *muss* Kleidung und Nahrung haben.« Unser großes Thema ist nicht das Reich Gottes, sondern die Sorge für unseren Lebensunterhalt. Jesus hat die Reihenfolge umgekehrt und sagt uns, dass wir zuerst in die richtige Beziehung zu Gott eintreten müssen, dass das Wichtigste für uns sein muss, sie zu erhalten, und dass wir uns nie Sorgen um die anderen Notwendigkeiten machen sollen.

»Sorgt nicht um euer Leben ...« (25). Jesus betont, dass es aus seiner Sicht ganz unvernünftig ist, wenn wir ängstlich sind und uns Sorgen um den Lebensunterhalt machen. Jesus sagt nicht, der Mensch sei glücklich, der sich um nichts im Leben kümmert – nein, so jemand ist dumm. Aber er *sagt*, dass jemand, der sein Jünger sein will, seine Beziehung zu Gott zum Hauptanliegen seines Lebens machen soll und dass er in allen anderen Belangen gewissenhaft, aber ohne Sorgen sein soll. Das heißt im Prinzip: »Macht Essen und Trinken nicht zu eurem

Hauptinteresse, sondern konzentriert euch vollkommen auf Gott.« Manche Menschen achten nicht darauf, was sie essen und trinken, und sie müssen die Folgen tragen; sie achten nicht auf ihre Kleidung und sehen aus, wie man nicht aussehen sollte; sie kümmern sich nicht um ihre natürlichen Bedürfnisse und Gott macht sie dafür verantwortlich. Nach den Worten Jesu ist es das Wichtigste für uns, unserer Beziehung zu Gott den ersten Platz einzuräumen und alles andere dahinter zurückzustellen.

Es ist eine der schwierigsten, aber entscheidend wichtigen Übungen im Leben eines Christen, dem Heiligen Geist die Freiheit zu geben, uns in völligen Einklang mit diesen Worten Jesu zu bringen.

## 22. Mai
# Woher unsere Probleme kommen

*»... damit sie alle eins seien. Wie du, Vater, in mir bist und ich in dir, so sollen auch sie in uns sein ...«*
(Joh 17,21).

Wenn du dich gerade isoliert fühlst und anscheinend ganz allein bist, lies Johannes 17. Dort wird genau erklärt, warum du da bist, wo du jetzt bist: weil Jesus darum gebeten hat, dass du mit dem Vater so »eins sein« kannst wie er. Arbeitest du daran mit, dass der Vater die Bitte erfüllt, oder hast du ein anderes Lebensziel? Seit du Christus gehörst, kannst du nicht mehr so unabhängig entscheiden wie früher.

In Johannes 17 zeigt uns Gott, dass es ihm nicht nur darum geht, unsere Gebete zu erhören, sondern dass wir durch Beten erfahren sollen, wie er denkt. Aber es gibt eine Bitte, die der Vater erfüllen muss, und das ist das Gebet Jesu, »damit sie eins seien, wie wir eins sind« (22). Sind wir mit Jesus so eng verbunden?

Gott richtet sich nicht nach unseren Plänen. Er fragt nicht: »Willst du diese geliebte Person verlieren, diese Schwierigkeit bewältigen, diese Niederlage hinnehmen?« Nein, das alles lässt er zu, um sein Ziel zu erreichen. Was wir erleben, macht uns entweder zu freundlicheren, besseren und stärkeren Menschen oder kritischer, unzufriedener und eigensinniger. Alles, was passiert, bringt uns entweder von Gott weg oder es schließt uns enger an Gott an, so dass wir uns ganz auf unsere Beziehung zu Gott und die enge Gemeinschaft mit ihm verlassen. Wenn wir mit Blick auf unser eigenes Leben beten können: »So geschehe dein Wille!« (Mt 26,42), dann wird Johannes 17 uns trösten und Mut machen, weil wir wissen, dass unser Vater in dem, was er tut, den vollen Überblick hat und das Beste erreichen wird. Wenn wir verstehen, was Gott tun will, werden wir nicht engherzig und zynisch. Jesus hat für uns nicht weniger erbeten als volle Einheit mit sich selbst, so wie er mit dem Vater eins war. Manche von uns sind von dieser Einheit weit entfernt; aber Gott lässt uns nicht in Ruhe, bis wir sie doch erreicht haben, weil Jesus gebetet hat: »... damit sie *alle* eins seien ...«

## 23. Mai

# Unser vorsorgender Unglaube

»Sorgt nicht um euer Leben, was ihr essen und trinken werdet; auch nicht um euren Leib, was ihr anziehen werdet« (Mt 6,25).

Jesus fasst alle vernünftige Vorsorge durch einen Menschen, der ihm gehört, als *Unglauben* zusammen. Wenn wir den Geist Gottes bekommen haben, dann drängt er sich in alle Bereiche unseres Lebens hinein, als ob er fragen wollte: »Was ist nun meine Rolle in dieser Beziehung, bei diesem Urlaub, den du geplant hast, oder mit diesen neuen Büchern, die du lesen willst?« Und er besteht so lange darauf, bis wir lernen, uns zuerst nach ihm zu richten. Immer wenn wir anderes wichtiger finden, gibt es Verwirrung.

»Sorgt nicht um euer Leben...« Nimm die Belastung, für dich sorgen zu müssen, nicht auf dich. Es ist nicht nur falsch, sich Sorgen zu machen, es ist Unglaube: Unsere Sorgen zeigen, dass wir nicht glauben, dass Gott die praktischen Probleme unseres Lebens lösen kann, und es sind immer nur diese Alltagsfragen, die uns Sorgen machen. Hast du einmal darauf geachtet, was nach den Worten Jesu das Wort Gottes erstickt, das in uns gelegt worden ist? Der Teufel? Nein — die »Sorge der Welt« (Mt 13,22).

Es geht immer um kleine Sorgen. Wir sagen: »Ich glaube nur, was ich sehe« — und da fängt der Unglaube an. Das einzige Mittel gegen Unglauben ist dem Heiligen Geist zu gehorchen.

Das größte Wort, das Jesus seinen Jüngern gesagt hat, ist *hingeben*.

## 24. Mai

# Das Glück der Verzweiflung

»*Und als ich ihn sah, fiel ich zu seinen Füßen wie tot*« (Offb 1,17).

Vielleicht kennst du Jesus Christus gut, so wie der Apostel Johannes. Wenn er dir aber plötzlich in ganz ungewohnter Gestalt erscheint, bleibt dir nichts anderes, als »wie tot zu seinen Füßen« zu fallen. Manchmal kann Gott sich nicht anders zeigen als nur in seiner Hoheit und diese Erscheinung ist so ehrfurchtgebietend, dass sie dich in Glück und Verzweiflung zugleich versetzt. Du erlebst diese Freude ohne jede Hoffnung, denn du weißt, dass du nie wieder aufstehen kannst außer durch Gottes Hand.

».. . und er legte seine rechte Hand auf mich ...« (17). Mitten in der überwältigenden Ehrfurcht spürst du eine Berührung und weißt, dass es die rechte Hand Jesu Christi ist. Du weißt auch, dass sie nicht Warnung, Korrektur oder Strafe bedeutet, sondern dass es die Hand des ewigen Vaters ist. Immer wenn er seine Hand auf dich legt, gibt sie dir unaussprechlichen Frieden und das Gefühl, dass »Zuflucht ist ... unter den ewigen Armen« (5. Mose 33, 27), Hilfe, Fürsorge, Trost und Kraft. Und wenn du diese Berührung spürst, kann dir nichts in der Welt wieder Angst machen. Jesus Christus kommt selbst in der Größe und Erhabenheit des Auferstandenen zu einem unbedeutenden Jünger und sagt: »Fürchte dich nicht« (17). Er ist unvorstellbar sanft und liebevoll. Kenne ich ihn so?

Sieh dir an, was Menschen zur Verzweiflung bringen kann. Es gibt eine Verzweiflung, die keine Freude zulässt, die grenzenlos ist und keinerlei Aussicht auf Besserung kennt. Das Glück der Verzweiflung kommt nur, wenn »ich weiß, dass in mir, das heißt in meinem Fleisch, nichts Gutes wohnt« (Röm 7, 18). Es macht mich glücklich zu wissen, dass da etwas in mir ist, das vor Gott einfach niederfallen muss, wenn er sich zeigt, und auch dass nichts und niemand mich wieder aufheben kann außer Gottes Hand. Gott kann nichts für mich tun, wenn ich nicht die Grenzen menschlicher Möglichkeiten erkenne und das Unmögliche ihm überlasse.

## 25. Mai

# Das Gute oder das Beste?

»*Willst du zur Linken, so will ich zur Rechten, oder willst du zur Rechten, so will ich zur Linken*« (1. Mose 13,9).

Sobald du anfängst, den Glauben an Gott umzusetzen, eröffnen sich dir oft faszinierende und sehr erfreuliche Möglichkeiten. Sie stehen dir rechtmäßig zur Verfügung, aber wenn du mit Gott lebst, wirst du das Recht ausüben, auf deine Rechte zu verzichten und Gott für dich entscheiden zu lassen. Gott lässt manchmal zu, dass du in eine kritische Lage gerätst, in der es richtig wäre, an dein eigenes Wohlergehen zu denken, wenn du nicht mit Gott lebtest. Aber wenn du es tust, wirst du mit Freuden dein Recht aufgeben und Gott für dich bestimmen lassen. Durch diese Übung verwandelt Gott das Natürliche in Geistliches, wenn wir seiner Stimme gehorchen.

Immer wenn unser Recht zum bestimmenden Faktor in unserem Leben wird, wird unsere geistliche Einsicht ungenau. Für den, der im Glauben an Gott lebt, ist nicht die Sünde der größte Feind, sondern vernünftige Entscheidungen, die zwar gut, aber nicht gut genug sind. Das Gute ist immer ein Feind des Besten. In diesem Bericht scheint es, als wäre das Beste, was Abraham hätte tun können, Land für sich auszusuchen. Das war sein Recht und die Menschen um ihn herum würden ihn für dumm halten, wenn er nicht selbst wählte.

Viele von uns wachsen geistlich nicht mehr, weil wir lieber unser Recht wahrnehmen und selbst entscheiden, anstatt Gott für uns entscheiden zu lassen. Wir müssen lernen so zu leben, wie wir es als richtig erkennen, wenn wir den Blick ständig auf Gott gerichtet halten. Und Gott sagt zu uns wie damals zu Abram: »Wandle vor mir ...« (1. Mose 17,1).

## 26. Mai

# Was Jesus vom Beten sagt

*»Betet ohne Unterlass«* (1. Thess 5,17).

Was wir über das Beten denken, ob es nun stimmt oder nicht, beruht auf unserer eigenen Vorstellung davon. Richtig stellt man sich das Gebet so vor wie den Atem in der Lunge und das Blut, das vom Herzen fließt. Unser Blut fließt ständig und wir atmen »ohne Unterlass«; es ist uns nicht bewusst, aber es hört nie auf. Es ist uns auch nicht immer bewusst, dass Jesus uns in vollkommener Einheit mit Gott hält, aber wenn wir ihm gehorchen, tut er das immer. Beten ist keine Übung, es ist das Leben eines Christen. Nimm dich vor allem in Acht, was das Sprechen mit Gott unterbricht. »Betet ohne Unterlass« — behalte die kindliche Gewohnheit bei, innerlich ständig zu Gott zu beten.

Jesus hat nie von nicht erhörten Gebeten gesprochen. Er wusste ganz sicher, dass Gott Gebete immer erhört.

Haben wir vom Heiligen Geist diese unerklärliche Gewissheit über das Beten, die Jesus hatte, oder denken wir daran, dass es schon manchmal so aussah, als ob Gott unser Gebet nicht erhörte? Jesus sagt: »... wer da bittet, der empfängt« (Mt 7,8). Trotzdem sagen wir: »Aber ... aber ...« Gott erhört Gebete auf die beste denkbare Weise – nicht nur manchmal, sondern jedes Mal. Aber die Antwort kommt vielleicht nicht gleich auf dem Gebiet, wo wir sie haben wollen. Rechnen wir damit, dass Gott Gebete erhört?

Unsere Gefahr ist, dass wir das, was Jesus sagt, so verwässern wollen, dass es sich mit unserer Vernunft verträgt. Aber wenn es nur vernünftig wäre, dann wäre es gar nicht der Rede wert. Was Jesus über das Beten gesagt hat, ist Gottes Wahrheit, die er uns zugänglich macht.

### 27. Mai

# Gott erkennen

*»Ihr aber sollt in der Stadt bleiben, bis ihr ausgerüstet werdet mit Kraft aus der Höhe«* (Lk 24,49).

Die Jünger mussten bis Pfingsten in Jerusalem bleiben, nicht nur um selbst vorbereitet zu werden, sondern weil sie warten mussten, bis Jesus seinen Platz in der Herrlichkeit eingenommen hatte. Und was geschah, sobald er das getan hatte? »Da er nun durch die rechte Hand

Gottes erhöht ist und empfangen hat den verheißenen heiligen Geist vom Vater, hat er diesen ausgegossen, wie ihr hier seht und hört« (Apg 2,33). Die Aussage in Johannes 7,39: »... denn der Geist war noch nicht da, denn Jesus war noch nicht verherrlicht« gilt für uns nicht mehr. Jetzt *ist* der Heilige Geist da und Jesus *ist* verherrlicht. Wenn wir warten müssen, dann nicht auf etwas, das Gott gibt, sondern darauf, dass wir für Gott einsatzbereit sind.

Die Kraft und der Einfluss des Heiligen Geistes wirkten auch vor Pfingsten schon, aber er selbst war noch nicht da. Sobald Jesus zum Himmel gefahren und bei Gott war, kam der Heilige Geist auf die Erde, und seitdem ist er hier. Das hat Gott uns gezeigt und wir müssen es als Wahrheit annehmen. Wer an Christus glaubt, sollte ständig in der Haltung leben, den Heiligen Geist mit Freude in sein Leben aufzunehmen. Wenn wir den Heiligen Geist aufnehmen, bekommen wir damit belebende Kraft von Christus, der im Himmel ist.

Nicht die Taufe mit dem Heiligen Geist verwandelt die Menschen, sondern die Kraft Christi, die aus dem Himmel durch den Heiligen Geist in sie hereinkommt. Allzu oft sehen wir Dinge getrennt, die im Neuen Testament immer zusammengehören. Die Taufe mit dem Heiligen Geist ist nicht unabhängig von Jesus Christus. Sie ist das Zeichen, dass Christus bei Gott ist und lebt.

Die Taufe mit dem Heiligen Geist weckt keine Gedanken an Zeit oder Ewigkeit. Sie ist ein einziges herrliches, unbegreifliches *Jetzt*. »Das ist aber das ewige Leben, dass sie dich ... erkennen« (Joh 17,3). Fange jetzt an ihn zu erkennen und höre nie wieder auf.

## 28. Mai

# Offenbarung und keine Zweifel

»*An dem Tag werdet ihr mich nichts fragen*« (Joh 16, 23).

Wann ist »der Tag«? Wenn Christus, der im Himmel ist, dich mit dem Vater vereint. »An dem Tag« wirst du so mit dem Vater eins sein wie Christus und er sagt: »An dem Tag werdet ihr mich nichts fragen.« Solange das Leben des auferstandenen Jesus nicht voll in dir sichtbar ist, hast du viele Fragen. Einige Zeit später findest du dann, dass deine Fragen verschwunden sind — es sieht aus, als hättest du keine mehr, die du stellen kannst. Dann bist du dahin gekommen, dass du dich ganz auf das Wesen des Auferstandenen in dir verlässt und damit bist du ganz eins mit Gottes Plan. Lebst du jetzt so? Wenn nicht, warum nicht?

»An dem Tag« kann es noch vieles geben, was du nicht verstehen kannst, aber es kommt nicht mehr zwischen dich und Gott. »An dem Tag werdet ihr mich nichts fragen« — dann brauchst du nicht zu fragen, denn du weißt, dass Gott dir alles zeigen wird, wie er es will. Der Glaube und der Friede von Johannes 14, 1 ist dann zu deiner ständigen inneren Haltung geworden und es gibt nichts mehr zu fragen. Wenn dir etwas rätselhaft ist und sich zwischen dich und Gott drängt, suche nicht in deinen Gedanken nach einer Erklärung, sondern in deinem Geist, in deinem wahren inneren Wesen — da liegt das Problem. Wenn dein inneres geistliches Wesen bereit ist sich dem Wesen Jesu zu fügen, wirst du alles genau verstehen, und dann gibt es keinen Abstand mehr zwischen dem Vater und dir, seinem Kind, denn Christus hat euch vereint. »An dem Tag werdet ihr mich nichts fragen.«

## 29. Mai

## Ungetrübte Beziehung

»*An jenem Tage werdet ihr bitten in meinem Namen …, denn er selbst, der Vater, hat euch lieb …*« (Joh 16, 26.27).

»An jenem Tage werdet ihr bitten in meinem Namen« – das heißt meinem Wesen entsprechend. Dann wirst du Gottes Namen nicht wie ein magisches Wort gebrauchen, sondern du wirst ihn so gut kennen, dass du mit ihm eins bist. »Jener Tag« ist kein Tag im zukünftigen Leben, sondern er soll hier und jetzt sein. »… denn er selbst, der Vater, hat euch lieb«: Die Liebe des Vaters beweist, dass unsere Einheit mit Jesus vollkommen ist. Jesus meint nicht, dass unser Leben von äußeren Schwierigkeiten und Unsicherheiten frei wäre, sondern dass er Gottes Gedanken und Gefühle kennt und auch uns durch die Taufe mit dem Heiligen Geist in Gottes Nähe erheben kann, so dass er uns klar machen kann, was Gott sagt.

»Wenn ihr den Vater um etwas bitten werdet in meinem Namen …« (23). »An jenem Tag« besteht eine ungetrübte und friedvolle Beziehung zwischen Gott und seinem Kind. So wie Jesus rein und ohne Mängel vor seinem Vater war, können auch wir durch die mächtige Wirkung der Taufe mit dem Heiligen Geist zu dieser Beziehung Zugang finden: »... damit sie eins seien, wie wir eins sind« (Joh 17,22).

»... wird er's euch geben« (23). Jesus sagt, wegen seines Namens werde Gott unsere Gebete anerkennen und erhören. In seinem Namen zu beten – das ist eine große Herausforderung und eine große Möglichkeit! Durch die Kraft der Auferstehung und Himmelfahrt Jesu und durch den Heiligen Geist, den er uns gegeben hat, können wir in diese Beziehung eintreten. Wenn wir einmal in dieser Stellung sind, in die Jesus Christus uns gebracht hat, können wir in seinem Namen zu Gott beten: seinem Wesen entsprechend. Das ist ein Geschenk, das uns durch den Heiligen Geist gegeben wird, und Jesus sagt: »Wenn ihr den Vater um etwas bitten werdet in meinem Namen, wird er's euch geben.« Jesus Christus bestätigt und beweist durch seine eigenen Worte, dass er der Herr ist.

### 30. Mai

# Ja — aber!

»*Herr, ich will dir nachfolgen; aber ...*« (Lk 9,61).

Nimm an, Gott gibt dir eine Anweisung, die deine Vernunft in Frage stellt und ihr völlig zuwiderläuft. Was tust du dann? Zögerst du? Wenn du dir angewöhnst, etwas praktisch zu tun, wirst du es immer tun, wenn es darauf ankommt, bis du die Gewohnheit durch einen rigorosen Willensentschluss aufgibst. Dasselbe gilt auch im Leben mit Gott. Immer wieder wirst du vor die Entscheidung gestellt zu tun, was Jesus will, aber du wirst jedes Mal am entscheidenden Punkt aufgeben, bis du dich entschlossen hast, dich vollkommen Gott auszuliefern. Wir sagen gern: »Ja — aber wenn ich Gott hier wirklich gehorche, was passiert dann mit …?« Oder wir sagen: »Doch, ich will Gott gehorchen, wenn er nichts Unvernünftiges von mir verlangt, aber ich kann doch nicht ganz ins Ungewisse gehen.«

Jesus Christus erwartet von denen, die sich auf ihn verlassen, dieselbe ungezügelte Abenteuerlust, die im natürlichen Menschen liegt. Wenn jemand überhaupt einmal etwas tun will, was sich lohnt, dann muss er manchmal mit einem Sprung ins Ungewisse alles riskieren. Im Leben mit Gott will Jesus Christus, dass du alles riskierst, woran du natürlicherweise festhältst oder glaubst, und dass du im Glauben an ihn springst, wenn er es sagt. Sobald du gehorchst, siehst du gleich, dass das, was er sagt, so realistisch und praktikabel ist wie jede Vernunftüberlegung.

Rein verstandesmäßig betrachtet erscheint manches unsinnig, was Jesus Christus sagt, aber wenn du es durch Glauben ausprobierst, zeigt dir das Ergebnis die ehrfurchtgebietende Tatsache, dass Gott wirklich so handelt. Verlass dich vollkommen auf Gott, und wenn er dir eine Gelegenheit anbietet, Unbekanntes auszuprobieren, sieh zu, dass du sie wahrnimmst. In kritischen Situationen handeln wir meist wie Heiden: Nur einer von vielen hat den Mut, seinen Glauben an das Wesen Gottes praktisch einzusetzen.

## 31. Mai

# Gott zuerst

*»Aber Jesus vertraute sich ihnen nicht an ...; denn er wusste, was im Menschen war«* (Joh 2,24.25).

**Gott zuerst vertrauen.** Jesus hat sich nie auf einen Menschen verlassen. Aber er war auch nie misstrauisch oder bitter und hat nie die Hoffnung für einen Menschen aufgegeben, weil er sich vor allem anderen auf Gott verließ. Er vertraute uneingeschränkt auf das, was Gott aus Liebe für Menschen tun kann. Wenn ich mich vorrangig auf Menschen verlasse, werde ich am Ende für niemanden mehr Hoffnung haben. Dann werde ich bitter, weil ich von Menschen verlangt habe, dass sie so sind, wie kein Mensch sein kann: uneingeschränkt gut und vollkommen. Traue nie irgendetwas, was du in dir oder in einem anderen Menschen findest, außer Gottes Liebe.

**Gott zuerst gehorchen.** »Siehe, ich komme, zu tun deinen Willen« (Hebr 10,9).

Der Mensch gehorcht dem, was er als notwendig erkennt — Jesus gehorchte dem Willen seines Vaters. Heute ist die Losung: »Wir müssen etwas tun! Die Heiden sterben ohne Gott. Wir müssen ihnen von ihm erzählen.« Aber zuerst müssen wir sicher sein, dass wir persönlich in unserem Wesen so sind, wie Gott es will. Jesus hat zu seinen Jüngern gesagt: »Ihr aber sollt in der Stadt bleiben, bis ihr ausgerüstet werdet mit Kraft aus der Höhe« (Lk 24,49). Unsere christliche Ausbildung hat den

Zweck, dass wir die richtige Haltung zu dem finden, was für Gott nötig aussieht und was er will. Wenn unser Wesen dem entspricht, was Gott als notwendig ansieht, dann wird er uns auch den Weg ebnen, an anderen Stellen seinen Willen auszuführen und das Notwendige für ihn zu tun.

**Gottes Sohn Vorrang geben.** »Und wer ein solches Kind aufnimmt in meinem Namen, der nimmt mich auf« (Mt 18, 5).

Gott ist als Baby gekommen, er hat sich mir geschenkt und anvertraut. Mein persönliches Leben soll »Bethlehem« sein, die Wohnung, in die ich ihn aufnehme. Lasse ich zu, dass mein natürliches Wesen durch das Wesen des Sohnes Gottes in mir langsam verändert wird? Gott will am Ende erreichen, dass sein Sohn in mir sichtbar wird.

### 1. Juni

## Die aufrüttelnde Frage

*»Du Menschenkind, meinst du wohl, dass diese Gebeine wieder lebendig werden?«* (Hes 37,3).

Kann ein Sünder in einen Menschen verwandelt werden, der Gott gehorcht? Kann ein verfahrenes Leben in Ordnung kommen? Es gibt nur eine Antwort darauf: »Herr, mein Gott, du weißt es« (3). Dränge dich nicht mit Vernunftgründen vor: »Aber ja, mit ein bisschen mehr Bibellesen, Andachtszeit und Gebet ist es bestimmt möglich.«

Es ist viel leichter, etwas zu *tun*, als auf Gott zu vertrauen; dann sehen wir, dass etwas passiert, und halten hektische Aktivität für Inspiration von Gott. Darum gibt es so wenige Menschen, die *mit* Gott mitarbeiten, aber so viele, die *für* Gott arbeiten. Wir möchten im Allgemeinen viel lieber für Gott arbeiten als an ihn glauben. Glaube ich wirklich, dass Gott in mir das bewirken kann, was ich nicht kann? Wenn ich für andere wenig oder keine Hoffnung habe, dann weil mir nie bewusst geworden ist, dass Gott etwas für mich getan hat. Habe ich selbst so überzeugend Gottes Macht und Kraft erlebt, dass ich niemanden, den ich sehe, mehr als hoffnungslos betrachten kann? Hat Gott überhaupt eine Veränderung in mir erreicht? Je weniger ich von Gottes Wirkungen an mir selbst erlebt habe, umso mehr hektische Aktivität muss ich entfalten.

»Siehe, ich will eure Gräber auftun ...« (37,12). Wenn Gott dir das menschliche Wesen zeigen will, wie es ohne ihn ist, dann zeigt er dir, wie du bist. Wenn der Heilige Geist dich schon einmal sehen ließ, wie du ohne Gottes Eingreifen bist (und das tut er nur, wenn er in dir wirkt), dann weißt du, dass kein Verbrecher auch nur halb so schlecht ist, wie du sein könntest, wenn er nicht eingriffe. Gott hat mein »Grab« geöffnet und »ich weiß, dass in mir, das heißt in meinem Fleisch, nichts Gutes wohnt« (Röm 7, 18). Gottes Geist zeigt seinen Kindern immer wieder, wie das Wesen des Menschen ist, wenn er nicht mit ihm verbunden ist.

## 2. Juni

# Bist du von etwas »besessen«?

*»Wer ist der Mann, der den Herrn fürchtet?«*
(Ps 25,12).

Bist du von etwas »besessen«? Wahrscheinlich sagst du: »Nein, von nichts«, aber in Wirklichkeit sind wir alle von etwas besessen — im Allgemeinen von uns selbst oder, wenn wir Christen sind, von unserer Erfahrung mit dem christlichen Leben. Aber der Psalmdichter sagt, wir sollten von Gott besessen sein. Was einem Christen immer bewusst sein sollte, ist Gott selbst, nicht nur seine Gedanken über Gott. Unser ganzes äußeres und inneres Leben soll völlig davon bestimmt sein, dass Gott hier ist. Das Bewusstsein eines Kindes wird ganz von seiner Mutter bestimmt, auch wenn es gerade nicht an sie denkt, und wenn ein Problem auftaucht, fällt ihm zuerst die Mutter ein; die Beziehung zu ihr trägt. Genau so sollen wir in Gott leben, weben und sein (s. Apg 17,28) und alles in Verbindung mit ihm sehen, weil er unser Bewusstsein und von daher unser Leben ständig bestimmt.

Wenn wir so von Gott »besessen« sind, kann nichts anderes uns beeinflussen: weder Ängste noch Sorgen oder etwas anderes. Jetzt verstehen wir auch, warum Jesus so betont hat, dass Sorgen Sünde sind. Wie können wir so ganz ohne Glauben sein, wenn doch Gott überall um uns ist? Von Gott besessen zu sein ist ein wirksamer Schutz gegen die Angriffe des Feindes.

»Er wird im Guten wohnen ...« (25,13). Gott wird dafür sorgen, dass wir »im Guten wohnen«, er wird uns auch in unsicheren Verhältnissen, Missverständnissen und Verleumdung eine ruhige Ungezwungenheit geben, wenn »unser Leben ... verborgen (ist) mit Christus in Gott« (Kol 3, 3). Wir bringen uns so oft selbst um dieses Wunder der dauernden Gemeinschaft mit Gott, die er uns doch persönlich anbietet. »Gott ist unsre Zuversicht ...« (Ps 46,2). Nichts kann seinen Schutzschild durchbrechen.

### 3. Juni

## Vertraut mit Gott

*»Alle, die den Herrn ernst nehmen, zieht er ins Vertrauen ...«* (Ps 25,14 GN).

Woran erkennst du einen Freund? Daran, dass er dir seine geheimen Leiden anvertraut? Nein, daran, dass er dir seine geheimen Freuden erzählt. Viele Menschen vertrauen uns ihren geheimen Kummer an, aber das höchste Zeichen inniger Freundschaft ist, dass dir jemand anvertraut, was ihn im Geheimen freut. Haben wir Gott schon einmal zu uns sprechen lassen über das, was ihn freut? Oder erzählen wir Gott ununterbrochen unsere Geheimnisse und lassen ihm keine Zeit zum Reden? Am Anfang unseres Lebens als Christen sind wir voll mit

Bitten, die wir Gott vortragen. Aber dann sehen wir, dass Gott uns in eine innige Beziehung zu sich selbst führen will — er will uns mit seinen Plänen vertraut machen. Sind wir mit Jesus Christus so innig verbunden, dass wir auch seine Einstellung zum Gebet (»dein Wille geschehe«, Mt 6, 10) haben und wir so Gottes Geheimnisse verstehen? Was uns mit Gott so eng zusammenschließt, das sind nicht so sehr seine großen Geschenke an uns, sondern die kleinen, unauffälligen Dinge, denn sie zeigen, wie erstaunlich eng er sich mit uns verbunden hat: Er kennt auch die kleinste Einzelheit unseres Lebens.

»Er wird ihm den Weg weisen, den er wählen soll« (25,12). Zuerst möchten wir erkennen, dass Gott uns leitet. Aber dann, wenn wir geistlich wachsen, leben wir so im Bewusstsein seiner Gegenwart, dass wir gar nicht mehr zu fragen brauchen, was er will, weil uns gar nicht einfallen würde, etwas anderes zu wollen. Wenn wir gerettet sind und Gott gehören, leitet er uns durch unsere Alltagsentscheidungen. Und wenn wir etwas entscheiden wollen, was er nicht will, gibt er uns das Gefühl der Unsicherheit oder wir fühlen uns zurückgehalten. Darauf müssen wir achten. Wenn du nicht sicher bist, halte sofort inne. Versuche nie die Gründe zu finden, denke nicht: »Warum soll ich das wohl nicht?« Gott lehrt uns richtig zu entscheiden; das heißt, er lenkt unseren Verstand. Und wenn wir uns nach seinen Hinweisen und seiner Leitung richten, behindern wir seinen Geist nicht mehr durch ständige Fragen: »Herr, was willst du jetzt?«

## 4. Juni

# Gott verlässt uns nie

*»Denn der Herr hat gesagt: Ich will dich nicht verlassen und nicht von dir weichen«* (Hebr 13,5).

Welche Richtung nehmen meine Gedanken? Halte ich mich an das, was Gott sagt, oder an meine Ängste? Wiederhole ich einfach nur, was Gott sagt, oder lerne ich ihn wirklich zu hören und dann, wenn ich ihn gehört habe, zu antworten? »Denn der Herr hat gesagt: Ich will dich nicht verlassen und nicht von dir weichen.« Darum können wir sicher sagen: »Der Herr ist mein Helfer, ich will mich nicht fürchten; was kann mir ein Mensch tun?« (6).

»Ich will dich nicht verlassen« — auch nicht, wenn es Grund genug gäbe; auch nicht wegen meiner Sünde, meiner Selbstsucht, meines Eigensinns oder Trotzes. Habe ich das wirklich von Gott akzeptiert, dass er mich nie verlassen will? Wenn ich diese Zusage nicht bewusst von Gott gehört habe, muss ich noch einmal genau hinhören.

»... und nicht von dir weichen.« Manchmal sind es nicht die Schwierigkeiten, die mich auf den Gedanken bringen, Gott ließe mich allein — es ist die mühselige Plackerei des Alltags. Wenn kein größeres Problem zu bewältigen ist, aber auch keine große Sicht von Gott kommt, kein Wunder und nichts besonders Schönes, nur die gewöhnliche Arbeit — höre ich Gottes Zusage auch dann?

Wir meinen immer, Gott würde irgendwann etwas Außergewöhnliches tun — er bereite uns auf eine besondere Arbeit in der Zukunft vor und rüste uns dafür aus. Aber wenn wir länger in seiner Nähe leben, erkennen wir, dass Gott hier und jetzt, in diesem Augenblick sich verherrlicht. Wenn wir Gottes Zusage sicher haben, bekommen wir eine ganz erstaunliche Kraft und dann lernen wir zu singen und ihn zu loben, auch im normalen Alltag.

## 5. Juni

## Gottes Zusage

*»Denn der Herr hat gesagt ... So können auch wir getrost sagen ...«* (Hebr 13, 5.6).

Meine Sicherheit muss auf der Zusicherung beruhen, die Gott mir gibt. Gott sagt: »Ich will dich nicht verlassen«, und deshalb kann ich »getrost sagen: Der Herr ist mein Helfer, ich will mich nicht fürchten« (5.6). Das heißt, Angst kann mich nicht beherrschen. Es heißt nicht, ich könnte nicht in Versuchung kommen mich zu fürchten; aber ich will mich an Gottes Zusicherung erinnern. Dann habe ich Mut, wie ein Kind, das versucht ein Ziel zu erreichen, das der Vater ihm gesetzt hat. Viele Menschen bekommen Schwierigkeiten mit dem Glauben, wenn ihnen ängstliche Gedanken kommen, und dann vergessen sie, was Gott ihnen versprochen hat — und sie vergessen, erst einmal geistlich tief Luft zu holen. Wenn wir die Angst aus unserem Leben verbannen wollen, dann geht das nur, wenn wir genau auf das hören, was Gott uns verspricht.

Wovor hast du Angst? Egal, was es ist, du bist kein Feigling. Du bist entschlossen, dich der Sache zu stellen, aber trotzdem empfindest du noch Angst. Wenn es aussieht, als ob dir nichts und niemand helfen kann, sage zu dir selbst: »Aber gerade jetzt, in dieser Lage, ist ›der Herr ... mein Helfer‹.« Bist du dabei zu lernen, zuerst auf Gott zu hören und dann zu reden, oder sagst du etwas und versuchst dann, Gottes Wort dem anzupassen, was du gesagt hast? Halte fest, was der Vater dir verspricht, und dann sage mutig: »Ich will mich nicht fürchten.« Es kommt nicht darauf an, was für Unrecht oder Unglück uns bedroht, denn »der Herr hat gesagt: Ich will dich nicht verlassen ...«

Noch etwas, was zwischen Gottes Versprechen und unsere Worte und Gedanken kommen kann, ist die menschliche Schwäche. Wenn wir sehen, wie schwach wir in Schwierigkeiten sind, dann werden die Schwierigkeiten riesenhaft, wir fühlen uns wie Heuschrecken und Gott scheint es gar nicht zu geben. Aber bedenke, was Gott dir versprochen hat: »Ich will ... nicht von dir weichen.« Haben wir gelernt, in der Tonart zu singen, die Gott uns angibt? Haben wir in jeder Lage den Mut zu sagen: »Der Herr ist mein Helfer« oder geben wir der Angst nach?

## 6. Juni

# Erarbeiten, was Gott tut

»Arbeitet an euch selbst ..., denn Gott selbst bewirkt in euch nicht nur das Wollen, sondern auch das Vollbringen ...« (Phil 2, 12.13 GN).

Dein Wille stimmt mit Gott überein, aber dein natürliches Wesen nimmt dir die Kraft zu tun, was du als richtig erkennst. Wenn Gott zum ersten Mal mit unserem Gewissen in Berührung kommt, weckt das Gewissen zuerst unseren Willen und unser Wille stimmt immer mit Gott überein. Vielleicht sagst du: »Ich weiß gar nicht, ob mein Wille mit Gott in Einklang ist.« Sieh Jesus an, dann findest du jedes Mal, dass dein Wille und dein Gewissen mit ihm übereinstimmen. Was dich reizt zu sagen: »Ich will nicht gehorchen«, das ist nicht so tiefgreifend und eindringlich wie dein Wille. Das ist launenhaft oder eigensinnig und das ist nie im Einklang mit Gott. Was das Wesen eines Menschen im Tiefsten bestimmt, ist nicht die Sünde, sondern sein Wille.

Der Wille ist das Wesentlichste, das Gott im Menschen geschaffen hat. Die Sünde ist etwas Verkehrtes, das in die Menschen eingedrungen ist. Wenn jemand neu geworden ist, dann ist die Quelle seines Willens der allmächtige Gott. »... denn Gott gibt euch nicht nur den guten Willen, sondern er selbst arbeitet an euch, damit seine Gnade bei euch ihr Ziel erreicht« (Phil 2, 13 GN). Du musst sehr sorgfältig und aufmerksam an dir arbeiten, um in der Praxis zu verwirklichen, was Gott in deinem Wesen geschaffen hat. Es geht nicht darum, »deine Rettung zu erarbeiten« oder zu verdienen, sondern sie zur Wirkung zu bringen, damit an dir sichtbar wird, wie ein Leben aussieht, das in vollkommenem und unerschütterlichem Glauben auf der Rettung beruht, die Gott dir schon ganz und ohne Einschränkung geschenkt hat. Bei dieser Arbeit stellt sich dein Wille nicht gegen Gottes Willen, sondern du willst das, was Gott will. Deine normalen Entscheidungen stimmen mit Gottes Willen überein und diese Lebensweise wird dir so natürlich wie atmen. Eigensinn ist dumm und hindert dich, er will keine Einsicht annehmen und steht damit neuer Einsicht im Weg. Dieses Hindernis kann man nur »mit Dynamit sprengen« und das Dynamit ist Gehorsam gegen den Heiligen Geist.

Glaube ich, dass mein Wille vom allmächtigen Gott kommt? Gott erwartet nicht nur, dass ich seinen Willen tue, er ist selbst in mir, um ihn zu tun.

### 7. Juni

## Die Kraftquelle

»*Und was ihr bitten werdet in meinem Namen, das will ich tun ...*« (Joh 14,13).

Bin ich ganz tief in meinem Innern davon ausgefüllt, so zu beten? Echte Fürbitte birgt keinerlei Gefahr der Täuschung oder des Stolzes. Sie ist Arbeit, die zwar niemand wahrnimmt, aber die Früchte trägt, an denen man sehen kann, wie groß unser Vater ist. Lasse ich mein geistliches Leben ungenutzt vorbeigehen oder lebe ich zielgerichtet und bringe alles mit dem Mittelpunkt in Verbindung: dem Sühnopfer Christi? Bestimmt Jesus Christus mehr und mehr alle meine Interessen? Wenn das Zentrum oder die stärkste Kraft in meinem Leben das Sühnopfer Christi ist, dann wird mein Leben auf allen Gebieten fruchtbar für ihn.

Aber ich muss mir die Zeit nehmen, das Wesen dieses Kraftzentrums zu erkennen. Bin ich bereit, von jeder Stunde eine Minute der Konzentration darauf zu widmen? »Wenn ihr in mir bleibt ...« – das heißt, wenn ihr stetig vom Mittelpunkt aus handelt, denkt und arbeitet – »werdet ihr bitten, was ihr wollt, und es wird euch widerfahren« (Joh 15, 7). Bleibe ich in ihm? Nehme ich mir die Zeit dazu? Was ist die wesentliche Kraftquelle meines Lebens? Meine Arbeit, mein Dienst, Opfer für andere oder mein Bestreben, für Gott zu arbeiten? All das darf es nicht sein. Die größte Kraft in meinem Leben sollte vom Sühnopfer Christi ausgehen. Nicht das, wofür wir die meiste Zeit aufwenden, prägt uns am stärksten, sondern das, was die meiste Macht über uns hat. Wir müssen uns dafür entscheiden, unsere Wünsche und Interessen konsequent vom Sühnopfer durch das Kreuz Christi bestimmen zu lassen.

»Und was ihr bitten werdet in meinem Namen, das will ich tun ...« Ein Jünger, der in Jesus bleibt, *ist* der Wille Gottes, und was aussieht wie seine freie Entscheidung, ist in Wirklichkeit das, was Gott schon lange beschlossen hat. Klingt das unlogisch oder kommt es dir völlig absurd vor? Tatsächlich scheint es so, aber es ist wahr und für den, der Gott gehört, etwas ganz Besonderes.

## 8. Juni

# Was als Nächstes tun?

*»Wenn ihr dies wisst — selig seid ihr, wenn ihr's tut«*
(Joh 13,17).

**Entschließe dich, mehr erfahren zu wollen als andere.** Wenn du nicht selbst das Tau durchschneidest, das dich am Dock festhält, muss Gott ein Unwetter losbrechen lassen, um es zu zerreißen und dich auf See zu schicken. Lass alles, was dein Leben ausmacht, frei schwimmen, nur von Gott getragen, und begib dich auf die Reise auf der großen Flut, die Gottes Plan ist, dann werden dir die Augen geöffnet. Wenn du an Jesus glaubst, sollst du nicht dein ganzes Leben im ruhigen Wasser des Hafens verbringen, zwar voll Freude, aber immer am Dock festgebunden. Du musst aus dem Hafen und ins tiefe Wasser kommen, dahin, wo Gott sein Wesen zeigt, und die Dinge selbst kennen lernen — geistliches Urteilsvermögen entwickeln.

Wenn du weißt, dass du etwas Bestimmtes tun sollst, und tust es, weißt du sofort mehr als vorher. Achte einmal darauf, wo du nachlässig geworden bist, wo du geistlich weniger interessiert bist als früher. Dann siehst du, dass du irgendwann am Anfang der Entwicklung einmal wusstest, dass du etwas tun solltest, aber es nicht getan hast. Du hast es unterlassen, weil es im Augenblick nicht notwendig zu sein schien. Aber jetzt fehlt dir Einsicht und Urteilsvermögen und in Schwierigkeiten bist du geistlich unentschlossen, anstatt beherrscht zu sein. Es ist gefährlich, nicht weiter lernen und nicht mehr wissen zu wollen.

Wenn du selbst Gelegenheiten schaffst, um dich aufzuopfern, dann spiegelst du Gehorsam vor, der nicht da ist, und dann hält man deinen Eifer und deine Begeisterung für Urteilsvermögen. Es ist leichter sich aufzuopfern, als die eigene geistliche Bestimmung zu erfüllen, wie es in Römer 12,1.2 steht. Es ist viel besser, Gottes Willen zu erkennen und so seinen Plan zu erfüllen, als große aufopfernde Taten zu vollbringen. »Siehe, Gehorsam ist besser als Opfer...« (1. Sam 15,22). Erlaube dir nicht, das zu berücksichtigen oder zu dem zurückzukehren, was du einmal warst, denn Gott will etwas aus dir machen, was du noch nie gewesen bist. »Wenn jemand dessen Willen tun will, wird er innewerden...« (Joh 7,17).

### 9. Juni

## Was danach tun?

*»Denn wer da bittet, der empfängt«* (Lk 11,10).

Wenn du nicht empfangen hast, dann bitte. Nichts ist schwieriger als bitten. Wir wünschen uns manches und sehnen uns danach und leiden sogar darunter, dass wir es nicht bekommen, aber *bitten* wollen wir erst, wenn wir schon fast verzweifeln. Nur das Gefühl, dass unser geistliches Leben nicht echt ist, bringt uns zum Bitten. Hast du schon einmal aus der Tiefe deiner totalen Unfähigkeit und Armut gebetet? »Wenn es aber jemandem unter euch an Weisheit mangelt, so bitte er Gott...« (Jak 1,5). Aber ehe du bittest, musst du sicher sein, dass dir wirklich Weisheit fehlt. Du kannst dein geistliches Leben nicht echt machen, wann du willst. Und wenn du merkst, dass es nicht echt ist, dann ist es das Beste, Gott um den Heiligen Geist zu bitten und dich dabei auf das Versprechen Jesu Christi zu berufen (s. Lk 11,13). Es ist der Heilige Geist, der alles, was Jesus für dich getan hat, in deinem Leben verwirklicht.

»Wer da bittet, der empfängt...« Das bedeutet nicht, dass Gott dir nichts gäbe, wenn du nicht bittest (s. Mt 7,8), aber es bedeutet, dass du nichts von Gott *annehmen* wirst. Wenn du etwas von ihm annehmen kannst, bist du in eine Vater-Kind-Beziehung zu ihm eingetreten, und dann verstehst du geistig, moralisch und mit deinem geistlichen Urteilsvermögen, dass all das von Gott kommt.

»Wenn es aber jemandem unter euch an Weisheit mangelt...« Wenn du merkst, dass dir etwas fehlt, dann weil du echtes geistliches Leben erfahren hast. Setze nicht wieder die Scheuklappen der natürlichen Vernunft auf. Das Wort *bitten* heißt zugleich auch *betteln*. Manche Menschen sind gerade so arm, dass sie ihre Armut ausnutzen können, und manche von uns sind geistlich so arm, dass wir gern etwas bekommen würden. Aber wenn wir bitten, um etwas Bestimmtes damit zu erreichen, werden wir nie etwas bekommen, weil wir dann nicht aus Armut, sondern aus Begehrlichkeit bitten. Ein Bedürftiger bittet aus keinem anderen Grund als nur, weil seine Armut ihn quält und ihm alle Hoffnung nimmt. Er schämt sich nicht zu betteln — und »selig sind, die da geistlich arm sind« (Mt 5,3).

## 10. Juni

# Und dann?

*»Suchet, so werdet ihr finden«* (Lk 11,9).

Wenn du nicht gefunden hast, suche. »Ihr bittet und empfangt nichts, weil ihr in übler Absicht bittet ...« (Jak 4,3). Wenn du etwas vom Leben erwartest, anstatt Gott darum zu bitten, bittest du »in übler Absicht«. Das bedeutet, du bittest aus deinem Wunsch nach eigener Befriedigung. Je mehr Wünsche du dir erfüllst, umso weniger suchst du Gott. »Suchet, so werdet ihr finden.« Fang an: Konzentriere deine Aufmerksamkeit und deine Interessen auf diese eine Sache. Hast du Gott schon einmal »von ganzem Herzen« gesucht oder hast du nur nach einem schmerzlichen Erlebnis halbherzig nach ihm gerufen? Suche gezielt und konzentriert, dann wirst du finden.

»Wohlan, alle, die ihr durstig seid, kommt her zum Wasser!« (Jes 55,1). Bist du durstig oder gleichgültig und selbstzufrieden und so befriedigt von dem, was du erlebst, dass du nichts mehr von Gott willst? Erlebnisse sind ein Durchgang, kein Endziel. Sieh dich vor und baue deinen Glauben nicht auf Erlebnissen auf, sonst erweist dein Wesen sich nicht als echt, sondern wird von Kritiksucht bestimmt. Vergiss nicht, dass du nie einem anderen geben kannst, was du gefunden hast — aber du kannst den Wunsch danach in ihm wecken.

»Klopfet an, so wird euch aufgetan« (Lk 11,9). »Naht euch zu Gott ...« (Jak 4,8). Klopfe. Die Tür ist geschlossen und dein Herz schlägt schnell beim Klopfen. »Reinigt die Hände ...« (4,8). Klopfe ein wenig lauter — jetzt merkst du, dass du schmutzig bist. »... und heiligt eure Herzen...« (4,8). Es wird immer persönlicher. Jetzt ist es dir ganz ernst, du bist zu allem bereit. »Jammert...« (4,9). Hast du schon einmal vor Gott gejammert und deinen inneren Zustand beklagt? Da ist keine Spur von Selbstmitleid dabei, nur die schmerzliche Überraschung und Ratlosigkeit, wenn du siehst, was für ein Mensch du wirklich bist. »Demütigt euch ...« (4,10). Es ist demütigend, bei Gott anzuklopfen; du musst mit dem gekreuzigten Räuber zusammen klopfen. Aber: »... wer da anklopft, dem wird aufgetan« (Lk 11,10).

## 11. Juni

# Ankommen

*»Kommt her zu mir ...«* (Mt 11,28).

**Wo Sünde und Leid aufhören und das Loblied des Geretteten anfängt.** Will ich wirklich da hin? Dann kann ich gleich jetzt kommen. Worauf es im Leben wirklich ankommt, das ist erstaunlich wenig, und all diese Fragen werden so beantwortet: »Kommt her zu mir.« Jesus sagt nicht: »Tut dies, tut das nicht«, sondern: »Kommt her zu mir.« Wenn ich einfach nur zu Jesus komme, dann wird mein Leben so, wie ich es mir wünsche. Dann höre ich auf zu sündigen und in mir fängt das Lied Jesu an zu klingen.

Bist du schon zu Jesus gekommen? Sieh dich an, wie eigensinnig du bist. Du möchtest lieber alles andere tun als diese eine einfache Sache: »Kommt her zu mir.« Wenn du wirklich erleben willst, dass du keine Sünde mehr tust, dann musst du zu Jesus kommen.

Jesus Christus macht sich selbst zum Maßstab, an dem du deine Ehrlichkeit prüfen kannst. Achte darauf, wie er das Wort *kommen* gebraucht. Wenn du es am wenigsten erwartest, ist da die leise Stimme Jesu: »Kommt her zu mir«, und gleich zieht es dich zu ihm. Die persönliche Berührung mit Jesus verändert alles. Sei so »dumm«, komm und vertraue dich seinen Worten an. Was du brauchst, um zu ihm zu kommen, das ist der feste Wille, alles loszulassen und bewusst ihm zu übereignen.

»Ich will euch erquicken«, das heißt: »Ich will euch stützen, dass ihr fest steht.« Er sagt nicht: »Ich will euch zu Bett bringen, eure Hand halten und euch ein Schlaflied singen«, sondern er will das Gegenteil ausdrücken: »Ich will euch aus dem Bett holen, aus eurer Lustlosigkeit und Erschöpfung und aus eurem schon im Leben halb toten Zustand. Ich will euch mit Lebensgeist erfüllen; euer Handeln wird zu entscheidenden Ergebnissen führen und das wird euch Kraft geben.« Warum werden wir so schwach und jämmerlich und reden davon, Gottes Willen zu »ertragen«? Wo ist da die erhabene Energie und Lebenskraft des Sohnes Gottes?

## 12. Juni

# Ankommen

*»Sie aber sprachen zu ihm: Rabbi ..., wo ist deine Herberge? Er sprach zu ihnen: Kommt und seht!«* (Joh 1, 38.39).

**»Wo deine Selbstsucht schläft und dein wahres Interesse erwacht.«** »... und blieben diesen Tag bei ihm« (1, 39). Manche von uns tun in ihrem ganzen Leben nicht viel mehr. Wir bleiben kurze Zeit bei ihm, aber dann wird uns unsere Alltagswirklichkeit bewusst. Unser Egoismus erwacht und mit dem Bleiben bei ihm ist es vorbei. Aber es gibt keine Lebensbedingungen, unter denen man nicht bei Jesus bleiben könnte.

»Du bist Simon ...; du sollst Kephas heißen« (1, 42). Gott schreibt unseren neuen Namen nur an die Stellen unseres Wesens, von denen er Stolz, Selbstzufriedenheit und Egoismus wegradiert hat. Bei manchen von uns ist der neue Name nur an kleinen begrenzten Stellen zu sehen, wie der Ausschlag bei Masern. Und in diesen Lebensbereichen sieht es ganz gut aus. Wenn wir in geistlicher Hochstimmung sind, könnte man denken, wir wären vorbildliche Christen. Aber wehe, wenn man uns anschaut, wenn wir nicht in einer solchen Stimmung sind. Wer Christus ganz gehört, der trägt den neuen Namen überall an sich: Selbstsucht, Stolz und Selbstzufriedenheit sind völlig ausgelöscht.

Stolz ist die Sünde, sich selbst zum eigenen Gott zu machen. Und manche von uns tun das heute, nicht so wie die Pharisäer, aber ein wenig wie der Zöllner (s. Lk 18, 9-14). Wenn du sagst: »Ach nein, ich bin kein Heiliger«, dann ist das nach den vom Stolz geprägten menschlichen Maßstäben in Ordnung, aber Gott gegenüber ist es eine unbewusste Blasphemie. Du behauptest, Gott könne dich nicht zu einem Heiligen machen. Ebenso gut könntest du sagen: »Ich bin zu schwach, da ist keine Hoffnung, das Sühnopfer Christi am Kreuz kann mich nicht erreichen.« Warum bist du kein Heiliger? Entweder willst du keiner sein oder du glaubst nicht, dass Gott dich dazu machen kann. Vielleicht sagst du, es wäre dir am liebsten, wenn Gott dich annähme und dann gleich in den Himmel aufnähme. Genau das will er tun! Und wir sind von da an nicht nur bei ihm zu Hause, sondern Jesus sagt vom Vater und von sich selbst: »... und wir werden kommen und Wohnung bei ihm nehmen« (Joh 14, 23). Stelle keine Bedingungen. Lass Jesus alles tun und alles bestimmen, dann nimmt er dich in sein Heim auf, nicht nur für einen Tag, sondern für die ganze Ewigkeit.

## 13. Juni

## Ankommen

*»... komm und folge mir nach!«* (Lk 18,22).

**Wo unsere eigenen Wünsche sterben und die Hingabe an Gott lebendig wird.** Eines der größten Hindernisse auf dem Weg zu Jesus ist die Entschuldigung mit dem eigenen Temperament. Mit dem Hinweis auf unser Temperament und unsere natürlichen Wünsche versperren wir uns diesen Weg. Aber wenn wir wirklich zu Jesus kommen, merken wir als Erstes, dass er unsere natürlichen Wünsche gar nicht beachtet. Wir meinen, wir könnten unsere Begabungen Gott zur Verfügung stellen. Aber was dir nicht gehört, kannst du auch niemandem geben. In Wirklichkeit kannst du Gott nur eines geben und das ist dein Verfügungsrecht über dich selbst (s. Röm 12,1). Wenn du Gott dieses Recht übergibst, dann macht er mit dir einen göttlichen Versuch — und seine Versuche gelingen immer. Das einzige sichere Kennzeichen eines Menschen, der Gott gehört, ist eine innere Kreativität, die daraus erwächst, dass er Jesus Christus uneingeschränkt über sich bestimmen lässt. Im Innern eines solchen Menschen gibt es eine erstaunlich reiche Quelle, aus der ununterbrochen neues, schöpferisches Leben strömt. Wer Gott gehört, erkennt, dass Gott seine Lebensumstände bestimmt; daher beklagt er sich nicht, sondern steht uneingeschränkt Jesus zur Verfügung. Versuche nie, deine Erfahrungen zum Grundsatz für andere zu machen. Lass Gott mit anderen ebenso kreativ und originell umgehen wie mit dir.

Wenn du Jesus alles bestimmen lässt und kommst, wenn er sagt: »Komm«, dann wird er auch durch dich immer wieder zu anderen »Komm« sagen. Wenn du unter Menschen bist, wirst du ständig das Echo dieses Rufs von Jesus reflektieren: »Komm!« So geht es jedem, der alles zurücklässt und zu Jesus kommt.

Bist du zu ihm gekommen? Willst du *jetzt* kommen?

### 14. Juni

## Fang an!

*»Bleibt in mir ...«* (Joh 15,4).

**Entschlossenheit.** Der Geist Jesu wird in mich gelegt, weil Christus am Kreuz unsere Sünde weggenommen hat. Dann muss ich geduldig lernen so zu denken, dass es ganz mit Christus übereinstimmt. Gott macht nicht einfach, dass ich wie Jesus denke — das muss ich selbst tun. Ich muss »alles Denken in den Gehorsam gegen Christus gefangen nehmen« (s. 2. Kor 10, 5). »Bleibt in mir ...«: im

Denken, in Geldangelegenheiten, in allen Dingen, die das menschliche Leben ausmachen. Unser Leben besteht ja nicht aus einem einzigen sauber abgegrenzten Bereich.

Hindere ich Gott daran, meine Lebensumstände zu ändern, indem ich sage, das würde nur meine Gemeinschaft mit ihm stören? Das ist so unwichtig und respektlos! Auf meine Lebensumstände kommt es nicht an. Ich kann in jeder Lebenslage so sicher in Jesus bleiben wie in irgendeiner Gebetsgemeinschaft. Ich brauche meine Verhältnisse auch nicht selbst zu ändern oder »hinzubiegen«. Jesus blieb innerlich in einer ganz ungetrübten, vollkommenen Beziehung zum Vater. Er war immer bei Gott zu Hause, gleich wo er sich befand. Er hat nie versucht seine äußeren Umstände zu bestimmen, sondern er richtete sich geduldig nach den Plänen und Anweisungen seines Vaters. Und wie unglaublich spannungsfrei hat Jesus gelebt! Aber wir neigen dazu, Gott nur in höchster Anspannung zu begegnen. Wir haben oft nichts von der heiteren Gelassenheit des Lebens, das »verborgen (ist) mit Christus in Gott« (Kol 3,3).

Überlege, was deine Haltung des »Bleibens in Jesus« ins Wanken bringt. Du sagst: »Ja, Herr, gleich. Ich muss nur noch dies tun. Ja, sobald das fertig ist oder sobald diese Woche vorbei ist, will ich in dir bleiben. Schon gut, Herr. Dann bleibe ich.« Fang an — fang *jetzt* an in Jesus zu bleiben. Am Anfang musst du dich dauernd anstrengen, in ihm zu bleiben, aber wenn du weitermachst, wird es so sehr zu einem Teil deiner selbst, dass du ohne bewusste Anstrengung in ihm bleibst. Entschließe dich, in Jesus zu bleiben, gleich wo du jetzt bist oder wo du vielleicht später sein wirst.

## 15. Juni

# Fang an!

*»... und erweist in eurem Glauben ...«* (2. Petr 1,5).

**Unsere tägliche Arbeit.** Petrus schreibt an dieser Stelle, dass wir »Anteil bekommen an der göttlichen Natur«, und dass wir darum »alle Mühe daran wenden« und uns darauf konzentrieren sollen, Gewohnheiten auszubilden, die Gottes Wesen entsprechen (1,4.5). Wir sollen von uns aus all das dazu beitragen, was Charakterfestigkeit ausmacht. Weder in der natürlichen noch in der geistlichen Welt wird jemand charakterfest geboren; man muss diese Eigenschaft entwickeln. Wir werden auch nicht mit Gewohnheiten geboren; wir müssen auf der Grundlage des neuen Lebens, das Gott uns gegeben hat, entsprechende Gewohnheiten ausbilden. Wir sollen nicht als Gottes hervorragende Beispiele glänzen, sondern Menschen sein, an denen man im normalen Alltag das Wunder beobachten kann, dass Gott handelt. Eintönige Arbeit ist der Test, ob man wirklich charakterfest ist. Was unser Leben mit Gott am meisten behindert, ist dass wir nur nach großartigen Aufgaben suchen. Aber »Jesus ... nahm einen Schurz und ... fing an, den Jüngern die Füße zu waschen ...« (Joh 13,3-5).

Bei uns allen gibt es Zeiten, in denen wir keine Lichtblicke und nichts Spannendes in unserem Leben erkennen und nichts erleben als den täglichen Trott mit seinen gewöhnlichen Alltagspflichten. Dieser Alltagstrott ist die

Art, wie Gott uns auf die Zeiten großer Inspiration vorbereitet, die er uns gibt. Erwarte nicht, dass Gott dir immer seine besonderen Augenblicke schenkt. Lerne in den Zeiten alltäglicher Routinearbeit aus Gottes Kraft zu leben.

Es ist schwer für uns, all das beizutragen, was Petrus hier aufzählt. Wir sagen zwar, wir erwarteten nicht, dass Gott uns auf Rosen gebettet zum Himmel schweben lässt, aber wir handeln manchmal so! Ich muss erkennen, dass mein Gehorsam in jeder noch so kleinen Sache die allmächtige Kraft des handelnden Gottes hinter sich hat. Wenn ich meine Pflicht tun will, nicht um der Pflicht willen, sondern weil ich glaube, dass Gott mein Leben lenkt, dann steht mir genau da, wo ich gehorche, die ganze aktive Liebe Gottes zur Verfügung durch das unvorstellbare Sühnopfer Christi am Kreuz.

## 16. Juni

## Das Leben lassen?

*»Niemand hat größere Liebe als die, dass er sein Leben lässt für seine Freunde ... Euch aber habe ich gesagt, dass ihr Freunde seid ...«* (Joh 15,13.15).

Jesus bittet mich nicht für ihn zu sterben, sondern mein Leben in seine Hände zu geben. Petrus sagte zu Jesus: »Ich will mein Leben für dich lassen« (Joh 13,37) und das meinte er auch so. Er hatte einen ausgeprägten Sinn für Heldentum. Wenn wir nicht dasselbe sagen könnten, was Petrus da gesagt hat, dann wäre das schlecht; denn unser Pflichtgefühl kann nur durch unseren Wunsch, Helden zu sein, voll zur Auswirkung kommen. Hat Jesus dich schon einmal gefragt: »Du willst dein Leben für mich lassen?« (13,38). Sterben ist viel leichter als unser Leben jeden Tag wieder Jesus zu überlassen, weil wir wissen, dass Gott selbst uns dazu beruft. Wir sind nicht für die strahlenden Höhepunkte des Lebens geschaffen, sondern im Licht dieser Höhepunkte müssen wir in unserem normalen Alltag vorwärts gehen. Im Leben Jesu hat es nur einen einzigen strahlenden Höhepunkt gegeben und das war auf dem Berg der Verklärung. Dort hat er zum zweiten Mal seine himmlische Herrlichkeit abgelegt und dann ist er hinunter ins Tal gekommen, wo die Dämonen wohnten (s. Mk 9,1-29). Dreiunddreißig Jahre lang ließ Jesus sein eigenes Leben los, um den Willen seines Vaters zu tun. »Daran haben wir die Liebe erkannt, dass er sein Leben für uns gelassen hat; und wir sollen auch das Leben für die Brüder lassen« (1. Joh 3,16). Aber das widerstrebt unserer menschlichen Natur.

Wenn ich ein Freund oder eine Freundin Jesu bin, muss ich bewusst und willentlich mein Leben ihm überlassen. Das ist schwierig und das ist gut so. Es ist leicht für uns gerettet zu werden, weil Gott so viel dafür gegeben hat. Gott rettet einen Menschen und gibt ihm den Heiligen Geist und dann sagt er sinngemäß: »Nun lass das in deinem Leben zur Wirkung kommen und sei mir treu, obwohl alles um dich herum dazu angetan ist, dich zur Untreue zu verleiten.« Und Jesus sagt zu uns: »Euch aber habe ich gesagt, dass ihr Freunde seid.« Bleibe deinem göttlichen Freund treu und vergiss nicht, dass es in deinem natürlichen Leben um seine Ehre geht.

## 17. Juni
# Andere nicht kritisieren

*»Richtet nicht, damit ihr nicht gerichtet werdet«* (Mt 7, 1).

Die Anweisung Jesu über das Verurteilen von anderen ist sehr einfach: »Tu es nicht!« Der Durchschnittschrist ist das kritikwütigste Wesen, das man in dieser Welt kennt. Kritisieren gehört zu den normalen menschlichen Tätigkeiten, aber im Leben mit Gott erreicht man dadurch nichts. Kritik wirkt so, dass die Kräfte dessen, den man kritisiert, »sich verzetteln«. Der Heilige Geist ist die einzige Person, die ein Recht zur Kritik hat, und nur er kann zeigen, was geändert werden muss, ohne zu verletzen. Man kann unmöglich Verbindung mit Gott aufnehmen, wenn man mit Kritik beschäftigt ist. Kritik macht dich rücksichtslos, unversöhnlich und grausam und gibt dir die beruhigende Vorstellung, du wärest irgendwie besser als andere. Jesus sagt, wenn du ihm gehörst, solltest du ein Temperament entwickeln, das nicht zur Kritik neigt. Das erreicht man nicht schnell, man muss es über längere Zeit einüben. Du musst dich ständig vor allem in Acht nehmen, was dir den Eindruck vermittelt, du wärest besser als andere.

Dem unbestechlichen Urteil Jesu über mein Leben kann ich nicht ausweichen. Wenn ich den kleinen Splitter in deinem Auge sehe, heißt das, dass ich selbst einen Balken darin habe (s. 7, 3-5). Alles Verkehrte, das ich an dir sehe, sieht Gott an mir. Immer wenn ich richte, verurteile ich mich selbst (s. Röm 2, 17-24). Lege keinen Maßstab mehr an andere Menschen. In jeder Lebenssituation gibt es immer mindestens eine Tatsache, von der wir nichts wissen. Das Erste, was Gott tut, ist dass er uns gründlich von allem befreit, was ihm im Weg ist. Danach gibt es nichts mehr, auf das wir stolz sein könnten. Nachdem ich einmal erkannt habe, wie mein Charakter ist, wenn Gott nicht darin handelt, habe ich nie mehr einen Menschen getroffen, den ich hätte abschreiben oder die Hoffnung für ihn aufgeben können.

### 18. Juni

## Jesus erkennen

*»Und Petrus ... ging auf dem Wasser und kam auf Jesus zu. Als er aber den starken Wind sah, erschrak er ...* (Mt 14, 29.30).

Der Wind war wirklich stark und die Wellen waren hoch, aber zuerst sah Petrus das nicht. Er achtete gar nicht darauf; er erkannte nur seinen Herrn, brach auf in dem Wissen, dass er da war, und »ging auf dem Wasser«. Dann begann er wahrzunehmen, was um ihn herum vorging, und sofort sank er. Warum konnte Jesus ihm nicht die Fähigkeit geben, unten in den Wellentälern ebenso zu gehen wie oben? Er könnte das, aber beides war nur möglich, wenn Petrus sich ständig bewusst war, dass Jesus da war.

Manches fangen wir im Blick auf Gott mutig an, aber dann nehmen wir auf uns selbst Rücksicht und wir sinken. Wenn du wirklich Christus erkennst, darf es dich nicht beunruhigen, wie oder wo er dein Leben gestaltet. Was dich umgibt, *ist* Wirklichkeit, aber wenn du es genau ansiehst, wirft es dich sofort um und du kannst Jesus gar nicht mehr erkennen. Dann tadelt er dich: »Warum hast du gezweifelt?« (14, 31). Lass deine Situation sein wie sie will, aber sei dir ständig bewusst, dass Jesus da ist, und verlass dich vollkommen auf ihn.

Wenn Gott gesprochen hat und du nur einen Moment lang überlegst, ist es schon aus für dich. Erlaube dir nie den Gedanken: »Ob er wohl wirklich zu mir gesprochen hat?« Sei sofort zu allem bereit – rückhaltlos entschlossen, alles zu riskieren. Wirf alles auf ihn. Du weißt nicht, wann seine Stimme dich erreicht, aber immer wenn du ihn wahrnimmst, wenn es auch nur ganz schwach ist, sei bereit, alle eigenen Rücksichten fallen zu lassen und ihm alles zu geben. Nur indem du dich selbst und deine Situation loslässt, kannst du ihn erkennen. Wenn du ohne Zögern bereit bist, alles zu riskieren, wirst du seine Stimme nur umso deutlicher hören.

## 19. Juni

# Der Dienst der Liebe

*»... hast du mich lieb? ... Weide meine Schafe!«*
(Joh 21,16).

Jesus hat uns nicht aufgetragen, Menschen von unserer Denkweise zu überzeugen, sondern seine Schafe zu betreuen und dafür zu sorgen, dass sie Nahrung bekommen, indem sie ihn kennen lernen. Für uns bedeutet Dienst das, was wir in der christlichen Arbeit tun, aber Jesus nennt nicht das Dienst, was wir für ihn tun, sondern was wir für ihn sind. Jüngerschaft beruht ausschließlich auf der Liebe zu Jesus Christus, nicht darauf, dass wir einer Lehre oder bestimmten Glaubenssätzen anhängen. »Wenn jemand zu mir kommt und hasst nicht ..., der kann nicht mein Jünger sein« (Lk 14, 26). Hier wird niemand gedrängt oder überredet, Jesus zu folgen; er stellt nur einfach fest: »Wenn du mein Jünger sein willst, musst du mir ganz allein treu sein.« Wenn jemand mit Gottes Geist in Berührung kommt, erkennt er plötzlich, wie Jesus ist. Das ist der Ursprung der Liebe.

Heute haben die meisten den Glauben an die Person durch den Glauben an eine Lehre ersetzt; darum sind so viele Menschen irgendeiner Sache ergeben und so wenige Jesus Christus. Viele wollen nicht wirklich Jesus Christus lieben, sie wollen sich nur der Sache widmen, die er ins Leben gerufen hat. Jesus Christus ist beleidigend für den gebildeten Menschen von heute, der ihn nur zum Freund haben will und nicht bereit ist, ihn als etwas anderes anzuerkennen. Jesus richtete sich in erster Linie nach dem Willen seines Vaters, nicht nach den Bedürfnissen der Menschen; dass Menschen gerettet wurden, war die natürliche Folge seines Gehorsams gegenüber dem Vater. Wenn ich mich nur dem Wohl der Menschheit widme, bin ich bald erschöpft, und dann fängt meine Liebe an zu wanken. Aber wenn ich Jesus Christus persönlich leidenschaftlich liebe, dann kann ich mich für die Menschheit einsetzen, auch wenn die Leute mich wie ihren »Fußabtreter« behandeln. Das Geheimnis eines Jüngers ist Liebe zu Jesus Christus und ihn kennzeichnet, dass er unbedeutend erscheint und nichts Aggressives an sich hat. Aber er löst Wirkungen aus wie ein Weizenkorn, das »in die Erde fällt und erstirbt« (Joh 12, 24): Irgendwann geht die Saat auf und verändert die ganze Landschaft.

## 20. Juni

## Kennst du dieses »als«?

*»Und der Herr wandte das Geschick Hiobs, als er für seine Freunde Fürbitte tat«* (Hiob 42, 10).

Die Christen der neutestamentlichen Zeit kannten weder jämmerlich schwächliche selbstbezogene Gebete noch eine Willensanstrengung aus dem eigensüchtigen Wunsch, von Gott angenommen zu werden. Wenn ich versuche es

Gott recht zu machen, ist das ein Zeichen, dass ich gegen das Sühnopfer durch das Kreuz Christi rebelliere. Dann beten wir: »Herr, ich will gut werden, wenn du mich erhörst — ich will so leben, wie du es willst, wenn du mir hilfst.« Aber ich *kann* nicht wirklich gut werden; ich *kann* kein vollkommenes Leben führen. Gott kann nur mit mir zufrieden sein, wenn ich das Sühnopfer Jesu Christi als Geschenk ohne jede Gegenleistung annehme. Bin ich nicht zu stolz, es so anzunehmen? Ich muss alle meine Rechte und Ansprüche abgeben und auf jede eigene Anstrengung verzichten. Ich muss mich ohne jeden Schutz ihm ausliefern und dann kann ich anfangen, die Arbeit eines Priesters zu tun: all meine Kraft im Gebet für meine Freunde einzusetzen. Sehr vielen Gebeten merkt man an, dass Menschen nicht an das Sühnopfer glauben. Jesus hat nicht eben erst angefangen uns zu retten. Er hat uns schon gerettet, es fehlt nichts mehr daran. Das ist so und wenn wir ihn bitten zu tun, was er schon getan hat, ist das eine Beleidigung.

Wenn du noch nicht das »Hundertfache« bekommst, das Jesus versprochen hat (s. Mt 19,29), und wenn du Gottes Wort nicht verstehst, dann fang an, für deine Freude zu beten: Übernimm die Aufgabe, die Gott in dir erfüllen will. »Und der Herr wandte das Geschick Hiobs, *als er für seine Freunde Fürbitte tat.*« Deine eigentliche und wichtigste Aufgabe als Christ ist das Gebet für andere. In welche Umgebung dich Gott auch stellt, bete immer gleich darum, dass sein Sühnopfer von anderen anerkannt und so vollkommen verstanden wird, wie du es verstanden hast. Bete *jetzt* für deine Freunde und für die, mit denen du *jetzt* zu tun hast.

## 21. Juni

# Was Gott in dir tun will

*»Ihr aber seid ... die königliche Priesterschaft ...«*
(1. Petr 2,9).

Was für ein Recht könnten wir haben, eine »königliche Priesterschaft« zu sein? Dieses Recht ist uns durch das Sühnopfer Christi am Kreuz erworben worden. Sind wir bereit, bewusst von uns selbst abzusehen und mit der Arbeit der Priester anzufangen: mit Beten? Die ständige Selbstbetrachtung, die wir oft pflegen, um zu sehen, ob wir so sind, wie wir sein sollten, erzeugt eine schwächliche und selbstbezogene Art des Christseins, nicht das einfache und kraftvolle Leben, das ein Kind Gottes führen kann. Solange wir nicht in diese gute und richtige Verbindung mit Gott kommen, können wir uns immer nur mit letzter Kraft an ihn halten, auch wenn wir sagen: »Es ist herrlich, wie siegreich ich bin!« Aber darin ist nichts von dem Wunder der Erlösung zu erkennen. Fang an, glaube ohne Angst und ohne dich abzusichern, dass zur Erlösung nichts mehr fehlt. Dann kümmere dich nicht mehr um dich, sondern tu das, was Jesus Christus uns im Prinzip gesagt hat: »Bitte für den Freund, der um Mitternacht zu dir kommt, bitte für die Christen und bitte für alle Menschen.« Bete in dem Bewusstsein, dass du nur in Jesus Christus vollkommen bist, nicht mit dem Argument: »Herr, ich habe mein Bestes getan; bitte höre mich jetzt.«

Wie lange wird es wohl dauern, bis Gott uns von der ungesunden Angewohnheit befreit hat, nur über uns selbst nachzudenken? Wir müssen dahin kommen, dass wir uns selbst so gründlich satt haben, dass uns nichts mehr überraschen kann, was Gott uns über uns selbst sagt. Wir können nicht wirklich verstehen, wie unzulänglich wir im Grunde sind. Nur in einem einzigen Punkt kann Gott mit uns zufrieden sein und das ist Jesus Christus. Und wenn wir in ihm sind, dann müssen wir alle Kräfte und Fähigkeiten einsetzen, so gut wir nur können, um diese Arbeit zu tun, die er durch uns tun will.

## 22. Juni

## Vom Richten

»Denn nach welchem Recht ihr richtet, werdet ihr gerichtet werden; und mit welchem Maß ihr messt, wird euch zugemessen werden« (Mt 7,2).

Das ist nicht eine beliebige These, sondern ein ewiges Gesetz von Gott. Genau so wie du dein Urteil abgibst, so wirst du beurteilt werden. Es ist ein Unterschied zwischen Rache und ausgleichender Gerechtigkeit. Jesus sagt, dass die Grundlage des Lebens Gerechtigkeit ist: »... und mit welchem Maß ihr messt, wird euch zugemessen werden.« Wenn es dir leicht fällt, die Schwächen anderer zu finden, denke daran, dass du genauso beurteilt werden wirst. Was du gibst, das gibt das Leben dir wieder. Das ist ein ewiges Gesetz und gilt überall vom Thron Gottes bis herunter zu uns (s. Ps 18, 25.26).

In Römer 2, 1 sagt es Paulus sogar noch genauer: Wer einen anderen verurteilt, tut selbst genau das, was er verurteilt. Gott sieht nicht nur die Tat selbst, sondern auch die Fähigkeit dazu, die er in unserem Inneren erkennt. Zunächst einmal glauben wir meist nicht, was in der Bibel steht. Glauben wir zum Beispiel wirklich, dass wir selbst das tun, was wir an anderen kritisieren? Wir erkennen an anderen Heuchelei, Betrug und Mangel an Ehrlichkeit, weil das alles in uns selbst ist. Das wichtigste Merkmal eines Menschen, der Gott ganz gehört, ist Demut. Er kann ehrlich und ohne sich etwas einzubilden sagen: »Ja, all das und noch andere Fehler würde ich begehen, wenn Gott nicht an mir handelte. Ich habe also kein Recht zu richten.«

Jesus sagt: »Richtet nicht, damit ihr nicht gerichtet werdet« (Mt 7, 1). Und dann sagt er sinngemäß weiter: »Wenn du richtest, wirst du in der gleichen Art gerichtet werden.« Wer von uns könnte sich vor Gott stellen und sagen: »Mein Gott, beurteile mich so, wie ich andere beurteilt habe?« Wir haben andere als Sünder verurteilt — wenn Gott uns ebenso beurteilen wollte, bliebe uns nur der ewige Tod. Aber Gott beurteilt uns auf der Basis der Sühne, die Christus am Kreuz für uns geleistet hat.

## 23. Juni

# Von Schmerzen gezeichnet

*»Er war ... von Schmerzen und Krankheit gezeichnet«* (Jes 53,3 GN).

Wir sind nicht in derselben Weise »von Schmerzen gezeichnet«, wie Jesus es war. Wir erleben sie und halten sie aus, aber wir werden nicht mit ihnen vertraut. Wir befassen uns nicht gleich am Anfang unseres Lebens bewusst mit der Sünde. Gewöhnlich betrachten wir das Leben durch die Brille der natürlichen Vernunft und denken, wenn jemand seine Instinkte beherrscht und sich selbst erzieht, könnte er ein Wesen entwickeln, das sich allmählich in das Wesen Gottes verwandelt. Aber im Lauf der Zeit erkennen wir, dass da etwas ist, was wir bisher nicht berücksichtigt haben, nämlich die Sünde. Das wirft all unsere Vorstellungen und Pläne um. Durch die Sünde ist die Grundlage unseres Denkens unberechenbar, unkontrollierbar und irrational geworden.

Wir müssen zur Kenntnis nehmen, dass Sünde nicht nur ein Mangel ist, sondern Teil unseres Lebens. Sünde ist offene Rebellion gegen Gott und aus meinem Leben muss entweder die Sünde oder Gott verschwinden. Das Neue Testament macht das unmissverständlich klar: Wenn die Sünde in mir herrscht, stirbt Gottes Wesen in mir; wenn aber Gott in mir herrscht, stirbt die Sünde in mir. Das ist so. Der Gipfel der Sünde war die Kreuzigung Jesu Christi und was für das Leben Gottes auf der Erde gilt, gilt auch für dein und mein Leben – das heißt die Sünde wird das Wesen Gottes in mir töten. Wir müssen lernen, uns mit der Sünde abzufinden. Sie ist der einzige Grund, warum Jesus Christus auf die Erde gekommen ist, und sie ist die Erklärung für unsere seelischen und körperlichen Leiden.

## 24. Juni

### Die Tatsache der Sünde annehmen

»*Aber dies ist eure Stunde und die Macht der Finsternis*« (Lk 22,53).

Alles Unglück im Leben entsteht daraus, dass man sich nicht mit der Tatsache der Sünde abfindet, sie nicht erkennt und sich weigert mit ihr zu rechnen. Auch wenn wir von den hohen Tugenden im Wesen des Menschen reden, ist doch etwas in uns, das über alle unsere Grundsätze nur verächtlich lacht. Wenn du nicht anerkennen willst, dass es im Menschen Bosheit und Egoismus gibt, etwas regelrecht Hassenswertes und Verkehrtes, dann kannst du dich nicht damit abfinden, und wenn es dich angreift, wirst du Kompromisse schließen und sagen, es sei zwecklos dagegen anzukämpfen. Rechnest du mit dieser »Stunde und der Macht der Finsternis« oder kommt in deinem Bild von dir selbst gar keine Sünde vor? Hast du dich in deinen menschlichen Beziehungen und

Freundschaften mit der Tatsache der Sünde abgefunden? Wenn nicht, wirst du gleich an der nächsten Ecke in die Falle gehen und Kompromisse schließen. Aber wenn du akzeptierst, dass die Sünde eine Tatsache ist, erkennst du sofort die Gefahr und weißt: »Ja, ich sehe, was diese Sünde für Folgen hätte.« Die Sünde zu erkennen zerstört nicht die Grundlage der Freundschaft; es entsteht nur eine gemeinsame Einsicht, dass ein von Sünde bestimmtes Leben zur Katastrophe führen muss. Lass dich nie auf ein Leben ein, das nicht die Tatsache einbezieht, dass es Sünde gibt.

Jesus Christus verließ sich nie auf die menschliche Natur und doch war er nie zynisch oder misstrauisch, denn er verließ sich ganz auf das, was er für das Wesen des Menschen erreichen konnte. Ein reiner Mensch ist nicht das, was man unschuldig nennt, sondern jemand, den Gott vor Schaden schützt. Der »unschuldige« Mensch kann nie sicher sein. Erwachsene Menschen sollen gar nicht versuchen unschuldig zu sein; Gott verlangt, dass sie vor ihm rein sind und richtig handeln. Unschuld ist Kennzeichen eines Kindes. Wenn jemand sich nicht mit der Tatsache der Sünde abfinden will, ist es immer sein Fehler.

## 25. Juni

# Im Feuer des Leidens

*»... was soll ich sagen? Vater, hilf mir aus dieser Stunde? Doch darum bin ich in diese Stunde gekommen. Vater, verherrliche deinen Namen!«* (Joh 12,27.28).

Wenn ich für Gott da sein will, sollte ich nicht darum bitten, dass ich von Leiden und Schwierigkeiten verschont bleibe, sondern dass Gott mich so beschützt, dass ich trotz aller Schmerzen und Kämpfe so bleibe, wie er mich bei meiner Erschaffung gedacht hat. Jesus hat seine Lage angenommen und seine Absicht ausgeführt, indem er sich selbst mitten im akuten Schmerz mit seiner Leidensfähigkeit annahm. Er wurde nicht vor dieser Stunde errettet, sondern aus dieser Stunde.

Wir sagen gern, es dürfte kein Leid geben, aber es *gibt* Leid und wir müssen es annehmen, dass wir seinen Angriffen unterworfen sind. Wenn wir dem Leid ausweichen wollen und uns weigern damit umzugehen, ist das dumm. Dass es Leid gibt, ist eine der Tatsachen, die unser Leben bestimmt, und es nützt nichts zu sagen, es dürfte kein Leid geben. Sünde, Schmerz und Leiden sind *da* und es steht uns nicht an zu sagen, Gott hätte sie nicht zulassen dürfen.

Leid nimmt einem Menschen viel von seiner Oberflächlichkeit, aber das macht ihn nicht immer besser. Leiden schafft mir entweder einen Zugang zu mir selbst oder es zerstört mich. Man kann sich nicht durch Erfolg selbst finden oder annehmen, weil Stolz unbesonnen macht. Und man kann sich auch nicht durch die Eintönigkeit der täglichen Arbeit annehmen lernen, weil man sich darin bedauert. Es gibt keinen anderen Weg zu sich selbst, als schweres Leiden. Warum das so ist, ist nicht wichtig. Die Bibel und die menschliche Erfahrung zeigen, dass es wahr ist. Man kann immer erkennen, wer schwere Leiden durchgestanden und sich selbst angenommen hat. Und du weißt, dass du im Notfall zu ihm kommen kannst und dass er dann genug Zeit für dich hat. Hat jemand solche Leiden nicht erlebt, kann es leicht sein, dass er deine Lage nicht ernst nimmt und weder Achtung noch Zeit für dich hat, sondern dich einfach wegschickt. Wenn du dich selbst in und mit deinem schweren Leid annehmen willst, dann gebraucht Gott dich zur Stärkung für andere.

## 26. Juni
# Aus der Gnade schöpfen — jetzt

»Als Mitarbeiter aber ermahnen wir euch, dass ihr die Gnade Gottes nicht vergeblich empfangt« (2. Kor 6,1).

Die Gnade, die Gott dir gestern gegeben hat, reicht nicht für heute. Gnade ist die überfließende Freundlichkeit Gottes und du kannst dich immer darauf verlassen, dass sie da ist, und nach Bedarf davon nehmen.

»... in großer Geduld, in Trübsalen, in Nöten, in Ängsten ...« (6,4) – das ist immer dann, wenn deine

Geduld auf die Probe gestellt wird. Gelingt es dir nicht, dich darin auf Gottes Gnade zu verlassen? Sagst du dir dann: »Ach, dieses Mal zähle ich nicht?« Es hilft nicht, in solchen Fällen zu beten und Gott um Hilfe zu bitten. Man muss Gottes Gnade *jetzt* nehmen. Wir sehen das Gebet gern an als Vorbereitung auf unsere Arbeit, aber das ist es in der Bibel nicht. Sage nicht: »Ich will aushalten, bis ich mich zurückziehen und beten kann.« Bete *jetzt* — nimm Gottes Gnade dann für dich, wenn du sie brauchst. Beten ist etwas sehr Normales und Nützliches; es ist nicht nur Ausdruck deiner Liebe zu Gott. Wir lernen nur sehr langsam, Gottes Gnade zum Beten in Anspruch zu nehmen.

»... in Schlägen, in Gefängnissen, in Verfolgungen, in Mühen...« (5) — zeige in all dem, dass du Gottes Gnade nimmst und gebrauchst, dann werden du und andere sehen, dass du ein Wunder bist, das Gott tut. Nimm seine Gnade jetzt, nicht später. Ein entscheidendes Wort im Wortschatz des Christen ist *jetzt*. Lass dein Leben verlaufen, wie es will, aber nimm immer Gottes Gnade für dich, gleich in welcher Lage du bist. Einer der überzeugendsten Beweise, dass du aus seiner Gnade schöpfst, ist dass man dich vor anderen zutiefst demütigen kann und dass dir nichts anzumerken ist als nur Gottes Gnade.

»... als die nichts haben ...« (10). Halte nie etwas für den Notfall zurück. Verschwende dich, gib das Beste, was du hast, und sei immer arm. Geh nie vorausschauend und sparsam mit dem um, was Gott dir gibt. »... und doch alles haben« — das ist Triumph in der Armut.

## 27. Juni

# Gottes unübertrefflicher Schutz

*»Denn ich bin bei dir und will dich erretten, spricht der Herr«* (Jer 1,8).

Gott hat Jeremia versprochen, ihn persönlich zu retten: »... du sollst dein Leben wie eine Beute davonbringen ...« (Jer 39,18). Das ist alles, was Gott seinen Kindern im materiellen Bereich verspricht. Überall wo Gott uns hinschickt, schützt er unser Leben. Was wir persönlich besitzen, sollte uns gleichgültig sein, so dass wir es leicht loslassen können. Wenn das nicht so ist, werden wir Angst und schmerzliche Verluste erleben. Die richtige Sicht der Dinge ist ein Zeichen, dass unser Vertrauen auf Gottes besonderen persönlichen Schutz tief verwurzelt ist.

Die Bergpredigt lässt erkennen, dass wir bei der Ausführung eines Auftrags für Jesus Christus keine Zeit haben, selbst für unser Recht einzutreten. Jesus sagt sinngemäß: »Kümmere dich nicht darum, ob man dich gerecht behandelt oder nicht.« Wenn wir unser Recht suchen, ist das ein Zeichen, dass wir uns von der Liebe zu ihm ablenken lassen. Suche in dieser Welt nicht nach Gerechtigkeit, aber höre nie auf, sie selbst zu üben. Wenn wir Gerechtigkeit suchen, fangen wir nur an zu klagen, bedauern uns selbst und geben der Unzufriedenheit nach: »Warum muss ich mir das gefallen lassen?« Wenn wir Jesus Christus lieb haben, ist uns nicht wichtig, was wir erleben, ob es nun gerecht oder ungerecht ist. Was Jesus meint, ist dies: »Bleibe konsequent dabei zu tun, was ich dir aufgetragen habe, und ich schütze dein Leben. Wenn du es selbst zu schützen versuchst, entziehst du dich meiner Fürsorge.« In diesem Punkt werden oft sogar die Frömmsten von uns zu Atheisten: Wir glauben ihm nicht. Wir setzen unsere Vernunft auf den Thron und nennen sie Gott. Wir verlassen uns *doch* nicht vollkommen auf Gott, sondern auf unseren Verstand (s. Spr 3, 5).

### 28. Juni

## Von Gott ergriffen

*»Ich jage ihm aber nach, ob ich's wohl ergreifen könnte, weil ich von Christus Jesus ergriffen bin«* (Phil 3, 12).

Entscheide nie selbst, ein Arbeiter für Gott zu werden, aber wenn Gott dich dazu aufgerufen hat, darfst du nicht ausweichen, »weder zur Rechten noch zur Linken« (5. Mose 5, 32). Wir sind nicht hier, um für Gott zu arbeiten, weil wir uns das ausgesucht hätten, sondern weil Gott uns »ergriffen« hat. Wenn er das einmal getan hat, kommt uns nie mehr der Gedanke: »Ich bin eigentlich nicht dafür geeignet.« Auch was du predigen sollst, bestimmt Gott und nicht deine eigenen Neigungen oder Wünsche. Bleibe ständig innerlich mit Gott verbunden und vergiss nicht, dass du nicht nur deine Geschichte erzählen, sondern auch das Evangelium bekannt machen sollst. Jeder Christ muss Gottes Wahrheit bestätigen, aber wenn es um den Auftrag zum Predigen geht, musst du den zwingenden Griff von Gottes Hand spüren; dann weißt du, dass Gott dich zu diesem bestimmten Zweck für sich ausgesucht hat. Wie viele von uns sind so »ergriffen« worden?

Verwässere Gottes Wort nie. Predige es so streng und klar, wie es ursprünglich ist. Du musst Gottes Wort unbedingt treu und ohne Ausweichen wiedergeben, aber wenn du mit anderen persönlich zu tun hast, vergiss nicht, wer du bist: kein besonderes Wesen, das im Himmel geschaffen ist, sondern ein Sünder, den Gott aus Freundlichkeit gerettet hat.

»Meine Brüder, ich schätze mich selbst noch nicht so ein, dass ich's ergriffen habe. Eins aber sage ich: Ich … jage nach dem vorgesteckten Ziel, dem Siegespreis der himmlischen Berufung Gottes in Christus Jesus« (Phil 3,13.14).

## 29. Juni

# Die strengste Lehre

*»Wenn dich deine rechte Hand zum Abfall verführt, so hau sie ab und wirf sie von dir. Es ist besser für dich, dass eins deiner Glieder verderbe und nicht der ganze Leib in die Hölle fahre«* (Mt 5,30).

Jesus hat nicht gesagt, jeder müsse seine rechte Hand abhauen, sondern »wenn dich deine rechte Hand zum Abfall verführt«, also die Gemeinschaft mit ihm gefährdet, dann ist es besser, sie abzuhauen. Es gibt vieles, was ganz unbedenklich ist, du kannst es allerdings nicht tun, wenn du dich auf Gott konzentrieren willst. Deine rechte Hand gehört zum Besten, was du hast, aber Jesus sagt, wenn sie dich hindert, seinen Geboten zu folgen, dann »hau sie ab«. Dieser Grundsatz, den Jesus hier lehrt, ist die strengste Lehre, der die Menschheit je ausgesetzt war.

Wenn Gott dich annimmt und verwandelt und dir neues Leben gibt, indem du vom Heiligen Geist geboren wirst, dann bist du am Anfang wie verstümmelt. Es gibt tausend Dinge, die du nicht tun darfst — sie wären Sünde für dich und wer dich wirklich kennt, würde das erkennen. Aber die Menschen in deiner Umgebung, die nicht an Gott glauben, sagen: »Was soll daran so schlimm sein? Das ist ja Unsinn!« Es gibt keinen Christen, der nicht am Anfang diese Einschränkungen erlebt hat. Aber es ist besser, das Leben mit Gott so eingeschränkt anzufangen und Gott Freude zu machen, als für Menschen gut auszusehen und im Leben mit Gott behindert zu sein. Am Anfang muss dich Jesus Christus durch seinen Geist von vielem zurückhalten, was vielleicht für alle anderen ganz richtig ist, aber nicht für dich. Achte aber darauf, dass du diese Einschränkungen nicht auf andere überträgst und sie kritisierst.

Am Anfang seines neuen Lebens ist der Christ behindert, aber in Vers 48 gibt uns Jesus ein Bild von einem harmonischen und ausgefüllten Leben: »Darum sollt ihr vollkommen sein, wie euer Vater im Himmel vollkommen ist.«

## 30. Juni

*Tu es jetzt!*

»Vertrage dich mit deinem Gegner sogleich ...« (Mt 5,25).

In diesem Vers hat Jesus einen sehr wichtigen Grundsatz aufgestellt: »Wenn du weißt, dass du etwas tun musst, tu es *jetzt*. Beeile dich. Sonst kommt unvermeidlich ein Prozess in Gang und setzt sich fort, ›bis du auch den letzten Pfennig bezahlt hast‹ an Schmerz, Angst und Elend.« Gottes Gesetze sind unveränderlich und man kann ihnen nicht ausweichen. Was Jesus sagt, trifft uns immer im Zentrum unseres Wesens.

Es ist natürlich, dass ich sicherstellen möchte, dass mein Gegner mir gibt, was mir zusteht. Aber Jesus sagt, dass es für mein ewiges Leben unausweichlich notwendig ist, dass ich meinem Gegner bezahle, was ich ihm schulde. Vom Standpunkt Jesu aus ist es nicht wichtig, ob ich betrogen werde oder nicht, aber entscheidend ist, dass ich niemand anderen betrüge. Bestehe ich auf meinen Rechten oder bezahle ich, was ich aus der Sicht Jesu schuldig bin?

Tu es schnell — korrigiere deine Haltung jetzt. In moralischen und geistlichen Fragen muss man sofort handeln. Sonst beginnt der unvermeidliche, schonungslose Prozess. Gott will sein Kind so makellos und rein, weiß wie Neuschnee sehen und solange wir seinen Worten in irgendeinem Punkt nicht gehorchen, lässt er seinen Geist alles tun, was nötig ist, uns zum Gehorsam zu bringen. Wenn wir darauf bestehen zu beweisen, dass wir Recht haben, ist das fast immer ein eindeutiges Zeichen, dass wir in einer Sache nicht gehorchen. Kein Wunder, dass uns Gottes Geist so dringend befiehlt, immer im Licht zu bleiben! (s. Joh 3,19-21).

»Vertrage dich mit deinem Gegner sogleich ...« Bist du in deiner Beziehung zu einem Menschen plötzlich an einen Punkt gekommen, an dem du feststellst, dass da Ärger in dir ist? Sage es Gott gleich — bringe es mit ihm in Ordnung. Versöhne dich mit diesem Menschen. *Tu es jetzt!*

# Juli

## 1. Juli
### Die unausweichliche Strafe

*»Wahrlich, ich sage dir: Du wirst nicht von dort herauskommen, bis du auch den letzten Pfennig bezahlt hast«* (Mt 5,26).

Es gibt keinen Himmel mit einem Stückchen Hölle darin. Gott hat fest vor, dich ganz so zu machen, wie er dich haben will, und er lässt dich nicht einen Augenblick der Beurteilung durch den Heiligen Geist ausweichen. Als er dir deine Schuld zeigte, hat er dich gedrängt, sie gleich vor ihm einzugestehen, aber du hast nicht gehorcht. Damit kam ein unvermeidlicher Prozess in Gang, der zu einer unausweichlichen Strafe führt. Jetzt bist du »ins Gefängnis geworfen« worden und »wirst nicht von dort herauskommen, bis du auch den letzten Pfennig bezahlt hast«

(25.26). Und du fragst: »Das soll ein Gott der Liebe und Barmherzigkeit sein?« Von Gott aus gesehen ist das ein großer Liebesdienst. Gott wird dich makellos und ohne jede Schuld da herausholen, aber er will, dass du erkennst, was für ein Wesen du da gezeigt hast: deinen Anspruch auf Selbstbestimmungsrecht. Sobald du willst, dass Gott dein Wesen ändert, fängt seine erneuernde Kraft an zu wirken. Und sobald du erkennst, dass Gott dich in die richtige Verbindung mit sich selbst und dann auch mit anderen bringen will, wird er alle Kräfte der ganzen Schöpfung einsetzen, wenn er dir damit hilft, den richtigen Weg zu finden. Nimm dir jetzt vor, die Sache in Ordnung zu bringen, sage: »Ja, Herr, ich *will* diesen Brief schreiben« oder »ich *will* mich mit diesem Menschen versöhnen«.

Was Jesus Christus da predigt, richtet sich an deinen Willen und dein Gewissen, nicht an deinen Verstand. Wenn du diese Stelle aus der Bergpredigt mit dem Verstand beurteilen willst, schwächst du ihre Wirkung auf dein Herz.

Wenn du dich fragst, warum du in deinem Leben mit Gott nicht wächst, dann prüfe einmal, ob du von Gott aus gesehen deine Schulden bezahlst. Tu *jetzt*, was du doch irgendwann tun musst. Alle moralischen Fragen und Aufrufe kommen mit »sollte«: Wir können wissen, was wir tun sollten.

## 2. Juli

## Was ein Jünger ist

*»Wenn jemand zu mir kommt und hasst nicht seinen Vater, Mutter, Frau, Kinder, Brüder, Schwestern und dazu sich selbst ... Und wer nicht sein Kreuz trägt und mir nachfolgt ... So auch jeder unter euch, der sich nicht lossagt von allem, was er hat, der kann nicht mein Jünger sein«* (Lk 14, 26.27.33).

Wenn die engsten Beziehungen im Leben eines Jüngers mit den Ansprüchen Jesu Christi in Konflikt geraten, dann fordert Christus, dass wir ihm sofort gehorchen. Jüngerschaft ist leidenschaftliche Liebe zu einer Person: unserem Herrn Jesus Christus. Es ist ein großer Unterschied zwischen Treue zu einer Person und Prinzipientreue. Christus hat nie eine Sache vertreten — er hat persönliche Treue zu ihm selbst gepredigt. Ein Jünger ist ein treuer Sklave, den die Liebe zu Jesus, seinem Herrn, motiviert. Kein Mensch auf der Welt hat diese leidenschaftliche Liebe zu Jesus, wenn der Heilige Geist sie ihm nicht gegeben hat. Vielleicht bewundern und schätzen wir ihn und verehren ihn sogar, aber wir können ihn nicht von uns aus lieben. Der Einzige, der Jesus Christus wirklich liebt, ist der Heilige Geist, und er hat »die Liebe Gottes ... ausgegossen in unsre Herzen« (Röm 5,5). Immer wenn der Heilige Geist eine Möglichkeit sieht, Jesus durch dich zu ehren, versetzt er dich in brennende Liebe zu Jesus Christus.

Das Leben eines Christen ist von echter, spontaner Kreativität geprägt. Folglich ist ein Jünger demselben Vorwurf ausgesetzt, den man auch Jesus Christus gemacht hat: er sei inkonsequent. Aber Jesus Christus war immer konsequent in seiner Verbindung mit Gott und ein Christ muss konsequent mit dem Leben des Sohnes Gottes verbunden sein, das in ihm ist, nicht konsequent im Befolgen starrer und strenger Lehrsätze. Manche Menschen geben ihre ganze Kraft für Lehren und Gott muss gewaltsam ihre Vorurteile zerstören, ehe sie lernen können, Jesus Christus zu lieben.

## 3. Juli

# Meine persönliche Sünde

»Weh mir, ich vergehe! Denn ich bin unreiner Lippen ...« (Jes 6,5).

Wenn ich in die Gegenwart Gottes komme, habe ich nicht das unbestimmte Gefühl, ein Sünder zu sein, sondern Gott lenkt meine Aufmerksamkeit so, dass ich plötzlich erkenne, wie sich Sünde bei mir in einem bestimmten Lebensbereich konzentriert. Man kann leichthin sagen: »Ja, natürlich, ich bin ein Sünder«, aber bei Gott reicht eine so allgemeine und unbestimmte Aussage nicht. Wir sehen dann klar und deutlich unsere spezielle Sünde und erkennen wie Jesaja, wer wir wirklich sind.

Das ist immer ein Zeichen, dass ein Mensch in der Gegenwart Gottes ist. Es gibt da kein allgemeines Gefühl von Sündhaftigkeit, sondern Konzentration auf die Sünde auf einem bestimmten Gebiet meines persönlichen Lebens. Gott zeigt uns zuerst genau, was das ist, worauf der Heilige Geist unsere Aufmerksamkeit gelenkt hat. Wenn wir ihm da gehorchen und eingestehen, dass diese spezielle Sünde tatsächlich da ist, führt er uns weiter bis dahin, wo er uns das ganze Ausmaß und den ungeheuren verdeckten Einfluss der Sünde zeigen kann. Das tut Gott immer, wenn wir uns seiner Gegenwart bewusst sind.

Diese Erfahrung, dass unsere Aufmerksamkeit dahin gelenkt wird, wo sich die Sünde in unserem persönlichen Leben zeigt, macht jeder — vom größten Heiligen bis zum schlimmsten Sünder. Wer noch die ersten Erfahrungen seines Lebens sammelt, sagt vielleicht: »Ich weiß nicht, was ich falsch gemacht habe«, aber dann zeigt ihm der Heilige Geist etwas ganz Bestimmtes. Die Erscheinung der Herrlichkeit Gottes wirkte auf Jesaja so, dass er darauf aufmerksam wurde, dass er »unreiner Lippen« war. »... und rührte meinen Mund an und sprach: Siehe, hiermit sind deine Lippen berührt, dass deine Schuld von dir genommen werde und deine Sünde gesühnt sei« (6,7). Das reinigende Feuer musste da wirken, wo die Sünde konkret geworden war.

## 4. Juli

# Ein »Nein« von Gott

*»Entrüste dich nicht, damit du nicht Unrecht tust«* (Ps 37, 8).

Sich entrüsten bedeutet geistig oder geistlich »aus den Fugen« geraten. Es ist eine Sache zu sagen: »Entrüste dich nicht« und eine ganz andere, so zu sein, dass man sich gar nicht entrüsten kann. Es ist leicht zu sagen: »Sei stille dem Herrn und warte auf ihn« (7), solange unser Umfeld nicht durcheinander gerät und wir nicht wie so viele andere in Angst und Verwirrung leben müssen. Kann man dann auch »dem Herrn stille sein«? Wenn dieses »Nein« in solchen Situationen nicht wirkt, dann wirkt es überhaupt nicht. Dieses »Nein« muss an schwierigen und unsicheren Tagen ebenso gelten wie in friedlichen Zeiten, sonst nützt es gar nichts. Und wenn es bei dir nicht wirkt, dann auch nicht bei anderen. Ob man bei Gott Frieden hat, hängt nicht von äußeren Umständen ab, sondern von unserer Verbindung mit Gott selbst.

Sorgen führen immer zu Sünde. Wir denken gern, ein wenig Beunruhigung und Sorge sei ein Zeichen, dass wir doch vernünftig sind, aber in Wirklichkeit zeigen sie nur, dass wir böse sind. Aufregung und Ärger entstehen auch daraus, dass wir uns durchsetzen wollen. Jesus war nie ängstlich und hat sich nie Sorgen gemacht, weil er nie die Absicht hatte, eigene Pläne durchzusetzen, sondern Gottes Pläne ausführen wollte. Wenn ein Christ sich aufregt, ist das böse.

Warst du so töricht zu denken, deine Situation sei so schwierig, dass Gott sie nicht im Griff hätte? Lass all deine Meinungen und Vermutungen unberücksichtigt und »bleibe unter dem Schatten des Allmächtigen« (s. Ps 91,1). Sage Gott ganz bewusst, dass du dich über nichts aufregen oder ärgern willst, was dich betrifft. All unser Ärger und unsere Sorgen kommen daher, dass wir ohne Gott planen.

### 5. Juli

## Nicht ohne Gott planen

»Befiehl dem Herrn deine Wege und hoffe auf ihn, er wird's wohlmachen« (Ps 37,5).

**Mache keine Pläne ohne Gott.** Gott kann wunderbar Pläne durchkreuzen, die wir gemacht haben, wenn wir ihn nicht von Anfang an einplanen. Wir kommen durch eigene Schuld in Situationen, die Gott nicht vorgesehen hat, und plötzlich merken wir, dass wir ohne ihn geplant haben — wir haben nicht einmal damit gerechnet, dass er bei der Planung unseres Lebens eine entscheidende und aktive Rolle spielt. Und doch ist die einzige Möglichkeit, unnötige Sorgen von vornherein auszuschließen, dass man Gott unbedingt in alle Pläne einbezieht.

In geistlichen Fragen sind wir gewöhnt, Gott an die erste Stelle zu setzen, aber in den praktischen Alltagsfragen, die uns begegnen, scheint es uns oft unnötig und unangemessen, das ebenso zu tun. Wenn wir meinen, wir müssten erst unser »geistliches Gesicht« aufsetzen, ehe wir in Gottes Nähe kommen, dann kommen wir nie zu ihm. Wir müssen so kommen, wie wir sind.

**Plane ohne Rücksicht auf das Böse.** Will Gott wirklich, dass wir bei unseren Plänen nicht mit dem Bösen rechnen, das um uns ist? »Die Liebe ... rechnet das Böse nicht zu« (1. Kor 13, 4.5). Die Liebe weiß natürlich, dass das Böse existiert, aber sie bezieht es nicht in ihre Pläne ein. Als wir noch nicht Gott gehörten, haben wir mit dem Bösen gerechnet, es bei all unseren Plänen einkalkuliert und versucht, all unsere Arbeit von seinem Standpunkt aus zu bedenken.

**Plane nicht für Notzeiten.** Wenn du wirklich Jesus Christus vertraust, kannst du nichts für Notzeiten aufsparen. Jesus sagt: »Euer Herz erschrecke nicht ...« (Joh 14, 1). Gott wird uns nicht am Erschrecken hindern. Das ist ein Verbot, das wir befolgen sollen. Um das zu tun, musst du dich immer wieder aufraffen, auch wenn du hundert Mal am Tag fällst, bis du dich daran gewöhnt hast, Gott an die erste Stelle zu setzen und mit ihm zu rechnen.

## 6. Juli

# Schauen und Wirklichkeit

*»Und wo es zuvor trocken gewesen ist, sollen Teiche stehen ...«* (Jes 35, 7).

Bevor eine Sache sich bei uns verwirklicht, sehen wir sie immer innerlich voraus. Wenn wir erkennen, dass die innere Schau uns etwas Wahres zeigt, das aber in uns noch nicht klar sichtbar ist, dann kommt der Teufel mit seinen Versuchungen und wir haben das Gefühl, es hätte gar keinen Zweck, es weiter zu versuchen. Und anstatt die Schau verwirklicht zu sehen, erfahren wir lauter Demütigungen.

»Nicht wie Erz, das offen daliegt, sondern wie Eisen, aus tiefen Schächten gewonnen, das durch Schläge in nutzbare Form gebracht werden muss — so sind wir.«

Gott gibt uns den Eindruck vom Gipfel aus und dann führt er uns hinunter ins Tal, um uns in die Form zu bringen, die er uns gezeigt hat. Hier unten in der Niederung geben so viele von uns auf und verlieren die Kraft. Jeder Eindruck, den Gott uns gibt, wird verwirklicht, wenn wir nur Geduld haben. Stell dir vor, wie unendlich viel freie Zeit Gott hat! Er hat es nie eilig. Nur wir sind immer in Hektik. Wir stehen noch im Licht der wunderbaren Aussicht, da fangen wir schon an etwas zu tun; aber in uns hat die Schau noch keine Form gewonnen. Gott muss uns erst mit hinunter in die Niederung nehmen und durch Feuer und Wasser gehen lassen, um uns zu formen, ehe wir dahin kommen, dass er uns die vorher gezeigte Wirklichkeit anvertrauen kann. Seit Gott uns die innere Schau gegeben hat, arbeitet er ständig an uns. Er formt uns nach dem Ziel, zu dem er uns führen will, aber immer wieder versuchen wir aus der Hand des Bildhauers auszubrechen und uns selbst so zu formen, wie wir es wollen.

Gott führt uns keine unerreichbaren Luftschlösser vor Augen, sondern er zeigt uns, wie wir hier auf der Erde werden sollen. Erlaube dem großen Töpfer, dich auf seiner Scheibe zu drehen, wie er will. Dann wirst du — so sicher, wie Gott Gott ist und du du bist — am Ende genau so sein, wie er es dir gezeigt hat. Aber verliere dabei nicht den Mut. Wenn Gott dir irgendwann eine solche innere Schau gegeben hat, dann kannst du noch so oft versuchen mit weniger zufrieden zu sein — Gott wird es nie zulassen.

## 7. Juli

## Einsatz, der sich lohnt

»*Geht hinein durch die enge Pforte ... Wie eng ist die Pforte und wie schmal der Weg, der zum Leben führt ...*« (Mt 7,13.14).

Wenn wir als Jünger Jesu leben wollen, dürfen wir nicht vergessen, dass jeder Einsatz, der wirklich Wert hat, schwierig ist. Das Leben eines Christen ist ungemein schwierig, aber das nimmt uns nicht die Kraft und lässt uns nicht aufgeben; es reizt uns, die Schwierigkeiten zu überwinden. Ist uns das Wunder, dass Jesus Christus uns gerettet hat, so wichtig, dass wir für sein Höchstes all unsere Möglichkeiten aktivieren, für seine Ehre das Bestmögliche sein wollen?

Gott greift souverän in das Leben von Menschen ein und rettet sie durch das Sühnopfer Jesu, und »Gott ist's, der in euch wirkt beides, das Wollen und das Vollbringen, nach seinem Wohlgefallen« (Phil 2, 13). Aber wir müssen diese Rettung in unserem praktischen Alltag umsetzen (s. Phil 2, 12). Wenn wir nur bei der Erlösung bleiben und tun, was er uns sagt, dann sehen wir, dass wir es können. Wenn es nicht gelingt, dann weil wir das, was Gott in uns gelegt hat, noch nicht in der Praxis angewendet haben. In einer schwierigen Situation wird sich zeigen, ob wir es in die Praxis umgesetzt haben. Wenn wir dem Heiligen Geist gehorchen wollen und in unserem natürlichen Leben das einsetzen, was Gott durch seinen Geist in uns gelegt hat, dann entdecken wir in einer Krisensituation, dass uns nicht nur unsere eigene Natur, sondern auch Gott in seiner Freundlichkeit hilft.

Gott sei Dank, dass er uns schwierige Aufgaben gibt! Das Leben, das Gott uns gibt, ist etwas sehr Schönes, aber es erfordert auch Mut, Tapferkeit und eine enge Verbindung mit Gott. Es fordert alle unsere Fähigkeiten. Jesus hat »viele Söhne zur Herrlichkeit geführt« (Hebr 2, 10) und Gott schützt uns nicht vor den Anforderungen, die an einen Sohn gestellt werden. Durch Gottes Handeln wachsen Menschen heran, die eine ausgeprägte Familienähnlichkeit mit Jesus Christus haben, keine verwöhnten und verweichlichten Schwächlinge. Man braucht enorm viel Disziplin, um das beispielhafte Leben eines Jüngers Jesu im realen Alltag zu führen. Und wir müssen uns immer anstrengen, ein Leben zu führen, das Wert hat.

## 8. Juli

# Treu sein wollen

»... *so wählt euch heute, wem ihr dienen wollt ...*«
(Jos 24,15).

Der Wille eines Menschen äußert sich in allem, was er in den verschiedenen Lebensbereichen tut. Ich kann meinen Willen nicht *aufgeben*; ich muss ihn gebrauchen und in Taten umsetzen. Ich muss gehorchen *wollen*, ich muss Gottes Geist annehmen *wollen*. Wenn Gott mich seine Wahrheit erkennen lässt, ist nicht die Frage, was er tun wird, sondern was ich tun will. Gott hat jedem von uns mehrere umfassende Zukunftspläne vorgelegt. Das Beste, was wir tun können, ist daran zu denken, was wir früher getan haben, wenn Gott uns ansprach. Erinnere dich, wie du gerettet wurdest oder wie du Jesus zum ersten Mal richtig geschaut oder eine wichtige Einsicht gewonnen hast. Denke jedes Mal gleich an diese Augenblicke zurück, wenn der Heilige Geist dir einen Vorschlag für deine Zukunft macht.

»... *so wählt euch heute, wem ihr dienen wollt ...*« Das muss eine bewusste Entscheidung sein; du wirst nicht von selbst da hinein geraten. Und dein ganzes Leben steht gespannt still, bis du dich entschieden hast. Der Vorschlag geht dich und Gott an — berate nicht »erst mit Fleisch und Blut« darüber (Gal 1, 16). Mit jedem solchen Vorschlag scheint es, als stünden die Menschen um uns isolierter da, und da entsteht eine Spannung. Gott lässt zu, dass dir die Meinung der anderen Christen etwas gilt und zugleich wirst du immer unsicherer, ob andere wirklich verstehen, was du tust. Du sollst nicht versuchen herauszufinden, wo Gott dich hinführt; das Einzige, was Gott dir klarmachen wird, ist sein eigenes Wesen.

Sage ihm offen: »Ich will dir treu sein.« Aber denke daran: Sobald du dich entscheidest Jesus Christus treu zu sein, wirst du zum »Zeugen gegen dich selbst« (s. Jos 24, 22). Suche nicht bei anderen Christen Rat, sondern sage ihm einfach und offen: »Ich will dir dienen.« *Wolle* treu sein — und glaube anderen, dass sie auch treu sind.

## 9. Juli

## Sich selbst prüfen

*»Josua sprach zum Volk: Ihr könnt dem Herrn nicht dienen ...«* (Jos 24, 19).

Verlässt du dich auch nur im Geringsten auf irgendetwas oder jemanden außer Gott? Bleibt da noch ein Rest an Vertrauen auf eine natürliche Fähigkeit, die du hast, oder auf eine bestimmte Bedingung? Verlässt du dich wie auch immer irgendwie auf dich selbst, wenn es um diesen neuen Plan geht, den Gott dir vorgelegt hat? Bist du bereit, dir selbst diese kritischen Fragen zu stellen? Es stimmt wirklich, wenn man sagt: »Ich kann kein vollkommenes Leben führen«, aber du kannst zulassen, dass Jesus Christus dich vollkommen macht. »Ihr könnt dem Herrn nicht dienen …« — aber du kannst dich dahin begeben, wo Gottes allmächtige Kraft durch dich fließen kann. Hast du eine so enge Beziehung zu Gott, dass du erwartest, dass er sein wunderbares Wesen in dir sichtbar macht?

»Das Volk aber sprach zu Josua: Nein, sondern wir wollen dem Herrn dienen« (21). Das ist keine impulsive Handlung, sondern eine bewusste Selbstverpflichtung. Oft denken wir: »Aber dazu kann Gott unmöglich *mich* berufen haben. Dazu bin ich nicht gut genug. Das kann nicht *mir* gelten.« Es gilt dir und je schwächer und unfähiger du bist, umso besser. Wer sich noch auf irgendetwas in sich selbst verlässt, das in ihm selbst ist, ist der Letzte, dem es einfallen würde zu sagen: »Ich will Gott dienen.«

Manchmal denken wir: »Wenn ich doch nur wirklich glauben könnte!« Die Frage ist: *Will* ich glauben? Kein Wunder, dass Jesus Christus so betont hat, dass Unglaube Sünde ist. »Und er tat dort nicht viele Zeichen wegen ihres Unglaubens« (Mt 13, 58). Wenn wir wirklich glaubten, dass Gott tatsächlich meint, was er sagt — man kann sich kaum vorstellen, wie wir dann wären! Habe ich den Mut, Gott genug Raum zu geben, dass er alles für mich sein kann, was er nach seinem eigenen Wort sein will?

## 10. Juli

# Geistliche Faulheit

*»... und lasst uns aufeinander Acht haben und uns anreizen zur Liebe und zu guten Werken und nicht verlassen unsere Versammlungen ...«* (Hebr 10,24.25).

Uns allen kann es passieren, dass wir geistlich faul werden. Dann wollen wir nicht mehr den Stürmen und Unwettern des Lebens ausgesetzt sein und es wird unser Hauptziel, uns friedlich von dieser Welt zurückzuziehen. Aber diese Verse aus dem Hebräerbrief sprechen davon, dass wir uns gegenseitig aufrütteln und dass wir zusammenbleiben sollen. Das beides erfordert aktiven Einsatz: den ersten Schritt, das Wesen Christi zu verwirklichen, nicht die Initiative zur Selbstverwirklichung. Ein zurückgezogenes Leben fernab der Wirklichkeit steht in krassem Gegensatz zu einem geistlichen Leben, wie Jesus Christus es versteht.

Wie sehr wir mit Gott verbunden sind, zeigt sich am deutlichsten, wenn wir Ungerechtigkeit, Demütigungen, Undankbarkeit und Verwirrung erleben; all das ist dazu angetan, uns geistlich faul zu machen. Wenn wir so auf die Probe gestellt werden, möchten wir das Beten und Bibellesen dazu nutzen, ein ruhiges Plätzchen zu finden; wir sind in Gefahr, Gott nur zu gebrauchen, um Frieden und Freude zu bekommen. Dann möchten wir Jesus Christus nur noch für uns selbst genießen und nicht mehr wirklich sichtbar machen. Das ist der erste Schritt in die falsche Richtung. All das, was wir dann suchen, sind nur Wirkungen, aber wir versuchen sie zu Ursachen zu machen.

»Ich halte es aber für richtig..., euch zu erwecken und zu erinnern«, schreibt Petrus (2. Petr 1,13). Es ist höchst unangenehm und störend, wenn jemand, durch den Gott uns aufrütteln will, mit seiner übersprudelnden geistlichen Aktivität genau unsere empfindliche Stelle trifft. Aktive Arbeit und geistliche Aktivität sind nicht dasselbe. Das Gefährlichste an der geistlichen Faulheit ist, dass wir nicht aufgestört werden wollen; uns interessiert dann nur der Rückzug aus der Welt in einen geistlichen Bereich. Aber Jesus Christus hat für Rückzüge nie etwas übrig. Er sagt: »Geht hin und verkündigt es meinen Brüdern...« (Mt 28,10).

## 11. Juli

# Geistliche Kraft

»Ihn möchte ich erkennen...« (Phil 3,10).

Wer zu Gott gehören will, soll sein Handeln nicht auf Selbstverwirklichung richten, sondern darauf, Jesus Christus kennen zu lernen. Ein Christ, der geistlich stark ist, glaubt nie, sein Leben gestalte sich irgendwie zufällig, und er stellt sich auch nie ein zweigeteiltes Leben mit einem weltlichen und einem geistlichen Teil vor. Jede Lage, in der er sich befindet, ist für ihn eine Möglichkeit, mehr von Jesus Christus zu erfahren, und man spürt bei ihm eine Haltung völliger, vertrauensvoller Hingabe. Der Heilige Geist will erreichen, dass wir in jedem Lebensbereich das Wesen Jesu Christi verwirklichen, und er führt uns immer wieder an denselben Punkt zurück, bis es gelingt. Selbstverwirklichung führt nur zur Verherrlichung guter Werke, aber wer Gott gehört, ehrt Jesus Christus durch seine guten Taten. Gleich, was wir tun — ob wir nun essen oder trinken oder Jüngern die Füße waschen — wir müssen so handeln, dass wir darin Jesus Christus wieder erkennen und sichtbar machen. Jeder Abschnitt unseres Lebens hat ihr Vorbild im Leben Jesu. Er ließ die Verbindung mit seinem Vater auch in den einfachsten Tätigkeiten zur Wirkung kommen. »Jesus aber wusste..., dass er von Gott gekommen war und zu Gott ging..., nahm einen Schurz und ... fing an, den Jüngern die Füße zu waschen ...« (Joh 13,3-5).

Das Ziel eines Christen, der geistlich stark ist, ist: »Ihn möchte ich erkennen ...« Erkenne ich ihn da, wo ich heute bin? Wenn nicht, werde ich seinem Auftrag nicht gerecht. Ich bin nicht hier, um mich selbst zu verwirklichen, sondern um Jesus Christus kennen zu lernen. In der christlichen Arbeit tun wir Dinge allzu oft nur, weil wir sehen, dass da Arbeit ist, die wir tun müssen. Aber das ist nicht die Haltung eines geistlich starken Christen. Sein Ziel ist, in allen Situationen Jesus Christus sichtbar zu machen.

## 12. Juli

# Geistliche Selbstsucht

»... bis wir alle hingelangen ... zum vollen Maß der Fülle Christi« (Eph 4,13).

Versöhnung ist die Wiederherstellung der Beziehung zwischen der ganzen Menschheit und Gott, so wie Gott sie ursprünglich wollte. Das hat Jesus Christus mit der Erlösung erreicht. Wenn die Gemeinde sich selbst sucht und nur noch daran interessiert ist, sich als Organisation weiterzuentwickeln, ist sie nicht mehr geistlich. Dass die Menschheit nach Gottes Plan mit ihm versöhnt ist, das bedeutet, dass wir ihn nicht nur in unserem persönlichen, sondern auch im gemeinsamen Leben zur Wirkung kommen lassen sollen. Dazu hat Jesus Christus Apostel und Lehrer eingesetzt: damit aus vielen Gliedern der Körper Christi, seine Gemeinde, entstehen und so bekannt werden kann. Wir sind nicht hier, um ein ganz eigenes geistliches Leben zu entwickeln oder die Ruhe geistlicher Zurückgezogenheit zu genießen. Wir sind hier, um Jesus Christus zur vollen Wirkung zu bringen, damit sein Leib aufgebaut wird.

Helfe ich den Leib Christi aufzubauen oder bin ich nur an meiner persönlichen Entwicklung interessiert? Das Wesentliche ist meine persönliche Verbindung mit Jesus Christus: »Ihn möchte ich erkennen ...« (Phil 3,10). Um Gottes Absicht mit mir vollkommen zu erfüllen, muss ich mich ihm ganz zur Verfügung stellen –

meine ganze Person ihm völlig überlassen. Immer wenn ich auch nur etwas für mich haben will, ist die Beziehung entstellt. Wenn ich dann irgendwann erkenne, dass ich nicht wirklich Jesus Christus selbst wirken lassen wollte, sondern nur an dem interessiert war, was er für mich getan hat, wird es mich sehr beschämen.

> *Mein Ziel ist Gott, nicht Freude oder Friede,*
> *nicht seine Wohltat, nur er selbst, mein Gott.*

Ist das der Maßstab für mein Leben oder bin ich mit weniger zufrieden?

## 13. Juli

# Der Preis der Vision

*»In dem Jahr, als der König Usija starb, sah ich den Herrn ...«* (Jes 6,1).

Unsere persönliche Geschichte mit Gott ist oft eine Geschichte vom »Tod unserer Vorbilder«: Immer wieder musste Gott uns Freunde wegnehmen, damit er selbst an ihre Stelle treten konnte. In dieser Lage werden wir besonders leicht unsicher, versagen und verlieren den Mut. Wir sollten persönlich darüber nachdenken: Als der Mensch starb, in dem ich etwas von Gottes Wesen erkannte, habe ich da alles aufgegeben? Wurde ich krank oder völlig mutlos? Oder habe ich wie Jesaja Gott gesehen?

Wie ich Gott sehe, das hängt von der Beschaffenheit meines Charakters ab. Mein Charakter bestimmt, ob ich überhaupt die Wahrheit erkennen kann oder nicht. Ehe ich sagen kann: »Ich sah den Herrn«, muss es etwas in meinem Charakter geben, was dem Bild Gottes entspricht. Solange ich nicht ganz neu geworden bin und anfange, Gottes Herrschaft wirklich zu sehen, kann ich nur das erkennen, was meine Voreingenommenheit zulässt. Gott muss mich einer Operation unterziehen: Er muss meine Lebensumstände dazu gebrauchen, mir die richtige innere Einstellung zu geben.

Deine Priorität muss erstens Gott, zweitens Gott und drittens Gott sein, bis du ständig in Gottes Nähe lebst und niemand anders deine Entscheidungen irgendwie mitbestimmt. Dann betest du: »In der ganzen Welt gibt es nur dich, teurer Gott; es gibt nur dich.«

Zahle den Preis immer wieder. Zeige Gott, dass du dem, was du geschaut hast, gerecht werden willst.

## 14. Juli

# Angriffe und Forderungen aushalten

*»Ich aber sage euch, dass ihr nicht widerstreben sollt dem Übel, sondern: wenn dich jemand auf deine rechte Backe schlägt, dem biete die andere auch dar«* (Mt 5,39).

Dieser Vers zeigt, wie demütigend es sein kann, Christ zu sein. Wer sich im natürlichen Leben nicht wehrt, ist ein Feigling. Aber im geistlichen Leben zeigt gerade die Tatsache, dass er nicht zurückschlägt, dass Gottes Sohn in ihm ist. Wenn man dich beleidigt, darfst du es nicht übel nehmen — du musst sogar die Gelegenheit wahrnehmen, Gottes Sohn in dir sichtbar zu machen. Das Wesen Jesu kann man nicht nachahmen; es ist entweder in dir oder nicht. Für den Christen wird eine persönliche Kränkung zur Möglichkeit, den Menschen das unglaublich sanfte Wesen Jesu zu zeigen.

Die Bergpredigt sagt nicht: »Tu deine Pflicht«, sondern: »Tu das, was nicht deine Pflicht ist.« Es ist nicht deine Pflicht die zweite Meile mitzugehen oder die andere Backe hinzuhalten, aber Jesus sagt, wenn wir ihm folgen wollen, werden wir es immer tun. Dann sagen wir nicht: »Nein, mehr kann ich wirklich nicht tun, und man hat mich auch so missverstanden und schlecht gemacht.« Immer wenn ich auf meinem Recht bestehe, verletze ich Gottes Sohn; aber ich kann abwenden, dass Jesus verletzt wird, wenn ich den Schlag selbst auffange. Das bedeutet es eigentlich, wenn Paulus sagt: »... und erstatte an meinem Fleisch, was an den Leiden Christi noch fehlt« (Kol 1, 24). Wer Jesus folgt, dem ist klar, dass es in seinem Leben nicht um seine eigene Ehre, sondern um die Ehre seines Herrn geht.

Erwarte nie, dass dein Gegenüber gerecht zu dir ist, aber höre nie auf selbst richtig zu handeln. Wir suchen immer unser Recht, aber die zentrale Aussage der Bergpredigt ist: Suche nie dein Recht, aber höre nie auf, anderen ihr Recht zu geben.

## 15. Juli

# Meine Pflicht und Ehre bei Gott

*»Ich bin ein Schuldner der Griechen und der Nichtgriechen ...«* (Röm 1, 14).

Paulus' Gefühl, in der Schuld Jesu Christi zu stehen, bestimmte sein Leben und er setzte es ganz dafür ein, das zum Ausdruck zu bringen. Der stärkste Anreiz zum Handeln war für Paulus die Überzeugung, dass Jesus Christus sein Gläubiger war. Fühle ich mich ihm auch so verpflichtet, jeden Menschen zu erreichen, der nichts von ihm weiß? Wenn ich ihm gehöre, ist es meine erste Pflicht und meine Ehre, Christus meine Schulden zu bezahlen in Bezug auf diese Menschen, die nicht an ihn glauben. Alles, was an meinem Leben irgendwie Wert hat, verdanke ich Jesus Christus, der mich erlöst hat. Tue ich etwas, damit er seine Erlösung im Leben anderer sichtbar und wirksam machen kann? Das kann ich nur dann, wenn der Heilige Geist mir dieses Gefühl des Verschuldetseins gibt.

Ich stehe nicht höher als andere Menschen; ich bin ein Sklave und mein Herr ist Jesus. Paulus sagt: »... dass ihr nicht euch selbst gehört ... denn ihr seid teuer erkauft« (1. Kor 6, 19.20). Paulus verkaufte sich an Jesus Christus und das sah er so: »Ich bin jedem Menschen auf der Erde etwas schuldig, weil Christus die Welt erlöst hat; ich bin frei, aber nur, um ihm uneingeschränkt als Sklave zu gehören.« Einen Christen erkennt man daran, sobald er diesen Stand des Ehr- und Pflichtgefühls erreicht hat. Höre auf, um die Erfüllung deiner eigenen Wünsche zu bitten, und setze dein Leben als Sklave Jesu für andere ein. Das bedeutet wirklich Brot und Wein für andere sein.

## 16. Juli
# An Gottes Herrschaft denken

»... *wie viel mehr wird euer Vater im Himmel Gutes geben denen, die ihn bitten!*« (Mt 7,11).

An dieser Stelle gibt Jesus Verhaltensregeln für die Menschen, die seinen Geist haben. Er hält uns dazu an, immer daran zu denken, dass Gott über alles herrscht; das bedeutet, dass der, der zu ihm gehören will, eine Haltung vollständigen Vertrauens einnehmen und eifrig bitten und suchen soll.

Lass den Gedanken in dir vorherrschen, dass Gott da ist. Und wenn dieser Gedanke deine Haltung wirklich bestimmt und du gerätst in Schwierigkeiten, fällt dir ganz natürlich ein: »Mein Vater im Himmel weiß das ja alles.« Das erfordert dann gar keinen Willenseinsatz mehr, sondern wird für dich so normal wie atmen, wenn es Schwierigkeiten und Unsicherheiten gibt. Ehe dieser Gedanke an die Herrschaft Gottes so wichtig für dich wurde, bist du von einem zum anderen gegangen, um Hilfe zu suchen, aber jetzt kommst du damit zu Gott. Jesus nennt hier die Regeln für das Verhalten der Menschen, die seinen Geist haben, und dafür gilt: Gott ist mein Vater, er hat mich lieb und vergisst nichts, was mir jemals wichtig werden könnte; warum sollte ich mich also beunruhigen?

Jesus hat gesagt, dass es Zeiten gibt, in denen Gott die Dunkelheit um dich nicht lichten kann, und dass du ihm dann vertrauen musst. Manchmal kann uns Gott wie ein treuloser Freund erscheinen, aber das ist er nicht; er kommt uns vor wie ein unnatürlich liebloser Vater, aber auch das ist er nicht; wir sehen in ihm einen ungerechten Richter, aber auch das ist er nicht. Halte daran fest, dass Gottes Wille in allen Dingen stark ist und sich durchsetzt. Nicht die kleinste Begebenheit kann stattfinden, wenn Gottes Wille nicht dahinter steht. Darum kannst du dich ruhig vollkommen auf ihn verlassen. Beten ist nicht nur Bitten, es ist auch eine Geisteshaltung und schafft eine Atmosphäre, in der Bitten etwas ganz Natürliches ist. »Bittet, so wird euch gegeben« (7,7).

## 17. Juli

# Das Wunder des Glaubens

»... und mein Wort und meine Predigt geschahen nicht mit überredenden Worten menschlicher Weisheit ...«
(1. Kor 2,4).

Paulus war ein Gelehrter und Redner ersten Ranges. Hier spricht er nicht aus persönlicher Bescheidenheit, sondern er sagt, wenn er das Evangelium predigt, wolle er niemanden mit seinen brillanten Reden beeindrucken, um nicht die Kraft Gottes dadurch zu verdunkeln. Der Glaube an Jesus ist ein Wunder, das nur durch die Wirksamkeit der Erlösung zustande kommt, nicht durch eindrucksvolle Rhetorik oder durch Werben und Überreden, sondern ausschließlich und allein durch Gottes Macht. Die erneuernde Kraft der Erlösung erreicht die Menschen dadurch, dass das Evangelium gepredigt wird, aber nie durch die Persönlichkeit des Predigers.

Bei einem Prediger ist echtes und wirksames Fasten nicht der Verzicht auf Essen, sondern der Verzicht auf »überredende Worte«, auf eindrucksvolle Redekunst und auf alles, was sonst verhindern könnte, dass die Botschaft Gottes selbst deutlich wird. Der Prediger ist da, um Gott zu vertreten: »So bitten wir nun an Christi Statt ...« (2. Kor 5,20). Er ist da, um die Botschaft Gottes auszurichten. Wenn Menschen nur auf meine Predigt hin besser werden wollen, werden sie Jesus Christus nie nahe kommen. Alles, was mir als Prediger des Evangeliums

Ehre einbringt, führt dazu, dass ich Jesus verrate und die erneuernde Kraft seiner Erlösung nicht wirken lasse.

> »Und ich, wenn ich erhöht werde von der Erde, so will ich alle zu mir ziehen« (Joh 12,32).

## 18. Juli

# Das Geheimnis des Glaubens

»*Er aber sprach: Herr, wer bist du?*« (Apg 9,5).

Durch das Wunder der Erlösung wurde Paulus in einem Augenblick von einem eifrigen und willensstarken Pharisäer in einen bescheidenen und treuen Sklaven seines Herrn Jesus verwandelt.

An den Dingen, die wir erklären können, ist nichts Geheimnisvolles oder Wunderbares. Was wir erklären können, beherrschen wir auch; es ist also nur natürlich, für alles eine Erklärung zu suchen. Es ist nicht natürlich zu gehorchen, aber es braucht nicht unbedingt Sünde zu sein, nicht zu gehorchen. Es gibt dann keinen wirklichen Ungehorsam und Gehorsam ist auch kein Verdienst, wenn jemand nicht die höhere Autorität dessen anerkennt, der befiehlt. Wenn diese Autorität nicht anerkannt ist, kann sogar der, der befiehlt, den Ungehorsam des anderen als Freiheit verstehen. Wenn jemand einen anderen beherrscht und sagt: »Du musst dies tun!« oder:

»Das machst du!«, dann bricht er die innere Kraft dieses Menschen und macht ihn für Gott untauglich. Wer gehorcht, ist entweder nur ein Sklave oder er erkennt einen vollkommenen Gott an.

Viele Menschen fangen erst dann an Gott näher zu kommen, wenn sie aufhören religiös zu sein, denn es gibt nur einen, der den Menschen ganz für sich einnehmen kann: Jesus Christus, nicht die Religion. Aber wenn ich *ihn* sehe und dann doch nicht gehorchen *will*, dann »weh mir« (Jes 6, 5; s. auch V. 1)! Jesus übt nie Druck auf mich aus, damit ich gehorche, aber wenn ich es nicht tue, habe ich schon angefangen das Todesurteil für Gottes Sohn in mir zu unterschreiben. Wenn ich Jesus Christus direkt gegenüberstehe und sage: »Ich will nicht gehorchen«, dann wird er mich nie zwingen. Aber damit verschließe ich mich der erneuernden Kraft der Erlösung. Gott will mir Gutes tun und es macht für ihn keinen Unterschied, wie schlecht und verdorben ich bin, wenn ich nur in sein Licht kommen will. Aber wenn ich das Licht ablehne, dann »weh mir« (s. Joh 3, 19-21)!

## 19. Juli

# Der Gehorsam des Christen

*»Ihr nennt mich Meister und Herr und sagt es mit Recht, denn ich bin's auch«* (Joh 13,13).

Christus besteht nie auf seinem Herrschaftsrecht über uns. Er sagt nie: »Du hast mir zu gehorchen.« Nein, er lässt uns volle Entscheidungsfreiheit — sogar so viel, dass wir ihn anspucken oder töten können, wie es schon getan wurde, und er sagt kein Wort dazu. Aber wenn durch die Erlösung sein Wesen in mir neu geschaffen worden ist, erkenne ich sofort, dass er das Recht hat, mich völlig zu beherrschen. Diese Herrschaft ist umfassend und wirkungsvoll und dazu gehört, dass ich anerkenne: »Herr, unser Gott, du bist würdig ...« (Offb 4,11). Nur meine niedrige Gesinnung hält mich davon ab, jemandem Ehre zu erweisen oder zu gehorchen, der es verdient. Wenn ich jemanden treffe, der stärker vom Geist Gottes geprägt ist als ich, aber sein Verdienst nicht anerkenne und seinen Anweisungen nicht folge, dann zeigt sich darin nur meine eigene niedrige Gesinnung. Gott zeigt uns, was wir noch lernen müssen, durch diese Menschen, die ein wenig weiter sind als wir — nicht intellektuell, aber in ihrem geistlichen Leben. Das tut er so lange, bis wir uns freiwillig unterordnen. Dann wird unsere ganze Lebenshaltung vom Gehorsam gegen ihn bestimmt.

Wenn Christus uns zwänge zu gehorchen, wäre er nur noch wie ein Aufseher und hätte keine wirkliche Autorität mehr. Er erzwingt nie unseren Gehorsam, aber wenn wir ihm wirklich begegnen, gehorchen wir ihm sofort. Dann fällt es uns leicht, ihn als unseren Herrn anzunehmen, und unsere Haltung wird ganz von Verehrung und Liebe zu ihm geprägt. Wie viel ich von Gottes Liebe erfahren habe, zeigt sich in meinem Verständnis vom Gehorsam. Wir sollten das Wort *Gehorsam* viel höher schätzen und damit aus dem Sumpf des weltlichen Verständnisses retten. Wirklichen Gehorsam gibt es nur in der Beziehung zwischen gleichrangigen Personen wie zwischen Vater und Sohn, nicht zwischen Herr und Diener. Jesus hat uns diese Beziehung gezeigt, indem er sagte: »Ich und der Vater sind eins« (Joh 10,30). »So hat er, obwohl er Gottes Sohn war, doch an dem, was er litt, Gehorsam gelernt« (Hebr 5,8). Der Sohn war gehorsam und hat uns dadurch freigekauft, nicht um Gottes Sohn zu werden, sondern *weil er der Sohn war.*

## 20. Juli
# Auf Gottes Gegenwart angewiesen

»Aber die auf den Herrn harren, kriegen neue Kraft …, dass sie wandeln und nicht müde werden« (Jes 40,31).

»Wandeln« ist für uns nichts besonders Aufregendes, aber es ist der Test für unsere Ausdauer und Treue. »Wandeln und nicht müde werden«, das erfordert die größte Kraft, die Menschen überhaupt haben können. Das Wort *wandeln* wird in der Bibel manchmal gebraucht, um den Charakter eines Menschen zu beschreiben. In der Bibel wird nichts abstrakt oder unverständlich gesagt; alles ist wirklichkeitsnah und lebendig. Gott sagt nicht: »Sei geistlich«, sondern »wandle vor mir und sei fromm« (1. Mose 17, 1). Wenn es uns entweder körperlich oder emotional schlecht geht, suchen wir immer nach besonderen Erlebnissen. Körperlich führt das dazu, dass wir versuchen die Wirkungen des Heiligen Geistes nachzuahmen; im Gefühlsleben kann es zu Zwangsvorstellungen und zur Zerstörung unserer Moral führen; und wenn wir im geistlichen Leben darauf bestehen, nur besondere Erlebnisse zu suchen, wenn wir nur »auffahren« wollen »mit Flügeln wie Adler«, wird schließlich unsere Verbindung mit Gott zerstört.

Ob wir Gottes Gegenwart wirklich erleben, das hängt nicht von bestimmten Umständen oder Orten ab, sondern nur davon, ob wir uns Gott ständig vor Augen halten. Probleme bekommen wir dann, wenn wir uns nicht darauf verlassen wollen, dass er wirklich da ist. Die Erfahrung, von der der Psalmdichter spricht: »Darum fürchten wir uns nicht, wenngleich ...« (Ps 46, 3), machen wir auch, sobald wir die Wahrheit zur Grundlage nehmen, dass Gott wirklich und wahrhaftig da ist — sobald wir es nicht nur wahrnehmen, sondern verstanden haben, dass es wirklich so ist. Dann erkennen wir: »Er war ja die ganze Zeit hier!« In schwierigen Zeiten müssen wir Gott bitten, uns zu leiten, aber es sollte nicht nötig sein, ständig zu sagen: »Ach Herr, führe mich in dieser und jener Sache.« Natürlich will er das und er tut es sogar jetzt schon! Wenn deine normalen Entscheidungen nicht seinem Willen entsprechen, wird er sich bemerkbar machen und dich innerlich zurückhalten. Dann müssen wir still sein und auf seine direkte Anweisung warten.

## 21. Juli

# Der Eingang zum Königreich

*»Selig sind, die da geistlich arm sind ...«* (Mt 5,3).

Denke nicht, Jesus sei einfach nur ein Lehrer gewesen. Wenn Jesus Christus nur ein Lehrer war, dann kann er nicht mehr tun als mich enttäuschen, indem er mir ein Ziel setzt, das ich nicht erreichen kann. Was nützt es, mir ein so hohes Ideal vor Augen zu stellen, dass ich es auch nicht annähernd erreichen kann? Dann hätte ich es lieber nie kennen gelernt. Wozu soll es gut sein, wenn man mich auffordert zu sein, wie ich nie sein kann: »reinen Herzens« zu sein (5,8), mehr zu tun als meine Pflicht oder Gott vollkommen ergeben zu sein? Nur wenn ich weiß, dass Jesus Christus mich gerettet hat, kann mir seine Lehre mehr bedeuten als ein hohes Ideal, das mir doch nur alle Hoffnung nimmt. Aber wenn ich von Gottes Geist neu geboren bin, dann weiß ich, dass Jesus Christus nicht nur gekommen ist, um zu *lehren*; er ist gekommen, um *mich so zu machen, wie ich nach seinen Worten sein soll*. Erlösung bedeutet, dass Jesus Christus in jeden Menschen das Wesen hineinlegen kann, das das Leben

Jesu selbst bestimmt hat, und alle Maßstäbe, die Gott uns gibt, gehen von diesem Wesen aus.

Die Lehren der Bergpredigt führen den natürlichen Menschen zur Verzweiflung – und genau das beabsichtigt Jesus. Solange wir noch die selbstgerechte Vorstellung haben, wir könnten tun, was Jesus da lehrt, lässt Gott uns weitermachen, bis wir unsere Unfähigkeit beweisen, indem wir über ein Hindernis stolpern. Erst dann sind wir bereit, als Bedürftige zu ihm zu kommen und etwas von ihm anzunehmen. »Selig sind, die da geistlich arm sind« – das ist das Grundprinzip im Reich Gottes. Die Herrschaft Jesu Christi besteht auf der Grundlage von Armut, nicht von Besitz; seine Nachfolger treffen keine Entscheidungen für ihn, sondern sie erkennen so deutlich die Vergeblichkeit, dass sie schließlich zugeben: »Herr, ich bin damit völlig überfordert.« Dann sagt Jesus: »Selig seid ihr ...« (5,11). Das ist der Eingang zu Gottes Reich und doch brauchen wir so lange, um zu glauben, dass wir wirklich arm sind! Das Wissen, dass wir arm sind, bringt uns dahin, wo Jesus seine Absicht verwirklichen kann.

## 22. Juli

# Heiligung

»Denn das ist der Wille Gottes, eure Heiligung ...«
(1. Thess 4,3).

**Heiligung als Tod.** Wenn Gott uns heiligt, ist das sowohl Sterben als auch Leben für uns. Die Heiligung erfordert es, dass wir sterben, aber viele von uns bleiben so lange an diesem Punkt stehen, dass sie trübsinnig werden. Es gibt immer einen gewaltigen Kampf, bevor die Heiligung stattfindet; da ist etwas in uns, was sich grimmig gegen die Forderung Christi wehrt. Wenn der Heilige Geist anfängt uns zu zeigen, was Heiligung bedeutet, fängt sofort der Kampf an. Jesus sagt: »Wenn jemand zu mir kommt und hasst nicht ... sich selbst, der kann nicht mein Jünger sein« (Lk 14,26).

Wenn der Heilige Geist mich heiligt, nimmt er mir alles weg, bis nichts mehr da ist als ich selbst, und das ist das Sterben. Bin ich bereit, nur ich zu sein und sonst nichts? Bin ich bereit, auf Freunde, Vater, Brüder und alle eigenen Interessen zu verzichten — kurz mich auf den Tod einzustellen? Das ist die notwendige Bedingung für die Heiligung. Kein Wunder, dass Jesus sagt: »Ich bin nicht gekommen, Frieden zu bringen, sondern das Schwert« (Mt 10,34). Darum geht der Kampf und da geben viele von uns auf. Wir sind nicht bereit, so weit mit dem Tod Jesu eins zu werden. Dann sagen wir: »Aber das ist so streng. Das erwartet er bestimmt nicht von mir.« Christus *ist* streng und erwartet es wirklich von uns.

Bin ich bereit, alles herzugeben, bis nur noch »ich« da bin? Bin ich konsequent genug, auf alles zu verzichten, was meine Freunde von mir halten, und auf alles, was ich von mir selbst halte? Bin ich bereit und entschlossen, dieses bloße Ich, das nichts mehr hat, an Gott abzugeben? Wenn ja, dann heiligt er mich gleich und vollkommen und danach bin ich frei von allem Eigenwillen und aller Zielstrebigkeit für irgendetwas außer Gott (s. 1. Thess 5,23.24).

Wenn ich bete: »Herr, zeige mir, was Heiligung für mich bedeutet«, dann zeigt er es mir. Sie bedeutet, dass ich mit Jesus vereint werde. Heiligung ist nicht eine Fähigkeit oder Eigenschaft, die Jesus in mich hineinlegt; sie ist *er selbst* in mir (s. 1. Kor 1,30).

### 23. Juli

# Heiligung

*»Durch ihn aber seid ihr in Christus Jesus, der uns von Gott gemacht ist zur ... Heiligung ...«* (1. Kor 1,30).

**Heiligung als Leben.** Das Geheimnis der Heiligung ist, dass die Vollkommenheit Jesu Christi mir als Geschenk gegeben wird. Das geschieht nicht allmählich, sondern in dem Augenblick, in dem ich durch den Glauben die

Wirklichkeit erkenne, dass Jesus mir »von Gott gemacht ist zur ... Heiligung ...« Heiligung bedeutet nichts Geringeres, als dass die Heiligkeit Jesu zu meiner Heiligkeit wird und sich in meinem Leben zeigt.

Das Schönste und Geheimnisvollste an so einem »heiligen« Leben ist nicht Jesus nachzuahmen, sondern zuzulassen, dass die Vollkommenheit Jesu in meinem menschlich-natürlichen Leben sichtbar wird. Heiligung ist »Christus in euch ...« (Kol 1,27). Es ist *sein* unvergleichliches Wesen, das mir durch die Heiligung mitgeteilt wird — ich bekomme es durch den Glauben als ein Geschenk, das Gott mir aus Freundlichkeit geben will. Will ich, dass Gott die Heiligung in mir so konkret macht, wie sie in der Bibel dargestellt ist?

Heiligung ist die Weitergabe der Heiligkeit Jesu Christi an mich. Er schenkt mir seine Geduld und Liebe, seine Einheit mit Gott, Glauben, persönliche Reinheit und Gottähnlichkeit. Diese Eigenschaften zeigen sich in und durch jeden geheiligten Menschen. Heiligung heißt nicht, dass ich von Jesus die Kraft bekomme richtig zu leben, sondern dass ich von Jesus dieselbe Vollkommenheit bekomme, die er selbst hatte; sie zeigt sich dann in mir. Heiligung ist keine Nachahmung, sondern ein Geschenk. Nachahmung ist etwas völlig anderes. Jesus Christus ist in allem vollkommen und das Geheimnis der Heiligung ist, dass mir die ganze Vollkommenheit Jesu zur Verfügung steht. Die Folge ist, dass ich langsam aber sicher anfange, eine unbeschreibliche Ordnung, Stimmigkeit und Verbundenheit mit Gott in mein Leben zu bringen: »... aus Gottes Macht durch den Glauben bewahrt ...« (1. Petr 1,5).

## 24. Juli

# Sein Wesen und unsere Motive

»Wenn eure Gerechtigkeit nicht besser ist als die der Schriftgelehrten und Pharisäer, so werdet ihr nicht in das Himmelreich kommen« (Mt 5,20).

Das Merkmal eines Menschen, der Jesus folgt, ist nicht, dass er gute Taten tut, sondern dass er gute Motive hat, weil Gott ihn aus Liebe durch ein Wunder gut gemacht hat. Das Einzige, was besser ist als richtiges *Handeln*, ist richtiges *Sein*. Jesus Christus ist gekommen, um jedem, der es zulässt, ein neues Wesen zu geben, das besser ist als das der »Schriftgelehrten und Pharisäer«. Jesus meint: »Wenn du mein Jünger bist, musst du nicht nur richtig handeln, auch deine Motive, deine Ziele und deine versteckten Gedanken müssen gut sein.« Deine Motive müssen so unverfälscht sein, dass der allmächtige Gott nichts an ihnen auszusetzen findet. Wer könnte im ewigen Licht Gottes stehen, ohne dass Gott etwas Schlechtes an ihm findet? Nur Gottes Sohn kann das und Jesus Christus sagt, dass er durch die Erlösung sein eigenes Wesen in jeden Menschen hineinlegen und den Menschen so einfach und ehrlich wie ein Kind machen kann. Gott verlangt eine Reinheit, die niemand erreichen kann, wenn er nicht innerlich ganz neu gemacht wird, und genau das will Jesus mit der Erlösung tun.

Niemand kann sich selbst schuldlos machen, indem er Gesetze befolgt. Jesus Christus gibt uns keine Regeln und Vorschriften; er gibt uns sein Wort, und dass sein Wort wahr ist, können wir nur verstehen, weil er sein Wesen in uns hineingelegt hat. Das große Wunder, das Jesus Christus bei unserer Rettung tut, ist dass er unsere Veranlagung ändert. Er ändert nicht das Verhalten des Menschen — er ändert den Ursprung seines Verhaltens und damit auch seine Motive.

### 25. Juli

## Kann ich mich freuen?

*»Freuen dürfen sich ...«* (Mt 5,3-11 GN).

Beim ersten Lesen erscheint das, was Jesus sagt, herrlich einfach und in keiner Weise aufregend und dringt unauffällig in unser Unterbewusstsein ein. Die Seligpreisungen zum Beispiel erscheinen zuerst nur wie schöne, beruhigende Lehren für übermäßig geistliche und scheinbar nutzlose Leute, aber ohne großen praktischen Nutzen in der harten, schnelllebigen Arbeitswelt, in der *wir* leben. Aber bald merken wir, dass die Seligpreisungen das »Dynamit« des Heiligen Geistes enthalten. Und wenn unsere Lebensverhältnisse entsprechend sind, »explodieren« sie. Wenn der Heilige Geist uns an eine der Seligpreisungen erinnert, spüren wir: »Was für eine erschreckende Aussage!« Dann müssen wir entscheiden, ob wir ihm gehorchen und damit einen ungeheuren Umsturz in unserem Leben in Kauf nehmen wollen oder nicht. So arbeitet Gottes Geist. Wir brauchen nicht neu geboren zu werden, um die Bergpredigt wörtlich anzuwenden. Die Bergpredigt wörtlich zu verstehen ist ein Kinderspiel. Aber das Verständnis, das der Heilige Geist uns gibt, wenn er das, was Christus sagt, auf unser Leben anwendet, das ist harte und schwierige Arbeit und ohne den Heiligen Geist nicht möglich.

Alles, was Jesus uns sagt, kommt uns aus unserer natürlichen Sicht übertrieben vor und berührt uns am Anfang erstaunlich unangenehm. Wir müssen unser Handeln und Reden langsam den Grundsätzen Jesu anpassen, wie der Heilige Geist sie uns im praktischen Alltag zeigt. Die Bergpredigt ist keine Sammlung von Gesetzen und Regeln; sie zeigt uns, wie unser Leben aussehen wird, wenn der Heilige Geist ungehindert in uns wirkt.

## 26. Juli

## Der Weg zur Reinheit

*»Was aber aus dem Mund herauskommt, das kommt aus dem Herzen ... Denn aus dem Herzen kommen böse Gedanken, Mord, Ehebruch, Unzucht, Diebstahl, falsches Zeugnis, Lästerung. Das sind die Dinge, die den Menschen unrein machen«* (Mt 15,18-20).

Am Anfang verlassen wir uns auf unsere Unwissenheit und nennen sie Unschuld und dann verlassen wir uns auf unsere Unschuld und nennen sie Reinheit. Wenn wir dann diese eindeutigen Worte Jesu hören, weichen wir aus und sagen: »Ich habe doch nie etwas von diesen schlimmen Dingen in mir gespürt.« Wir nehmen es übel, was er uns da zeigt. Entweder ist Jesus Christus der einzige wirkliche Fachmann für das, was im Menschen ist, oder man braucht ihn nicht weiter zu beachten. Will ich erlauben, dass sein Wort bis in mein Innerstes vordringt, oder traue ich lieber meiner »ahnungslosen Unschuld«? Wenn ich mich einmal ehrlich betrachte, mir meine sogenannte Unschuld recht bewusst mache und sie auf die Probe stelle, werde ich sehr wahrscheinlich ernüchtert feststellen, dass es wahr ist, was Jesus sagt, und entsetzt sein über meine Fähigkeiten zum Unrecht und zur Bosheit. Aber solange ich mich in meiner »Unschuld« sicher fühle, lebe ich in einer Traumwelt. Wenn ich mich noch nie grob unhöflich und beleidigend verhalten habe, dann nur, weil ich zu feige war und weil ein zivilisiertes Leben mir ein Gefühl von Sicherheit gibt. Aber wenn ich Gott ganz offen und schutzlos ausgesetzt bin, dann erkenne ich, dass Jesus Christus mit seiner Diagnose Recht hat.

Das Einzige, was mich wirklich schützt, ist die Erlösung durch Jesus Christus. Wenn ich nur ihm das Verfügungsrecht über mich gebe, brauche ich die erschreckenden Fähigkeiten, die in mir liegen, nie verwirklicht zu sehen. Reinheit reicht viel tiefer, als dass ich sie auf natürlichem Weg erreichen könnte. Aber wenn der Heilige Geist in mich hineinkommt, kommt damit derselbe Geist in das Zentrum meiner Person, der das Leben Jesu Christi bestimmt hat: eben der *Heilige* Geist.

## 27. Juli

# Der Weg zur Erkenntnis

*»Wenn jemand dessen Willen tun will, wird er innewerden, ob diese Lehre von Gott ist ...«* (Joh 7,17).

Die goldene Regel für den, der geistliche Dinge verstehen möchte, ist nicht sie intellektuell zu erforschen, sondern zu gehorchen. Wenn jemand wissenschaftliche Erkenntnisse sucht, muss er sich von intellektuellem Forscherdrang leiten lassen. Aber wenn er wissen und verstehen will, was Jesus Christus sagt, kann er das nur durch Gehorsam erreichen. Wenn mir geistliche Dinge unklar sind, dann kann ich sicher sein, dass irgendwo ein Punkt ist, an dem ich ungehorsam bin. Geistiges Unverständnis entsteht aus Unwissenheit, aber geistliches Unverständnis kommt daher, dass ich in einer Sache nicht gehorchen will.

Jeder, dem Gott etwas sagt, wird gleich danach im Blick auf dieses Wort auf die Probe gestellt. Wir sind so oft ungehorsam und wundern uns dann, dass wir geistlich nicht wachsen. Jesus sagt: »Wenn du deine Gabe auf dem Altar opferst und dort kommt dir in den Sinn, dass dein Bruder etwas gegen dich hat, so lass dort vor dem Altar deine Gabe und geh zuerst hin und versöhne dich mit deinem Bruder und dann komm und opfere deine Gabe« (Mt 5,23.24). Damit meint er sinngemäß: »Rede nicht weiter zu mir; gehorche erst und erledige das.« Was Jesus sagt, trifft uns im Alltag. Wir können ihm nicht einen Augenblick lang etwas vormachen. Er weist uns bis in alle Einzelheiten an. Gottes Geist entlarvt unseren Hang zur Selbstrechtfertigung und macht uns auf Dinge aufmerksam, an die wir früher gar nie gedacht haben.

Wenn Jesus dir durch die Bibel etwas klarmacht, versuche nicht ihm auszuweichen. Sonst wirst du zu einem religiösen Betrüger. Sieh dir genau an, worüber du bisher nur die Achseln gezuckt hast und wo du den Gehorsam verweigert hast, dann weißt du, warum du geistlich nicht wächst. Jesus sagt: »Geh zuerst hin.« Auch auf die Gefahr hin, als Fanatiker angesehen zu werden, musst du tun, was Gott dir sagt.

## 28. Juli

# Gottes oder mein Wille?

*»Und alsbald trieb er seine Jünger, in das Boot zu steigen und vor ihm hinüberzufahren ...«*
(Mk 6,45).

Wir denken gern, wenn Jesus Christus uns zu etwas antreibt und wir ihm gehorchen, dann wolle er uns zu großem Erfolg führen. Wir sollten nie glauben, unsere Träume vom Erfolg seien Gottes Wille für uns. Seine Absicht kann sogar genau das Gegenteil sein. Wir stellen uns meist vor, Gott wolle mit uns einen ganz bestimmten Zweck erreichen oder uns zu einem Ziel führen, das wir uns wünschen, aber so ist es nicht. Ob wir an einem bestimmten Ziel ankommen oder nicht, das ist nicht so wichtig, und wenn wir es erreichen, ist es nebensächlich. Was uns wie der Weg zu einem bestimmten Ziel erscheint, das ist für Gott das Ziel selbst.

Wie sehe ich Gottes Plan für mich? Ganz gleich wie er aussieht, seine Absicht für mich ist, dass ich mich *jetzt* auf ihn und seine Macht verlasse. Wenn ich mitten im Trubel des Alltags ruhig und treu bleiben und einen klaren Blick behalten kann, dann erreicht Gott in mir sein Ziel. Gott arbeitet nicht auf einen bestimmten Abschluss zu; sein Plan ist der Vorgang selbst. Was er erreichen will, ist dass ich ihn »auf dem See gehen« sehe ohne Anlegestelle, ohne Erfolg, ohne sichtbares Ziel, aber doch vollkommen sicher, dass alles in Ordnung ist, weil ich ihn ja »auf dem

See gehen« sehe (6, 49). Dieser Vorgang, nicht das Ergebnis, dient zu Gottes Ehre.

Gott schult uns für die Gegenwart, nicht für später. Sein Plan gilt für diese Minute, nicht für eine ferne Zukunft. Die Folgen unseres Gehorsams sind nicht unsere Sache und wir sollen uns keine Sorgen darum machen. Was Menschen Vorbereitung nennen, ist für Gott das Ziel selbst.

Gott will erreichen, dass ich sehen lerne, dass er in diesem Augenblick auf den stürmischen Wellen meines Lebens gehen kann. Wenn wir an ein anderes Ziel denken, beachten wir die Gegenwart nicht genügend. Aber wenn wir erkennen, dass es darum geht, in jedem Augenblick zu gehorchen, dann ist jeder Augenblick kostbar, den wir erleben.

## 29. Juli

# Siehst du Jesus in den Wolken?

*»Siehe, er kommt mit den Wolken ...«* (Offb 1, 7).

In der Bibel werden Wolken immer wieder mit Gott assoziiert. Wolken sind die Schmerzen, Leiden oder von Gott herbeigeführten Umstände in unserem persönlichen Leben und auch außerhalb, die die Herrschaft Gottes scheinbar widerlegen. Aber durch eben diese Wolken lehrt uns der Heilige Geist, im Glauben vorwärts zu gehen. Wenn es in unserem Leben gar keine Wolken gäbe, hätten wir auch keinen Glauben. »Wolken sind der Staub unter seinen Füßen« (Nahum 1,3). Sie sind ein Zeichen, dass Gott da ist. Es gibt uns eine ganz neue Sicht, wenn wir erkennen, dass Kummer, Verluste und Leiden in Wirklichkeit Wolken sind, die mit Gott kommen! Gott kann uns nicht ohne Wolken nahe kommen; in seinem vollen Licht kommt er nicht.

Es ist nicht wahr, wenn wir sagen, durch besonders schwere Zeiten wollte Gott uns etwas lehren. Mit jeder Wolke, die er uns schickt, will er uns etwas *abgewöhnen*. Er gebraucht die Wolke, um unseren Glauben einfach zu machen, bis unsere Beziehung zu ihm genau wie die eines Kindes ist: eine Beziehung zwischen Gott und uns ganz allein, in der andere Menschen nur Schatten sind. Bis andere Menschen Schatten für uns werden, begegnen uns von Zeit zu Zeit wieder Wolken und Dunkelheit. Wird unsere Beziehung zu Gott einfacher, als sie früher war?

Es gibt eine Verbindung zwischen den oft seltsamen Umständen, die Gott zulässt, und dem, was wir von Gott wissen, und wir müssen lernen, das Rätselhafte in unserem Leben im Licht unseres Wissens von Gott zu verstehen. Wenn wir der dunkelsten und unbegreiflichsten Tatsache im Leben noch nicht ins Auge sehen können, ohne dass unser Bild von Gottes Wesen Schaden nimmt, kennen wir ihn noch nicht.

»Und sie erschraken, als sie in die Wolke hineinkamen« (Lk 9,34). Ist in deiner Wolke noch jemand außer Jesus? Wenn ja, dann wird sie immer dunkler werden, bis du dahin kommst, wo »niemand mehr« ist »als Jesus allein« (Mk 9,8; s. auch V. 2-7).

## 30. Juli

# Enttäuscht werden

*»Jesus aber vertraute sich ihnen nicht an ...; denn er wusste, was im Menschen war«* (Joh 2,24.25).

Enttäuschung bedeutet, dass wir keine falschen Vorstellungen, Eindrücke oder Meinungen mehr haben, dass wir also von solchen Täuschungen frei sind. Aber auch wenn wir uns nicht mehr täuschen lassen, kann die Erfahrung von Enttäuschungen uns zynisch und negativ in der Beurteilung von anderen machen. Wenn eine Enttäuschung dagegen von Gott kommt, dann lernen wir die Menschen so zu sehen, wie sie wirklich sind, aber wir werden dabei weder zynisch noch bitter oder verletzend. Vieles von dem, was schwerste Verletzungen, Leiden und Schmerzen verursacht, kommt daher, dass wir Illusionen haben. Wir sind nicht dem anderen als wirklichem Menschen treu, wir sehen ihn nicht, wie er wirklich ist; wir sind nur unserer falschen Vorstellung vom anderen treu. Wir denken oft so, als wäre alles entweder gut und erfreulich oder böse, schlecht und feige.

Das Festhalten an Illusionen verursacht einen großen Teil des menschlichen Leidens. Und das geht so vor sich: Wenn wir einen Menschen lieben, aber Gott nicht lieben, dann fordern wir von diesem Menschen absolute Vollkommenheit und Rechtschaffenheit, und wenn wir sie nicht bekommen, werden wir grausam und rachsüchtig. Dabei verlangen wir etwas von einem Menschen, was er unmöglich leisten kann. Es gibt nur ein Wesen, das den schmerzhaften Mangel, den Menschen spüren, ganz bis in die Tiefe ausfüllen kann, und das ist Jesus Christus. Jesus ist darum so offensichtlich rücksichtslos, was alle menschlichen Beziehungen angeht, weil er weiß, dass jede menschliche Beziehung zur Katastrophe führt, wenn sie nicht auf die Treue zu ihm selbst gegründet ist. Jesus traute niemandem und verließ sich auch nie auf Menschen, aber er war nie misstrauisch oder bitter. Sein Vertrauen auf Gott und auf das, was Gottes Liebe in jedem Menschen bewirken kann, war so vollkommen, dass er nie verzweifelte, nie auch nur für einen Menschen die Hoffnung aufgab. Wenn wir uns auf Menschen verlassen, werden wir am Ende an allen verzweifeln.

## 31. Juli

## Ganz ihm gehören

*»Die Geduld aber soll ihr Werk tun bis ans Ende, damit ihr vollkommen und unversehrt seid und kein Mangel an euch sei«* (Jak 1,4).

Viele von uns sind anscheinend im Großen und Ganzen so, wie sie sein sollten; nur auf einigen Gebieten sind wir nachlässig und faul. Das ist keine Frage der Sünde, es sind die Reste unseres »fleischlichen« Wesens, die uns nachlässig machen können. Nachlässigkeit ist eine Beleidigung für den Heiligen Geist. Wir sollten nichts Nachlässiges an uns haben, weder in der Art, wie wir Gott anbeten, noch auf anderen Gebieten, nicht einmal in der Art, wie wir essen und trinken.

Nicht nur unsere Verbindung mit Gott muss richtig sein, auch der äußere Ausdruck dieser Beziehung muss stimmen. Letzten Endes wird Gott nichts durchgehen lassen; er beurteilt unser ganzes Leben mit allen Einzelheiten. Gott bringt uns auf unendlich viele verschiedene Arten immer wieder an denselben Punkt. Und er hört nicht auf, auf diesem einen Punkt zu bestehen, bis wir lernen, was er uns zeigen will, weil er vollkommene Geschöpfe schaffen will. Vielleicht ist das Problem unsere Impulsivität — und Gott besteht hartnäckig darauf, uns immer und immer wieder an diesen einen Punkt zurückzuführen. Das Problem kann auch in unseren zerstreuten Gedanken liegen oder in unserer natürlichen, egoistischen Eigenständigkeit. Dann versucht Gott durch dasselbe Vorgehen, uns die eine Sache deutlich zu machen, die in unserem Leben nicht ganz in Ordnung ist.

Wir haben hier eine sehr schöne Zeit damit verbracht zu erforschen, was Gott uns über die Erlösung sagt, und wir sind innerlich ganz auf ihn ausgerichtet. Und dass er so erstaunlich in uns wirkt, das zeigt uns, dass wir im Großen und Ganzen richtig mit ihm verbunden sind. »Die Geduld aber soll ihr Werk tun bis ans Ende …« Damit sagt der Heilige Geist durch Jakobus: »Jetzt gebt eurer Geduld noch den letzten Schliff.« Achte darauf, dass du in den kleinen Dingen nicht nachlässig wirst und denkst: »Ach, das muss vorläufig reichen.« Ganz gleich was es ist, Gott wird hartnäckig darauf hinweisen, bis wir ganz ihm gehören.

# August

## 1. August
# Wie Jesus Christus wirkt

*»Es begab sich, als Jesus diese Gebote an seine zwölf Jünger beendet hatte, dass er von dort weiterging, um in ihren Städten zu lehren und zu predigen«* (Mt 11,1).

**Er kommt:** Wo er uns wegschickt, kommt er selbst. Wenn Gott dich beauftragt, dein Heim zu verlassen, du aber dort bleibst aus Sorge um deine Angehörigen – dann nimmst du ihnen die Möglichkeit, Jesus selbst zu hören. Wenn du gehorchst und alle Folgen Gott überlässt, dann geht Jesus in deine Heimatstadt und lehrt dort, aber solange du nicht gehorchst, versperrst du ihm den Weg. Achte darauf, dass du ihm nicht widersprichst und das, was du deine Pflicht nennst, gegen seinen Befehl anführst. Wenn du sagst: »Ich weiß, dass er mich weggeschickt hat, aber hier ist meine Aufgabe«, dann heißt das, dass du nicht glaubst, dass Jesus auch meint, was er sagt.

**Er lehrt:** Wo er uns verbietet zu lehren, tut er es. »Meister, hier ist für uns gut sein! Lasst uns drei Hütten bauen« (Lk 9,33).

Spielen wir Vorsehung und versuchen für andere die Rolle Gottes zu übernehmen? Belehren wir andere so aufdringlich, dass Gott sie nicht erreichen kann? Wir müssen lernen still zu sein, aber wach und offen zu bleiben. Gott will uns anleiten, seinen Sohn besser zu verstehen, und er will, dass wir in unseren Gebetszeiten Jesus in seiner Vollkommenheit begegnen. Wenn wir sicher sind, eine Methode gefunden zu haben, nach der Gott vorgeht, dann wird er nie wieder so vorgehen.

**Er handelt:** Wo er uns anweist zu warten, ist er aktiv. »Ihr aber sollt ... bleiben, bis ...« (Lk 24,49).

»Harre auf den Herrn« (Ps 37,34), dann wird er handeln. Aber schmolle nicht innerlich und bedaure dich nicht selbst, nur weil du überhaupt nichts vor dir siehst! Haben wir genug Distanz von den Gefühlswogen, die uns in geistlichen Dingen immer wieder überfluten wollen, um »dem Herrn stille zu sein und auf ihn zu warten« (s. Ps 37,7)? Warten heißt nicht mit gefalteten Händen dasitzen und nichts tun, sondern lernen zu tun, was er uns sagt.

Das sind nur ein paar Aspekte seiner Arbeitsweise, die wir meist nicht erkennen.

## 2. August

# Was Widerstände uns lehren

*»In der Welt habt ihr Angst; aber seid getrost, ich habe die Welt überwunden«* (Joh 16,33).

Eine weit verbreitete Vorstellung ist, das Leben mit Christus befreie uns von allen Schwierigkeiten. Aber in Wirklichkeit macht es uns *in* allen Schwierigkeiten frei und das ist etwas ganz anderes. »Wer unter dem Schirm des Höchsten sitzt und unter dem Schatten des Allmächtigen bleibt — Es wird dir kein Übel begegnen, und keine Plage wird sich deinem Hause nahen« (Ps 91,1.10). Die Rede ist von dem Ort, wo du mit Gott eins bist.

Wenn Gott dich als sein Kind angenommen hat, wirst du ganz sicher Schwierigkeiten erleben; Jesus sagt sogar, dass du dich nicht wundern sollst, wenn sie kommen. »In der Welt habt ihr Angst; aber seid getrost, ich habe die Welt überwunden.« Das bedeutet: »Du hast nichts zu befürchten.« Dieselben Menschen, die nie über ihre Schwierigkeiten sprachen, als sie noch keine Christen waren, klagen jetzt oft und machen sich Sorgen, nachdem sie neue Menschen geworden sind, weil sie eine ganz falsche Vorstellung davon haben, was es bedeutet, als Christ zu leben.

Gott gibt uns kein »Siegesleben«, das alle Schwierigkeiten überwindet — er gibt uns Leben, indem wir überwinden. Durch die Anstrengung entwickelt sich unsere Kraft. Ohne Anstrengung bekommen wir auch keine

Kraft. Bittest du Gott, dir Leben, Freiheit und Freude zu geben? Das kann er nur, wenn du bereit bist, die Anstrengung auf dich zu nehmen. Und wenn du dich den Schwierigkeiten stellst, bekommst du sofort die Kraft. Überwinde deine Ängstlichkeit und fang an. Dann wird Gott dir Nahrung geben: »Wer überwindet, dem will ich zu essen geben von dem Baum des Lebens« (Offb 2,7). Wenn man als natürlicher Mensch immer nur gibt, ist man bald erschöpft. Aber im Leben mit Gott wird man stärker, wenn man von sich selbst gibt. Gott gibt uns nie die Kraft für morgen oder für die nächste Stunde, nur immer für die augenblickliche Anstrengung. Wir sind immer versucht, die Schwierigkeiten vom Standpunkt unserer praktischen Vernunft aus zu beurteilen. Aber ein Christ kann sogar dann »getrost sein«, wenn die Widerstände scheinbar stärker sind, denn Sieg ist zwar für jeden Menschen etwas völlig Unmögliches — aber nicht für Gott.

### 3. August

# Gott bestimmt das Ziel

»*Jesus sprach zu ihnen: Seht, wir gehen hinauf nach Jerusalem*« (Lk 18,31).

Jerusalem ist der Ort, an dem Jesus die Lebensaufgabe erfüllte, die sein Vater ihm gesetzt hatte. Jesus sagt selbst: »Ich suche nicht meinen Willen, sondern den Willen dessen, der mich gesandt hat« (Joh 5,30). Dieses einzige Anliegen, »den Willen des Vaters« zu tun, beherrschte das ganze Leben Jesu. Und nichts, was ihm unterwegs begegnete, ob Freude, Trauer, Erfolg oder Misserfolg, konnte ihn von diesem Ziel abbringen. »... da wandte er sein Angesicht, stracks nach Jerusalem zu wandern« (Lk 9,51).

Was wir unbedingt beachten müssen, ist dass wir nach Jerusalem gehen, um Gottes Plan auszuführen und nicht unseren eigenen. Im natürlichen Leben bestimmen wir selbst, was wir erreichen wollen, aber wenn wir als Christen leben, haben wir keine eigenen Ziele. Wir reden heute so viel über unsere Entscheidungen für Christus, unsere Entschlossenheit, als Christen zu leben, und unseren Entschluss zu diesem oder jenem, aber im Neuen Testament ist in diesem Zusammenhang nur davon die Rede, dass Gott alles nach seinem Plan bestimmt. »Nicht ihr habt mich erwählt, sondern ich habe euch erwählt« (Joh 15,16).

Gott will uns gar nicht dazu bringen, dass wir seinen Absichten bewusst zustimmen – wir werden in seinen Plan einbezogen, ohne es überhaupt wahrzunehmen. Oft haben wir keine Ahnung, was Gottes Ziel sein könnte, und im Weitergehen wird uns sein Plan immer rätselhafter. Es sieht aus, als hätte Gott daneben getroffen, denn wir sind zu kurzsichtig, um das Ziel sehen zu können, das er erreichen will. Am Anfang unseres Lebens als Christen haben wir bestimmte Vorstellungen von Gottes Plan. Wir sagen: »Gott will, dass ich da und da hingehe« und: »Gott hat mir diesen besonderen Auftrag gegeben.« Wir tun, was wir für richtig halten, aber was unser Leben bestimmt, ist doch Gottes Plan. Verglichen mit diesem Plan, der alles bestimmt, ist die Arbeit, die wir tun, unwichtig. Sie ist nur wie ein Baugerüst, hinter dem Gott das eigentliche Bauwerk errichtet. »Er nahm aber zu sich die Zwölf« (Lk 18,31). Gott muss immer wieder persönlich mit uns reden. Wir haben noch nicht alles verstanden, was man über Gottes unumstößlichen Plan wissen kann.

### 4. August

## Gottes Freundschaft mit uns

»*Er nahm aber zu sich die Zwölf*« (Lk 18,31).

Ist Gott nicht geradezu tollkühn, uns so zu vertrauen? Vielleicht sagst du: »Es war nicht klug von ihm, mich auszusuchen, denn es ist ja nichts Gutes in mir und ich kann ihm nichts nützen.« Gerade darum hat er dich ausgesucht. Solange du glaubst, du könntest Gott nützen, kann er dich nicht für seine Ziele einsetzen, weil du eigene Ziele anstrebst. Aber wenn du es zulässt, dass er dich dahin führt, wo du nicht mehr alles selbst bewältigen kannst, dann kann er dich dazu bestimmen, mit ihm »nach Jerusalem zu gehen« (18,31). Und das bedeutet, dass er dich für Ziele einsetzt, für die er nicht deine Zustimmung abwartet.

Wenn ein Mensch von Natur entsprechend begabt ist, sagen wir oft, er würde einen guten Christen abgeben.

Aber das hängt nicht von unserer Begabung ab, sondern von dem Wissen, dass wir arm sind; nicht was wir mitbringen, entscheidet, sondern was Gott in uns hineinlegt; nicht unsere natürliche Tüchtigkeit oder Charakterstärke, Bildung oder Erfahrung — all das hilft in diesem Punkt nicht weiter. Das Einzige, was zählt, ist dass wir in den unumstößlichen Plan Gottes einbezogen und zu seinen Freunden gemacht werden (s. 1. Kor 1,26-31). Gott macht Menschen zu seinen Freunden, die wissen, wie arm sie sind. Mit einem Menschen, der meint, er sei Gott nützlich, kann er nichts erreichen. Als Christen sind wir überhaupt nicht hier, um unsere eigenen Ziele zu erreichen, sondern um den Plan Gottes zu erfüllen. Das sind zwei verschiedene Dinge. Wir kennen Gottes unverrückbaren Plan gar nicht, wir müssen nur unter allen Umständen unsere Verbindung mit ihm aufrechterhalten. Wir dürfen nie zulassen, dass irgendetwas unsere Beziehung zu Gott beeinträchtigt, und wenn sie doch beeinträchtigt wird, müssen wir uns die Zeit nehmen, sie wieder in Ordnung zu bringen. Das Wesentliche am Christsein ist nicht die Arbeit, die wir tun, sondern die Beziehung, in der wir stehen, und der Einfluss, der von dieser Beziehung auf unsere Umgebung ausgeht. Gott möchte, dass wir unsere Aufmerksamkeit nur darauf richten, und gerade diese Beziehung wird ständig angegriffen.

## 5. August

# Gottes verwirrender Ruf

»... und es wird alles vollendet werden, was geschrieben ist durch die Propheten von dem Menschensohn. ... Sie aber begriffen nichts davon« (Lk 18,31.34).

Der Auftrag, den Gott Jesus Christus gab, sah wie ein katastrophaler Misserfolg aus. Und Jesus Christus wollte, dass die Jünger seine Hinrichtung miterlebten; das stürzte jeden Einzelnen von ihnen in Trauer und Verzweiflung. Wie man es auch betrachtet, das Leben Jesu war ein totales Versagen — nur nicht für Gott. Was für die Menschen wie Versagen aussah, war für Gott ein Triumph, denn Gottes Absicht ist nie dieselbe wie die der Menschen.

Ein solch verwirrender Ruf von Gott gilt auch uns. Diesen Ruf kann man nie ganz begreifen oder äußerlich erklären; wir können ihn nur innerlich mit unserem eigentlichen innersten Wesen wahrnehmen und verstehen. Der Ruf Gottes ist wie der Ruf des Meeres: Nur der hört ihn, der selbst das Wesen des Meeres in sich hat. Man kann keinen bestimmten Zweck nennen, zu dem Gott uns ruft; er ruft uns einfach nur auf, seine Freunde zu sein und seine Pläne auszuführen. Das wirklich Schwere daran ist, ernstlich zu glauben, dass Gott weiß, was er will. Nichts geschieht zufällig — alles trifft nur ein, weil Gott es so bestimmt. Gott führt souverän seine eigenen Pläne durch.

Wenn wir mit Gott innige Gemeinschaft haben und merken, dass er uns in seine Pläne einbezieht, dann wollen wir nicht mehr unbedingt erfahren, was er vorhat. Mit dem Hineinwachsen in das Leben als Christ wird das leichter für uns, weil wir dann nicht mehr so sehr dazu neigen zu fragen: »Warum hat Gott das wohl zugelassen?« Dann fangen wir an zu erkennen, dass hinter allem, was im Leben passiert, der unveränderliche Plan Gottes steht und dass Gott uns formt, damit wir diesem Plan entsprechen. Ein Christ ist ein Mensch, der sich darauf verlässt, dass Gott vollkommene Übersicht hat, und nicht auf seine eigenen Fähigkeiten vertraut. Wenn wir einen eigenen Plan verfolgen, zerstört das die Einfachheit und ruhige Gelassenheit, die einem Christen zu eigen ist.

## 6. August

## Das Gebet und das Kreuz

*»An jenem Tage werdet ihr bitten in meinem Namen«* (Joh 16,26).

Allzu oft betrachten wir das Kreuz Christi als etwas, das wir *durch*machen müssen, und doch machen wir es nur durch, um *hinein*zukommen. Für uns bedeutet das Kreuz nur eines: völliges, absolutes, vorbehaltloses Einswerden mit Jesus Christus, der unser Herr ist. Dieses Einswerden wird für uns nirgends so erfahrbar wie im Gebet.

»Denn euer Vater weiß, was ihr bedürft, bevor ihr ihn bittet« (Mt 6, 8). Warum dann noch bitten? Der Sinn des Betens ist nicht, dass Gott unsere Bitten erfüllt, sondern dass wir zu einer vollkommenen und ungetrübten Einheit mit ihm kommen. Wenn wir nur beten, damit unsere Bitten erhört werden, werden wir uns bald über Gott ärgern. Er antwortet uns jedes Mal, wenn wir beten, aber er tut es nicht immer so, wie wir es erwarten, und unser Ärger zeigt, dass wir nicht bereit sind, uns beim Beten wirklich ganz auf ihn auszurichten. Der Sinn unseres Lebens ist nicht zu beweisen, dass Gott Gebete erhört, sondern beispielhaft sichtbar zu machen, wie Gott Menschen verwandelt.

»Ich sage euch nicht, dass ich den Vater für euch bitten will; denn er selbst, der Vater, hat euch lieb« (Joh 16, 26.27). Ist deine Beziehung zu Gott so eng, dass dein Gebetsleben seinen Sinn und seine Form aus der Einheit mit dem Gebetsleben Jesu Christi bezieht? Hat Christus dir statt deines natürlichen Wesens sein lebenschaffendes Wesen gegeben? Wenn ja, dann wirst du »an jenem Tage« so von Jesus durchdrungen sein, dass kein Wesensunterschied mehr zu erkennen ist.

Wenn du keine Antwort auf dein Beten hörst, sei vorsichtig, dass du die Schuld nicht auf andere schiebst. Das ist immer eine teuflische Falle. Wenn du die Antwort nicht erkennst, gibt es immer einen Grund. Gott nutzt solche Zeiten, um dir wesentliche persönliche Hinweise zu geben, die nur für dich und für niemanden sonst gedacht sind.

## 7. August

# Beten im Haus des Vaters

*»... da fanden sie ihn im Tempel sitzen. ... Und er sprach zu ihnen: Wisst ihr nicht, dass ich sein muss in dem, was meines Vaters ist?«* (Lk 2, 46.49).

Die Kindheit Jesu war keine Zeit, in der Unreifes langsam zur Reife heranwuchs. Sie war das sichtbare Zeichen für die ewige Tatsache, dass Christus Kind des Vaters ist. Wenn ich mit Jesus, der mich gerettet hat, ganz eins bin, bin dann nicht auch ich ein unschuldiges Kind und gehöre ganz meinem Vater, Gott? Verstehe ich mich selbst so, dass ich im Vaterhaus wohne? Lebt der Sohn Gottes in mir im Haus seines Vaters?

Die einzige beständige Wirklichkeit ist Gott selbst, und er gibt mir seine Weisung je nach der augenblicklichen Lage. Bin ich ständig in Verbindung mit Gottes Wirklichkeit oder bete ich nur, wenn etwas schief gegangen ist — wenn mein Lebensablauf gestört wird? Ich muss lernen, mich ganz mit Christus zu identifizieren durch eine Einheit und Gemeinschaft mit ihm, deren Intensität manche von uns noch gar nicht kennen: »... dass ich sein muss in dem, was meines Vaters ist« — ich muss lernen, jeden Augenblick meines Lebens im Haus meines Vaters zu verbringen.

Wie ist das bei dir? Bist du so eng mit dem Wesen Jesu verbunden, dass du ganz einfach ein Kind Gottes bist, ständig mit ihm sprichst und wahrnimmst, dass alles von ihm kommt? Lebt dieses ewige Kind, der Sohn Gottes in dir, im Haus seines Vaters? Wirkt sich sein Leben, das er dir gegeben hat, wohltuend auf deine Familie, deine Arbeitskollegen, deinen Freundeskreis aus? Fragst du dich manchmal, warum du bestimmte Situationen erlebst? Nicht weil *du* sie bestehen sollst. Es ist eine Folge deiner Verbindung mit dem Sohn Gottes, der in dein Leben kommt, weil sein Vater es so gewollt hat. Du musst *ihm* Raum geben, über dich zu bestimmen, und die vollkommene Einheit mit ihm bewahren.

Das Wesen deines Herrn muss ganz zu deinem eigenen, innersten Wesen werden, und wie er unter Menschen auf der Erde gelebt und gehandelt hat, so muss er auch in dir leben und handeln.

### 8. August

## Beten zur Ehre des Vaters

*»... darum wird auch das Heilige, das geboren wird, Gottes Sohn genannt werden«* (Lk 1, 35).

Wenn der Sohn Gottes als Kind in meinen natürlichen Menschen hereingekommen ist, lasse ich dann zu, dass seine göttliche Unschuld, Einfachheit und Einheit mit dem Vater in mir sichtbar werden? Was für Maria galt, ehe Jesus geboren wurde, gilt für jeden Christen: Durch einen unmittelbaren Akt Gottes hat sein Sohn angefangen, in mir zu leben. Also muss ich als sein Kind das tun, was ein Kind ganz natürlich tun darf: Ich muss durch das Gebet immer in der Nähe meines Vaters bleiben. Will der natürlich-vernünftige Teil meiner selbst immer wieder eigene Absichten verwirklichen, so dass ich ihn zurückrufen muss? »Wisst ihr nicht, dass ich sein muss in dem, was meines Vaters ist?« (Lk 2,49). Unabhängig von den äußeren Umständen muss dieses göttliche, ewige, unschuldige Kind mein Leben so bestimmen, dass die Verbindung mit seinem Vater nie gestört wird. Ist meine Seele so ungeteilt, dass ich mich auf diese Art mit Christus identifizieren kann? Bestimmt sein vollkommener Wille über mich? Wird Gottes Wille darin erfüllt, dass sein Sohn in mir Gestalt annimmt (s. Gal 4,19), oder habe ich ihn vorsorglich beiseite geschoben? Unsere Zeit ist voll mit lautem Geschrei. Warum scheinen alle so laut zu schreien? Die Leute heute schreien, Gottes Sohn müsse umgebracht werden. Hier ist im Augenblick kein Platz für den Sohn Gottes: kein Platz für stille, ungetrübte Gemeinschaft und Einheit mit dem Vater.

Betet der Sohn Gottes in mir, ehrt er den Vater oder schreibe ich ihm vor, was ich will? Tut er in mir Gutes, wie er es als Mensch auf der Erde getan hat? Erträgt der Sohn Gottes in mir sein Leiden, damit sein Plan ausgeführt werden kann? Je mehr ein Mensch vom inneren Leben der reifsten Christen weiß, umso besser versteht er, was Gott wirklich will: »... erstatte an meinem Leib, was an den Leiden Christi noch fehlt« (Kol 1,24). Und wenn man denkt, was dieses »Erstatten« erfordert, dann gibt es immer noch etwas zu tun.

## 9. August

# Beten, das der Vater hört

*»Jesus aber hob seine Augen auf und sprach: Vater, ich danke dir, dass du mich erhört hast«* (Joh 11,41).

Wenn der Sohn Gottes betet, konzentriert er seine ganze Aufmerksamkeit auf den Vater. Gott hört die Gebete seines Sohnes immer und wenn der Sohn Gottes in mir Gestalt gewonnen hat (s. Gal 4,19), hört der Vater auch meine Gebete immer. Aber ich muss dafür sorgen, dass der Sohn Gottes in meinem natürlichen Leben erkennbar wird. »... dass euer Leib ein Tempel des heiligen Geistes ist« (1. Kor 6,19), das heißt, dein Körper ist »Bethlehem« für Gottes Sohn, der Platz, an dem er in die Welt gekommen ist. Gebe ich Gottes Sohn die Möglichkeit, in mir zu handeln? Äußert sich seine einfache Direktheit in mir genau so, wie sie sich in seinem Leben auf der Erde geäußert hat? Wenn ich als gewöhnlicher Mensch mit dem alltäglichen Leben konfrontiert werde, betet dann der ewige Sohn Gottes in mir zum Vater? Jesus sagt: »An jenem Tage werdet ihr bitten in meinem Namen« (Joh 16,26). Welchen Tag meint er da? Er spricht von dem Tag, an dem der Heilige Geist zu mir gekommen ist und mich mit dem Herrn Jesus vereint hat.

Kann sich Jesus wirklich über dich freuen oder findet er geistlichen Stolz bei dir? Lass dein natürliches Denken nie so vorherrschen, dass es den Sohn Gottes beiseite drängt. Natürliche Vernunft ist eine Begabung, die Gott dem natürlichen Menschen gegeben hat — aber sie ist keine Gabe, die sein Sohn gibt. Sein Sohn gibt ein übernatürliches Gespür und wir sollten nie die natürliche Vernunft auf den Thron erheben. Der Sohn erkennt den Vater immer und identifiziert sich mit ihm, aber die natürliche Vernunft hat das noch nie getan und wird es nie tun. Unsere natürlichen Fähigkeiten geben Gott nie Ehre, wenn sie nicht durch den Sohn Gottes in uns verwandelt werden. Wir müssen darauf achten, dass unsere menschliche Natur ihm ganz untergeordnet bleibt, so dass er jeden Augenblick durch sie handeln kann. Sind wir persönlich so abhängig von Jesus Christus, dass sein Leben jeden Augenblick in uns sichtbar ist?

## 10. August
# Das Leiden des Christen

*»Darum sollen auch die, die nach Gottes Willen leiden, ihm ihre Seelen anbefehlen als dem treuen Schöpfer und Gutes tun«* (1. Petr 4,19).

Wenn jemand Leiden absichtlich sucht, ist das ein Zeichen dafür, dass etwas mit ihm nicht stimmt. Aber es ist etwas ganz anderes, Gottes Willen tun zu wollen, auch wenn das mit Leiden verbunden ist. Kein gesunder, normaler Christ sucht absichtlich Leiden; er sucht Gottes Willen, genau wie Jesus, ob das nun Leiden bedeutet oder nicht. Und ein Christ sollte nie so unvorsichtig sein sich einzumischen, wenn ein anderer Christ leidet, weil er etwas Bestimmtes lernen muss.

Ein Christ, wie Jesus ihn haben will, gibt anderen Christen Kraft und die Bereitschaft, Gott wahrzunehmen. Aber die Menschen, durch die wir Kraft bekommen, sind niemals die, die uns bedauern; im Gegenteil, die, die uns bedauern, halten uns nur auf, denn Mitleid macht uns nur schwächer. Niemand kann einen Christen besser verstehen als ein anderer Christ, der so eng wie nur irgend möglich mit Jesus verbunden ist. Wenn wir uns vom Mitleid eines anderen Christen anstecken lassen, haben wir spontan das Gefühl: »Gott behandelt mich zu hart und macht es mir zu schwer.« Darum sagt Jesus, Selbstmitleid sei vom Teufel (s. Mt 16,21-23). Wir müssen auf Gottes guten Ruf Rücksicht nehmen. Man kann Gott leicht in schlechten Ruf bringen, weil er nie widerspricht; er verteidigt oder rechtfertigt sich nie. Denke nicht, Jesus hätte in seinem Leben auf der Erde Mitleid gebraucht. Er hat das Mitleid der Leute zurückgewiesen, weil er weise war und wusste, dass kein Mensch seine Absicht verstehen konnte (s. Mt 16,23). Nur das Verständnis seines Vaters und der Engel nahm er an (s. Lk 15,10).

Menschlich beurteilt, geht Gott unglaublich verschwenderisch mit Menschen um, die zu ihm gehören. Es sieht aus, als setzte er sie an die unnützesten Stellen. Und dann denken wir: »Gott will, dass ich hier bin, weil er mich so gut gebrauchen kann.« Aber für Jesus spielte es nie eine Rolle, wo oder wie er am nützlichsten sein könnte. Gott stellt seine Leute dahin, wo sie am besten sein vollkommenes Wesen sichtbar machen, und wir können überhaupt nicht beurteilen, wo das sein könnte.

## 11. August

# Das müssen wir erleben

*»Und Elia fuhr im Wetter gen Himmel. Elisa aber ... sah ihn nicht mehr«* (2. Kön 2,11.12).

Es ist nicht schlecht, wenn du dich auf einen »Elia« verlässt, solange Gott ihn dir gibt. Aber vergiss nicht, dass er irgendwann gehen muss und dich dann nicht mehr berät und anleitet, denn Gott will nicht, dass er hier bleibt. Schon wenn du daran denkst, sagst du vielleicht: »Ohne dieses Vorbild kann es nicht weitergehen.« Aber Gott sagt, dass du weitermachen musst.

**Allein an deinem »Jordan«** (2,14). Nach der Trennung von deinem Lehrer gibt es Momente, da bist du ganz allein und niemand kann dir deine Verantwortung abnehmen. Jetzt musst du das anwenden, was du bei deinem Lehrer gelernt hast. Immer wieder bist du mit ihm in dieser Lage gewesen, aber jetzt bist du damit allein. Es hat keinen Zweck zu sagen, du könntest nicht gehen – die Situation ist da, es gibt keine andere Möglichkeit. Wenn du wirklich wissen willst, ob Gott so ist, wie dein Glaube ihn sieht, dann geh allein durch deinen »Jordan«.

**Allein in deinem »Jericho«** (2,15). Bei »Jericho« hast du deinen Lehrer große Dinge tun sehen. Aber wenn du allein nach »Jericho« kommst, hast du Angst die Initiative zu ergreifen und dich nur auf Gott zu verlassen. Du wünschst dir, jemand anders täte es für dich. Aber wenn du dich an das hältst, was du bei deinem Lehrer gelernt hast, dann wirst du wie Elisa ein Zeichen bekommen, dass Gott bei dir ist.

**Allein in deinem »Bethel«** (2, 23). Bei »Bethel« bist du völlig rat- und hilflos und hier fängt Gottes Weisheit an. Wenn du nicht weiter weißt und dich Panik überfallen will — lass dich nicht verleiten! Halte an Gott fest, dann wird er seine Wahrheit so sichtbar machen, dass klar zu erkennen ist, dass du ihn ehrst. Wende das an, was du bei deinem »Elia« gelernt hast — gebrauche seinen »Mantel« und bete (s. 2, 13.14). Entscheide dich, dich auf Gott zu verlassen, und suche auch nicht mehr nach Elia.

## 12. August

# In Gott ruhen

*»Ihr Kleingläubigen, warum seid ihr so furchtsam?«*
(Mt 8, 26).

Wenn wir Angst haben, sollten wir selbstverständlich zu Gott beten. Aber als unser Herr darf er auch erwarten, dass die, die ihn anrufen, ein Grundvertrauen zu ihm haben. Gott erwartet, dass seine Kinder ihm so viel Vertrauen entgegenbringen, dass sie in jeder Krise ruhig und zuverlässig handeln können. Aber natürlicherweise vertrauen wir Gott nur begrenzt; danach fallen wir zurück in die panischen Hilfeschreie, die auch Menschen an Gott richten, die ihn gar nicht kennen. Wenn wir so hilflos sind, zeigt sich, dass wir ihm in Wirklichkeit gar nicht glauben und nicht damit rechnen, dass er alles fest im Griff hat. Es kommt uns vor, als ob er schliefe, und wir sehen nichts als riesige Brecher auf dem Meer, das vor uns liegt.

»Ihr Kleingläubigen!« Das muss die Jünger hart getroffen haben, sie müssen gedacht haben: »Wieder versagt!« Auch uns wird die plötzliche Erkenntnis hart treffen, dass es Jesus sehr gefreut hätte, wenn wir trotz allem, was uns begegnete, fest mit ihm gerechnet hätten.

Es gibt Zeiten, da verläuft unser Leben ruhig und ohne Krisen, und wir tun alles Menschenmögliche. Aber wenn eine Krise eintritt, zeigt sich augenblicklich, auf wen wir uns verlassen. Wenn wir gelernt haben, Gott als Herrscher anzuerkennen und ihm zu vertrauen, wird die Krise deutlich machen, dass wir Tod und Zerstörung ins Auge sehen können und doch nicht das Vertrauen auf ihn verlieren.

Wir haben schon mehrfach über Heiligung gesprochen, darüber total Gott zu gehören, aber wie wirkt sich das in unserem Leben aus? Es äußert sich als unerschütterlicher Friede, der auf ein völliges Einssein mit Gott hindeutet. Diese Einheit mit ihm macht uns nicht nur frei von Schuld vor ihm, sie macht ihm auch viel Freude.

## 13. August

# Den Geist dämpft nicht

*»Den Geist dämpft nicht«* (1. Thess 5,19).

Der Geist Gottes spricht so sanft wie ein leichter Sommerwind: so leise, dass man ihn nie hört, wenn man nicht ganz in Gemeinschaft und Einheit mit Gott lebt. Das warnende Gefühl, das der Heilige Geist manchmal gibt, erreicht uns auf unvorstellbar behutsame Art. Und wenn man nicht sensibel genug ist, seine Stimme zu erkennen, erstickt (»dämpft«) man sie, und die Einheit mit Gott leidet Schaden. Dieses Gefühl, nicht weitergehen zu sollen, kommt immer als »stilles, sanftes Sausen« (1. Kön 19,12), so unauffällig, dass es niemand bemerkt, der nicht mit Gott verbunden ist.

Wenn du persönliche Erlebnisse berichtest und dabei immer nur auf die Vergangenheit zurückgreifst und sagst: »Damals, vor soundsoviel Jahren, hat Gott mich gerettet«, dann sei wachsam. Wenn du »die Hand an den Pflug« gelegt hast und mit Gott in Verbindung bist, brauchst du nicht zurückzuschauen; die Vergangenheit ist mit eingeflossen in das gegenwärtige Wunder deiner Einheit mit Gott (Lk 9,62; s. auch 1. Joh 1,6.7). Wenn du nicht im »Licht« dieser Einheit bleibst, wirst du ein sentimentaler Christ und lebst nur noch aus der Erinnerung, und was du von Gott sagst, bekommt einen unechten Unterton. Versuche nicht deine Erlebnisse aus der Zeit, als du mit Gott lebtest, wieder zu beleben und damit zu vertuschen, dass du jetzt nicht bereit bist, auf ihn zu hören. Immer wenn der Heilige Geist dich so warnt, halte ein und kläre die Lage, sonst wirst du ihn immer weiter unterdrücken und verletzen und es nicht einmal merken.

Nimm an, Gott führt dich in eine kritische Lage, und du hältst sie fast durch, aber nicht ganz. Dann führt er wieder eine derartige Krise herbei, aber dieses Mal erlebst du sie nicht mehr ganz so intensiv. Du siehst nicht mehr so klar, was Gott will, und du schämst dich am Ende mehr, dass du nicht gehorcht hast. Wenn du dann weiter den Heiligen Geist übergehst, kommt eine solche Situation irgendwann nicht wieder, weil du ihn ganz erstickt hast. Wenn du aber die Krise durchhältst, wird dein Leben ein einziges Lob Gottes werden. Lass dich nie an etwas binden, das Gott immer wieder weh tut. Wenn du von so etwas frei werden musst, dann lass Gott tun, was er will, gleich wen oder was er dabei verletzt.

## 14. August

# Wenn Gott uns erzieht

»*Mein Sohn, achte nicht gering die Erziehung des Herrn und verzage nicht, wenn du von ihm gestraft wirst*« (Hebr 12,5).

Man kann Gottes Geist sehr leicht »betrüben«; wir tun das jedes Mal, wenn wir »die Erziehung des Herrn gering achten« oder mutlos werden, wenn er uns »straft«. Im

Anfangsstadium der Erfahrung, dass Gott uns von der Sünde loslöst und für sich »heiligt«, d. h. in Besitz nimmt, erkennen wir Gottes Wirklichkeit oft nicht und halten sie für etwas anderes. Wenn uns dann der Heilige Geist warnt und zurückhalten will, meinen wir irrtümlich: »Oh, das muss vom Teufel kommen.«

»Den Geist dämpft nicht« (1. Thess 5,19). Achte sorgfältig darauf, wenn er sinngemäß Folgendes zu dir sagt: »Mach dir nicht weiter etwas vor: Du bist geistlich noch nicht so weit, wie du dachtest. Bisher konnte ich dir das noch nicht verständlich machen, aber jetzt zeige ich es dir.« Wenn Gott dich so erzieht, dann lass es dir gefallen. Gib ihm freie Hand, dich in die richtige Verbindung mit sich selbst zu bringen.

»Und verzage nicht, wenn du von ihm gestraft wirst.« Leicht schmollen wir, ärgern uns über Gott und sagen dann: »Ich kann es nicht ändern. Ich habe gebetet und es ist doch nichts Richtiges dabei herausgekommen. Also jetzt lasse ich es einfach.« Stell dir nur einmal vor, was passierte, wenn wir auf irgendeinem anderen Gebiet so handeln wollten!

Bin ich ganz darauf eingestellt, dass Gott in seiner Macht Besitz von mir nimmt und etwas in mir tut, was erkennen lässt, dass er es ist? Heiligung ist nicht, dass Gott das für mich tut, was ich mir vorstelle. Heiligung heißt, dass Gott für mich tut, was er will. Aber er muss mich erst dahin bringen, dass ich zulasse, dass er mich völlig in Besitz nimmt, gleich was es kostet.

## 15. August

# Zeichen der neuen Geburt

*»Ihr müsst von neuem geboren werden«* (Joh 3,7).

Auf die Frage des Nikodemus: »Wie kann ein Mensch geboren werden, wenn er alt ist?« (3,4), heißt die Antwort: Nur wenn er bereit ist allem abzusterben, was sein Leben ausmacht, auch seinen Rechten, seinen Stärken und seiner Religion, und ein Leben neuer Art in sich aufnehmen will, das er noch nie erlebt hat. Dieses neue Leben zeigt sich in unserer bewussten Umkehr zu Gott und darin, dass auch unser Unbewusstes ihm gehört.

»Wie viele ihn aber aufnahmen ...« (Joh 1,12). Kenne ich Jesus aus eigener geistlicher Wahrnehmung oder weiß ich nur über ihn, was ich von anderen gehört habe? Ist etwas in mir, das mich mit Jesus vereint, der mich persönlich gerettet hat? Meine geistliche Entwicklung muss auf der Grundlage einer persönlichen Bekanntschaft mit Jesus stattfinden. Neu geboren sein heißt Jesus sehen.

»Es sei denn, dass jemand von neuem geboren werde, so kann er das Reich Gottes nicht sehen« (Joh 3,3). Suche ich nur nach Anzeichen von Gottes Herrschaft oder sehe ich wirklich, dass er alles bestimmt, wie er will? Die neue Geburt gibt mir eine neue Art zu sehen und dadurch fange ich an zu erkennen, dass Gott regiert. Er war schon immer der oberste Herrscher, aber weil sein

Wesen göttlich ist, kann ich es erst sehen, wenn ich selbst sein göttliches Wesen in mich aufgenommen habe.

»Wer aus Gott geboren ist, der tut keine Sünde« (1. Joh 3,9). Gebe ich mir Mühe, nichts Böses mehr zu tun, oder habe ich tatsächlich damit aufgehört? Von Gott geboren sein heißt seine übernatürliche Kraft haben, kein Unrecht mehr zu tun. In der Bibel steht nie die Frage: Darf ein Christ Böses tun? Sie betont ausdrücklich, *dass ein Christ nichts Böses tun darf*. Die neue Geburt wirkt sich so in uns aus, dass wir nichts Böses mehr tun. Wir haben nicht nur theoretisch die Kraft, kein Unrecht mehr zu tun, wir tun es auch wirklich nicht mehr, weil Christus in uns bestimmt. 1. Johannes 3,9 bedeutet aber nicht, wir *könnten* nur noch Gutes tun, sondern nur, dass wir *nichts Böses mehr tun müssen*, wenn wir uns nach dem Wesen Gottes in uns richten.

## 16. August

# Kennt er mich?

»... *und er ruft seine Schafe mit Namen* ...« (Joh 10,3).

... **wenn ich ihn nicht verstehe und traurig bin** (s. Joh 20,11-18)? Man kann in der christlichen Lehre alles wissen und doch Jesus nicht kennen. Wenn aber ein Mensch eine Lehre wichtiger nimmt als Jesus und engen Kontakt mit ihm meidet, ist er in großer Gefahr. Warum hat Maria geweint? Die Lehre bedeutete ihr nichts. Was die Lehre angeht, hätte jeder Pharisäer Maria lächerlich machen können, aber eines konnten sie nicht bagatellisieren: Jesus hatte sie von sieben bösen Geistern befreit (s. Lk 8,2). Doch auch das, was er für sie getan hatte, bedeutete Maria nichts im Vergleich zu ihrer Bekanntschaft mit Jesus selbst. »... wandte sie sich um und sieht Jesus stehen und weiß nicht, dass es Jesus ist ... Spricht Jesus zu ihr: Maria!« (Joh 20,14.16). Als er sie beim Namen nannte, wusste sie sofort, dass sie den kannte, der zu ihr sprach. »Da wandte sie sich um und spricht zu ihm ... Meister!« (20,16).

**... wenn ich hartnäckig zweifle** (s. Joh 20,24-29)? Habe ich etwas an Jesus in Zweifel gezogen, zum Beispiel eine Erfahrung, die andere berichten, die ich aber noch nicht gemacht habe? Die anderen Jünger sagten zu Thomas: »Wir haben den Herrn gesehen« (20,25). Aber Thomas zweifelte und sagte: »Wenn ich nicht ... sehe ..., kann ich's nicht glauben« (20,25). Thomas brauchte eine persönliche Berührung von Jesus. Wann Jesus uns so berührt, können wir nie vorher wissen, aber wenn er es tut, sind das unbeschreiblich kostbare Momente. »Thomas ... sprach zu ihm: Mein Herr und mein Gott!« (20,28).

**... wenn ich aus Eigennutz bestritten habe, ihn zu kennen** (s. Joh 21,15-17)? Petrus beteuerte mit Fluchen und Schwören, Jesus nicht zu kennen (s. Mt 26,69-75), und doch ist Jesus ihm nach seiner Auferstehung persönlich erschienen. Jesus hat zuerst die Selbstachtung des Petrus wieder hergestellt und dann auch sein Ansehen vor den anderen. Und Petrus hat zu ihm gesagt: »Herr, ... du weißt, dass ich dich liebhabe« (Joh 21,17).

Habe ich Jesus persönlich erlebt? Das einzige sichere Zeichen des Christseins ist eine persönliche Bekanntschaft mit Jesus, und nichts kann diese Bekanntschaft wegnehmen.

## 17. August

# Hast du Mut zur Hingabe?

*»Jesus sprach ... zu ihm: Es fehlt dir noch eines. Verkaufe alles, was du hast, ... und komm und folge mir nach! Als er das aber hörte, wurde er traurig; denn er war sehr reich«* (Lk 18, 22.23).

Hast du schon einmal erlebt, dass dein Herr etwas sehr Schwieriges von dir verlangte? Wenn nicht, bezweifle ich, ob du ihn überhaupt schon hast sprechen hören. Jesus sagt sehr vieles zu uns und wir hören zu, aber wir nehmen es nicht wirklich wahr. Und wenn wir ihn dann wirklich hören, klingen seine Worte hart und unnachgiebig.

Jesus zeigt nicht die geringste Unruhe, ob dieser reiche und vornehme junge Mann tun wird, was er ihm sagt, und er versucht auch nicht, ihn bei sich zu halten. Er sagt nur einfach zu ihm: »Verkaufe alles, was du hast, ... und komm und folge mir nach.« Jesus bittet ihn nicht und versucht auch nicht, ihn zu locken — er stellt einfach nur die strengste Forderung, die ein Mensch je gehört hat, und weiter nichts.

Habe ich schon einmal erlebt, dass Jesus etwas Schwieriges und Hartes zu mir sagte? Hat er etwas zu mir persönlich gesagt, auf das ich bewusst geachtet habe — nichts, was ich auf andere beziehen kann, sondern etwas ganz direkt zu mir? Dieser Mann versteht, was Jesus sagte. Er hört es deutlich und erkennt die volle Tragweite des Gesagten und es bricht ihm das Herz. Er ist nicht trotzig, als er weggeht, sondern traurig und mutlos. Er ist entschlossen und mit glühendem Eifer zu Jesus gekommen, aber die Worte Jesu lassen ihn erstarren. Sie wecken keine begeisterte Hingabe an ihn, sondern Verzweiflung. Und Jesus geht ihm nicht nach; er lässt ihn gehen. Jesus weiß: Wenn sein Wort erst einmal wirklich gehört wird, dann wird es irgendwann Früchte tragen. Das wirklich Schlimme ist, dass manche von uns sein Wort daran hindern, in unserem jetzigen Leben schon Früchte zu tragen. Was wollen wir sagen, wenn wir uns endlich entschließen, uns ihm in diesem bestimmten Punkt auszuliefern? Eines ist sicher: Er wird uns niemals wegen früheren Versagens Vorwürfe machen.

## 18. August

# Sprachlos vor Kummer

*»Als er das aber hörte, wurde er traurig; denn er war sehr reich«* (Lk 18,23).

Der reiche junge Mann verließ Jesus sprachlos vor Kummer, er fand keine Antwort auf Jesu Worte. Es gab keinen Zweifel an dem, was Jesus da gesagt hatte und was es bedeutete und es machte ihn so traurig, dass er nicht mit Worten reagieren konnte. Ist dir das auch schon passiert? Hat Gottes Wort dich so getroffen, dir einen bestimmten Lebensbereich gezeigt und dich aufgefordert, ihn Jesus auszuliefern? Vielleicht waren es bestimmte persönliche Eigenschaften, Wünsche oder Interessen oder auch geistige und emotionale Beziehungen. Wenn das so ist, bist du schon oft sprachlos vor Kummer gewesen. Jesus geht dir nicht nach und bittet dich nicht. Aber jedes Mal, wenn er dir an der bezeichneten Stelle begegnet, wiederholt er seine Worte und sagt: »Wenn du es ehrlich und ernst meinst, ist das die Voraussetzung.«

»Verkaufe alles, was du hast« (Lk 18,22). Mit anderen Worten: Lege vor Gott alles ab, was man irgendwie als Besitz betrachten kann, bis du nur noch ein Mensch bist mit dem Bewusstsein, vor Gott zu stehen, und dann gib Gott diesen Menschen. Da wird die eigentliche Entscheidung getroffen: in deinem Willen und vor Gott. Ist dir deine Vorstellung, was Jesus will, wichtiger als Jesus selbst? Wenn ja, wirst du wahrscheinlich solch eine harte, unnachgiebige Aufforderung zu hören bekommen, die dich traurig macht. Was Jesus sagt, ist schwierig — es ist nur leicht zu hören, wenn man sein Wesen in sich hat. Lass nicht zu, dass die harten Worte Jesu aufgeweicht werden.

Ich kann im Bewusstsein meiner Armut oder in der Erkenntnis, dass ich niemand bin, so reich sein, dass ich nie anfange, wirklich mit Jesus zu gehen. Oder ich kann in dem Bewusstsein, dass ich jemand bin, so reich sein, dass ich Jesus nicht nachfolge. Bin ich bereit, auch noch mein Gefühl von Armut und Hilflosigkeit herzugeben, so dass ich auch das nicht mehr habe? Wenn nicht, ist das der Grund, warum ich den Mut verliere. Entmutigung ist Eigenliebe, der man die Illusion nimmt, und Eigenliebe kann die Liebe zu meiner eigenen Frömmigkeit sein anstatt zu Jesus selbst.

## 19. August

# Innere Unsicherheit

*»Kommt her zu mir ...«* (Mt 11,28).

Gott will, dass wir in Jesus Christus ein erfülltes Leben führen, aber manchmal wird diese Lebensweise von außen her angegriffen. Dann fangen wir leicht wieder an, uns selbst zu erforschen, obwohl wir dachten, diese Gewohnheit hätten wir abgelegt. Das Erste, was unser

Leben in Gott stört, ist innere Unsicherheit; sie schafft ständig Unruhe und das Gefühl, kämpfen zu müssen. Unsicherheit ist keine Sünde, sie kann einfach durch Aufregung entstehen oder dadurch, dass man sich plötzlich in einer völlig neuen Situation findet. Aber Gott will nie, dass uns in der Beziehung zu ihm etwas fehlt. Wenn etwas den Frieden stört, den wir von ihm haben, muss es sofort geändert werden, und man kann es nicht ändern, indem man es ignoriert, sondern nur, indem man zu Christus kommt. Wenn wir zu ihm kommen wollen und ihn bitten, uns sein Wesen bewusst zu machen, dann wird er es immer tun, bis wir gelernt haben, ganz in ihm zu bleiben.

Lass nie zu, dass etwas unerkannt in deinem Leben bleibt, was deine Verbindung mit Christus beeinträchtigt oder gar zerstört. Sei vorsichtig, dass nicht durch Umstände oder Einfluss von Freunden andere Dinge zu wichtig werden. Das würde dir nur Kraft wegnehmen und dein geistliches Wachstum behindern. Vermeide alles, was deine Einheit mit ihm zerstören kann, so dass du dich selbst als unabhängig von ihm wahrnimmst. Nichts ist so wichtig wie die enge Verbindung mit Gott beizubehalten. Und die einzige Möglichkeit dazu ist sehr einfach: »Kommt her zu mir …« Wie tief unsere geistige, moralische und geistliche Ehrlichkeit ist, zeigt sich deutlich an unserer Reaktion auf diese Worte. Aber immer wenn wir uns in einem Teilbereich unseres Lebens als unecht erweisen, liegt es uns näher, das abzustreiten, als zu Jesus zu kommen.

## 20. August

# Erfüllung

»... *dann findet euer Leben Erfüllung*« (Mt 11,28 GN).

Wenn aus irgendeinem Grund dein Leben mit Jesus Christus anfängt zu zerbröckeln, wende dich sofort an ihn und bitte ihn, deinen Frieden wiederherzustellen. Lass nicht zu, dass sich etwas bei dir einnistet, das Unruhe stiftet. Was es auch immer sei, das die Einheit zerstört, es muss bekämpft werden und darf nicht bleiben. Bitte Gott, dir sein Wesen und seine Gegenwart bewusst zu machen, dann wird deine innere Unsicherheit verschwinden. Dann ist er alles in allem für dich. Lass deine Unsicherheit nicht andauern, sonst erzeugt sie langsam aber sicher Selbstmitleid, und Selbstmitleid ist teuflisch. Erlaube dir nicht zu denken: »Die Leute haben mich einfach nicht verstanden und dafür müssten sie sich bei mir entschuldigen; das muss ich auf jeden Fall gleich klarstellen.« Lerne, andere mit solchen Dingen in Ruhe zu lassen. Bitte einfach Gott, dir Christus bewusst zu machen, dann wird er dir immer mehr Gelassenheit geben, bis du ganz von ihm erfüllt bist.

Erfülltes Leben setzt eine kindliche Haltung zu Gott voraus. Wenn ich mein Christusbewusstsein immer beobachten muss, ist etwas nicht in Ordnung. Nur einem Kranken ist sein Zustand wirklich bewusst. Ein Kind Gottes braucht sich meist nicht klarzumachen, was Gott will, denn es ist in Gottes Willen mit eingeschlossen.

Wenn wir von seinem Willen abgewichen sind — wenn auch nur wenig —, dann fangen wir an zu fragen: »Herr, was willst du?« Als Kind Gottes braucht man nicht um die Erfahrung zu bitten, dass Gott Gebete erhört, man weiß ganz selbstverständlich, dass er das immer tut.

Wenn wir versuchen, unsere Unsicherheit auf irgendeine menschlich-natürliche Art zu überwinden, dann wird sie dadurch nur noch viel stärker. Jesus sagt: »Kommt doch zu mir ..., dann findet euer Leben Erfüllung«, das heißt, das Bewusstsein der Gegenwart Christi wird unsere Unsicherheit verschwinden lassen. Überall, wo Jesus hinkommt, bringt er Frieden — Frieden, der daher kommt, dass wir eine Aufgabe erfüllen, und den wir nie bewusst wahrnehmen.

## 21. August

# Der Dienst der Unbeachteten

*»Selig sind, die da geistlich arm sind«* (Mt 5,3).

Das Neue Testament erwähnt Dinge, die uns gar nicht erwähnenswert scheinen. »Selig sind, die da geistlich arm sind.« Arme sind etwas sehr Gewöhnliches! Heute heben wir in Predigten gern die Willensstärke oder den edlen Charakter des Menschen hervor: Dinge, die man leicht sieht. Wir hören so oft: »Entscheide dich für Jesus Christus«, aber damit werden Kräfte aktiviert, denen Jesus nie getraut hat. Er bittet uns nie, uns für ihn zu entscheiden, sondern uns ihm auszuliefern; das ist etwas ganz anderes. Die Herrschaft Christi baut auf der unbefangenen Liebenswürdigkeit der einfachen Menschen auf. Gerade wenn ich arm bin, tut Gott mir Gutes. Wenn ich keinen starken Willen und keine herausragende Veranlagung habe, dann sagt Jesus zu mir: »Du hast es gut, denn gerade weil du arm bist, kannst du in mein Reich kommen.« Ich kann nie wegen meiner Qualitäten in sein Reich kommen, sondern nur, wenn ich alles von ihm annehmen muss.

Das wahre Wesen der Güte, an der man Gott erkennt, ist dem Menschen, in dem sie sich ausprägt, nie bewusst. Bewusste Wirksamkeit ist immer hochmütig und unchristlich. Wenn ich mich frage, ob Gott mich wohl gebrauchen kann, verliere ich sofort den Charme, der von der unmittelbaren Berührung Gottes ausgeht. »Wer an mich glaubt ..., von dessen Leib (Sinn etwa: aus dessen Herzen) werden Ströme lebendigen Wassers fließen« (Joh 7,38). Wenn ich jedoch untersuche, was da herauskommt, verliere ich die Verbundenheit mit Jesus.

Welche Menschen wirken am stärksten auf uns? Sicher nicht die, die das glauben, sondern die, die gar nicht daran denken, dass sie Einfluss ausüben. Wie Gott durch einen Christen wirkt, wird diesem selbst nie bewusst. Wenn uns das bewusst ist, verliert es die ungetrübte Schönheit, an der man die Berührung durch Jesus erkennt. Man kann immer erkennen, wenn Jesus handelt, denn er schafft mitten im Alltäglichen neue belebende Impulse.

## 22. August

## »... der aber nach mir kommt«

*»Ich taufe euch mit Wasser ...; der aber nach mir kommt, ... der wird euch mit dem heiligen Geist und mit Feuer taufen«* (Mt 3,11).

Bin ich schon einmal dahin gekommen, dass ich sagen konnte: »Ich ...; der aber ...«? Solange das nicht eintritt, kann ich nicht wissen, was die Taufe mit dem Heiligen Geist bedeutet. *Ich* bin völlig am Ende und kann nichts mehr tun — *aber er* fängt gerade da an. Er tut, was niemand anders tun kann. Bin ich auf sein Kommen vorbereitet? Jesus kann nicht kommen und in mir bewirken, was er will, wenn noch etwas den Weg versperrt, ob das nun etwas Gutes oder etwas Schlechtes ist. Wenn er zu mir kommt, bin ich dann bereit, ihn alles Unrecht, das ich je getan habe, hervorholen zu lassen? Genau das nämlich will er. Er wird überall dort hingehen und da stehen bleiben, wo mir mein Unrecht bewusst ist, und wo ich meine, alles sei in Ordnung, wird er sich zurückziehen.

Reue verursacht keine Sündenerkenntnis, sie verursacht nur ein unbeschreibliches Gefühl der Unwürdigkeit. Wenn ich bereue, merke ich, dass ich vollkommen hilflos bin, und ich weiß, dass ich durch und durch unwürdig bin, ihm auch nur »die Schuhe zu tragen«. Kenne ich solche Reue oder habe ich noch eine leise Hoffnung, mich vielleicht verteidigen zu können? Vielleicht kann Gott darum nicht »zu mir hereinkommen«, weil diese vollkommene Reue fehlt.

»*Der* wird euch mit dem heiligen Geist und mit Feuer taufen.« Hier spricht Johannes nicht von dem Erlebnis, mit dem Heiligen Geist getauft zu werden, sondern davon, dass Jesus Christus dies tun wird. Wer mit dem Heiligen Geist getauft wird, erlebt bewusst oft nichts anderes, als dass er seine völlige Unwürdigkeit spürt.

*Ich war wirklich so untauglich. Der aber* ... Jesus ist gekommen und etwas Unerklärliches ist geschehen. Geh bis ans Ende deiner Möglichkeiten, wo du nichts mehr tun kannst; da tut er alles.

## 23. August

# Der Kampf im »Verborgenen«

*»Wenn du aber betest, so geh in dein Kämmerlein und schließ die Tür zu und bete zu deinem Vater, der im Verborgenen ist; und dein Vater, der in das Verborgene sieht, wird dir's vergelten«* (Mt 6,6).

Jesus hat nicht gesagt: »Träume von deinem Vater, der im Verborgenen ist«, sondern: »Bete zu deinem Vater ...« Beten ist eine Willensanstrengung. Auch wenn wir an einem ungestörten Ort sind und die Tür geschlossen haben, ist es oft äußerst schwierig, wirklich zu beten. Unser Verstand scheint dann nicht richtig zu arbeiten, und wir müssen erst einmal dagegen ankämpfen, dass unsere Gedanken abschweifen. Die größte Gefahr für das persönliche Gebet liegt in unserer Unkonzentriertheit und unseren abschweifenden Gedanken. Wir müssen erst lernen, unsere Gedanken zu ordnen und uns auf willentliches, bewusstes Beten zu konzentrieren.

Wir brauchen einen bestimmten Platz, den wir zum Beten vorsehen, aber sobald wir dorthin kommen, fangen unsere Gedanken schon an zu wandern und uns fällt ein: »Dies muss gemacht werden und das muss ich heute schaffen.« Jesus sagt: »Schließ die Tür zu.« Wenn wir allein Stille vor Gott finden möchten, müssen wir bewusst die Tür zu unseren Gefühlen zuschließen und an ihn denken. Gott ist im Verborgenen und er sieht uns aus dem Verborgenen — er sieht uns nicht so, wie andere Menschen oder wir selbst uns sehen. Wenn wir wirklich »im Verborgenen« leben, können wir unmöglich an Gott zweifeln. Dann wird er uns realer als irgendjemand oder irgendetwas sonst. Geh hinein ins »Verborgene«, dann siehst du, dass Gott die ganze Zeit mitten in deinem Alltag da war. Gewöhne dir an, mit Gott über alles zu sprechen. Wenn du nicht lernst, deine Tür für Gott ganz zu öffnen und ihn jeden Tag vom Augenblick des Aufwachens an in alles hereinzulassen, arbeitest du den ganzen Tag auf der falschen Ebene. Aber wenn du deine Tür weit öffnest und »zu deinem Vater betest, der im Verborgenen ist«, dann wird auch alles, was du öffentlich tust, von der Gegenwart Gottes geprägt sein.

## 24. August

# Antwort suchen

»Wer ist unter euch Menschen, der seinem Sohn, wenn er ihn bittet um Brot, einen Stein biete?« (Mt 7,9).

Was Jesus hier darstellt, um das Gebet zu erklären, ist ein wohlgeratenes Kind, das um etwas Gutes bittet. Wir reden vom Beten leicht so, als ob Gott uns erhörte, ganz gleich wie unsere Beziehung zu ihm ist (s. Mt 5,45). Sage nie, Gott wolle dir nicht geben, um was du bittest. Lass nicht nach, gib nicht auf herauszufinden, warum du es nicht bekommen hast; bitte noch intensiver als bisher und suche nach dem Grund: Ist deine Beziehung zu deinem Ehepartner, deinen Kindern, deinen Mitstudenten (oder Arbeitskollegen etc.) in Ordnung? Bist du in dieser Beziehung ein »gutes Kind«? Musst du ehrlicherweise zu Gott sagen: »Ich war wütend und gereizt, aber ich möchte trotzdem Gutes von dir«? Du kannst nichts bekommen und musst ohne das auskommen, bis du die Haltung eines »guten Kindes« einnimmst.

Oft halten wir Trotz für Frömmigkeit und streiten mit Gott, anstatt uns ihm zu fügen. Wir weigern uns, die Zeichen zu sehen, die anzeigen, wo wir im Unrecht sind. Habe ich Gott um Geld gebeten für etwas, das ich haben will, aber mich geweigert, jemand anderem zu bezahlen, was ich ihm schuldig bin? Habe ich Gott um Freiheit gebeten und verweigere sie einem Angehörigen? Will ich jemandem nicht vergeben und bin ich zu diesem Menschen unfreundlich gewesen? Wie sieht mein Verhalten als Christ für meine Freunde und Verwandten aus? (s. Mt 7, 12).

Ein Kind Gottes bin ich nur, wenn ich neu geboren bin, und ein »gutes« Kind bin ich nur, wenn ich »im Licht wandle« (1. Joh 1, 7). Für die meisten von uns wird Beten zu einer religiösen Form ohne viel Bedeutung, die eine mystische und emotionale Gemeinsamkeit mit Gott ausdrücken soll. Wir können alle gut Nebel produzieren, der uns die Sicht nimmt. Aber wenn wir ehrlich suchen und auf die Zeichen achten, erkennen wir sehr gut, was nicht in Ordnung ist: eine Freundschaft, unbezahlte Schulden oder eine falsche Einstellung. Es ist zwecklos zu beten, wenn wir nicht als Gottes Kinder leben. Von seinen Kindern sagt Jesus: »Wer da bittet, der empfängt ...« (Mt 7, 8).

## 25. August

# Opfer und Freundschaft

*»Euch aber habe ich gesagt, dass ihr Freunde seid ...«* (Joh 15, 15).

Die Freude des Sich-Verschenkens können wir nur kennen lernen, wenn wir uns in allen Bereichen bis ins Kleinste Gott zur Verfügung stellen. Aber sich selbst aufzugeben, ist die schwerste Forderung, die man an einen

Menschen stellen kann. Wir versuchen dann Bedingungen zu stellen: »Du kannst über mich verfügen, wenn …!« Oder wir versuchen eine Annäherung und sagen: »Ich muss wohl mein Leben Gott widmen.« Beide Wege können nie zur Freude der Selbsthingabe führen.

Aber sobald wir uns wirklich ganz Gott ausliefern und uns Jesus zur Verfügung stellen, gibt uns der Heilige Geist etwas von seiner Freude. Das höchste Ziel dieses Sich-Verschenkens ist es, unser ganzes Leben Jesus, unserem Freund, zu geben (s. Joh 15, 13.14). Wenn der Heilige Geist in unser Leben kommt, wird gerade das unser größter Wunsch. Dann kommt uns gar kein Gedanke mehr an Opfer, denn sich zu verschenken ist für den Heiligen Geist der höchste Ausdruck der Liebe.

Jesus selbst ist unser Vorbild für ein aufopferndes Leben und er ist zugleich das beste Beispiel für Psalm 40, 9: »Deinen Willen, mein Gott, tue ich gern.« Er hat unvorstellbare persönliche Opfer gebracht, aber mit überströmender Freude. Habe ich mich völlig von Jesus Christus in Besitz nehmen lassen und seinem Herrschaftsrecht gebeugt? Wenn ich mich nicht an ihm orientiere und von ihm leiten lasse, nützt mein Opfer nichts. Aber wenn ich das Opfer ihm und nur ihm bringe, dann wird sein formender Einfluss langsam aber sicher in meinem Leben sichtbar (s. Hebr 12, 1.2).

Achte darauf, dass deine natürlichen Wünsche dich nicht daran hindern, in der Liebe vor Gott zu bleiben. Es gibt eine grausame Art, die menschliche Liebe zu töten: Wir bauen die Liebe auf unsere natürlichen Wünsche auf und weil diese nicht voll erfüllt werden, schlägt sie in Ablehnung um. Aber für einen Christen zählt der Wunsch, mit Jesus, seinem Herrn, eins zu werden. Liebe zu Gott ist nichts Emotionales und schon gar nichts Sentimentales. Dass ein Christ so liebt, wie Gott liebt, ist die praktischste Tätigkeit, die man sich vorstellen kann.

»Ich habe gesagt, dass ihr Freunde seid ...« Unsere Freundschaft mit Jesus gründet sich auf das neue Wesen, das er in uns geschaffen hat. Dieses Wesen hat keine Ähnlichkeit mit unserem alten Wesen und hängt auch nicht daran, sondern nur am Wesen Gottes. Es ist vollkommen demütig, frei von Sünde und gehört ganz Gott.

## 26. August

### Bist du manchmal beunruhigt?

*»Den Frieden lasse ich euch, meinen Frieden gebe ich euch ...«* (Joh 14,27).

Manchmal ist unser Friede einfach nur in unserer Unwissenheit begründet. Aber wenn wir sehen, wie das Leben wirklich ist, gibt es keinen echten inneren Frieden mehr, außer wenn wir ihn von Jesus bekommen. Wenn Jesus uns Frieden zuspricht, schafft er damit Frieden, denn die Worte, die er sagt, »sind Geist und sind Leben« (Joh 6,63). Habe ich schon einmal für mich angenommen, was Jesus sagt? »... meinen Frieden gebe ich euch ...« — den Frieden, der daher kommt, dass ich ihn direkt anschaue, seine zufriedene Gelassenheit voll verstehe und für mich annehme.

Bist du im Augenblick sehr beunruhigt? Ängstigen und verwirren dich die Veränderungen und Umbrüche, die Gott als Herr in deinem Leben zulässt? Hast du deinen Glauben bis auf den Grund durchforscht und doch keine Quelle von Frieden, Freude oder Trost gefunden? Erscheint dir dein Leben völlig sinnlos? Dann schaue auf und nimm von Jesus seine zufriedene Gelassenheit an. Wenn sein Friede an dir sichtbar wird, ist das ein Beweis, dass du richtig mit ihm verbunden bist, denn daran erkennt man, dass du frei bist, dich ihm zuzuwenden. Wenn du nicht richtig mit Gott verbunden bist, kannst du an nichts konzentriert denken außer an dich selbst. Wenn du zulässt, dass irgendetwas dir den Blick auf Jesus verstellt, wirst du entweder besorgt oder du wiegst dich in falscher Sicherheit.

Wie ist das mit dem Problem, das dir gerade zu schaffen macht? Schaust du da »auf Jesus« (Hebr 12, 2) und bekommst Frieden von ihm? Wenn ja, dann wird sein Friede in dir sichtbar werden und durch dich auch anderen geschenkt werden. Aber wenn du nur versuchst, dich irgendwie aus der Schwierigkeit herauszuwinden, kann er in dir nichts mehr bewirken, und dann verdienst du alles, was dir passiert. Wir werden unruhig, weil wir nicht mit ihm rechnen. Wenn ein Mensch Jesus Christus um Rat fragt, hört die Verwirrung auf, weil es bei ihm keine Verwirrung gibt. Lege ihm alles vor und wenn dir Schwierigkeiten, Verluste und Leid begegnen, nimm seine Worte ernst: »Euer Herz erschrecke nicht ...«

## 27. August

# Deinen Glauben leben

*»Wandelt, solange ihr das Licht habt, damit euch die Finsternis nicht überfalle ...«* (Joh 12,35).

Achte darauf, dass du nach dem handelst, was du in Zeiten der innigen Gemeinschaft mit Gott siehst. Wenn du dem Licht nicht gehorchst, wird es sich in Dunkelheit verwandeln. »Wenn nun das Licht, das in dir ist, Finsternis ist, wie groß wird dann die Finsternis sein!« (Mt 6,23). Wenn du das Thema Heiligung beiseite legst oder etwas anderes vernachlässigst, was Gott dir in seinem Licht gezeigt hat, fängt das geistliche Leben in dir augenblicklich an zu zerfallen. Lass die Wahrheit immer in deinem realen Alltag sichtbar werden, lass sie sich in jedem Bereich auswirken, sonst wird sich sogar das, was du schon erkannt hast, als großer Schaden erweisen.

Die schwierigsten Menschen sind oft solche, die stolz und selbstgerecht auf eine vergangene geistliche Erfahrung zurückblicken, aber diese Erfahrung nicht in ihrem Alltag wirksam werden lassen. Wenn du *sagst*, dass du Christus gehörst, dann *zeige* es auch. Die Erfahrung muss so echt sein, dass sie deinem Leben anzumerken ist. Traue keinem Glauben, der dich unbeherrscht oder selbstzufrieden werden lässt: Ein solcher Glaube kommt direkt aus der Hölle, auch wenn er noch so schön scheint.

Was du glaubst, muss sich auswirken und in deinen ganz gewöhnlichen Alltagssituationen sichtbar werden.

Jesus sagt: »Wenn eure Gerechtigkeit nicht besser ist als die der Schriftgelehrten und Pharisäer, so werdet ihr nicht in das Himmelreich kommen« (Mt 5,20). Anders gesagt, dein Charakter und Verhalten müssen besser sein als die des korrektesten Menschen, den du kennst. Vielleicht weißt du alles über Heiligung, aber zeigst du es in den Alltagsbelangen deines Lebens? In allen Bereichen deines Lebens, körperlichen, moralischen und geistlichen, soll zum Ausdruck kommen, dass Christus am Kreuz unsere Sünde weggenommen hat.

## 28. August

### Der Sinn des Gebets

*»... sprach einer seiner Jünger zu ihm: Herr, lehre uns beten«* (Lk 11,1).

Beten gehört normalerweise nicht zum Leben eines natürlichen Menschen. Man sagt, ein Mensch, der nicht betet, verliere an Lebensqualität, aber das bezweifle ich. Was dadurch Schaden nimmt, ist das Leben des Sohnes Gottes in ihm, denn das wird nicht durch Essen und Trinken, sondern durch Beten ernährt. Wenn ein Mensch neu geboren wird, dann heißt das, dass das Wesen des Sohnes Gottes in ihm wächst, und dieses geistliche Leben kann er ernähren oder verhungern lassen. Die Vorstellung, die wir gemeinhin vom Gebet haben, hat das

Neue Testament nicht. Für uns ist Beten meist einfach ein Mittel, etwas für uns zu bekommen, aber der biblische Sinn des Gebets ist, dass wir Gott selbst kennen lernen.

»Bittet, so werdet ihr nehmen« (Joh 16,24). Wir sagen Gott unsere Probleme und manchmal sind wir verlegen oder gleichgültig gegen ihn, aber ihn wirklich um etwas *bitten* — das tun wir sehr selten. Dagegen hat ein Kind gar keine Hemmungen zu bitten! Jesus sagt: »Wenn ihr nicht ... werdet wie die Kinder ...« Bitte, dann handelt Gott. Gib Jesus Christus Handlungsspielraum. Das Problem ist, dass niemand das tut, solange er für sich selbst noch die kleinste Chance sieht. Erst wenn man gar nicht mehr weiter weiß, erscheint es einem nicht mehr feige zu beten. Tatsächlich ist es aber die einzige Möglichkeit, die Wahrheit und Wirklichkeit Gottes selbst zu erfahren. Sei offen vor Gott und lege ihm deine Probleme vor — genau das, was dich so ratlos gemacht hat. Aber solange du meinst allein zurechtzukommen, brauchst du Gott ja um nichts zu bitten.

Wenn man sagt: »Beten verändert die Dinge«, kommt das der Wahrheit nicht so nahe wie wenn man sagt: »Beten verändert *mich* und dann verändere ich die Dinge.« Gott hat es so eingerichtet, dass Beten auf der Grundlage der Erlösung dem Menschen eine neue Perspektive gibt. Der Sinn des Gebets ist nicht, die äußeren Umstände zu ändern, sondern im inneren Wesen eines Menschen Wunder zu wirken.

## 29. August

# Ganz persönlicher, bewährter Glaube

*»Jesus spricht zu ihr: Habe ich dir nicht gesagt: Wenn du glaubst, wirst du die Herrlichkeit Gottes sehen?«*
(Joh 11,40).

Immer wenn du dich auf etwas Neues einlässt, weil Gott das will, ergeben sich Situationen, in denen das, was dein Glaube tun will, der natürlichen Vernunft unmöglich erscheint. Vernunft ist nicht Glaube und Glaube ist nicht Vernunft. Die beiden sind so verschieden wie das natürliche und das geistliche Leben. Kannst du dich auf Jesus Christus verlassen, wo deine natürliche Vernunft ihm nicht trauen kann? Kannst du mutig nach dem handeln, was Jesus Christus sagt, wenn deine Lebensumstände zu beweisen scheinen, das sei alles Lüge? Oben auf dem Berg der Verklärung kann man leicht sagen: »Ja, ich glaube, dass Gott es tun kann«, aber du musst wieder vom Berg herunterkommen in das Tal, wo es Dämonen gibt; du musst dich der Wirklichkeit stellen, die den Glauben nicht gelten lassen will, den du dort gewonnen hast (s. Lk 9,28-42). Immer wenn mir klar wird, was ich glaube, begegnet mir etwas, das dem widerspricht. Sobald ich sage: »Ich glaube, dass Gott mir alles Notwendige geben wird« (s. Phil 4,19), fängt der Angriff auf meinen Glauben an. Wenn mir die Kraft ausgeht und ich Gott nicht mehr sehen kann, halte ich dann die Zerreißprobe durch oder gebe ich auf und kehre um?

Glaube muss auf die Probe gestellt werden, denn nur wenn man darum kämpft, wird er einem zum persönlichen Besitz. Was fordert deinen Glauben im Augenblick heraus? Die Konfrontation wird deinen Glauben entweder bestätigen oder zerstören. Jesus sagt: »Selig ist, wer sich nicht an mir ärgert« (Mt 11,6). Das Wichtigste ist Vertrauen zu Jesus. »Denn wir haben an Christus Anteil bekommen, wenn wir die Zuversicht vom Anfang bis zum Ende festhalten« (Hebr 3,14). Glaube stetig an ihn, dann werden alle Widerstände deinen Glauben stärker machen. Unser Glaube wird immer wieder angegriffen bis zu unserem physischen Tod, der der letzte schwere Angriff ist. Glaube ist vollkommenes Vertrauen zu Gott – da ist kein Platz für den Gedanken, dass Gott uns jemals im Stich lassen könnte.

## 30. August

## Nützlichkeit oder Beziehung?

»*Doch darüber freut euch nicht, dass euch die Geister untertan sind. Freut euch aber, das eure Namen im Himmel geschrieben sind*« (Lk 10,20).

Mit diesen Worten meint Jesus Christus: »Freut euch nicht über eure erfolgreiche Arbeit für mich, sondern über eure richtige Beziehung zu mir.« Die Gefahr, in der jeder christliche Mitarbeiter steht, ist dass er sich über den Erfolg seiner Arbeit freut, d. h. darüber, dass Gott ihn gebraucht. Aber was Gott durch dich tut, wenn du in der richtigen Beziehung zu Jesus Christus stehst, das kannst du nie ganz ermessen. Wenn du deine Beziehung zu ihm gesund erhältst, dann ist es nicht wichtig, in welchen Verhältnissen du lebst oder was für Menschen du jeden Tag triffst – er gießt unentwegt »Ströme lebendigen Wassers« durch dich aus (Joh 7, 38). Und dass du es nicht weißt, das richtet er aus Freundlichkeit so ein. Wenn Jesus dich frei gemacht hat und du zu ihm gehörst, so dass du die richtige Beziehung zu ihm hast, dann vergiss nicht, dass Gott dir den Platz gegeben hat, an dem du lebst, ganz gleich wie die Umstände dort sind. Und deine Reaktion auf deine Lebensumstände gebraucht Gott für seine Absichten, solange du »im Licht wandelst, wie er im Licht ist« (s. 1. Joh 1, 7).

Wir neigen heute dazu, den Dienst ins Zentrum zu stellen. Nimm dich vor Leuten in Acht, die andere für eine bestimmte Arbeit zu gewinnen suchen, weil sie da so viel helfen können. Wenn Nützlichkeit der Maßstab ist, war Jesus Christus der größte Versager, den es je gegeben hat. Ein Christ richtet sich nach den Anweisungen, die er von Gott selbst bekommt, nicht nach dem Maßstab der Nützlichkeit. Was zählt, ist nicht das, was wir für Gott tun, sondern was Gott durch uns tut. Das Einzige, worauf Jesus Christus bei einem Menschen Wert legt, ist seine Beziehung zu Gott – denn darauf legt auch der Vater großen Wert. Jesus ist der, der »viele *Söhne* zur Herrlichkeit« führt (Hebr 2, 10).

## 31. August

## »Meine Freude ... eure Freude«

*»Das sage ich euch, damit meine Freude in euch bleibe und eure Freude vollkommen werde«* (Joh 15,11).

Was für eine Freude war das, die Jesus hatte? Freude sollte man nicht mit Glücksgefühl verwechseln. Für Jesus ist es eine Beleidigung, wenn man das Wort *Glücksgefühl* in Verbindung mit ihm gebraucht. Die Freude Jesu bestand in seiner vollkommenen Hingabe und Selbstaufopferung für den Vater – es war die Freude, das zu tun, wozu der Vater ihn geschickt hatte. »Er hat das Kreuz auf sich genommen ..., weil eine so große Freude auf ihn wartete« (Hebr 12,2 GN); »deinen Willen, mein Gott, tue ich gern« (Ps 40,9). Jesus betete darum, dass unsere Freude immer vollkommener würde, bis sie genau so wird wie seine Freude. Habe ich zugelassen, dass Jesus Christus mich seine Freude erleben lässt?

Ob man ein erfülltes und überreiches Leben hat, das hängt nicht von körperlicher Gesundheit oder äußeren Umständen ab, noch nicht einmal davon, ob ich sehe, wie die christliche Arbeit vorwärts geht, sondern von der vollkommenen Übereinstimmung mit Gott und von der gleichen engen Gemeinschaft und Einheit mit ihm, die auch Jesus hatte. Aber was diese Freude am leichtesten stört, ist die unterschwellige Reizbarkeit, die uns befällt, wenn wir unsere äußeren Umstände zu wichtig nehmen. Jesus sagt: »Die Sorgen der Welt ... ersticken das Wort, und es bleibt ohne Frucht« (Mk 4, 19). Und ehe wir merken, was da vorgeht, sind wir schon in unseren Sorgen gefangen. Was Gott schon für uns getan hat, ist nur der Anfang. Er will uns dahin bringen, dass wir »seine Zeugen sind« (s. Apg 1, 8) und bekannt machen können, wer Jesus ist.

Pflege die richtige Verbindung mit Gott, freue dich daran, dann werden »Ströme lebendigen Wassers« von dir ausgehen (Joh 7, 38). Sei wie ein Brunnen, durch den Jesus sein »lebendiges Wasser« fließen lassen kann. Höre auf, stolz und heuchlerisch nur dich selbst wahrzunehmen und lass dein Leben »verborgen sein mit Christus in Gott« (s. Kol 3, 3). Wer mit Gott in der richtigen Verbindung steht, der lebt an jedem Ort so natürlich, wie er atmet. Die Menschen, deren Vorbild dir am meisten weitergeholfen hat, sind dieselben, die gar nichts davon wissen, dass sie ein Vorbild waren.

# September

## 1. September

## Zur Heiligkeit bestimmt

*»Denn es steht geschrieben: ›Ihr sollt heilig sein, denn ich bin heilig‹«* (1. Petr 1,16).

Wir müssen uns immer wieder daran erinnern, wozu wir da sind. Wir sind nicht dazu bestimmt, uns glücklich oder gesund zu fühlen, sondern heilig zu sein: in Einheit mit Gott zu leben. Wir haben heute viel zu viele Wünsche und Interessen und unser Leben wird davon sinnlos verbraucht. Viele dieser Wünsche sind vielleicht richtig, wichtig und gut und können später erfüllt werden, aber bis dahin muss Gott dafür sorgen, dass sie uns weniger wichtig werden. Das Einzige, worauf es wirklich ankommt, ist dies: Willst du den Gott annehmen, der dich heilig machen, d. h. mit sich vereinen will? Ein Mensch muss um jeden Preis die richtige Verbindung mit Gott haben.

Halte ich es überhaupt für nötig, heilig zu sein? Und glaube ich, dass Gott in mich hereinkommen und mich heilig machen kann? Wenn du mir durch deine Predigt klarmachst, dass ich nicht heilig bin, dann nehme ich dir deine Predigt übel. Wenn man das Evangelium predigt, nehmen die Leute das oft sehr übel, denn es soll ja zeigen, dass wir nicht heilig sind; aber es weckt zugleich eine große Sehnsucht im Menschen. Gott hat für die Menschheit nur ein Ziel: Heiligkeit. Seine eigentliche Absicht ist, Menschen zu Heiligen zu machen. Gott ist kein himmlischer Automat, der nach unserem Belieben Wohltaten spendet und er hat uns auch nicht aus Mitleid erlöst. Er hat uns erlöst, weil er uns dazu geschaffen hat, heilig zu sein. Dass Jesus Christus am Kreuz unsere Sünden gesühnt hat, das bedeutet, dass Gott mich eben wegen seines Todes wieder zu völliger Einheit mit sich selbst bringen kann und will, so dass sich gar nichts mehr zwischen uns drängt.

Dulde nie ein Verhalten, das nicht zur Heiligkeit Gottes passt, auch wenn es menschlich verständlich ist. Heiligkeit schließt ein, dass dein Verhalten vor Gott, die Worte, die du sprichst, und jeder Gedanke, den du denkst, ganz tadellos sind — dass jede Einzelheit Gott selbst zur Prüfung vorgelegt wird. Heiligkeit ist nicht nur das, was Gott mir gibt; sie ist der sichtbare Ausdruck dessen, was Gott mir gegeben hat in meiner Lebensführung.

## 2. September

# Ein Opfer, das Gott gefällt

»Wer an mich glaubt ..., von dessen Leib werden Ströme lebendigen Wassers fließen« (Joh 7,38).

Jesus hat nicht gesagt: »Wer an mich glaubt, der wird alles Gute erleben, das die Fülle Gottes ausmacht«, sondern sinngemäß: »Wer an mich glaubt, von dem wird alles, was ich ihm gebe, weiterfließen.« Jesus hat immer *gegen* Selbstverwirklichung Stellung genommen. Seine Absicht ist nicht, die Persönlichkeit zu entfalten, sondern den Menschen genau so zu machen, wie er selbst ist. Und was den Sohn Gottes auszeichnet, ist dass er sich selbst verschenkt. Wenn wir an Jesus glauben, ist das Wichtigste nicht das, was wir für uns bekommen, sondern das, was er durch uns weitergibt. Gott will nicht einfach, dass wir schöne, runde Weintrauben werden, sondern Weintrauben, aus denen er den süßen Saft gewinnen kann. Unser geistliches Leben kann man nicht nach dem Erfolg beurteilen, wie es heute üblich ist, sondern nur nach dem, was Gott durch uns weitergibt – und das können wir überhaupt nicht beurteilen.

Als Maria von Betanien das Glas mit dem kostbaren Duftöl zerbrach und über Jesus ausgoss, da sah eigentlich niemand einen besonderen Grund für diese Tat; es gab sogar einige, die »sprachen untereinander: Was soll diese Vergeudung des Salböls?« (Mk 14,3.4). Aber Jesus begrüßte dieses verschwenderische Zeichen der Liebe und sagte: »Wo das Evangelium gepredigt wird in aller Welt, da wird man auch das sagen zu ihrem Gedächtnis, was sie jetzt getan hat« (Mk 14,9). Immer wenn jemand das tut, was Maria getan hat: wenn er sich nicht an bestimmte Regeln binden lässt, sondern sich ganz für Jesus einsetzt, dann erfüllt ihn das mit übergroßer Freude. Gott hat das Leben seines Sohnes hergegeben, »dass die Welt durch ihn gerettet werde« (Joh 3,17). Sind wir bereit, auch unser Leben für ihn herzugeben?

»Wer an mich glaubt …, von dessen Leib werden Ströme lebendigen Wassers fließen« — und Hunderte von anderen Menschen werden unaufhörlich dadurch belebt werden. Jetzt, heute, sollten wir das »Glas« unseres Lebens zerbrechen, wir sollten aufhören, die eigene Befriedigung zu suchen, und unser Leben an ihn verschenken. Jesus fragt uns, wer das für ihn tun will.

## 3. September
# Auf Wunscherfüllung verzichten

*»Aber er wollte es nicht trinken, sondern goss es aus für den Herrn …«* (2. Sam 23,16).

Gibt es für dich in letzter Zeit etwas, das wie dieses »Wasser aus dem Brunnen am Tor in Bethlehem« ist (2. Sam 23,16)? Liebe, Freundschaft oder vielleicht eine geistliche Gabe? Hast du diese Sache für dich genommen auch auf die Gefahr hin, dass sie dir schadet, nur um deinen Wunsch zu erfüllen? Wenn ja, dann kannst du sie nicht mehr »für den Herrn ausgießen«. Du kannst nie etwas für Gott bereitstellen und zugleich für deine eigene Befriedigung nehmen. Wenn Gott dir etwas schenkt und du willst es für dich selbst verbrauchen, verdirbt es deinen Charakter. Du musst es Gott zurückgeben, für ihn »ausgießen« — und deine natürliche Vernunft wird dir sagen, das sei eine unsinnige Verschwendung.

Wie kann ich menschliche Liebe oder geistliche Gaben Gott zurückgeben? Nur auf eine einzige Art: Ich muss bewusst und willentlich beschließen, es zu tun. Es gibt Dinge, die jemand, der Gott nicht kennt, nie annehmen könnte, weil ein Mensch nie eine entsprechende Gegengabe machen kann. Sobald ich merke, dass etwas zu gut für mich ist, dass ich nicht wert bin es anzunehmen und dass es eigentlich gar nicht für Menschen gedacht ist, muss ich es Gott wiedergeben. Dann werden dieselben Dinge, die ich bekommen habe, als »Ströme lebendigen Wassers« von mir ausgehen (Joh 7,38). Aber wenn ich sie Gott nicht gebe, gefährden sie mich und auch die Menschen, die ich liebe, denn dann werden sie zu egoistischem Lustgewinn. Ja, wir können gierig sein auf Dinge, die nicht schmutzig oder gemein sind. Selbst die Liebe muss verwandelt werden, indem wir sie Gott zurückgeben.

Wenn du bitter und verdrießlich geworden bist, dann vielleicht deshalb, weil du etwas Gutes, das von Gott kam, für dich behalten hast. Wenn du es ihm wiedergeschenkt hättest, könntest du der liebenswürdigste Mensch der Welt sein. Wenn du das Gute immer nur für dich behältst und nicht lernst, es Gott wiederzugeben, können andere nie durch dich mehr von Gott erkennen.

## 4. September

# Sein Eigentum!

»*Sie waren dein und du hast sie mir gegeben*« (Joh 17,6).

Ein Missionar ist ein Mensch, dem der Heilige Geist klar gemacht hat, »dass (er) nicht (sich) selbst gehört« (1. Kor 6,19). Wenn ich sagen kann: »Ich gehöre nicht mir selbst«, dann habe ich geistlich einen hohen Stand erreicht. Das wahre Wesen eines solchen Lebens zeigt sich in den Wirren des Alltags daran, dass ich mich selbst in einer bewussten, freiwilligen Entscheidung einer anderen Person übereigne und diese Person ist Jesus Christus. Der Heilige Geist macht mir das Wesen Jesu und seine Ziele verständlich, nicht damit ich eine Trophäe für seine Sammlung bin, sondern damit ich mit ihm eins werde. Jesus hat nie einen seiner Jünger beauftragt, nur das bekannt zu machen, was er für ihn getan hatte. Erst nach der Auferstehung, als die Jünger durch den Heiligen Geist erkannt hatten, wer Jesus wirklich ist, sagte er zu ihnen: »Gehet hin« (Mt 28,19; s. auch Lk 24,49 und Apg 1,8).

»Wenn jemand zu mir kommt und hasst nicht seinen Vater, Mutter, Frau, Kinder, Brüder, Schwestern und dazu sich selbst, der kann nicht mein Jünger sein« (Lk 14,26). Jesus sagt nicht, dieser Mensch könne nicht gut und aufrichtig sein, aber er kann nicht jemand sein, den Jesus als sein Eigentum bezeichnet. Jede von den Beziehungen, die Jesus da aufzählt, kann mit unserer Beziehung zu ihm in Konkurrenz treten. Vielleicht gehörst du lieber deiner Mutter, deiner Frau oder dir selbst, aber Jesus sagt, wenn das so ist, kannst du nicht »mein Jünger sein«. Das bedeutet nicht, ich wäre nicht gerettet, aber es bedeutet, dass ich nicht ganz ihm gehören kann.

Christus macht seinen Jünger zu seinem ganz eigenen Besitz und übernimmt die Verantwortung für ihn. »… und werdet meine Zeugen sein« (Apg 1,8). Der Wunsch, der einen solchen Jünger beseelt, ist nicht etwas für Jesus zu *tun*, sondern so zu *sein*, dass er ihm möglichst viel Freude macht. Das Geheimnis eines Missionars ist, dass er wirklich sagen kann: »Ich gehöre ihm und er führt seine Absicht und seinen Plan durch mich aus.«

Sei ganz sein Eigentum!

## 5. September

# Mit Jesus wachen

*»… bleibt hier und wacht mit mir!«* (Mt 26,38).

»Wacht mit mir.« Jesus sagt damit sinngemäß: »Wacht nicht aus irgendwelchem eigenen Interesse, sondern nur und ausschließlich mit mir.« Am Anfang unseres Lebens als Christen wachen wir nicht mit Jesus, sondern für ihn. Wie es in der Bibel von den Jüngern berichtet wird, halten auch wir nicht mit ihm aus, auch nicht in dem, was uns in unserem eigenen Leben begegnet. Unser Herr will uns manchmal durch ein eigenes »Gethsemane«-Erlebnis zeigen, was Identifikation mit ihm bedeutet. Aber wir weigern uns und sagen: »Nein, Herr, ich weiß gar nicht, was das soll, und außerdem ist es sehr schmerzhaft.« Und wie kann man auch mit jemandem zusammen durchhalten, der so unbegreiflich ist? Wie können wir Jesus gut genug verstehen lernen, um mit ihm sein Leid auszuhalten, wenn wir gar nicht wissen, warum er leidet? Wir wissen nicht, wie man das tun kann – uns ist nur der Gedanke vertraut, dass Jesus über uns wacht.

Die Jünger liebten Jesus mit all ihrer natürlichen Liebesfähigkeit, aber sie verstanden nicht ganz seine Absicht. Im Garten Gethsemane schliefen sie ein, weil sie selbst so traurig waren, und nach drei Jahren der engsten und persönlichsten Beziehung, die sie je erlebt hatten, »... verließen ihn alle Jünger und flohen« (Mt 26, 56).

»... und sie wurden alle erfüllt von dem heiligen Geist« (Apg 2, 4). »Sie alle« sind dieselben Leute, aber in der Zwischenzeit hat sich etwas Wunderbares ereignet: Jesus ist gestorben, auferstanden und in den Himmel aufgenommen worden – und jetzt sind die Jünger »vom heiligen Geist erfüllt worden«. Christus hatte gesagt: »Ihr werdet die Kraft des heiligen Geistes empfangen, der auf euch kommen wird« (Apg 1, 8). Damit lernten sie für den Rest ihres Lebens, *mit* ihm auszuhalten.

## 6. September

# Wie weit das Lebenswasser reicht

*»Wer an mich glaubt..., von dessen Leib werden Ströme lebendigen Wassers fließen«* (Joh 7, 38).

Ein Strom erreicht Gegenden, die seine Quelle nie zu sehen bekommt. Und wenn wir seine Fülle geschenkt bekommen haben, sagt Jesus, dann werden »Ströme lebendigen Wassers« von uns ausgehen, deren segensreiche Wirkung »bis an das Ende der Erde« reicht (Apg 1, 8), auch wenn die sichtbare Wirkung unseres Lebens noch so klein ist. Was da von uns ausgeht, damit haben wir direkt nichts zu tun — »das ist Gottes Werk, dass ihr ... *glaubt*« (Joh 6, 29). Nur selten lässt Gott jemanden sehen, wie gut sein Leben für andere ist.

Ein Strom hat unwiderstehliche Ausdauer und überwindet alle Hindernisse. Eine Zeit lang fließt er ruhig weiter, dann kommt er an ein Hindernis. Da ist der Weg für eine Weile versperrt, aber bald findet er einen Weg um das Hindernis herum. Ein Fluss kann auch versickern und kilometerweit unterirdisch fließen, nur um später wieder aufzutauchen, größer und breiter als bisher. Siehst du, wie Gott andere gebraucht, aber in deinem Leben ist ein Hindernis und Gott kann dich anscheinend gar nicht gebrauchen? Dann achte auf die Quelle. Gott wird dich entweder um das Hindernis herumführen oder es wegnehmen. Der Strom des Geistes Gottes lässt sich durch kein Hindernis aufhalten. Konzentriere dich nie auf das

Hindernis oder die Schwierigkeit. Das Hindernis ist dem Strom ganz gleichgültig; er fließt stetig durch dich durch, wenn du nur dabei bleibst, dich auf die Quelle zu konzentrieren. Lass nie zu, dass etwas zwischen dich und Jesus Christus kommt — weder Gefühle noch Erfahrungen. Nichts darf dich von der einzigen lebensspendenden Quelle trennen.

Was für weitreichende Ströme von Heilkraft entspringen da in uns und werden aus uns gespeist! Gott hat uns herrliche Dinge eröffnet und wenn er uns etwas Neues zeigt, ist das wieder ein Zeichen dafür, dass der Strom, den er durch uns fließen lassen will, noch weiter reicht. Wenn du an Jesus glaubst, wirst du später sehen, dass Gott aus dir große und starke Ströme entwickelt und gespeist hat, die viele Menschen gestärkt haben.

## 7. September

### Segensbrunnen

*»... das Wasser, das ich ihm geben werde, das wird in ihm eine Quelle des Wassers werden, das in das ewige Leben quillt«* (Joh 4,14).

Was Jesus hier beschreibt, ist nicht einfach ein Bach, sondern ein Brunnen, der überfließt. Lass dich ununterbrochen »vom Geist erfüllen« (Eph 5,18), dann wird die Freundlichkeit, die deine Lebensbeziehung zu Jesus bestimmt, so reichlich von dir ausgehen, wie sie dir geschenkt wird. Wenn du merkst, dass sein Wesen nicht so von dir ausgeht, wie es sollte, ist es deine Schuld: Etwas blockiert die Verbindung. Hat Jesus dich angewiesen, auf die Quelle zu schauen, damit du selbst Gutes bekommst? Nein, du sollst dich auf die Quelle konzentrieren, damit von dir »Ströme lebendigen Wassers« ausgehen (Joh 7,38) — Leben, das sich nicht unterdrücken lässt.

Wir sollen Brunnen sein, durch die Jesus als »Ströme lebendigen Wassers« zu allen Menschen fließen und ihnen Gutes tun kann. Aber manche von uns sind wie das Tote Meer, sie nehmen immer nur auf und geben nicht weiter, weil ihre Beziehung zu Jesus nicht in Ordnung ist. So sicher, wie er uns Gutes tut, will er auch Gutes durch uns weitergeben. Aber immer, wenn nicht so viel Gutes von uns ausgeht, wie wir bekommen, ist unsere Verbindung mit ihm gestört. Steht etwas zwischen dir und Jesus Christus? Beeinträchtigt etwas deinen Glauben an ihn? Wenn nicht, sagt Jesus, dann gehen von dir »Ströme lebendigen Wassers« aus. Es geht da nicht um eine Wohltat, die du weitergibst, oder um ein Erlebnis, das du anderen erzählst, sondern um einen Strom, der ununterbrochen durch dich fließt. Bleib an der Quelle und achte sorgfältig auf deinen Glauben an Jesus Christus und deine Verbindung mit ihm, dann wird dieser Strom stetig in das Leben anderer fließen, es wird keine Dürre und kein Verwelken geben.

Ist es zu viel, wenn man behauptet, von einem einzelnen Christen könnten solche Ströme ausgehen? Siehst du dich selbst an und sagst: »Ich sehe keine Ströme«? Wenn Gott in der Geschichte gehandelt hat, hat er normalerweise bei den Unbekannten, Unbemerkten und

Übergangenen angefangen, die Jesus Christus aber unbeirrt treu geblieben sind.

## 8. September

## Tue es selbst

*»Wir zerstören damit Gedanken und alles Hohe, das sich erhebt gegen die Erkenntnis Gottes«* (2. Kor 10,5).

**Zerstöre manches konsequent.** Die Befreiung von der Sünde ist nicht dasselbe wie die Befreiung von der menschlichen Natur. Manches in der menschlichen Natur, zum Beispiel Vorurteile, kann ein Christ einfach zerstören, indem er sie völlig vernachlässigt. Aber es gibt anderes, das man gewaltsam zerstören muss, d. h. durch die Kraft Gottes, die sein Geist uns gibt. Manches sollen wir nicht bekämpfen, sondern Gott sagt dazu: »... stehet fest und sehet zu, was für ein Heil der Herr heute an euch tun wird« (2. Mose 14,13). Aber Gedanken und Theorien, die sich wie ein Festungswall »gegen die Erkenntnis Gottes« aufrichten, müssen entschlossen durch Gottes Macht, nicht durch menschliche Anstrengung oder durch Kompromisse, zerstört werden.

Erst wenn Gott unser natürliches Wesen verändert und angefangen hat, uns für sich in Besitz zu nehmen, fängt der Kampf an. Das ist kein Kampf gegen die Sünde – gegen die Sünde kann man nicht kämpfen, denn

Jesus Christus hat sie besiegt, als er uns erlöst hat. Der Kampf geht darum, dass unser natürliches Leben in ein geistliches Leben verwandelt wird. Das ist nie leicht und soll auch nach Gottes Absicht nicht leicht sein. Man kann es nur durch eine Reihe von grundsätzlichen Entscheidungen erreichen. Gott heiligt uns nicht in dem Sinn, dass er uns einen tadellosen Charakter gäbe. Dass er uns heiligt, bedeutet, dass er uns vor sich selbst schuldlos gemacht hat. Und diese Unschuld müssen wir durch unsere grundsätzlichen Entscheidungen in einen untadeligen Charakter umsetzen. Diese Entscheidungen richten sich immer direkt gegen Dinge, die fest in unserem natürlichen Leben verwurzelt sind – dieselben Dinge, die sich als Festungswall »gegen die Erkenntnis Gottes« stellen. Wir können dann entweder umkehren – dann sind wir für die Herrschaft Gottes wertlos – oder wir können diese Dinge konsequent zerstören, so dass Jesus wieder »einen Sohn zur Herrlichkeit führen« kann (s. Hebr 2,10).

## 9. September

## Tue es selbst

*»... und nehmen gefangen alles Denken in den Gehorsam gegen Christus«* (2. Kor 10,5).

**Halte anderes konsequent unter Kontrolle.** Auch dies ist eine Schwierigkeit im ohnehin anstrengenden Leben des Christen. Nach der englischen Übersetzung von Moffart sagt Paulus hier: »Wir ... nehmen jeden Plan gefangen in den Gehorsam gegen Christus.« Christen unternehmen heute so viel, das nie unter Gottes Kontrolle gebracht, sondern einfach impulsiv angefangen wird! Im Leben Jesu wurde jeder Plan dem Willen des Vaters untergeordnet. Er hat nie die leiseste Neigung gezeigt, einem eigenen, vom Vater unabhängigen Willensimpuls zu folgen: »Der Sohn kann nichts von sich aus tun ...« (Joh, 5, 19). Vergleiche das einmal mit dem, was wir tun: Wir nehmen »alles Denken«, jeden Plan auf, der uns spontan einfällt, und fangen sofort an zu handeln, anstatt uns selbst »gefangen zu nehmen« und der Kontrolle Christi zu unterstellen.

Christen überschätzen die praktische Arbeit heute stark und kritisieren oft andere, die »alles Denken (und Planen) gefangen nehmen«, sie seien unentschlossen und nicht recht einsatzbereit für Gott oder für andere Menschen. Aber die rechte Entschlossenheit und Einsatzbereitschaft zeigt sich im Gehorsam gegen Gott, nicht aber in dem Wunsch, für ihn zu arbeiten, der unserer ungezähmten menschlichen Natur entspringt. Es ist unbegreiflich und doch wahr, dass Menschen, die Christus gehören, doch nicht »alles Denken (und Planen) gefangen nehmen«, sondern einfach für Gott Dinge tun, die ihr natürliches Wesen ihnen eingibt, ohne sie durch konsequente Disziplin Gott unterzuordnen.

Wir vergessen leicht, dass ein Mensch sich Jesus Christus nicht nur verpflichtet, um gerettet zu werden, sondern dass er auch dem verpflichtet ist, was Jesus Christus über Gott, die Welt, die Sünde und den Teufel sagt. Das bedeutet, dass für jeden von uns die Aufforderung gilt: »... ändert euch durch die Erneuerung eures Sinnes« (Röm 12, 2).

## 10. September

# Die Waffen des Missionars

»... als du unter dem Feigenbaum warst, sah ich dich« (Joh 1,48).

**Gott im Alltag anbeten.** Wir nehmen meist an, wenn wir in eine große Krise gerieten, wären wir zu jedem Einsatz bereit, aber es ist nicht die Krise, die etwas in uns schafft; sie macht nur deutlich, was schon in uns ist. Denkst du: »Wenn Gott mich in den Kampf ruft, werde ich mich natürlich bewähren«? Du wirst dich nur bewähren, wenn du das auch schon auf dem Übungsfeld tust, das Gott dir gibt. Wenn du jetzt nicht die nächstliegende Aufgabe wahrnimmst, die Gott dir durch deine Lebensumstände vorlegt, dann wird sich in einer Krise zeigen, dass du nicht einsatzbereit, sondern unbrauchbar bist. Krisen zeigen immer, wie ein Mensch wirklich ist.

Eine persönliche, von Anbetung geprägte Beziehung zu Gott ist der wesentlichste Bestandteil der geistlichen Einsatzbereitschaft. Irgendwann geht es uns wie hier Nathanael, dass ein ganz privates »Leben unter dem Feigenbaum« nicht mehr möglich ist. Alles findet in der Öffentlichkeit statt und da wirst du nichts zustande bringen, wenn du nicht schon zu Hause in deinem Alltag Gott angebetet hast. Wenn deine Haltung zu Gott in deiner persönlichen Beziehung zu ihm richtig ist, dann bist du bereit, wenn er dir eine Aufgabe gibt. In deiner Privatsphäre, die nur Gott sieht, bist du optimal vorbereitet worden. Und wenn die Krise mit ihren Anstrengungen kommt, kann Gott sich auf dich verlassen.

Denkst du: »Aber unter diesen Umständen kann ich nicht ganz für Gott leben; im Augenblick habe ich keine Zeit zum Beten und Bibellesen; außerdem ist jetzt noch nicht die Zeit für meinen Einsatz, aber wenn er kommt, bin ich natürlich bereit«? Nein. Wenn du in deinem Alltag nicht auf Gott hörst, wirst du in der Arbeit für Gott nicht nur unbrauchbar, sondern auch hinderlich für andere sein.

Gottes Übungsfeld, auf dem man die Waffen des Missionars in die Hand bekommt, ist die persönliche, für andere nicht sichtbare tägliche Begegnung des Christen mit Gott.

## 11. September

# Die Waffen des Missionars

*»Wenn nun ich, euer Herr und Meister, euch die Füße gewaschen habe, so sollt auch ihr einander die Füße waschen«* (Joh 13,14).

**Im Alltag Dienst tun.** Unsere alltägliche Umgebung bietet uns nicht die Möglichkeit auszusuchen, in welchen Situationen wir für Gott da sein wollen. Gott hat speziell uns ausgesucht, damit wir in der scheinbar zufälligen Umgebung, die er für uns geschaffen hat, jederzeit zur

Verfügung stehen. Unsere Verhaltensweise in unserer jetzigen Umgebung lässt schon erkennen, was in anderer Umgebung von uns zu erwarten ist.

Was Jesus tat, das waren die allereinfachsten Handlungen des Alltags, und das zeigt, dass die ganze Kraft Gottes in mir notwendig ist, damit ich auch nur die einfachsten Aufgaben so erledigen kann wie er. Kann ich mit einem Handtuch umgehen wie er? Handtücher, Geschirr, Sandalen und all die anderen gewöhnlichen Dinge, die wir gebrauchen, zeigen schneller als alles andere, wie wir sind. Um nur die einfachste Aufgabe so zu erfüllen, wie es richtig wäre, brauchen wir die Gegenwart des allmächtigen Gottes in uns.

Jesus sagt: »Ein Beispiel habe ich euch gegeben, damit ihr tut, wie ich euch getan habe« (Joh 13, 15). Sieh dir an, mit was für Menschen Gott dich umgibt, und wenn du dann erkennst, dass Gott dir auf diese Art zeigen will, was für ein Mensch du für ihn bist, wirst du beschämt sein. Und nun sagt er, wir sollen zu den Menschen um uns genau so sein wie er zu uns.

Antwortest du da: »Ja, sobald ich draußen auf dem Missionsfeld bin, will ich das tun«? Das ist so, als wollte man Kriegswaffen herstellen, während man im Krieg im Schützengraben sitzt. Wer das versucht, kommt dabei um.

Wir müssen mit Gott »die zweite Meile« gehen (s. Mt 5, 41). Aber manche von uns sind bei den ersten zehn Schritten schon erschöpft. Dann denken wir: »Gut, ich warte einfach, bis die nächste große Krise in meinem Leben in Sicht kommt.« Aber wenn wir nicht unentwegt im Alltag das Dienen üben, können wir in der Krisensituation nichts tun.

## 12. September

# Geistliche Verwirrung

*»Aber Jesus antwortete und sprach: Ihr wisst nicht, was ihr bittet«* (Mt 20, 22).

Es gibt Zeiten in unserem geistlichen Leben, da fehlt uns die Orientierung, und es ist kein Ausweg, einfach zu sagen, man sollte seinen Weg erkennen. Das ist keine Frage von Recht oder Unrecht, sondern Gott führt dich einen Weg, den du zeitweise nicht verstehst. Und nur wenn du in dieser Orientierungslosigkeit weitergehst, verstehst du schließlich, was Gott für dich will.

**Wenn er sich nicht als Freund zu erkennen gibt** (s. Lk 11, 5-8). Hier zeigt Jesus einen Menschen, dem sein Freund scheinbar gleichgültig ist. Damit macht er dich darauf aufmerksam, dass auch Gott dir manchmal so vorkommen muss. Dann meinst du, er sei unfreundlich, aber du musst daran denken, dass das nicht stimmt. Zur rechten Zeit wird dir alles klar werden. Es sieht aus, als sei der Gleichklang der Freundschaft gestört und oft muss sogar die Liebe schmerzlich auf die Wohltat der innigen Gemeinschaft warten. Wenn Gott anscheinend gar nicht wahrnehmbar ist, wirst du dann trotzdem vertrauensvoll an ihm festhalten?

**Wenn er sich nicht als Vater zeigt** (s. Lk 11, 11-13). Jesus gibt zu verstehen, dass es Zeiten gibt, da erscheint dir der Vater unnatürlich — gleichgültig und gefühllos. Aber du musst daran denken, dass er nicht so ist. »Denn wer da bittet, der empfängt« (Lk 11,10). Wenn du im Augenblick nur Schatten auf dem Gesicht des Vaters siehst, halte dich daran, dass er dir zuletzt alles verständlich machen und zeigen wird, dass alles gut war, was er in deinem Leben zugelassen hat.

**Wenn du seine Treue nicht erkennst** (s. Lk 18,1-8). »Doch wenn der Menschensohn kommen wird, meinst du, er werde Glauben finden auf Erden?« (18,8). Wird er den Glauben finden, der sich trotz der Verwirrung auf ihn verlässt? Sei standhaft in dem Glauben, dass Jesus nur Wahres sagt, auch dann, wenn du gerade nicht verstehst, was Gott tut. Er hat immer größere Ziele als nur das, worum du ihn gerade bittest.

## 13. September

# Hingabe — und was dann?

*»Ich habe ... das Werk vollendet, das du mir gegeben hast, damit ich es tue«* (Joh 17,4).

Wahre Hingabe ist nicht nur eine Übereignung meines äußeren Lebens an Jesus, sondern eine Auslieferung meines Willens — wenn ich das getan habe, ist die Hingabe vollkommen. Die schwerste Entscheidung, die uns je begegnet, ist diese Auslieferung des Willens. Aber Gott zwingt niemand, ihm seinen Willen auszuliefern, und er bettelt auch nicht darum. Er wartet geduldig, bis der Mensch sich freiwillig ihm unterwirft. Und wenn dieser

Kampf einmal entschieden ist, braucht er nie wieder geführt zu werden.

**Hingabe zur Befreiung.** »Kommt her zu mir ... so werdet ihr Ruhe finden ...« (Mt 11, 28.29). Erst wenn wir die ersten Erfahrungen damit gemacht haben, was Erlösung wirklich bedeutet, können wir unseren Willen Jesus übereignen, um Ruhe zu finden. Alles, was uns unsicher macht, ist eigentlich ein Aufruf an unseren Willen, zu ihm zu kommen. Und wenn wir kommen, kommen wir freiwillig.

**Hingabe zur Nachfolge.** »Will jemand mir nachfolgen, der verleugne sich selbst« (Mt 16, 24). Hier geht es um die Übereignung meiner Person an Jesus, wenn sein Friede schon im Zentrum meines Wesens ist. Er meint hier: »Wenn du mein Jünger sein willst, musst du dein Recht auf Selbstbestimmung an mich abgeben.« Wenn du das einmal getan hast, wird der Rest deines Lebens nur noch Ausdruck dieser Hingabe sein und du brauchst dir nie mehr Gedanken darüber zu machen, was dir die Zukunft bringen könnte. Wie immer deine Lebensumstände aussehen, du brauchst nichts als nur Jesus (s. 2. Kor 12, 9 und Phil 4, 19).

**Hingabe zum Tod.** »... ein anderer wird dich gürten ...« (Joh 21, 18; s. auch 19). Hast du schon erfahren, was das heißt, für den Tod gegürtet zu werden? Sei vorsichtig, dass du nicht in einem Augenblick der Begeisterung Gott Hingabe versprichst, denn das nimmt man allzu leicht wieder zurück. Was diese völlige Hingabe bedeutet, erklärt Paulus: »Denn wenn wir mit ihm verbunden und ihm gleich geworden sind in seinem Tod ...« (Röm 6, 5). Dann ist für dich nichts mehr interessant, was nicht auch ihn interessiert.

Und wenn du dich ausgeliefert hast, was dann? Dann sollte dein ganzes Leben von dem Wunsch und Willen bestimmt sein, die Gemeinschaft und Einheit mit Gott ungetrübt zu erhalten.

## 14. September

# Widerspruch oder Gehorsam?

»... *von der Einfalt und Lauterkeit gegenüber Christus*« (2. Kor 11, 3).

»Einfalt und Lauterkeit« sind die Voraussetzung für einen klaren Blick. Es dauert lange, bis ein Christ klar *denken* lernt, aber klar *sehen* sollte er im allgemeinen problemlos können. Wenn man geistlich nicht klar sieht, wird die Lage durch Denken nicht übersichtlicher; um Klarheit zu bekommen, muss man gehorchen. In Verstandesdingen kann man durch Denken zu Ergebnissen kommen, aber in geistlichen Dingen schweift man dadurch nur ab und wird noch verwirrter. Wenn es einen Punkt gibt, an dem Gott dich unter Druck setzt, dann gehorche ihm in dieser Sache. Nimm »alles Denken gefangen in den Gehorsam gegen Christus« (2. Kor 10, 5), was diese Sache angeht, dann wird dir alles völlig klar werden. Die intellektuelle Einsicht wird nachkommen; aber durch den Intellekt kann man nicht sehen. Man sieht wie ein Kind, und wenn wir Vernunftgründe suchen, sehen wir nichts mehr (s. Mt 11, 25).

Auch die kleinste Sache, die wir in unserem Leben zulassen und nicht der Kontrolle des Heiligen Geistes aussetzen, reicht schon aus, um uns die geistliche Orientierung zu nehmen, und wenn wir all unsere Zeit mit Nachdenken darüber verbringen, können wir doch nicht klar sehen. Geistlicher Orientierungslosigkeit kann man nur durch Gehorsam begegnen. Sobald wir gehorchen, erkennen wir die Lage. Das ist demütigend, denn wenn wir nicht klar sehen, wissen wir, dass es an unserer Einstellung liegt. Aber wenn unsere natürliche Erkenntnisfähigkeit dem Heiligen Geist untergeordnet ist und ihm gehorcht, dann wird sie zu der Fähigkeit, mit der wir Gottes Willen erkennen, und unser ganzes Leben bleibt eine klar ausgerichtete Einheit, »einfältig und lauter«.

## 15. September

# Was man meiden muss

»... *wir meiden schändliche Heimlichkeit*« (2. Kor 4,2).

Meidest du »schändliche Heimlichkeit« in deinem Leben — das, was dein Ehrgefühl oder Stolz nicht wahrhaben will? Du kannst es leicht versteckt halten. Hast du Gedanken über einen Menschen, die du nicht gern bekannt werden lassen willst? Dann weise sie ab, sobald sie dir bewusst werden — weise all das ausnahmslos ab, bis es bei dir überhaupt keine versteckte Unehrlichkeit oder List mehr gibt. Neid, Eifersucht und Feindschaft gehen nicht immer von unserem alten sündigen Wesen aus, sondern manchmal von unserem Körper, der ja früher für solche Dinge benutzt worden ist (s. Röm 6, 19 und 1. Petr 4, 1 - 3). Wir müssen immer wachsam bleiben, damit nichts in uns aufkommt, das nicht offen gezeigt werden kann.

»... und gehen nicht mit List um« (2. Kor 4, 2). Das bedeutet, nichts zu Hilfe zu nehmen, nur um dich durchzusetzen. Das wäre eine gefährliche Falle. Du weißt, dass Gott dir nur eine Arbeitsweise erlaubt: die Wahrheit. Achte also darauf, nie jemanden auf die andere Weise »einzufangen« — durch Betrug. Wenn du mit List vorgehst, ist Gott gegen dich und zerstört deine Arbeit. Es kann sein, dass etwas für andere in Ordnung, für dich aber Hinterlist ist. Gott legt bei dir einen strengeren Maßstab an. Lass nie das Ziel aus den Augen, dein Äußerstes für sein Höchstes zu sein: zu seiner Ehre deine besten Möglichkeiten auszuschöpfen. Für dich würden manche Handlungsweisen bedeuten, dass du dich hinterlistig verhieltest in einer Absicht, die nicht die höchste und beste ist, und das würde die Einsatzfreude schwächen, die du von Gott hast. Schon viele haben aufgegeben, weil sie Angst hatten, die Dinge so anzusehen, wie Gott sie sieht. Die größten Schwierigkeiten im geistlichen Leben kommen dann, wenn man im Glauben ein wenig über das hinausgehen soll, was man bisher schon akzeptiert hat.

## 16. September

# Im Geheimen beten

»Wenn du aber betest, so geh in dein Kämmerlein und schließ die Tür zu und bete zu deinem Vater, der im Verborgenen ist« (Mt 6,6).

Der Grundgedanke des Glaubens ist: Orientiere dich an Gott, nicht an Menschen. Es sollte dir nicht darum gehen, dass andere wissen, dass du betest. Suche dir einen versteckten Raum zum Beten, so dass niemand weiß, dass du gerade betest, schließe dich ein und sprich im Geheimen mit Gott. Verfolge keine Absicht außer der, deinen Vater im Himmel kennen zu lernen. Man kann unmöglich Jesus konsequent nachfolgen ohne feste Zeiten, in denen man im Geheimen betet.

»Und wenn ihr betet, sollt ihr nicht viel plappern« (Mt 6,7). Gott hört uns nicht darum, weil wir so dringlich beten. Er hört uns nur, weil Christus uns freigekauft hat. Unser Ernst beeindruckt Gott nicht. Beten heißt nicht einfach etwas von Gott erbitten; das ist nur die allereinfachste Art des Gebets. Beten heißt in vollkommene Gemeinschaft und Einheit mit Gott eintreten. Wenn Gottes Sohn durch das neue Leben in uns Gestalt gewonnen hat (s. Gal 4,19), dann will er uns immer über unser Zweckdenken hinausführen und unsere Haltung zu den Dingen ändern, um die wir beten.

»Denn wer da bittet, der empfängt« (Mt 7,8). Wir beten oft sinnlose Worte und beteiligen nicht einmal unseren Willen und dann sagen wir, Gott hätte uns nicht erhört — aber in Wirklichkeit war unsere Äußerung gar keine echte Bitte. Jesus sagt: »Wenn ihr in mir bleibt ..., werdet ihr bitten, was ihr wollt ...« (Joh 15,7). Immer wenn Jesus vom Beten spricht, redet er wunderbar klar und kindlich einfach. Dann kommen wir mit unserer kritischen Haltung und sagen: »Ja, aber sogar Jesus sagt, wir müssen *bitten*.« Aber vergiss nicht, dass wir Gott um das bitten müssen, was vor ihm, wie Jesus ihn uns gezeigt hat, richtig ist.

## 17. September

## Kann Versuchung gut sein?

»Bisher hat euch nur menschliche Versuchung getroffen« (1. Kor 10,13).

Das Wort *Versuchung* bedeutet für uns heute etwas Schlechtes, aber wir gebrauchen es oft falsch. Versuchung an sich ist keine Sünde; wir sind ihr einfach ausgesetzt, weil wir Menschen sind. Wenn uns nichts mehr versuchte, dann wären wir so schlecht, dass es nicht mehr schlimmer geht. Aber viele von uns leiden unter Versuchungen, die uns gar nicht betreffen sollten, einfach weil wir nicht zugelassen haben, dass Gott uns auf eine höhere Ebene führt, wo es Versuchungen anderer Art gibt.

Was einen Menschen von außen her in Versuchung bringt, das wird bestimmt von seinem inneren Wesen, von den geistlichen Qualitäten, die er in sich trägt. Die Versuchung entspricht dem wahren Wesen des Menschen, der sie erlebt, und macht sichtbar, welche Möglichkeiten er hat. So bestimmt jeder Mensch die Ebene, auf der er angegriffen wird, durch die Ebene, auf der sich sein geistliches Wesen befindet, das ihn bestimmt.

Die Versuchung besteht darin, dass ich etwas sehe, was ein Abkürzungsweg zum Erreichen meines höchsten Zieles sein könnte. Sie zeigt mir nichts, das ich als böse verstehe, sondern was ich für gut halte. Die Versuchung verwirrt mich eine Zeit lang, so dass ich nicht weiß, was richtig oder falsch ist. Wenn ich ihr nachgebe, mache ich meine Befriedigung zum Gott und es zeigt sich, dass ich nur zu viel Angst hatte, um die Sünde schon früher zu tun.

Der Versuchung kann man nicht ausweichen; sie ist sogar notwendig für ein erfülltes Leben. Meine nicht, du würdest so intensiv versucht wie niemand sonst; was du durchmachst, ist nichts, was niemand vor dir erlebt hätte, sondern die gemeinsame Erfahrung aller Menschen. Gott bewahrt uns nicht vor Versuchungen, sondern er unterstützt uns darin (s. Hebr 2,18 und 4,15.16).

## 18. September

# Die Versuchung Jesu

»Denn wir haben nicht einen Hohenpriester, der nicht könnte mit leiden mit unserer Schwachheit, sondern der versucht worden ist in allem wie wir, doch ohne Sünde« (Hebr 4, 15).

Solange wir nicht neugeboren sind, kennen wir nur solche Versuchungen, wie Jakobus sie erwähnt (Jak 1, 14): »... ein jeder, der versucht wird, wird von seinen eigenen Begierden gereizt und gelockt.« Aber wenn wir neu werden, betreten wir eine neue Seinsebene und dort sind andere Versuchungen zu bestehen, nämlich solche, wie sie der Herr Jesus erlebt hat. Die Versuchungen, wie Jesus sie kennt, konnten uns nicht reizen, solange wir nicht an ihn glaubten, weil sie unserer menschlichen Natur fremd sind. Unsere Versuchungen und die, die Christus bestanden hat, spielen sich auf zwei verschiedenen Ebenen ab, solange wir nicht neugeboren und seine Brüder werden. Die Versuchungen Jesu zielen nicht auf den normalen Menschen, sondern auf den, der als Mensch zugleich Gott war. Durch die neue Geburt gewinnt der Sohn Gottes in uns Gestalt (s. Gal 4, 19) und in unserem natürlichen Leben findet er dasselbe Umfeld, das er auf der Erde hatte. Der Teufel hat nicht nur das Ziel, dass wir etwas Falsches tun — er will, dass wir das verlieren, was Gott durch die Neuschöpfung in uns gelegt hat, nämlich die Möglichkeit, Gott etwas wert zu sein. Er will uns nicht primär zu bösen Taten verführen, sondern er will unseren Blickwinkel verschieben, und nur der Geist Gottes kann das als teuflische Versuchung entlarven.

Versuchung bedeutet, dass das, was wir in unserem inneren, geistlichen Wesen besitzen, durch eine fremde Macht von außen her angegriffen wird. Daher erklärt sich, dass Christus versucht worden ist. Jesus war getauft worden und hatte seinen Auftrag angenommen, der zu sein, der »die Sünde der Welt trägt« (Joh 1,29); erst danach wurde er »vom Geist in die Wüste geführt« (Mt 4,1) und den Angriffen des Teufels ausgesetzt. Aber er wurde nicht müde oder kraftlos. Er bestand die Versuchung »ohne Sünde«, und all seine geistlichen Kräfte blieben unversehrt erhalten.

## 19. September

# Hältst du an Jesus fest?

»Ihr aber seid's, die ihr ausgeharrt habt bei mir in meinen Anfechtungen« (Lk 22,28).

Jesus bleibt in allen unseren Versuchungen bei uns. Aber gehen wir auch mit ihm durch seine Versuchungen? Viele von uns schrecken davor zurück, weiter mit Jesus zu gehen, sobald sie einmal erlebt haben, was er tun kann. Sei wachsam, wenn Gott deine Lebensverhältnisse ändert, um zu sehen, ob du weiter mit Jesus gehst oder zur natürlichen Welt und zum Teufel übergehst. Wir tragen seinen Namen, aber halten wir an ihm fest? »Von da an wandten sich viele seiner Jünger ab und gingen hinfort nicht mehr mit ihm« (Joh 6,66).

Jesus hatte sein ganzes Erdenleben lang mit Versuchungen zu kämpfen und auch der Sohn Gottes in uns wird ihnen ständig ausgesetzt sein. Halten wir in unserer augenblicklichen Lage an Jesus fest?

Wir leben in der Vorstellung, wir müssten uns vor manchem schützen, das Gott uns begegnen lässt. Aber dahin darf es nie kommen! Es ist Gott, der unsere Lebensumstände bestimmt, und wir müssen auf jeden Fall zusehen, dass wir uns ihnen stellen und dabei in seinen Versuchungen ständig bei ihm bleiben. Es sind *seine* Versuchungen, sie stellen nicht uns in Frage, sondern das Wesen des Sohnes Gottes in uns. In unserem physischen Leben geht es um die Ehre Jesu Christi. Bleiben wir dem Sohn Gottes bei allen Angriffen auf sein Leben in uns treu?

Gehst du mit Jesus weiter? Der Weg führt durch Gethsemane, durch das Stadttor und weiter »aus dem Lager« (Hebr 13,13). Der Weg ist einsam, und am Ende ist nicht einmal mehr eine Fußspur da, der man folgen könnte — nur seine Stimme, die sagt: »Folge du mir« (Mt 8,22).

## 20. September

# Der Befehl zum göttlichen Leben

*»Darum sollt ihr vollkommen sein, wie euer Vater im Himmel vollkommen ist«* (Mt 5,48).

In den Versen 38-48 fordert Jesus uns auf, gegenüber allen Menschen großzügig zu sein. Achte darauf, dass dein Leben als Christ nicht von deinen natürlichen Sympathien bestimmt wird. Jeder Mensch hat natürliche Sympathien: Manche Leute mögen wir und andere nicht. Aber dieses Mögen und Nicht-Mögen darf nie unser Leben als Christen beherrschen. »Wenn wir aber im Licht wandeln, wie er im Licht ist, so haben wir Gemeinschaft untereinander« (1. Joh 1,7), auch mit denen, die uns nicht sympathisch sind.

Jesus gibt uns mit diesem Text nicht einen guten Menschen zum Vorbild, auch nicht einen guten Christen, sondern Gott selbst. »Darum sollt ihr vollkommen sein, wie euer Vater im Himmel vollkommen ist.« Anders gesagt: Begegne dem anderen so, wie Gott dir begegnet ist. Gott gibt dir im Alltagsleben reichlich Möglichkeiten zu zeigen, ob du so vollkommen bist wie er. Ein Jünger zu sein, das heißt, dass du dich bewusst mit Gottes Interesse für andere Menschen identifizierst. Jesus sagt: »Ein neues Gebot gebe ich euch, dass ihr euch untereinander liebt, wie ich euch geliebt habe, damit auch ihr einander liebhabt. Daran wird jedermann erkennen, dass ihr meine Jünger seid, wenn ihr Liebe untereinander habt« (Joh 13,34.35).

Der eigentliche Ausdruck eines christlichen Wesens sind nicht gute Taten, sondern Gottähnlichkeit. Wenn der Heilige Geist dein Inneres verändert hat, dann werden in deinem Leben nicht nur Kennzeichen eines guten Menschen, sondern Kennzeichen Gottes sichtbar. Gottes Wesen in uns äußert sich als *Gottes* Wesen, nicht als menschliches Bemühen, Gott ähnlich zu sein. Das macht das Leben eines Christen aus, dass das Übernatürliche in ihm natürlich wird, weil Gott so handelt. Diese Erfahrung zeigt sich in kleinen praktischen Alltagsdingen, nicht in Zeiten der intensiven Gemeinsamkeit mit Gott. Und wenn uns Dinge begegnen, die Hektik und Verwirrung auslösen, dann stellen wir erstaunt fest, dass wir mitten darin herrlich gelassen bleiben können.

## 21. September

# Das vorgegebene Ziel des Missionars

»Und nun spricht der Herr, der mich von Mutterleib an zu seinem Knecht bereitet hat ...« (Jes 49,5).

Wenn wir erkannt haben, dass Gott uns in Jesus Christus für sich ausgesucht hat, dann werden als Erstes unsere vorgefassten Meinungen, unsere Engstirnigkeit und all unsere anderen Festlegungen zerstört; Gott macht, dass wir nur noch seinen Plan ausführen wollen. Die ganze Menschheit ist dazu geschaffen worden, zu Gottes Ehre zu leben und seine Gemeinschaft ewig zu genießen. Durch die Sünde ist die Menschheit auf einen anderen Kurs geraten, aber Gott hat seine Absicht nicht im Geringsten geändert. Und wenn wir neugeboren werden, dann wird uns Gottes großer Plan für die Menschheit bewusst gemacht, nämlich dass er uns für sich geschaffen hat. Diese Erkenntnis, dass Gott uns für sich vorgesehen hat, ist die schönste, die es gibt, und wir müssen lernen, uns auf diese überwältigende Absicht Gottes zu verlassen. Als Erstes lässt er uns dann die Probleme der ganzen Welt schmerzlich bewusst werden. Gott legt seine Liebe und sogar sein eigenes Wesen in uns hinein. Und wir sehen, wie das ganze Wesen des allmächtigen Gottes sich in Johannes 3, 16 konzentriert: »*Denn also hat Gott die Welt geliebt* ...«

Wir müssen immer für diesen Plan Gottes mit der Schöpfung offen bleiben und dürfen ihn nicht mit unseren eigenen Absichten verwechseln oder verdunkeln. Sonst muss Gott unsere Absichten aus dem Weg schaffen, ganz gleich, wie weh es tut. Ein Missionar ist dazu geschaffen, für Gott da zu sein, damit Gottes Ehre in ihm sichtbar wird. Sobald wir erkennen, dass Jesus Christus uns durch die Erlösung fähig gemacht hat, Gottes Plan ganz zu entsprechen, verstehen wir auch, warum Jesus so strenge und unnachgiebige Forderungen stellt. Er will, dass seine Diener vollkommen gerecht sind, weil er das Wesen Gottes in sie gelegt hat.

Vergiss nie, was Gott mit deinem Leben erreichen will.

## 22. September

# Der Herr und Lehrer des Missionars

*»Ihr nennt mich Meister und Herr und sagt es mit Recht, denn ich bin's auch. ... Ich sage euch: Der Knecht ist nicht größer als sein Herr«* (Joh 13,13.16).

Einen Herrn und Lehrer haben ist nicht unbedingt dasselbe wie beherrscht und belehrt werden. Christus als Herrn und Lehrer haben bedeutet, dass da jemand ist, der mich besser kennt als ich selbst, der mir näher ist als ein Freund und der mich bis ins tiefste Innere versteht und meine Bedürfnisse ganz befriedigen kann. Da ist jemand, der mir das sichere Wissen gegeben hat, dass er alle meine Zweifel, Unsicherheiten und gedanklichen Probleme gelöst hat, »...denn einer ist euer Lehrer: Christus« (Mt 23,10).

Christus setzt mich nie unter Druck, seinem Willen nachzukommen. Manchmal wünschte ich, Gott würde seine Macht einsetzen, um mich dazu zu bringen, aber das tut er nicht. Und manchmal wünschte ich, er würde mich in Ruhe lassen, aber das tut er auch nicht.

»Ihr nennt mich Meister und Herr ...« — aber ist er es auch? Worte wie *Lehrer*, *Meister* und *Herr* passen nicht gut in unseren Wortschatz. Wir sagen lieber *Retter*, *Erlöser* und *Heiland*. Das einzige Wort, das realistisch beschreibt, wie es ist, Christus als Herrn zu haben, ist *Liebe*, und über Liebe, wie Gott sie uns in seinem Wort zeigt, wissen wir nur wenig. Das beweist die Art, wie wir das Wort *gehor-*

*chen* anwenden. Die Bibel kennt einen Gehorsam, der sich auf eine Beziehung zwischen gleichartigen Personen gründet, zum Beispiel die eines Sohnes zu seinem Vater. Christus war nicht nur Gottes Diener, er war sein Sohn. »So hat er, *obwohl er Gottes Sohn war*, doch ... Gehorsam gelernt« (Hebr 5, 8). Wenn wir bewusst empfinden, dass uns jemand beherrscht, ist das schon ein Beweis, dass diese Gehorsamsbeziehung fehlt. Mit einer solchen Haltung gegen Jesus sind wir weit von der Beziehung entfernt, die er mit uns haben möchte. Er möchte eine Beziehung, in der er so zwanglos unser Herr und Lehrer ist, dass wir es nicht bewusst wahrnehmen — in der es Erfüllung ist, ihm zu gehören und zu gehorchen.

## 23. September

## Das Ziel des Missionars

»Er aber ... sprach zu ihnen: Seht, wir gehen hinauf nach Jerusalem« (Lk 18, 31).

Im natürlichen Leben ändern sich unsere Ziele mit unserer Entwicklung, aber das Leben des Christen beginnt damit, dass ihm das Ziel vorgegeben wird, und Anfang und Ziel sind genau das Gleiche, nämlich Jesus selbst. Wir fangen mit Christus an und kommen mit ihm ans Ziel: »... bis wir alle hingelangen ... zum vollendeten Mann, zum vollen Maß der Fülle Christi« (Eph 4, 13), nicht nur zu dem, was wir uns unter einem christlichen Leben vorstellen. Das Ziel des Missionars ist Gottes Willen zu tun, nicht nützlich zu sein oder Menschen zu gewinnen. Ein Missionar *ist* nützlich und er gewinnt tatsächlich Menschen, aber das ist nicht sein Ziel. Sein Ziel ist zu tun, was sein Herr will.

Im Leben Jesu war Jerusalem der Ort, wo er am Kreuz den Willen seines Vaters vollkommen erfüllte, und wenn wir nicht mit Jesus dorthin gehen, haben wir keine persönliche Gemeinschaft mit ihm. Jesus ließ sich auf seinem Weg nach Jerusalem durch nichts ablenken. Er verließ keinen Ort vorzeitig, weil er dort verfolgt wurde, und blieb nicht länger dort, wo man ihn freudig aufnahm. Weder Dankbarkeit noch Undankbarkeit konnten Jesus je von seiner Absicht ablenken, »hinauf nach Jerusalem« zu gehen.

»Der Jünger steht nicht über dem Meister und der Knecht nicht über seinem Herrn« (Mt 10,24). Mit anderen Worten: Was Jesus erlebt hat, werden auch wir erleben, wenn wir »nach Jerusalem« gehen. Gott wird durch uns seine Handlungsweise sichtbar machen, Menschen werden befreit und entlastet werden, Einzelne werden sich dankbar erweisen und die Übrigen werden ganz undankbar sein, aber nichts darf uns davon ablenken, »nach Jerusalem zu gehen«.

»... kreuzigten sie ihn dort« (Lk 23,33). Das passierte, als Jesus nach Jerusalem kam, und das ist der Schlüssel zu unserer Rettung. Aber die Christen werden am Ende nicht gekreuzigt; weil Gott so gut ist, erleben sie am Ende Gottes Freude. Bis wir dahin kommen, sollte jeder von uns sein Ziel kurz so darstellen können: »Auch ich gehe hinauf nach Jerusalem.«

## 24. September

# Das vorbereitende »Geh!«

*»Wenn du deine Gabe auf dem Altar opferst und dort kommt dir in den Sinn, dass dein Bruder etwas gegen dich hat, so lass dort vor dem Altar deine Gabe und geh zuerst hin und versöhne dich mit deinem Bruder und dann komm und opfere deine Gabe«* (Mt 5, 23.24).

Wir können uns leicht vorstellen, plötzlich in eine Situation zu kommen, auf die wir optimal vorbereitet sind, aber man kann sich nicht plötzlich vorbereiten. Das ist ein Prozess, der stetig weitergeführt werden muss. Es ist gefährlich, wenn wir uns auf unserer augenblicklichen Entwicklungsstufe niederlassen und da wohl fühlen. Das Leben eines Christen erfordert Vorbereitung und immer wieder Vorbereitung.

Die Vorstellung vom Opfer spricht einen neu gewonnenen Christen leicht an. Menschlich gesehen ist das einzig Attraktive an Jesus Christus unser Wunsch, heldenhaft zu sein. Wenn wir uns aber anhand der Worte Christi genau betrachten, wird unsere Begeisterung sofort in Frage gestellt: »*Geh* ... hin und versöhne dich mit deinem Bruder ...« Mit diesem vorbereitenden »Geh« will Gott dir zeigen, wie du bist. Dein Wunsch, heldenhafte Opfer zu bringen, reicht nicht aus. Was der Heilige Geist da in dir aufspürt, das ist dein menschliches Wesen, und das kann nie in seinem Sinn wirksam sein. Nur Gott allein kann diesen Zug in dir entlarven. Hast du etwas vor Gott zu verbergen? Wenn ja, dann erlaube ihm, dich in seinem Licht zu prüfen. Wenn Sünde in deinem Leben ist, gib sie nicht nur zu — *bekenne* vor ihm, dass es Sünde ist. Bist du bereit, deinem Herrn und Lehrer zu gehorchen, auch wenn dein Anspruch auf Selbstbestimmung dabei bloßgestellt wird?

Wenn der Heilige Geist dich auf falsches Handeln hinweist, geh nie darüber hinweg. Wenn es so wichtig ist, dass der Geist Gottes es dir bewusst macht, dann ist es genau das, was er in dir ändern will. Du wolltest etwas Großartiges aufgeben und Gott hat dir eine winzige Sache gezeigt, die er nicht zulässt. Aber hinter dieser Kleinigkeit steht kampfbereit dein Eigenwille und du sagst: »Ich will mein Recht auf Selbstbestimmung nicht aufgeben.« Und genau das sollst du aufgeben, sonst kannst du kein Jünger Jesu Christi sein.

## 25. September

# Jünger sein

*»Und wenn dich jemand nötigt, eine Meile mitzugehen, so geh mit ihm zwei«* (Mt 5,41).

Was Christus uns lehrt, kann man so zusammenfassen: Die Gemeinsamkeit, die er mit uns haben will, ist unmöglich, wenn er nicht etwas Übernatürliches in uns bewirkt hat. Jesus Christus fordert, dass sein Jünger nicht die kleinste Spur von Groll bei sich zulässt, auch wenn er tyrannisiert und ungerecht behandelt wird. Keine noch so große Begeisterung reicht je dazu aus, die Forderung zu erfüllen, die Jesus Christus an seine Jünger stellt. Nur eines kann das leisten, und das ist eine persönliche Beziehung zu Jesus Christus selbst — eine Beziehung, die ständig überprüft und gereinigt wird, bis nur noch ein Zweck übrig bleibt und bis ich ehrlich sagen kann: »Ich bin hier, damit Gott mich hinschicken kann, wo er will.« Alle anderen Ziele können verwischt werden, aber diese Beziehung zu Jesus Christus muss immer klar bleiben.

Die Bergpredigt setzt mir kein unerreichbares Ziel; sie sagt, was in mir vorgeht, wenn Jesus Christus mein Wesen ändert, indem er sein eigenes Wesen in mich legt. Jesus Christus ist der Einzige, der die Forderungen der Bergpredigt erfüllen kann.

Wenn wir Jünger Jesu sein sollen, müssen wir auf übernatürliche Weise dazu gemacht werden. Und solange wir bewusst an dem Ziel festhalten, Jünger Jesu sein zu wollen, können wir sicher sein, dass wir es nicht sind. Jesus sagt: »Nicht ihr habt mich erwählt, sondern ich habe euch erwählt« (Joh 15, 16). So fängt die Wirksamkeit Gottes an. Da ist ein Zwang, dem wir uns nicht entziehen können; wir können dagegen entscheiden, aber wir können ihn nie von uns aus entstehen lassen. Gott zieht uns zu sich durch sein übernatürliches Handeln und wir können nie den Punkt finden, wo dieses Handeln mit uns angefangen hat. Gott macht uns nicht auf natürliche Art zu Jüngern. Er gebraucht dazu keinerlei natürliche Fähigkeit, die wir haben. Wir brauchen dazu nicht das zu tun, was uns natürlicherweise leicht fällt. Er bittet uns nur, das zu tun, wozu wir durch sein Handeln fähig und gut ausgestattet sind, und hier kommt immer ein Punkt, an dem es darum geht, das Kreuz auf sich zu nehmen (s. Mt 16,24).

## 26. September

# Der Befehl zur Versöhnung

*»... und dort kommt dir in den Sinn, dass dein Bruder etwas gegen dich hat«* (Mt 5,23).

Dieser Vers sagt: »Wenn du deine Gabe zum Altar bringst und dort kommt dir in den Sinn, dass dein Bruder etwas gegen dich hat ...« Er besagt nicht: »Wenn du suchst und wegen deiner unausgeglichenen Gefühle etwas findest«, sondern wenn es dir »einfällt«, wenn also der Heilige Geist dir etwas bewusst macht, dann »geh zuerst hin und versöhne dich mit deinem Bruder und dann komm und opfere deine Gabe« (5,24). Wenn der Geist Gottes in dir dich deutlich auf etwas hinweist, stelle dich diesen Eindrücken nie entgegen, auch wenn er dir die kleinsten Details vorschreibt.

»Geh zuerst hin und versöhne dich mit deinem Bruder ...« Diese Anweisung Jesu ist einfach. Sie bedeutet praktisch: »Geh dahin zurück, wo du herkommst – den Weg, der dir am Altar gezeigt worden ist. Nimm gegen die Person, die etwas gegen dich hat, eine Haltung ein, die

Versöhnung so natürlich wie Atmen macht.« Jesus sagt nichts über die andere Person — er sagt *dir*, dass du gehen sollst. Es geht nicht um dein Recht. Einen Christen kennzeichnet, dass er auf sein Recht verzichten und Jesus gehorchen kann.

»... und dann komm und opfere deine Gabe.« Der Prozess der Versöhnung ist eindeutig: Zuerst die Bereitschaft zur heroischen Selbstaufopferung, dann hält uns der Heilige Geist plötzlich zurück, wir erkennen das Unrecht und können nicht weitergehen. Wenn wir dann Gottes Wort gehorchen, entsteht dadurch eine Geisteshaltung, die dem, der etwas gegen uns hat, nichts vorwirft. Und am Ende können wir froh, ungehindert und ohne Zwiespalt Gott unser Geschenk bringen.

## 27. September

# Was Nachfolge kostet

»... sprach einer zu ihm: Ich will dir folgen, wohin du gehst« (Lk 9,57).

Diesen Mann hat der Herr Jesus schwer entmutigt, »denn er wusste, was im Menschen war« (Joh 2,25). Wir würden sagen: »Warum hat er nicht die Gelegenheit genutzt und diesen Menschen für sich gewonnen! Wie kann er so abweisend sein und ihn so entmutigt wegschicken!« Versuche nie, deinen Herrn zu entschuldigen. Seine Worte kränken und schmerzen, bis nichts mehr da ist, was gekränkt werden kann. Jesus Christus nimmt keinerlei Rücksicht auf Dinge, die uns am Ende unfähig machen würden, für Gott da zu sein. Jesus antwortete nie aus einer Laune oder einem Impuls heraus, sondern weil er »wusste, was im Menschen war«. Wenn Gottes Geist dich an ein Wort Jesu erinnert, das dich verletzt, dann kannst du sicher sein, dass etwas in dir ist, das er verletzen und sogar töten will.

**Lukas 9,58**: Diese Worte Jesu zerstören die Illusion, es sei angenehm, für Jesus Christus zu leben. Und er verlangt einen so radikalen Verzicht von mir, dass mir nichts bleibt als mein Herr, ich selbst und eine verzweifelte Hoffnung. Ich darf mich von keinem anderen Menschen beeinflussen und von nichts leiten lassen als nur von meiner Beziehung zu ihm. Und er sagt: »Der Menschensohn hat nichts, wo er sein Haupt hinlege.«

**Lukas 9,59**: Dieser Mann wollte Jesus nicht enttäuschen, aber er wollte es auch nicht an der Achtung für seinen Vater fehlen lassen. Leicht stellen wir unser Pflichtgefühl gegen Verwandte über unsere Treue zu Jesus Christus und drängen ihn auf den letzten Platz. Wenn deine Pflichten in Konflikt geraten, gehorche immer Jesus Christus, gleich was es kostet.

**Lukas 9,61**: Wer sagt: »Herr, ich will dir folgen, aber …«, gehört leider zu denen, die zwar gern gehen würden, aber nie wirklich gehen. Dieser Mann hatte Vorbehalte gegen die Nachfolge. Der Ruf Jesu ist fordernd und lässt keinen Raum für Abschiedsszenen; solche Abschiedsszenen sind oft heidnisch und nicht christlich, denn sie lenken uns von dem neuen Weg ab. Wenn der Ruf Gottes dich erreicht, dann geh los und bleibe nicht mehr stehen.

## 28. September

# Bedingungsloses Einswerden

»Jesus ... sprach zu ihm: Eines fehlt dir. Geh hin, verkaufe alles, was du hast, und gib's den Armen ... und komm und folge mir nach« (Mk 10,21).

Der vornehme junge Mann wurde von dem Wunsch beherrscht, vollkommen zu sein. Als er Jesus Christus sah, wollte er so sein wie er. Aber wenn Jesus jemanden beruft, sein Jünger zu sein, ist das erste Ziel nie persönliche Vollkommenheit. Jesus will vorrangig, dass ich völlig auf mein Selbstbestimmungsrecht verzichte und mich mit ihm identifiziere; das führt zu einer ganz besonderen und ausschließlichen Beziehung mit ihm. Auch in Lukas 14,26 geht es nicht um Rettung oder Rechtfertigung, sondern nur um den zwingenden Ruf zur bedingungslosen Identifikation mit Jesus und zur völligen Hingabe an ihn.

»Und Jesus sah ihn an und gewann ihn lieb ...« (Mk 10, 21). Dieser Blick von Jesus zeigt, wie nötig es ist, dich von jeder emotionalen Bindung an andere Personen oder Dinge für immer zu trennen. Hat Jesus dich schon einmal so angesehen? Dieser Blick von Jesus verwandelt, durchdringt und fesselt uns. Wenn du Gott in einer Sache nachgibst und dich von ihm formen lässt, dann darum, weil Jesus dich angesehen hat. Wenn du hart und unversöhnlich bist und darauf bestehst, selbst zu bestimmen, wenn du immer sicher bist, dass der andere eher im

Unrecht ist als du, dann sind da ganze Bereiche deines Wesens, die noch nicht durch den Blick Jesu verwandelt worden sind.

»Eines fehlt dir.« Jesus sieht es so, dass das Einssein mit ihm ohne konkurrierende Interessen das einzige wirklich Wesentliche ist.

»... verkaufe alles, was du hast ...« Ich muss alles abgeben, was mich vor mir selbst aufwertet, bis ich nur noch ein lebendiger Mensch bin, der nichts hat. Ich muss grundsätzlich auf alle Arten von Besitz verzichten, nicht um gerettet zu werden (denn gerettet wird man nur durch das Eine, dass man sich im Glauben ganz auf Jesus Christus verlässt), sondern um Jesus zu folgen. »... komm und folge mir nach.« Der Weg ist der, den er gegangen ist.

## 29. September

## Den Ruf wahrnehmen

*»... denn ich muss es tun. Und wehe mir, wenn ich das Evangelium nicht predigte!«* (1. Kor 9,16).

Wir vergessen leicht, dass Gott geistlich und übernatürlich ist. Wenn du genau sagen kannst, wo du warst, als Gottes Ruf dich erreichte, und alle Umstände erklären kannst, dann frage ich mich, ob er dich wirklich gerufen hat. So kommt Gottes Ruf nicht; er hat viel mehr Übernatürliches. Wenn jemand merkt, dass *er* gerufen wird, kann das plötzlich wie ein Donnerschlag kommen oder ihm nach und nach aufgehen. Aber gleich wie schnell oder langsam diese Erkenntnis kommt, immer ist da etwas Übernatürliches im Spiel. Man kann es nicht beschreiben, aber es geht ein »Feuer« von ihm aus. Das Bewusstsein dieses unberechenbaren, übernatürlichen, überraschenden Gerufenwerdens kann dich jeden Augenblick treffen, es ergreift dich und hält dich fest: »Ich habe euch erwählt« (Joh 15,16). Dieser Ruf Gottes ist nicht der Ruf zur Rettung und Rechtfertigung. Den Auftrag, das Evangelium zu predigen, bekommt man nicht darum, weil Gott einem vergeben hat; dies ist ein ganz anderer Ruf. Paulus beschreibt ihn als Zwang, der ihm auferlegt wird.

Wenn du diesen zentralen, übernatürlichen Ruf Gottes an dich ignoriert und damit zum Schweigen gebracht hast, betrachte einmal dein Leben. Achte darauf, wo du deine eigenen Vorstellungen von christlicher Arbeit oder deine besonderen Fähigkeiten wichtiger genommen hast als Gottes Ruf. Paulus sagt: »Wehe mir, wenn ich das Evangelium nicht predigte!« Er hat den Ruf Gottes wahrgenommen und der Zwang, »das Evangelium zu predigen«, war für ihn so stark, dass nichts anderes mehr damit konkurrieren konnte.

Wenn jemand von Gott gerufen wird, kommt es nicht darauf an, wie schwierig die Umstände sind. Gott lässt alle Kräfte so zusammenwirken, dass sein Plan am Ende ausgeführt wird. Wenn du mit Gottes Absicht einverstanden bist, bringt er dein Leben nicht nur auf der bewussten Ebene, sondern auch in allen Bereichen, die so tief liegen, dass du sie nicht erreichen kannst, in vollkommene Harmonie.

## 30. September

# Das Ziel der Berufung

»Nun freue ich mich in den Leiden, die ich für euch leide, und erstatte an meinem Fleisch, was an den Leiden Christi noch fehlt, für seinen Leib, das ist die Gemeinde« (Kol 1,24).

Wir nehmen oft die geistliche Arbeit, der wir uns verpflichtet haben, und versuchen einen Ruf Gottes daraus zu machen, aber wenn wir in die richtige Verbindung zu ihm treten, kann es sein, dass er das alles wegwischt. Dann gibt er uns ein ungeheures, schmerzhaftes Bedürfnis, uns auf etwas zu konzentrieren, das wir nicht im Traum für eine Aufgabe von ihm gehalten hätten. Und einen blitzartigen, strahlenden Augenblick lang sehen wir seinen Plan und sagen: »Hier bin ich, sende mich!« (Jes 6,8).

Dieser Ruf hat nichts mit persönlicher Rechtfertigung zu tun. Es geht darum, wie Brot und Wein anderen zur Stärkung zu dienen. Aber wenn wir uns weigern, das Instrument zu akzeptieren, mit dem Gott die Schale der Traube aufbrechen will, kann er uns nicht zu Wein machen. Wir meinen dann: »Wenn Gott es mit eigener Hand täte und mich auf eine bestimmte Art zu Brot und Wein machte, dann hätte ich ja nichts dagegen.« Aber wenn er dazu jemanden gebraucht, den wir nicht mögen, oder Umstände, die zu ertragen wir uns entschieden geweigert haben, dann protestieren wir. Aber wir dürfen nie versuchen zu bestimmen, welches Leiden wir auf uns nehmen wollen. Wenn wir überhaupt zu Wein werden wollen, muss die Schale des Eigenwillens aufgebrochen werden, denn Trauben kann man nicht trinken. Trauben werden nur zu Wein, wenn man sie ausgedrückt hat.

Welches Werkzeug benutzt Gott, um die Schale deines Eigenwillens aufzubrechen? Bist du steinhart und hast sie noch nicht zerdrücken lassen? Wenn du noch nicht reif wärest und Gott hätte dich trotzdem »ausgedrückt«, dann wäre dieser Wein sehr bitter. Heilig zu sein bedeutet, dass die Bestandteile unseres natürlichen Wesens die Gegenwart Gottes selbst erleben und so von ihm in Dienst genommen werden. Wir müssen unseren Platz in Gott finden und seinen Willen annehmen, ehe er uns für andere einsetzen kann. Bleibe fest verbunden mit Gott und lass ihn tun, was er möchte, dann wirst du sehen, dass er Brot und Wein zur Stärkung für seine anderen Kinder schafft.

# Oktober

## 1. Oktober

### Über den Dingen

*»Jesus führte sie auf einen hohen Berg, nur sie allein«* (Mk 9,2).

Wir alle haben erhebende Zeiten auf dem »Berg« erlebt; wir haben die Dinge aus der Sicht Gottes gesehen und uns gewünscht, dort zu bleiben. Aber Gott erlaubt uns nie, dort zu bleiben. Ob unser geistliches Leben gesund ist, erweist sich daran, ob wir die Kraft aufbringen, vom Berg herunterzukommen. Wenn wir nur hinaufsteigen können, ist etwas nicht in Ordnung. Es ist etwas Herrliches, bei Gott auf dem Berg zu sein, aber man kommt nur dorthin, damit man später herunterkommen und den Menschen im Tal helfen kann. Wir sind nicht primär für Berggipfel, Sonnenaufgänge und die besonderen Augenblicke des Lebens geschaffen — das sind nur kurze Zeiten, die uns neu beleben. Unser Lebensraum ist das Tal mit seinem Alltagsleben und da müssen wir Kraft und Ausdauer beweisen. Aber auch geistlich sind wir Egoisten und wollen immer wieder auf den Berg kommen. Wir meinen, wir könnten leben und reden wie die Engel selbst, wenn wir nur dort oben bleiben dürften. Diese Zeiten von Gottes besonderer Nähe sind Ausnahmen. Sie haben ihre Bedeutung in unserem Leben mit Gott, aber wir müssen darauf achten, sie nicht aus geistlicher Selbstsucht zum Einzigen machen zu wollen. Wir neigen zu der Vorstellung, alles, was passiert, müsse sich als nützliche Lehre auswerten lassen. Aber in Wirklichkeit soll es etwas Besseres hervorbringen als Lehre, nämlich Charakter. Die besondere Begegnung mit Gott soll uns nicht *lehren*, sie soll uns *formen*. Es ist sehr gefährlich, immer zu fragen: »Wozu dient dieses Erlebnis?« So kann man geistliche Dinge nie beurteilen. Die Augenblicke auf dem Berggipfel sind selten und nur Gott weiß, was er damit beabsichtigt.

## 2. Oktober

# Im Tal der Öde

*»Wenn du aber etwas kannst, so erbarme dich unser und hilf uns!«* (Mk 9,22).

Nach jedem besonders erhebenden Erlebnis kommen wir unangenehm plötzlich auf den Boden der Tatsachen zurück und dort ist es weder schön noch poetisch oder faszinierend. Wie hoch der Berg war, erkennen wir an der Öde der Alltagsarbeit im Tal, aber gerade hier sollen wir sichtbar machen, wie Gott ist. Auf dem Berg *sehen* wir, wie herrlich er ist, aber da können wir nie so *leben*, dass es auch anderen deutlich wird. In der niedrigen und stumpfsinnigen Arbeit zeigt sich, wie Gott uns wirklich gebrauchen kann, denn da zeigt sich unsere Treue. Die meisten von uns können allerhand tun, solange sie in dem Gefühl leben, Wichtiges zu leisten, einfach aus natürlichem Egoismus. Aber Gott will uns im täglichen Trott haben; dort, im Tal, soll unsere persönliche Beziehung zu ihm unser Leben formen. Petrus meinte, es wäre wunderschön, wenn sie auf dem Berg bleiben könnten, aber Jesus Christus nahm die Jünger wieder mit hinunter ins Tal und dort wurde die wahre Bedeutung der Erscheinung erklärt (9,5.6.14-23).

»Wenn du aber etwas kannst ...« Nur das demütigende Leben im Tal kann uns das Misstrauen abnehmen. Sieh deine eigene Erfahrung an, dann siehst du, dass du Jesus nicht wirklich alles zugetraut hast, bis du erlebt hast, wer er wirklich ist. In der besonderen Begegnung mit ihm konntest du alles glauben, aber wie war es, als du vor der harten Wirklichkeit standest? Vielleicht kannst du erzählen, wie Gott dir vergeben und dich zum Eigentum angenommen hat, aber wie ist es mit dem, was du jetzt so entwürdigend findest? Als du das letzte Mal Gott auf dem Berg erlebt hast, da hast du gesehen, dass Jesus alle Macht im Himmel und auf der Erde hat. Willst du ihm jetzt misstrauen, nur weil du im lästigen Alltag steckst?

## 3. Oktober

## Die Kraft zu helfen

»*Und er sprach: Diese Art kann durch nichts ausfahren als durch Beten (und Fasten)*« (Mk 9,29).

Die Jünger fragten Jesus, als sie allein waren: »Warum konnten wir ihn nicht austreiben?« (28). Die Antwort ist: Was wir können, entscheidet sich an unserer persönlichen Beziehung zu Jesus Christus. »Diese Art kann durch nichts ausfahren als« durch Konzentration auf ihn und durch doppelte und noch einmal verdoppelte Konzentration auf ihn. Wir können immer so machtlos bleiben, wie die Jünger es hier waren, wenn wir versuchen für Gott zu arbeiten, aber uns nicht auf seine Macht konzentrieren, sondern stattdessen unseren menschlichen Ideen folgen. Durch solchen Eifer, etwas für Gott zu tun, ohne ihn zu kennen, setzen wir Gott in ein schlechtes Licht.

Wenn man vor einer schwierigen Situation steht und nichts Sichtbares passiert, kann man trotzdem wissen, dass Gott Befreiung und Erleichterung schenkt, wenn man ständig auf Jesus Christus konzentriert bleibt. Deine Aufgabe in der sozialen und geistlichen Arbeit ist dafür zu sorgen, dass nichts zwischen dir und Jesus steht. Steht im Augenblick etwas zwischen dir und Jesus? Wenn ja, musst du da durchkommen, nicht indem du es als lästig abtust oder dich darüber erhebst, sondern du musst dich der Sache stellen und durch sie hindurch zu Jesus Christus kommen. Dann wird eben dieses Problem mit allem, was du im Zusammenhang damit durchgemacht hast, Jesus Christus in einer Art zur Ehre dienen, die du erst erkennst, wenn du ihm selbst begegnest.

Beides müssen wir können: »auffahren mit Flügeln wie Adler« (Jes 40, 31), aber auch wieder herunterkommen. Die Kraft des Christen liegt im Herunterkommen und im täglichen Leben im »Tal«. Paulus sagt: »Ich vermag alles durch den, der mich mächtig macht« (Phil 4, 13), und was er damit meint, sind größtenteils niedrige, alltägliche Dinge. Aber wir können uns auch weigern, uns erniedrigen zu lassen, und sagen: »Nein, danke, ich bleibe viel lieber bei Gott auf dem Berggipfel.« Kann ich mich der Alltagswirklichkeit stellen, wenn ich die Realität Jesu erlebt habe, oder zerstören die wirklichen Verhältnisse meinen Glauben und versetzen mich in Panik?

## 4. Oktober

# Vision und Wirklichkeit

»An … die berufenen Heiligen …« (1. Kor 1,2).

Wenn du sehen kannst, was an geistlicher Entwicklung noch vor dir liegt, danke Gott dafür. Gott hat es dir gezeigt, aber es ist noch lange nicht Wirklichkeit. Gerade wenn wir in der »Tretmühle« sind, wenn sich zeigt, ob wir uns als Gottes Eigentum bewähren, ziehen sich die meisten zurück. Wir sind nicht genügend darauf vorbereitet, dass es Stöße und blaue Flecken geben muss, wenn wir so werden sollen, wie Gott es uns gezeigt hat. Wir haben gesehen, was wir noch nicht sind und was Gott aus uns machen will, aber sind wir bereit, uns in die Form bringen zu lassen, die wir da gesehen haben, damit Gott uns gebrauchen kann? Was uns formt, das sind immer ganz gewöhnliche Alltagsverletzungen durch gewöhnliche, alltägliche Leute.

Es gibt Zeiten, da wissen wir nicht, was Gott als Nächstes vorhat; ob wir dann zulassen, dass unser Charakter in das Bild, das Gott uns gezeigt hat, verwandelt wird, hängt von uns ab und nicht von Gott. Wenn wir uns lieber oben auf dem Berg ausruhen und von der Erinnerung an das Gesehene leben wollen, dann sind wir im Alltag, der das Leben der Menschen ausmacht, nicht wirklich brauchbar. Wir müssen lernen, uns im Alltag auf das zu verlassen, was wir in der Vision gesehen haben, und nicht nur in überirdischer Freude und im Nachdenken über

Gott leben. Das heißt, wir sollen unser wirkliches Leben im Licht der Vision führen, bis die Wahrheit der Vision in uns zur greifbaren Wirklichkeit wird. Alles, was wir lernen sollen, ist darauf ausgerichtet. Lerne Gott zu danken, wenn er dir zeigt, was er will.

Unser kleines Ich ist immer beleidigt, wenn Gott befiehlt. Lass dein kleines Ich unter Gottes Zorn und Unwillen zu nichts schrumpfen: »Der ICH-BIN-DA hat mich zu euch geschickt« (2. Mose 3,14 GN). Er muss herrschen. Ist es nicht erschreckend zu wissen, dass Gott nicht nur weiß, wo wir uns aufhalten, sondern auch, in welchen Löchern wir uns vor ihm verkriechen? Er holt uns blitzschnell ein. Kein Mensch kennt Menschen so gut wie Gott.

## 5. Oktober

## Die Wirkung des Sündenfalls

*»Deshalb, wie durch e i n e n Menschen die Sünde in die Welt gekommen ist und der Tod durch die Sünde, so ist der Tod zu allen Menschen durchgedrungen, weil sie alle gesündigt haben«* (Röm 5,12).

In der Bibel steht nicht, Gott hätte die ganze Menschheit für die Sünde eines einzigen Menschen bestraft, sondern dass das Wesen der Sünde, nämlich mein Anspruch auf Selbstbestimmung, durch *einen* Menschen in die

Menschheit eingedrungen ist. Und es steht auch da, dass ein anderer Mensch die Sünde der ganzen Menschheit auf sich genommen und beseitigt hat: eine unendlich viel wichtigere Aussage (s. Hebr 9, 26). Die eigentliche Sünde ist nicht, dass man Unrecht tut oder ein unmoralisches Leben führt, sondern das Streben nach Selbstverwirklichung, das dazu führt, dass wir sagen: »Ich bin mein eigener Gott.« Dieses Streben kann sich in Moral und Anstand oder in Unmoral und Unanständigkeit äußern, aber die Grundlage ist immer dieselbe: mein Anspruch auf Selbstbestimmung. Ob der Herr Jesus mit Menschen zu tun hatte, die alle Fähigkeiten zum Bösen in sich trugen, oder mit gewissenhaften, die anständig und aufrichtig lebten, er achtete weder auf die Würdelosigkeit der einen noch auf die moralische Leistung der anderen. Das, was ihm wichtig war, können wir nicht sehen, und das ist das Wesen des Menschen (s. Joh 2, 25).

Ich bin mit der Sünde geboren und habe keinen Einfluss darauf. Auf die Sünde kann nur Gott einwirken und zwar durch die Erlösung. Durch den Tod Christi am Kreuz hat Gott die ganze Menschheit befreit; sie wird nicht mehr zwangsläufig durch ihre Veranlagung zur Sünde verurteilt. Für die Veranlagung zur Sünde macht Gott niemals einen Menschen verantwortlich und verurteilt auch niemanden deswegen. Erst wenn ich verstehe, dass Jesus Christus gekommen ist, um mich von dieser Veranlagung zu befreien, und es ihn doch nicht tun lasse, erst von diesem Augenblick an ist meine Verurteilung beschlossen. »Das ist aber das Gericht [und der entscheidende Moment], dass das Licht in die Welt gekommen ist, und die Menschen liebten die Finsternis mehr als das Licht …« (Joh 3, 19).

## 6. Oktober

# Das Wesen des neuen Lebens

»*Als es aber Gott wohlgefiel ..., dass er seinen Sohn offenbarte in mir ...*« (Gal 1,15.16).

Wenn Jesus Christus mich neu machen will, welchem Problem begegnet er da? Einfach diesem: Auf meine Veranlagung habe ich keinen Einfluss; ich bin nicht heilig und habe keine Aussicht, es zu werden; und wenn Jesus nicht mehr tun könnte als mir zu sagen, ich müsse heilig sein, müsste mich das zur Verzweiflung bringen. Aber wenn Jesus Christus wirklich neues Leben schafft, wenn er seine eigene göttliche Veranlagung in mich hineinlegt, dann kann ich anfangen zu verstehen, was er meint, wenn er sagt, ich müsse heilig sein. Die Erlösung hat zur Folge, dass Jesus Christus das Wesen, das er selbst hatte, in jeden Menschen hineinlegen kann, und alle Maßstäbe, die er uns gibt, gelten für dieses Wesen. Was er sagt, soll auf das Leben angewendet werden, das er in mich hineingelegt hat. Was ich dabei zu tun habe, ist nur dies: mich mit dem Urteil Gottes einverstanden erklären, dass die Sünde am Kreuz Jesu rechtmäßig bestraft worden ist.

Das Neue Testament sagt über das neue Leben aus, dass Gott, wenn ein Mensch selbst die Notwendigkeit erkennt, den Heiligen Geist in seinen Geist hineingibt, und von da an bekommt der Geist des Menschen Impulse vom Geist des Sohnes Gottes. »... bis Christus in euch Gestalt gewinne« (Gal 4,19). Das eigentliche Wunder

der Erlösung ist, dass Gott die Macht hat, mir ein neues Wesen zu geben, durch das ich ein Leben ganz neuer Art führen kann. Wenn ich endlich an die Grenzen meiner Möglichkeiten komme und meine Bedürftigkeit erkenne, dann sagt Jesus: »Selig seid ihr ...« (Mt 5,11). Aber dahin muss ich kommen. Weil ich ein eigenverantwortlicher Mensch bin, kann Gott das Wesen, das Jesus Christus hatte, nicht in mich hineinlegen, wenn ich nicht merke, dass ich es brauche.

So wie das Wesen der Sünde sich durch *einen* Menschen in alle Menschen eingeschlichen hat, so ist der Heilige Geist durch einen anderen Menschen hereingekommen (s. Röm 5,12-19). Und Erlösung bedeutet, dass ich meine Veranlagung zur Sünde loswerden und durch Jesus Christus eine vollkommen gute Veranlagung bekommen kann, nämlich den Heiligen Geist.

## 7. Oktober

## Das Wesen der Versöhnung

*»Denn er hat den, der von keiner Sünde wusste, für uns zur Sünde gemacht, damit wir in ihm die Gerechtigkeit würden, die vor Gott gilt«* (2. Kor 5,21).

Sünde ist eine Grundbefindlichkeit. Sie ist kein falsches Tun, sondern falsches *Sein*, bewusste und willentliche Unabhängigkeit von Gott. Der ganze christliche Glaube beruht auf der Tatsache, dass Sünde sich natürlicherweise nur auf sich selbst verlässt. In anderen Religionen geht es um *Sünden* — nur in der Bibel geht es um *Sünde*. Das Erste, was Jesus Christus den Menschen klargemacht hat, war ihre natürliche Veranlagung zur Sünde, und weil wir das in unserer Darstellung des Evangeliums nicht beachtet haben, hat die Botschaft ihre Schärfe und explosive Kraft verloren.

Was die Bibel uns wissen lässt, ist nicht, dass Jesus Christus unsere natürlichen Sünden auf sich genommen hätte, sondern dass er die Veranlagung zur Sünde auf sich genommen hat, auf die Menschen keinerlei Einfluss haben. Gott hat seinen Sohn »zur Sünde gemacht«, um den Sünder zu einem Heiligen zu machen. Überall in der Bibel wird erklärt, dass Jesus nicht aus Mitleid die Sünde der Welt auf sich nahm, sondern *an unserer Stelle*. Er hat in bewusster Absicht alle Sünde der gesamten Menschheit sich selbst aufgeladen und an seinem Körper ertragen. »Er hat den, der von keiner Sünde wusste, *für uns zur Sünde gemacht...*« und damit ermöglicht, dass alle Menschen nur durch dieses Freikaufen gerettet werden. Jesus Christus hat die Menschheit versöhnt, das bedeutet, er hat ihr wieder den Platz gegeben, den Gott für sie vorgesehen hatte. Und heute kann jeder diese Versöhnung erleben. Dann wird er durch das, was Jesus Christus am Kreuz getan hat, wieder eins mit Gott.

Kein Mensch kann sich selbst erlösen. Die Erlösung hat Gott bewirkt und sie ist vollständig und braucht nicht mehr ergänzt zu werden. Ob der einzelne Mensch sie für sich in Anspruch nimmt, das hängt davon ab, wie er darauf reagiert. Man muss immer unterscheiden zwischen der objektiven Tatsache, dass wir erlöst sind, und der jeweiligen bewussten Erfahrung des Einzelnen, dass er gerettet ist.

## 8. Oktober

## Zu Jesus kommen

*»Kommt her zu mir...«* (Mt 11,28).

Es ist doch recht demütigend zu hören, dass wir zu Jesus kommen müssen. Denke nur einmal, mit wie vielen Problemen wir nicht zu Jesus Christus kommen wollen. Wenn du wissen willst, wie echt dein geistliches Leben ist, miss es an den Worten: »Kommt her zu mir...« Überall da, wo deine Beziehung zu Jesus nicht echt ist, hast du Argumente oder meidest das Thema ganz, um nicht zu ihm kommen zu müssen. Lieber leidest du, als dass du zu ihm kommst; und du bist zu allem bereit, nur um nicht diesen letzten Schritt scheinbar unsäglicher Dummheit tun zu müssen, dass du sagst: »Ich komme, wie ich bin.« Solange du nicht gelernt hast, dass Gott wirklich *alle* Achtung zusteht, zeigt sich das immer daran, dass du erwartest, einen besonders großen Auftrag von Gott zu bekommen, aber er sagt dir immer nur: »Komm...«

»Kommt her zu mir...« Wenn du das hörst, erkennst du oft, dass in dir etwas anders werden muss, bevor du kommen kannst. Dann zeigt dir der Heilige Geist, was du tun musst, und dazu gehört alles, was nötig ist, um die

Hindernisse radikal auszurotten, die dir den Weg zu Jesus versperren. Und du wirst erst weiterkommen, wenn du bereit bist, genau das zu tun. Der Heilige Geist wird auch den letzten Bereich aufsuchen, den du festhältst, aber er kann ihn nicht für sich einnehmen, wenn du es ihm nicht erlaubst.

Wie oft bist du schon mit deinen Bitten zu Gott gekommen und hast beim Weggehen gedacht: »Diesmal habe ich wirklich bekommen, was ich wollte!« Aber in Wirklichkeit hast du nichts davon und Gott steht die ganze Zeit mit ausgestreckten Händen da, nicht nur um dich aufzunehmen, sondern auch, damit du ihn aufnimmst. Welche unüberwindliche, unbesiegbare, nie ermüdende Geduld von Jesus, der voll Liebe sagt: »Kommt her zu mir ...«!

## 9. Oktober

# Auf das Sühnopfer bauen

*»Gebt euch selbst Gott hin ... und eure Glieder Gott als Waffen der Gerechtigkeit«* (Röm 6,13).

Ich kann mich nicht selbst retten und zum Eigentum Jesu machen. Ich kann die Sünde nicht wieder gutmachen; ich kann Unrecht nicht recht und Böses nicht gut machen und Rebellisches nicht unter Gottes Herrschaft bringen. Das alles kann und tut Gott allein. Glaube ich an das, was

Jesus getan hat? Er hat die Sünde wieder vollkommen gutgemacht. Bin ich gewöhnt, mir das immer wieder bewusst zu machen? Das Notwendigste für uns ist nicht Dinge zu *tun*, sondern Dinge zu *glauben*. Die Erlösung durch Christus ist nicht zuerst eine persönliche Erfahrung, sondern die entscheidende Tat, die Gott durch Jesus Christus getan hat, und darauf soll ich meinen Glauben aufbauen. Wenn ich meinen Glauben auf eigenen Erfahrungen aufbaue, führt das zu einem völlig unbiblischen Leben: einem einsamen Leben, in dem ich mich nur auf meine eigene Vollkommenheit konzentriere. Menschliche Vollkommenheitsbestrebungen sind gefährlich, weil sie nicht auf dem Sühnopfer Christi beruhen. Sie nützen nichts und isolieren uns nur; Gott kann sie nicht gebrauchen, und den Menschen sind sie lästig. Miss alles, was du erlebst, an Jesus Christus selbst. Wir können nichts tun, was Gott gefällt, wenn wir nicht bewusst auf dem Fundament des Sühnopfers Christi aufbauen.

Dass Jesus meine Sünde weggenommen hat, muss in meinem Leben in praktischen, anspruchslosen Dingen sichtbar werden. Immer wenn ich gehorche, habe ich Gott in seiner vollkommenen Allmacht auf meiner Seite; dann bilden Gottes liebevolles Handeln und mein natürlicher Gehorsam eine harmonische Einheit. Gehorsam bedeutet, dass ich mich ganz auf das Sühnopfer verlasse, und meinem Gehorsam folgt sofort die Freude, dass der ewige Gott mich lieb hat.

Nimm dich in Acht vor der menschlichen »Heiligkeit«, die das reale natürliche Leben ablehnt — sie ist Betrug. Miss dich immer wieder am Sühnopfer Christi und frage: »Wo kann man in dieser und in jener Sache erkennen, dass Christus die Sünde weggenommen hat?«

## 10. Oktober

# Wie kann ich es wissen?

*»Zu der Zeit fing Jesus an und sprach: Ich preise dich, Vater ..., weil du dies den Weisen und Klugen verborgen hast und hast es den Unmündigen offenbart«* (Mt 11,25).

Wir wachsen nicht allmählich in eine Beziehung zu Gott hinein — wir haben die Beziehung oder wir haben sie nicht. Gott befreit uns nicht nach und nach immer mehr von der Sünde. »Wenn wir aber im Licht wandeln« (1. Joh 1,7), sind wir ganz frei »von aller Sünde«. Es ist eine Frage des Gehorsams und wenn wir gehorchen, ist die Beziehung sofort vollkommen da. Aber wenn wir nur für eine Sekunde ungehorsam werden, werden Tod und Dunkelheit augenblicklich wieder aktiv.

Alles Wissen, das Gott uns anvertraut hat, bleibt uns verschlossen, bis es uns durch Gehorsam eröffnet wird. Man kann es nie durch Philosophie oder durch Denken erschließen. Aber sobald man gehorcht, leuchtet ein Licht auf. Lass Gottes Wahrheit in dich eindringen, nicht indem du dir darüber den Kopf zerbrichst, sondern indem du dich darein versenkst. Der einzige Weg, die Wahrheit Gottes zu erkennen, ist dass man aufhört zu forschen und neugeboren wird. Wenn du Gott in dem gehorchst, was er dir als Erstes zeigt, lässt er dich sofort etwas Neues erkennen. Man kann ganze Bücher über die Wirksamkeit des Heiligen Geistes lesen, ohne weiterzukommen, aber wenn man fünf Minuten lang völlig kompromisslos gehorcht, wird die Lage klar wie der Tag. Sage nicht: »Irgendwann werde ich das wohl verstehen.« Du kannst es jetzt verstehen. Und das Verständnis erreichst du nicht durch Forschen, sondern durch Gehorsam. Schon der kleinste Gehorsamsschritt öffnet den Himmel und dann sind dir auch die geheimnisvollsten geistlichen Zusammenhänge sofort zugänglich. Aber Gott wird dir so lange nichts Neues über sich selbst zeigen, bis du dich nach dem richtest, was du schon weißt. Versuche nicht, einer von den »Weisen und Klugen« zu werden. »Wenn jemand dessen Willen tun will, wird er innewerden ...« (Joh 7,17).

## 11. Oktober

### Was, wenn Gott schweigt?

*»Als er nun hörte, dass er krank war, blieb er noch zwei Tage an dem Ort, wo er war«* (Joh 11,6).

Traut Gott dir so sehr, dass er vor dir schweigt? Dieses Schweigen ist sehr wichtig. Wenn Gott schweigt, ist das in Wirklichkeit eine Antwort. Stelle dir diese Tage völligen Schweigens in dem Haus in Betanien vor! Hast du schon einmal etwas Vergleichbares erlebt? Kann Gott es dir zutrauen oder bittest du ihn noch um eine sichtbare Antwort? Wenn du dich weigerst, ohne sie weiterzugehen, wird Gott dir genau das geben, worum du bittest.

Aber sein Schweigen ist ein Zeichen, dass er dich auf ein noch tieferes und schöneres Verstehen seiner selbst vorbereitet. Trauerst du vor Gott, weil du keine Antwort gehört hast? Wenn du Gott nicht hören kannst, wirst du bald merken, dass er dir das tiefste mögliche Vertrauen geschenkt hat: Er vertraut dir sein völliges Schweigen an, kein Schweigen der Verzweiflung, sondern der Freude, denn er hat gesehen, dass es dir nicht um ein noch größeres Gotteserlebnis geht. Wenn Gott vor dir schweigt, dann lobe ihn — er führt dich ins Zentrum seines Willens. Ob Gott dir eine erkennbare Antwort gibt, wenn du darauf wartest, das entscheidet er allein — Zeit ist für Gott nichts. Eine Zeit lang hast du vielleicht gedacht: »Ich habe Gott um Brot gebeten, aber er hat mir einen Stein gegeben« (s. Mt 7,9). Es war kein Stein und jetzt siehst du, dass er dir »das Brot des Lebens« (Joh 6,35) gegeben hat.

Gottes Schweigen ist etwas ganz Besonderes: Es ist ansteckend. Es breitet sich in dir aus und schafft ein volles Vertrauen in dir, so dass du ehrlich sagen kannst: »Ich weiß, dass Gott mich gehört hat.« Gerade sein Schweigen ist der Beweis dafür. Solange du meinst, dass Gott dir auf jedes Gebet hin Gutes gibt, wird er das tun, aber du wirst nie dieses vertraute Schweigen erleben. Wenn Jesus Christus dir zeigen will, dass das Beten zur Ehre seines Vaters dienen soll, dann gibt er dir das erste Zeichen seines Vertrauens: Schweigen.

## 12. Oktober

# Mit Gott Schritt halten

»Und Henoch wandelte mit Gott« (1. Mose 5,22).

Der wahre charakterliche und geistliche Zustand eines Menschen zeigt sich nicht in dem, was er in außergewöhnlichen Situationen tut, sondern in dem, was er zu normalen Zeiten tut, wenn nichts Überwältigendes oder Besonderes passiert. Der Wert eines Menschen wird sichtbar in seiner Haltung zu den gewöhnlichen Alltagsdingen, wenn er nicht im Rampenlicht steht (s. Joh 1, 35 - 37; 3,30). Es ist harte Arbeit, Gottes Tempo zu übernehmen und mitzuhalten; man muss dazu geistlich über den »toten Punkt« hinwegkommen. Wenn wir lernen, mit Gott zu gehen, ist es immer schwer, sich seinem Tempo anzupassen, aber wenn wir das einmal erreicht haben, sieht man an uns nur noch das Wesen Gottes selbst. Der einzelne Mensch verschmilzt mit Gott zu einer Einheit und nur noch Gottes mächtiges Handeln tritt in Erscheinung.

Es ist schwer, mit Gott Schritt zu halten, denn er überholt uns schon gleich am Anfang, ehe wir noch drei Schritte gegangen sind. Er arbeitet anders als wir und wir müssen seine Arbeitsweisen lernen und üben. Von Jesus wird gesagt: »Er selbst wird nicht verlöschen und nicht zerbrechen ...« (Jes 42,4), weil er nie etwas von seinem eigenen Standpunkt aus getan hat, sondern immer vom Standpunkt seines Vaters aus. Das müssen wir auch lernen. Gottes Wahrheit erkennt man durch die Atmosphäre, die um uns ist, nicht durch geistige Arbeit. Gottes Geist ändert unsere Sichtweise und damit die Atmosphäre, und dann werden Dinge möglich, die vorher unmöglich waren. Mit Gott Schritt zu halten ist nichts weniger als mit ihm eins zu sein. Es dauert lange, bis man dahin kommt, aber lass dich nicht abbringen. Gib nicht auf, weil es im Augenblick gerade sehr schmerzhaft ist. Geh weiter, dann wirst du schon bald einen neuen Ausblick und einen neuen Plan haben.

## 13. Oktober
# Wie die Persönlichkeit wächst

*»Zu der Zeit, als Mose groß geworden war, ging er hinaus zu seinen Brüdern und sah ihren Frondienst ...«* (2. Mose 2,11).

Mose sah, wie sein Volk unterdrückt wurde, und war sicher, dass er es befreien sollte, und in seinem natürlichen berechtigten Zorn fing er an, das Unrecht heimzuzahlen, das ihnen getan wurde. Aber nach diesem ersten Einsatz für Gott und das Recht, ließ Gott zu, dass Mose völlig den Mut verlor, und ließ ihn vierzig Jahre lang in der Wüste Schafe hüten. Nach dieser Zeit erschien Gott Mose und sagte zu ihm: »So geh nun hin ..., damit du mein Volk, die Israeliten, aus Ägypten führst« (3,10). Aber Mose sagte zu Gott: »Wer bin ich, dass ich zum Pharao gehe ...?« (3, 11). Am Anfang hatte Mose erkannt, dass er das Volk befreien sollte, aber erst musste Gott ihn erziehen und dazu heranbilden. Was er für sich erkannt hatte, war richtig, aber er war der Arbeit erst gewachsen, nachdem er echte Gemeinschaft und Einheit mit Gott gelernt hatte.

Manchmal haben wir eine Vorstellung von Gott und erkennen sehr klar, was er will, aber wenn wir dann anfangen es auszuführen, begegnet uns etwas Vergleichbares wie die vierzig Jahre, die Mose in der Wüste bleiben musste. Es sieht aus, als ob Gott von all dem nichts mehr wissen wollte. Erst wenn wir allen Mut verloren haben, kommt Gott wieder und ruft uns neu. Und dann zittern wir und sagen: »Wer bin ich, dass ich ...?« Wir müssen lernen, dass die besondere Art, wie Gott handelt, sich in diesen Worten ausdrückt: »Der ICH-BIN-DA hat mich zu euch geschickt« (3, 14 GN). Wir müssen auch lernen, dass unser selbst gewählter Einsatz für Gott nur respektlos gegen ihn ist. Er will unser Menschsein zum Leuchten bringen durch die persönliche Gemeinschaft mit ihm, damit er »Wohlgefallen an uns hat« (s. Mt 3, 17). Es kann gut sein, dass wir jetzt schon die richtige Sicht für uns selbst haben; dann erkennen wir unser Arbeitsfeld und können sagen: »Ich weiß, dass ich dies tun soll.« Aber wir haben noch nicht gelernt, mit Gott Schritt zu halten. Wenn du gerade mutlos bist, liegt wahrscheinlich eine Zeit großen persönlichen Wachstums vor dir.

## 14. Oktober

# Der Schlüssel zur Missionsarbeit

*»Jesus trat herzu und sprach zu ihnen: Mir ist gegeben alle Gewalt im Himmel und auf Erden. Darum gehet hin und machet zu Jüngern alle Völker ...«* (Mt 28,18.19).

Der Schlüssel zur missionarischen Arbeit ist nicht die Notwendigkeit, Verlorene zu retten, sondern der Befehl Jesu Christi. Wir betrachten Christus gern als jemanden, der uns bei unserem Einsatz für Gott unterstützt. In Wirklichkeit steht er selbst als höchster und absolut souveräner Herrscher über seinen Jüngern. Er sagt nicht, wenn wir nicht gingen, könnte nie ein Nichtchrist gerettet werden; er sagt nur: »Darum gehet hin und machet zu Jüngern alle Völker ...« Das heißt: »Geht, weil ihr von mir wisst, dass ich alle Macht habe, predigt und lehrt, wie ihr mich erlebt habt.«

»Aber die elf Jünger gingen ... auf den Berg, wohin Jesus sie beschieden hatte« (28,16). Wenn ich die Allmacht Christi erfahren will, muss ich ihn selbst kennen. Ich muss mir Zeit nehmen, den anzubeten, nach dem ich mich nenne. Jesus sagt: »Kommt her zu mir ...« — das ist der Ort, wo man ihm begegnen soll — »alle, die ihr mühselig und beladen seid« (Mt 11,28). Wie vielen Missionaren geht es so! Diese wunderbaren Worte, die der allmächtige Herrscher der Welt uns sagt, ignorieren wir oft einfach. Dabei sind das die Worte Jesu an seine Jünger für unsere Zeit.

»Darum gehet hin ...« »Hingehen« heißt einfach leben. In Apostelgeschichte 1,8 steht, *wie* man gehen soll. Jesus sagt da nicht: »*Geht* nach Jerusalem, Judäa und Samaria«, sondern: »Ihr ... werdet (überall dort) meine Zeugen sein.« Er übernimmt die Aufgabe, unseren Platz zu bestimmen.

»Wenn ihr in mir bleibt und meine Worte in euch bleiben ...« (Joh 15,7) – so bleiben wir »in Gang«. Dann ist es uns unwichtig, wo wir uns befinden, weil Gott als Herr unser »Gehen« lenkt.

»Aber ich achte mein Leben nicht der Rede wert, wenn ich nur meinen Lauf vollende und das Amt ausrichte, das ich vom Herrn Jesus empfangen habe ...« (Apg 20,24). So sollen wir weitergehen, bis wir aus diesem Leben gehen.

## 15. Oktober

# Der Schlüssel zur Verkündigung

»*Er ist die Versöhnung für unsere Sünden, nicht allein aber für die unseren, sondern auch für die der ganzen Welt*« (1. Joh 2,2).

Der Schlüssel zu dem, was ein Missionar weitergibt, ist die Versöhnung durch Jesus Christus: Sein Opfer für uns hat Gottes Zorn vollkommen gestillt. Alles andere, was Christus tut – ob es nun Heilen, Retten oder Heiligung ist — bleibt in bestimmten Grenzen. Aber »dieser ist das Opferlamm Gottes, das die Schuld der ganzen Welt wegnimmt« (Joh 1, 29 GN): Das gilt immer und überall. Was ein Missionar zu sagen hat, ist dass Jesus Christus über alle Grenzen hinweg wichtig ist, weil er die Versöhnung für unsere Sünden ist, und ein Missionar ist ganz von der Wahrheit dieser Aussage durchdrungen.

Der eigentliche Schlüssel zur Botschaft des Missionars ist, dass uns durch Christus die Sünden vergeben sind, nicht seine Güte oder seine Freundlichkeit, auch nicht, dass er uns eröffnet hat, dass Gott unser Vater ist. »... dass gepredigt wird ... Buße zur *Vergebung* der Sünden unter allen Völkern« (Lk 24, 47). Die schönste und unendlich wichtige Botschaft ist diese: »Er ist die Versöhnung für unsere Sünden ...« Ein Missionar hat nichts Nationalistisches zu sagen, nichts für bestimmte Völker oder bestimmte Menschen; was er zu sagen hat, gilt für »die ganze Welt«. Wenn der Heilige Geist in mich kommt, nimmt er keine Rücksicht auf meine Wünsche und Vorlieben; er bringt mich einfach zur Einheit mit Jesus, dem Herrn.

Ein Missionar ist ein Mensch, der sich mit dem ausdrücklichen Auftrag und Willen seines Herrn »verheiratet« hat. Er soll nicht seine eigenen Ansichten verkündigen, sondern »das Lamm Gottes«. Es ist leichter, einer Gruppe anzugehören, in der ich einfach nur berichte, was Jesus Christus für mich getan hat, und leichter, ein Verfechter geistlicher Heilung oder einer besonderen Art der Heilung oder der Taufe mit dem Heiligen Geist zu werden. Aber Paulus sagt nicht: »Wehe mir, wenn ich nicht predigte, was Christus für mich getan hat«, sondern: »Wehe mir, wenn ich das Evangelium nicht predigte!«

(1. Kor 9,16). Und das ist das Evangelium: »Dieser ist das Opferlamm Gottes, das die Schuld der ganzen Welt wegnimmt.«

## 16. Oktober
# Der Schlüssel zur Weisung Jesu

*»Darum bittet den Herrn der Ernte, dass er Arbeiter in seine Ernte sende«* (Mt 9,38).

Der Schlüssel zur Bewältigung der missionarischen Arbeit liegt bei Gott und wir erreichen sie durch Gebet und nicht durch Arbeit – das heißt nicht Arbeit im heute üblichen Wortsinn, die oft dazu führt, dass wir Gott aus dem Blick verlieren. Was die schwierige Aufgabe des Missionars möglich macht, ist auch nicht zweckmäßige Planung, medizinische Hilfe, Zivilisation, Bildung und nicht einmal Verkündigung. Der Schlüssel ist, dass wir dem Befehl Jesu gehorchen – und das heißt beten. »Bittet den Herrn der Ernte ...« In der natürlichen Welt ist Beten nutzlos und absurd. Wir müssen zugeben, dass Beten dumm erscheint, wenn man den Maßstab der praktischen Vernunft anlegt.

Von Jesus Christus aus gesehen haben Völker keinerlei Bedeutung, sondern nur *die Welt*. Wie viele von uns beten wirklich »ohne Ansehen der Person«, nur mit dem Blick auf die eine Person: Jesus Christus? Ihm gehört die

»Ernte«, die durch Leiden und durch Sündenbewusstsein heranwächst. Für diese Ernte sollen wir bitten, dass Arbeiter geschickt werden, sie einzubringen. Wir sind zu eifrig mit unserer Arbeit beschäftigt. Überall um uns sind Menschen reif zur Ernte; aber wir bringen nicht einen davon ein, sondern verschwenden nur die Zeit, die unserem Herrn gehört, mit Überaktivität und Programmen. Wenn nun im Leben deines Vaters oder Bruders eine Umbruchsituation einträte – bist du dann da und kannst als Arbeiter die Ernte für Jesus Christus einbringen? Oder antwortest du: »Aber ich habe doch diese bestimmte Arbeit zu tun«? Kein Christ hat eine bestimmte Arbeit zu tun. Ein Christ ist aufgerufen, Jesus Christus zu gehören, »der Knecht …(,) nicht größer als sein Herr« (Joh 13, 16) zu sein und ihn nicht auf seine eigenen Pläne festlegen zu wollen. Unser Herr ruft uns nicht zu einer bestimmten Arbeit auf – er ruft uns zu sich selbst. »Bitte den Herrn der Ernte«, dann wird er alles so regeln, dass er dich als seinen Arbeiter ausschicken kann.

## 17. Oktober

# Der Schlüssel zu »größeren Werken«

*»Wahrlich, wahrlich, ich sage euch: Wer an mich glaubt, der wird ... noch größere [Werke] als diese tun; denn ich gehe zum Vater«* (Joh 14,12).

Das Gebet gibt uns nicht die Ausrüstung für »größere Werke«; das Gebet *ist* das größere Werk. Wir meinen oft, Beten sei eine nützliche Übung, die unsere höheren Kräfte fördert und uns auf die Arbeit für Gott vorbereitet. Jesus Christus lehrt aber, dass beten die Auswirkung des Wunders der Erlösung in mir ist und dass es durch Gottes Macht das Wunder der Erlösung in anderen bewirkt. Gebet ist der Weg, die Frucht der Versöhnung beständig zu erhalten, aber dieses Gebet beruht auf dem Leiden Christi, durch das er uns erlöst hat, nicht auf meinem eigenen Leiden. Wir müssen als Gottes Kinder zu ihm kommen, denn nur einem Kind werden die Bitten erfüllt, einem »Weisen und Klugen« nicht (s. Mt 11,25).

Das Gebet ist *der* Kampf überhaupt, ganz gleich, wo du bist. Wie Gott dein Leben auch gestaltet, es ist deine Aufgabe zu beten. Lass nie den Gedanken zu: »Wo ich jetzt stehe, bin ich nutzlos«, denn wo du noch nicht stehst, kannst du ganz sicher niemandem nützen. Überall, wo Gott dich hinstellt, solltest du unter allen Umständen beten, ihm ständig Gebete bringen. Er hat versprochen: »Was ihr bitten werdet in meinem Namen, das will ich tun ...« (Joh 14,13). Aber wir weigern uns oft zu beten, wenn es uns kein emotionales Erlebnis verspricht, und das ist die krasseste Form der geistlichen Selbstsucht. Wir müssen lernen, nach Gottes Anweisung zu arbeiten und er weist uns an zu *beten*. »Bittet den Herrn der Ernte, dass er Arbeiter in seine Ernte sende« (Mt 9, 38).

Die Arbeit eines Arbeiters ist nicht besonders aufregend, aber der Arbeiter macht es möglich, dass ein Genie seine Ideen verwirklicht. Und der Christ als Arbeiter macht es möglich, die Ideen Gottes zu verwirklichen. Wenn du deine Gebetsarbeit tust, ist das aus Gottes Sicht nie vergeblich. Am Ende wirst du erstaunt sein, wenn du dein Leben im Licht Gottes siehst, wie viele Menschen du einfach dadurch gerettet hast, dass du gewöhnt warst, Weisungen von Jesus Christus entgegenzunehmen.

## 18. Oktober

## Der Schlüssel zur Treue des Missionars

*»Denn um seines Namens willen sind sie ausgezogen ...«* (3. Joh 7).

Der Herr Jesus hat uns gesagt, wie unsere Liebe zu ihm sich äußern soll, als er fragte: »Hast du mich lieb?« (s. Joh 21, 17) und dann sagte: »Weide meine Schafe.« Das bedeutet praktisch: »Mache *mein* Interesse an anderen

Menschen zu *deinem* Interesse« und nicht: »Setze *mich* mit *deinem* Interesse an anderen gleich.« 1. Korinther 13,4-8 zeigt uns, wie diese Liebe ist: Es ist wirklich die Liebe *Gottes*, die sich da ausdrückt. Ob meine Liebe zu Jesus echt ist, zeigt sich im praktischen Alltag, und alles andere ist sentimentales Gerede.

Treue zu Jesus Christus ist eine übernatürliche Folge der Erlösung, die der Heilige Geist in mir bewirkt hat: »...denn die Liebe Gottes ist ausgegossen in unsere Herzen durch den heiligen Geist...« (Röm 5,5). Diese Liebe in mir tut ihre Wirkung und erreicht durch mich jeden, den ich treffe. Ich bleibe seinem Namen treu, auch wenn meine Lebensumstände scheinbar dagegen sprechen und es für andere so aussieht, als hätte Gott nicht mehr Macht als ein Nebelstreif.

Der Schlüssel zur Treue des Missionars ist, dass er an nichts und niemanden gebunden ist außer an Christus selbst. Das heißt nicht einfach, dass man von den äußeren Dingen Abstand hält, die um uns sind. Jesus selbst war erstaunlich vertraut mit den alltäglichen Dingen, aber er hielt innerlich Abstand – nur nicht zu Gott. Äußerer Abstand kann oft sogar ein Zeichen einer verborgenen, aber wachsenden inneren Bindung an die Dinge sein, die wir äußerlich meiden.

Wenn ein Missionar treu sein will, muss er sich darauf konzentrieren, sich selbst für das Wesen des Herrn Jesus ständig vollkommen offen zu halten. Die Menschen, die Christus schickt, sich für ihn einzusetzen, sind normale Menschen, aber sie werden gesteuert von ihrer Liebe zu ihm, die der Heilige Geist in ihnen bewirkt hat.

## 19. Oktober

# Was oft unbeachtet bleibt

»*Mein Reich ist nicht von dieser Welt*« (Joh 18, 36).

Der große Feind Jesu Christi ist heute eine Auffassung von praktischer Arbeit, die nicht im Neuen Testament begründet ist, sondern den Arbeitsweisen dieser Welt entspricht. So zu arbeiten erfordert unendlich viel Energie und Aktivität, aber kein persönliches Leben mit Gott. Jesus sagt: »Das Reich Gottes kommt nicht so, dass man's beobachten kann; man wird auch nicht sagen: Siehe, hier ist es! oder: Da ist es! Denn siehe, das Reich Gottes ist mitten unter euch« (Lk 17, 20.21). Es ist versteckt und schwer zu erkennen. Wer aktiv für Christus arbeitet, konzentriert sich allzu oft darauf, von anderen gesehen zu werden. Aber die Kraft, die von jemandem ausgeht, entfaltet sich in seinem ganz persönlichen Innenleben.

Wir müssen uns von dem falschen Geist dieser Zeit befreien, in der wir leben. Im Leben Jesu hat es nichts von dem Zeitdruck, der Hetze und Überaktivität gegeben, die wir heute so wichtig nehmen, und ein Jünger soll sein wie sein Lehrer. Im Zentrum der Herrschaft Jesu Christi steht die persönliche Beziehung zu ihm und nicht der Nutzen für andere in der öffentlichen Arbeit.

Die Stärke dieses Bibelkurses liegt nicht in praktischen Aktivitäten. Seine besondere Stärke ist, dass du hier von der Wahrheit Gottes durchdrungen wirst und die Tatsachen und Zusammenhänge, die er vorgegeben hat, in dich aufnehmen kannst. Du hast keine Ahnung, wo oder wie Gott dein späteres Leben gestalten wird, du weißt nicht, was für Anstrengungen und Schwierigkeiten dir im In- oder Ausland bevorstehen. Und wenn du deine Zeit mit Überaktivität verschwendest, anstatt dich von der entscheidenden und beglückenden Tatsache der Erlösung durchdringen zu lassen, dann wirst du nicht durchhalten, wenn die Probleme wirklich hart werden. Aber wenn du diese Zeit der intensiven Verbindung mit Gott dazu nutzt, dich in ihm zu verwurzeln und deinen Grund zu finden, dann sieht das vielleicht nicht nach praktischem Nutzen aus, aber du wirst ihm treu bleiben, ganz gleich was passiert.

## 20. Oktober

# Will ich, was Gott will?

*»Denn das ist der Wille Gottes, eure Heiligung ...«*
(1. Thess 4,3).

Die Heiligung hängt nicht davon ab, ob Gott mich heiligen will — das steht fest. Aber will *ich* geheiligt werden? Bin ich bereit, Gott alles in mir tun zu lassen, was durch das Sühnopfer Jesu am Kreuz möglich geworden ist? Bin ich bereit anzunehmen, dass Jesus meine Heiligung wird und dass sein Wesen sich in meiner menschlichen Natur ausprägt (s. 1. Kor 1,30)? Vorsicht, wenn du denkst: »Ach, ich wünsche mir so sehr, geheiligt zu werden«, denn dann stimmt es nicht. Es ist wahr, dass du das brauchst, aber höre auf zu wünschen und fange an zu handeln. Nimm Jesus durch bedingungslosen Glauben in dich auf, erlaube dir keinen Zweifel, dann wird das große Wunder der Versöhnung durch Jesus auch in dir wahr.

Alles, was Jesus ermöglicht hat, schenkt mir Gott freiwillig und aus Liebe auf der Grundlage dessen, was Christus am Kreuz getan hat. Und meine Haltung als geretteter und von Gott angenommener Mensch ist echte, bescheidene Heiligkeit (stolze Heiligkeit gibt es nicht). Es ist ein Gott-Gehören, dem schmerzliche Reue, unbeschreibliche Scham, das Gefühl der Würdelosigkeit und die unglaubliche Erkenntnis vorangehen, dass Gott mir seine Liebe gezeigt hat, während ich mich überhaupt nicht um ihn kümmerte (s. Röm 5,8). Er hat alles vorbereitet, damit ich gerettet und für ihn freigestellt werden kann. Kein Wunder, dass Paulus sagt, dass nichts »uns scheiden kann von der Liebe Gottes, die in Christus Jesus ist, unserm Herrn« (Röm 8,39).

Heiligung bedeutet, dass ich mit Jesus Christus eins werde und durch ihn mit Gott, und sie kann nur durch das vollkommene Sühnopfer Christi zu Stande kommen. Achte darauf, nicht Ursache und Wirkung zu verwechseln. Die Wirkungen in mir sind Gehorsam, Gebet und Einsatz für Gott, und sie kommen aus einer unaussprechlichen Dankbarkeit und bewundernden Liebe für Christus, der durch sein Opfer am Kreuz das Wunder der Heiligung bewirkt hat.

## 21. Oktober

# Impulsivität oder Jüngerschaft?

»Ihr aber, meine Lieben, erbaut euch auf euren allerheiligsten Glauben ...« (Jud 20).

Bei Jesus hat es kein impulsives oder gedankenloses Handeln gegeben, sondern nur eine starke Gelassenheit. Er geriet nie in Panik. Bei den meisten von uns entwickelt sich das Christenleben unserem eigenen Wesen entsprechend und nicht im Sinne Gottes. Impulsivität ist ein Wesenszug des natürlichen Lebens und Christus nimmt nie Rücksicht darauf, weil sie die Entwicklung eines Jüngers behindert. Achte einmal darauf, wie Gottes Geist die Impulsivität zurückdrängt, wie er uns plötzlich das Gefühl gibt, albern zu wirken, so dass wir uns sofort rechtfertigen wollen. Impulsivität ist bei einem Kind gesund, aber bei einem erwachsenen Menschen katastrophal — ein impulsiver Erwachsener ist immer schlecht erzogen. Impulsivität muss durch konsequente Übung in ein intuitives Gespür für Gottes Willen umgewandelt werden.

Das Leben eines Jüngers gründet sich nur auf die übernatürliche Gnade Gottes. Für einen impulsiven Menschen ist es leicht, auf dem Wasser zu gehen, wenn er keine Angst hat; aber auf festem Boden als Jünger Jesu zu leben ist etwas ganz anderes. Petrus ging auf dem Wasser, um zu Jesus zu kommen, aber auf dem Land »folgte (er) ihm nach von ferne« (Mk 14,54). Wir brauchen die Kraft Gottes nicht immer, um Krisen zu überstehen — im Allgemeinen können unsere menschliche Natur und unser Stolz die Strapaze glänzend bewältigen. Aber wir können nicht jeden Tag vierundzwanzig Stunden als Christen leben ohne die übernatürliche Kraft, die Gott uns gibt, wenn wir anstrengende und immer gleiche Arbeit tun und ein normales, unscheinbares, unbeachtetes Leben als Jünger Jesu führen sollen. Wir sind zutiefst überzeugt, wir müssten für Gott etwas Besonderes tun – aber das stimmt nicht. Wir müssen im normalen Alltag ungewöhnlich sein, auf der Straße und unter gewöhnlichen Menschen Gott gehorchen – und das lernt man nicht in fünf Minuten.

## 22. Oktober
# Bestätigung durch den Heiligen Geist

*»Und Gottes Geist bestätigt unserem Geist, dass wir wirklich Gottes Kinder sind«* (Röm 8,16 GN).

Wenn wir zu Gott kommen, besteht die Gefahr, dass wir anfangen, mit ihm zu handeln: Wir wollen eine Bestätigung von ihm, wenn wir noch gar nicht getan haben, was Gott uns aufträgt.

Warum zeigt sich Gott dir nicht? Nicht weil er nicht will. Er kann nicht, denn du selbst bist im Weg, solange du dich ihm nicht völlig und bedingungslos zur Verfügung stellen willst. Aber wenn du das tust, dann bestätigt

Gott sich sofort. Er kann nicht dein natürliches Wesen anerkennen, aber sein Wesen in dir bestätigt er unmittelbar. Wenn du diese Bestätigung vom Heiligen Geist bekämest, noch ehe du seinen Willen in praktischem Gehorsam verwirklicht hast, dann erschöpfte sie sich in einem bloßen Gefühl. Aber wenn du auf der Grundlage der Erlösung handelst und nicht mehr respektlos mit Gott feilschst, gibt er sich gleich zu erkennen. Sobald du deine Vernunftargumente fallen lässt, bestätigt er dir, was er getan hat, und dann wunderst du dich, wie du so respektlos sein konntest, ihn warten zu lassen. Wenn du Zweifel hast, ob Gott wirklich von der Sünde befreien kann, dann gib ihm entweder Gelegenheit es zu tun oder sage ihm, dass du es ihm nicht zutraust. Erzähle ihm nicht, was andere gesagt haben. Richte dich einfach nach Matthäus 11,28: »Kommt her zu mir, alle, die ihr mühselig und beladen seid...« Wenn du müde bist, *komm*, und wenn du weißt, dass du böse bist, *bitte* (s. Lk 11,9-13). Gottes Geist bestätigt, dass Christus uns von der Sünde befreit hat, und nichts sonst. Er kann nicht unseren Verstand bestärken. Wir halten die einfachen Ergebnisse unserer natürlichen Vernunftentscheidungen leicht für eine Bestätigung des Geistes, aber der Geist bestätigt nur sich selbst und die Erlösung und nie unsere Vernunft. Wenn wir ihn dazu bringen wollen, unsere Vernunft zu bestätigen, ist es kein Wunder, dass wir unsicher und orientierungslos sind. Wirf das alles über Bord, verlass dich auf ihn, dann wird er dir »das Zeugnis seines Geistes« geben.

## 23. Oktober

# Nichts mehr vom alten Leben!

*»Ist jemand in Christus, so ist er eine neue Kreatur; das Alte ist vergangen, siehe, Neues ist geworden«* (2. Kor 5, 17).

Christus duldet unsere Vorurteile nicht; er stellt sich gegen sie und vernichtet sie. Wir meinen leicht, Gott legte Wert auf bestimmte Ansichten, die wir haben. Und weil wir sie nicht als Vorurteile erkennen, sind wir sehr sicher, dass er uns nie so zu behandeln braucht, wie er andere behandeln muss. Manchmal denken wir sogar: »Zu anderen muss Gott manchmal sehr streng sein, aber bei mir weiß er natürlich, dass meine Vorstellungen richtig sind.« Aber wir müssen lernen, dass Gott nichts akzeptiert, was zum alten Leben gehört! Er bestätigt unsere Vorurteile nicht, sondern baut sie bewusst ab. Es gehört zu unserer Erziehung, dass wir die planmäßige Vernichtung unserer Vorurteile erleben und sehen, wie Gott dabei vorgeht. Gott nimmt nichts wichtig, was wir von uns aus mitbringen. Er will nur eines von uns und das ist bedingungslose Hingabe.

Wenn wir neugeboren sind, fängt der Heilige Geist an, seine neue Schöpfung in uns zu gestalten, und irgendwann wird nichts mehr vom alten Leben übrig sein. Unsere düstere Lebensanschauung verschwindet und ebenso unsere alte Einstellung zu den Dingen und wir sehen, dass »alles von Gott« ist (5, 18). Wie können wir zu einem Leben ohne Begehrlichkeit, Egoismus und ohne

Empfindlichkeit gegen den Spott der anderen finden? Echte Liebe »ist langmütig und freundlich ..., sie lässt sich nicht erbittern, sie rechnet das Böse nicht zu« (1. Kor 13,4.5). Wie bekommen wir solche Liebe? Das ist nur möglich, wenn wir nicht zulassen, dass etwas vom alten Leben bleibt, und uns stattdessen einfach vollkommen auf Gott verlassen – so vollkommen, dass wir nicht mehr Gottes Geschenke suchen, sondern nur Gott selbst. Sind wir so weit, dass unser Vertrauen zu Gott nicht beeinträchtigt wird, auch wenn er uns eine Zeit lang keine besondere Wohltat zukommen lässt? Wenn wir erst wirklich sehen, wie Gott handelt, dann werden uns die äußeren Ereignisse nie mehr so wichtig, denn dann trauen wir wirklich unserem Vater im Himmel, den die Welt nicht sehen kann.

## 24. Oktober

# Die richtige Sicht

*»Gott aber sei gedankt, der uns allezeit Sieg gibt in Christus«* (2. Kor 2,14).

Die Sicht eines Menschen, der Gott gehört, muss nicht nur so nahe wie möglich an Gottes Sicht herankommen, sie muss Gottes Sicht *sein*. Achte darauf, diese Sichtweise konsequent beizubehalten, und denke daran, dass das jeden Tag getan werden und immer mehr Lebensbereiche einbeziehen muss. Denke nicht auf der Ebene menschlicher Begrenztheit. Die Sicht, die Gott uns gibt, ist durch nichts, was von außen kommt, anfechtbar.

Diese Sicht schließt ein, dass wir zu einem einzigen Zweck hier leben, nämlich als Gefangene im Triumphzug Christi mitgeführt zu werden. Wir werden nicht in Gottes Schaukasten ausgestellt. Wir sollen nur eines sichtbar machen: Mein ganzes Leben nehme ich gefangen und unterstelle es dem Gehorsam gegenüber Christus (s. 2. Kor 10, 5). Wie klein sieht dagegen alles andere aus! Zum Beispiel sagen manche: »Ich stehe hier ganz allein und kämpfe für Christus« oder: »Ich muss die Sache Christi verteidigen und diese Stellung für ihn halten.« Paulus sagt dagegen sinngemäß: »Ich gehe mit einem Eroberer und auf die Schwierigkeiten kommt es nicht an, denn ich bin immer mit im Siegeszug.« Wirkt sich dieser Gedanke praktisch in uns aus? Paulus' heimliche Freude war es, dass Gott ihn, einen offenen Rebellen gegen Jesus Christus, gefangen genommen hatte — und das wurde zu seinem Lebensziel. Es war seine Freude, ein Gefangener Jesu Christi zu sein, und er kannte im Himmel und auf der Erde kein anderes Ziel. Es ist peinlich, wenn ein Christ davon spricht, den Sieg zu erringen. Wir sollten so vollständig dem Sieger gehören, dass es immer nur sein Sieg ist, und wir »überwinden ... weit durch den, der uns geliebt hat« (Röm 8, 37).

»Denn wir sind für Gott ein Wohlgeruch Christi ...« (2. Kor 2, 15). Wir sind umgeben vom Duft Christi und überall, wo wir hingehen, sind wir für Gott eine angenehme Erfrischung.

## 25. Oktober

# Sich Gottes Plan fügen

*»Ich bin allen alles geworden, damit ich auf alle Weise einige rette«* (1. Kor 9,22).

Wer in der christlichen Arbeit aktiv ist, muss lernen, wie er inmitten der vielen wertlosen und unbedeutenden Dinge von hervorragendem Wert für Gott sein kann. Sage nie zu deiner Verteidigung: »Wenn ich nur woanders wäre!« Alle, die Gott gehören, sind gewöhnliche Leute und nur ungewöhnlich durch den Zweck, für den er sie einsetzt. Wenn wir nicht mit unseren Gedanken und mit unserer Liebe auf das richtige Ziel ausgerichtet sind, werden wir schnell abgelenkt, und Gott kann uns nicht mehr gebrauchen. Wir haben uns die Arbeit für Gott nicht ausgesucht. Viele entscheiden selbst, für Gott arbeiten zu wollen, aber sie sind nicht auf das Ziel ausgerichtet, Gottes allmächtige Gnade oder die Kraft seines Wortes in sich zu tragen. Paulus war mit Herz, Geist und Seele völlig von dem großen Plan eingenommen, den zu verwirklichen Jesus gekommen ist, und dieses Ziel verlor er nie aus den Augen. Wir müssen uns immer wieder die zentrale Tatsache vor Augen führen:« ... Jesus Christus, den Gekreuzigten« (1. Kor 2,2).

»Ich habe euch erwählt ...« (Joh 15,16). Lass diese Worte dich immer wieder an das erinnern, was du glaubst: Nicht du hast Gott, sondern Gott hat dich in der Hand. Gott arbeitet an dir, er biegt, zerbricht und formt die Stellen seiner Wahl. Warum tut er das? Nur darum, dass er dann sagen kann: »Dieser Mann, diese Frau gehört mir.« Wir müssen in Gottes Hand bleiben, damit er andere genau wie uns selbst auf den festen Grund führen kann, der Jesus Christus ist.

Beschließe nicht aus dir heraus, ein Arbeiter für Gott zu werden. Aber wenn Gott dir den Auftrag gegeben hat, dann sieh dich sehr vor, dass du »nicht abweichst ..., weder zur Rechten noch zur Linken...« (5. Mose 28,14). Er wird Dinge mit dir tun, die er nie getan hat, bevor er dich rief, und die er auch nicht mit anderen Menschen tut. Lass ihn bestimmen.

## 26. Oktober

# Was ist ein Missionar?

*»Da sprach Jesus abermals zu ihnen: ... Wie mich der Vater gesandt hat, so sende ich euch«* (Joh 20,21).

Ein Missionar ist jemand, den Jesus Christus geschickt hat, genau wie Gott Jesus Christus geschickt hat. Entscheidend dabei sind nicht die Bedürfnisse der Menschen, sondern der Befehl Jesu. In der Arbeit für Gott kommen Kraft und Motivation nicht vom Ziel, sondern vom Ausgangspunkt her. Heute ist es üblich, die Motivation von dem Ziel zu erwarten, das vor uns liegt: Wir sehen die Aufgaben vor uns und arbeiten nach unserem

Begriff von Erfolg daran. Aber im Neuen Testament kommen Kraft und Motivation von dem, der hinter uns steht, und das ist der Herr Jesus selbst. Das Ziel ist, ihm treu zu sein: seine Pläne auszuführen.

Wir dürfen nicht die persönliche Verbundenheit mit Jesus und seiner Sicht der Dinge vernachlässigen: Sie ist das Entscheidende. Die große Gefahr in der missionarischen Arbeit ist, dass die Bedürfnisse der Menschen an die Stelle von Gottes Ruf treten; es kann sogar passieren, dass das Mitgefühl mit den Bedürftigen die Tatsache, dass Jesus mich geschickt hat, völlig zurückdrängt. Die Mängel sind so groß und die Lage so schwierig, dass alle unsere menschlichen Fähigkeiten daran scheitern. Wir vergessen leicht, dass der einzige entscheidende Grund aller missionarischen Arbeit nicht die Besserung der Menschen, ihre Bildung oder der Kampf gegen ihre Armut ist, sondern zuallererst der Befehl Jesu Christi: »Darum gehet hin und machet zu Jüngern alle Völker …« (Mt 28,19).

Wenn man das Leben von bekannten Christen ansieht, neigt man dazu zu sagen: »Was für einen erstaunlichen Weitblick sie hatten, wie sie den Kern der Probleme erfassten, wie genau sie alles verstanden, was Gott wollte!« Aber der scharfe und weitblickende Verstand, der da wirkte, war gar keine menschliche Vernunft, sondern Gottes Weisheit. Wir bewundern die Klugheit von Menschen, aber in Wirklichkeit sollten wir die vollkommene Leitung Gottes bewundern. Sie wird durch Menschen sichtbar, die sich kindlich-einfältig darauf verlassen, dass Gott weise ist und sie auf seine Art mit allem Nötigen ausstattet.

## 27. Oktober

# Wie Missionare arbeiten

»*Darum gehet hin und machet zu Jüngern alle Völker ...*« (Mt 28,19).

Jesus Christus hat nicht gesagt: »Geht hin und rettet Menschen« (Menschen zu retten ist Gottes Sache). Er hat gesagt: »Gehet hin und machet zu Jüngern alle Völker ...« Aber man kann nur jemanden zum Jünger machen, wenn man selbst ein Jünger ist. Als die Jünger von ihrem ersten Missionsauftrag zurückkamen, waren sie voll Freude, weil ihnen sogar die Dämonen gehorchten. Aber Jesus sagte sinngemäß: »Freut euch nicht am Erfolg eurer Arbeit für mich; das Geheimnis der Freude ist, dass ihr richtig mit mir verbunden seid« (s. Lk 10,17-20). Das Wesentliche für einen Missionar ist es, dem Ruf Gottes treu zu bleiben und sich bewusst zu sein, dass es sein einziges Ziel ist, Menschen zu Jüngern Jesu zu machen. Wir dürfen nicht vergessen, dass nicht jede Leidenschaft, Menschen zu überzeugen, von Gott kommt; oft entsteht sie aus unserem Wunsch, Menschen für unseren eigenen Standpunkt zu gewinnen.

Die große Herausforderung für einen Missionar ist nicht, dass es schwierig ist, Menschen zu Christus zu führen, dass Leute nach einem Rückfall schwer wiederzugewinnen sind oder dass man kaum gegen die Gleichgültigkeit ankommt. Nein, die Herausforderung liegt in der Sichtweise, die aus der persönlichen Beziehung des

Missionars selbst zu Jesus Christus erwächst: »Glaubt ihr, dass ich das tun kann?« (Mt 9,28). Beharrlich stellt uns Christus diese Frage und sie begegnet uns in jeder Lage, in die wir kommen. Die entscheidende Herausforderung an uns ist: Kenne ich meinen auferstandenen Herrn? Kenne ich die Macht seines Geistes in mir? Bin ich aus Gottes Sicht so klug und aus der Sicht menschlicher Klugheit so dumm, dem zu glauben, was Jesus Christus gesagt hat? Oder bin ich dabei, diese Haltung des grenzenlosen Vertrauens zu Jesus Christus aufzugeben, das die Grenzen der Natur durchbricht? Sie zu bewahren ist eigentlich der einzige Auftrag eines Missionars. Wenn ich eine andere Methode anwende, verstoße ich gegen den zentralen Punkt der Methode, die Christus uns vorgegeben hat: »Mir ist gegeben alle Gewalt ... *Darum* gehet hin ...« (Mt 28,18.19).

## 28. Oktober

## Rechtfertigung durch Glauben

*»Denn wenn wir mit Gott versöhnt worden sind durch den Tod seines Sohnes, als wir noch Feinde waren, um wieviel mehr werden wir selig werden durch sein Leben, nachdem wir nun versöhnt sind«* (Röm 5,10).

Ich werde nicht dadurch gerettet, dass ich glaube; ich kann dadurch nur wahrnehmen, dass ich gerettet bin. Auch Reue und Umkehr retten mich nicht; sie sind nur das Zeichen, dass ich erkannt habe, was Gott durch Jesus Christus getan hat. Hier besteht die Gefahr, dass man die Wirkung wichtiger nimmt als die Ursache. Kommt mein Verhältnis zu Gott in Ordnung, wenn ich ihm gehorche, mich für ihn einsetze und ihm zur Verfügung stelle? Das kann nie so wirken! Mein Verhältnis zu Gott ist in Ordnung, weil Christus gestorben ist, ehe ich etwas dergleichen tun konnte. Wenn ich mich zu Gott wende und das, was er mir zeigt, durch Glauben annehme, dann bringt mich das Sühnopfer, das Christus gebracht hat, durch ein Wunder sofort in das richtige Verhältnis zu Gott. Und das Ergebnis dieses Wunders, das Gott aus Liebe getan hat, ist dass ich vor Gott schuldlos bin, nicht weil mir meine Sünde Leid tut oder weil ich umgekehrt bin, sondern weil Jesus meine Schuld weggenommen hat. Gottes Geist zeigt mir in seinem strahlenden, überwältigenden Licht, dass ich schuldlos bin, und dann weiß ich, dass ich gerettet bin, auch wenn ich nicht weiß, wie das zu Stande kommt.

Gott rettet uns nicht durch menschliche Überlegung, sondern durch den Opfertod Jesu. Nur weil Christus unsere Schuld gesühnt hat, können wir neugeboren werden. Sündige Menschen können zu neuen Geschöpfen werden, nicht weil sie glauben oder ihre Sünden bereuen, sondern weil Gott durch Jesus Christus dafür gesorgt hat, noch bevor wir etwas davon wissen konnten (s. 2. Kor 5,17-19). Die unerschütterliche Gewissheit, dass wir Gott gehören und vor ihm schuldlos sind, gibt Gott selbst. Wir brauchen das nicht selbst zu erreichen; es ist durch das Sühnopfer Jesu Christi schon erreicht worden. Durch dieses Wunder, das Gott getan hat, wird Übernatürliches für uns natürlich, und wir erleben, was Jesus Christus schon getan hat: »Es ist vollbracht!« (Joh 19,30).

## 29. Oktober

## Stellvertretung

*»Denn er hat den, der von keiner Sünde wusste, für uns zur Sünde gemacht, damit wir in ihm die Gerechtigkeit würden, die vor Gott gilt«* (2. Kor 5,21).

Die heute gängige Meinung über den Tod Jesu ist, er sei aus Mitleid mit uns für unsere Sünde gestorben. Aber im Neuen Testament wird gesagt, dass er unsere Sünde nicht aus Mitleid auf sich genommen hat, sondern an unserer Stelle. Er wurde »*zur Sünde gemacht*«. Unsere Sünden sind weggenommen, weil Jesus gestorben ist, und die einzige Erklärung für seinen Tod ist, dass er seinem Vater gehorchte, nicht dass er Mitleid mit uns hatte. Nicht weil wir gehorcht haben oder weil wir versprochen haben, irgendetwas nicht mehr zu tun, können wir in Gottes Nähe sein, sondern nur weil Christus gestorben ist; es gibt keinen anderen Grund. Wir sagen, Jesus Christus sei gekommen, um uns zu zeigen, dass Gott unser Vater ist und uns lieb hat, aber das Neue Testament sagt, dass er gekommen ist, um die Sünde der Welt wegzunehmen (s. Joh 1,29)! Und dass Gott unser Vater ist, das zeigt Jesus nur denen, die ihn schon als Retter kennen gelernt haben. In seinen Reden an andere Menschen hat Jesus sich nie als den bezeichnet, der ihnen den Vater zeigt, sondern als lästiges Hindernis (s. Joh 15,22-24). Der Ausspruch Jesu: »Wer mich sieht, der sieht den Vater« (Joh 14,9), ist an seine Jünger gerichtet. Dass Christus *für mich* gestorben ist und ich darum straffrei ausgehe, wird im Neuen Testament nirgends gesagt. Was da wirklich gesagt wird, ist dass er »für alle gestorben« ist (2. Kor 5,15) — nicht dass er *meinen* Tod auf sich genommen hätte — und dass ich durch seinen Tod von der Sünde frei bin und seine vollkommene Gerechtigkeit geschenkt bekomme. Das Neue Testament spricht von einer doppelten Stellvertretung: »Denn er hat den, der von keiner Sünde wusste, für uns zur Sünde gemacht, *damit wir in ihm die Gerechtigkeit würden, die vor Gott gilt.*« Christus ist nur *für* mich da, wenn ich bereit bin, ihn *in* mir Gestalt annehmen zu lassen.

## 30. Oktober

# Glaube

»*Ohne Glauben ist's unmöglich, Gott zu gefallen*« (Hebr 11,6).

Ein grundsätzlich vernunftfeindlicher Glaube ist schwärmerisch und engstirnig und eine Vernunft, die keinen Glauben duldet, zeigt falsches Vertrauen auf die Vernunft als Grundlage der Wahrheit. Vernunft und Glaube sind so verschieden wie das natürliche und das geistliche Leben oder wie Impulsivität und Inspiration. Im praktisch gelebten Glauben finden die beiden das richtige Verhältnis zueinander. Nichts, was Jesus gesagt hat, ist einfach nur vernünftig. Es ist vernünftig auf der Grundlage geistlicher Wahrheit und es ist vollkommen, wo die natürliche Vernunft nicht ausreicht. Aber Glaube muss ausprobiert und geübt werden, ehe er in unserem Leben Wirklichkeit wird. »Wir wissen aber, dass denen, die Gott lieben, alle Dinge zum Besten dienen ...« (Röm 8, 28) — das heißt, die verwandelnde Kraft Gottes setzt den idealen Glauben in jeder Lebenssituation in die Wirklichkeit um. Glaube wirkt immer persönlich, denn Gott will, dass vollkommener Glaube in seinen Kindern real wird.

Jeder Vernunftregel im Leben steht eine Wahrheit gegenüber, die Gott uns gezeigt hat, und so können wir in unserem praktischen Leben beweisen, an was für einen Gott wir glauben. Glaube ist das Prinzip, Jesus Christus immer den ersten Platz einzuräumen, und wirkt sich höchst aktiv aus. Wer glaubt, sagt: »Herr, du hast es gesagt, es erscheint unvernünftig, aber ich verlasse mich einfach auf dein Wort und richte mich danach« (siehe z. B. Mt 6, 33). Wenn wir unsere Glaubenstheorien zum persönlichen Besitz machen, gibt es *immer* Widerstände, nicht nur manchmal. Gott führt ganz bestimmte Situationen herbei, um unseren Glauben weiterzuentwickeln, denn es liegt in der Natur des Glaubens, dass uns das, woran wir glauben, real wird. Solange wir Jesus nicht kennen, ist Gott nur ein Begriff für uns, an den wir nicht glauben können. Aber sobald wir Jesus sagen hören: »Wer mich sieht, der sieht den Vater« (Joh 14,9), haben wir etwas Wirkliches, und der Glaube hat keine Grenzen mehr. Glaube, das ist die ganze Person in der richtigen Verbindung mit Gott durch die Kraft des Geistes Christi.

## 31. Oktober

# Glaube im Test

»Wenn ihr Glauben habt wie ein Senfkorn, so könnt ihr sagen zu diesem Berge: Heb dich dorthin!, so wird er sich heben; und nichts wird euch unmöglich sein« (Mt 17,20).

Wir bilden uns ein, Gott belohnte uns für unseren Glauben und am Anfang kann das sogar sein. Trotzdem ist Glaube keine verdienstvolle Tat; er bringt uns nur in die richtige Verbindung mit Gott und gibt ihm die Möglichkeit zu handeln. Aber oft muss Gott uns klarmachen, wie wenig unsere christlichen Erfahrungen bedeuten, damit wir mit ihm selbst in Kontakt kommen können. Gott möchte uns zeigen, dass es um *Glauben* geht und nicht um die Freude an Erlebnissen mit ihm. Am Anfang war dein Glaubensleben vielleicht sehr beschränkt, aber sehr intensiv; es drehte sich um wenige Erlebnisse, in denen Gefühle so wichtig waren wie Glaube, und es war voll strahlender Schönheit. Dann gab Gott dir keine deutlichen Erlebnisse mehr, damit du lerntest, »im Glauben zu wandeln« (s. 2. Kor 5,7). Und jetzt kann er dich viel besser gebrauchen als damals, als du begeistert warst und aufregende Erlebnisse berichten konntest.

Es gehört zum Wesen des Glaubens, dass er sich in Schwierigkeiten bewähren muss. Dabei ist das entscheidende Problem nicht, dass es uns schwer fällt Gott zu vertrauen, sondern dass an unserem Wesen sichtbar werden soll, dass Gott vertrauenswürdig ist. Damit unser Glaube in der Realität wirksam werden kann, brauchen wir Zeiten ungestörten Alleinseins. Schwierigkeiten im Glauben sind nicht zu verwechseln mit den normalen Anforderungen des Lebens; ein großer Teil dessen, was als Glaubensprüfung bezeichnet wird, gehört einfach unvermeidlich zum Leben. Glaube, wie die Bibel ihn versteht, ist ein Glaube an Gott, der sich gegen alles wendet, was Gottes Wesen widerspricht: ein Glaube, der sagt: »Ich will am Wesen Gottes festhalten, ganz gleich, was er tut.« Der höchste und schönste Ausdruck des Glaubens in der ganzen Bibel ist: Selbst wenn er mich tötet, will ich doch auf ihn hoffen (s. Hiob 13,15).

# November

## 1. November
## »Ihr gehört nicht euch selbst«

*»Oder wisst ihr nicht ..., dass ihr nicht euch selbst gehört?«* (1. Kor 6,19).

Wer mit den Leiden Christi vertraut ist und sie teilt, für den gibt es kein Privatleben und kein Versteck, in das er sich zurückziehen könnte. Gott teilt das Privatleben seiner Leute auf: einen Teil gebraucht er als Anlaufstelle für die Welt, den anderen nimmt er für sich selbst in Besitz. Das kann kein Mensch aushalten, der nicht mit Jesus

Christus eins ist. Gott hat uns nicht nur zu seinem Eigentum gemacht, um uns selbst Erfüllung zu schenken. Wir werden zum vertrauten Umgang mit dem Evangelium aufgefordert und wir erleben Dinge, die anscheinend gar nichts mit uns zu tun haben. Aber damit führt Gott uns in die Gemeinschaft mit sich selbst. Lass ihn tun, was er will. Wenn du dich weigerst, kann Gott dich für sein Handeln zur Erlösung der Welt nicht gebrauchen, und du bist ihm nur im Weg.

Das Erste, was Gott tut, ist dass er uns auf den Boden der Tatsachen stellt. Das tut er so lange, bis unsere Sorgen um uns selbst vor seiner Arbeit für die Erlösung zurückgetreten sind. Warum sollten wir nicht Trauer und Erschütterung erleben? Das sind Durchgänge, durch die Gott uns zu neuer Gemeinsamkeit mit seinem Sohn führt. Die meisten von uns brechen bei der ersten Schmerzattacke zusammen. Dann setzen wir uns hin, wenn der Weg zu Gottes Ziel gerade erst anfängt, und sterben allmählich an Selbstmitleid. Und alles sogenannte christliche Mitgefühl von anderen fördert noch die tödliche Krankheit. Aber Gott will das nicht. Er erfasst uns mit der durchbohrten Hand seines Sohnes, als ob er sagen wollte: »Komm in die Gemeinschaft mit mir; ›mache dich auf, werde licht«« (Jes 60,1). Wenn Gott durch eine verletzte Seele in dieser Welt sein Ziel erreichen kann, könntest du ihm dann nicht danken für die Verletzung?

## 2. November
# Gehorsam oder Eigenständigkeit?

*»Liebt ihr mich, so werdet ihr meine Gebote halten«* (Joh 14,15).

Christus setzt uns nie unter Druck, ihm zu gehorchen. Er sagt betont und eindeutig, was wir tun *sollten*, aber er *zwingt* uns nie, es zu tun. Gehorchen müssen wir aus einer geistlichen Einheit mit ihm heraus. Darum leitet Jesus das, was er über Jüngerschaft sagt, oft mit einem Bedingungssatz ein. Das heißt: »Du brauchst es nicht zu tun, wenn du nicht willst.« »Will jemand mir nachfolgen, der verleugne sich selbst...« (Mt 16,24). Anders gesagt: »Wenn er mein Jünger sein will, muss er sein Recht auf Selbstbestimmung an mich abgeben.« Hier spricht Jesus nicht von unserer Aussicht auf die Ewigkeit, sondern davon, ob wir ihm hier und jetzt, im Leben auf der Erde, von Nutzen sind. Darum redet er so streng (s. Lk 14,26). Versuche jedoch nie, diese Worte von ihrem Sprecher zu lösen, um sie zu verstehen.

Christus macht mir keine Vorschriften, aber er stellt klar, was er erwartet. Wenn meine Beziehung zu ihm von Liebe bestimmt ist, werde ich ohne Zögern tun, was er sagt. Zögere ich, dann liebe ich noch jemanden, der in Konkurrenz mit ihm tritt, nämlich mich selbst. Jesus Christus zwingt mich nicht, ihm zu gehorchen; das muss ich selbst tun. Sobald ich ihm gehorche, erfülle ich meine geistliche Bestimmung. Mein eigenes Leben ist vielleicht voll mit kleinen, völlig unbedeutenden Vorfällen. Aber mein Gehorsam in diesen scheinbar zufälligen Situationen gibt den Blick frei auf die Gegenwart Gottes. Wenn ich dann einmal selbst vor Gott stehe, werde ich sehen, dass mein Gehorsam Tausenden von Menschen geholfen hat. Wenn Gott durch die Erlösung einen Menschen zum Gehorsam bringt, ist das immer fruchtbar. Durch meinen Gehorsam gegen Jesus Christus erreicht die Erlösungstat Gottes auch andere Menschen, denn hinter dem gehorsamen Handeln steht der allmächtige Gott.

## 3. November

### Ein Sklave Christi

*»Ich bin mit Christus gekreuzigt. Ich lebe, doch nun nicht ich, sondern Christus lebt in mir ...«* (Gal 2,19.20).

Diese Worte beschreiben die Zerstörung meiner Unabhängigkeit, die ich selbst eingeleitet habe, und die Unterordnung meines Lebens unter die Herrschaft Jesu. Das kann mir niemand abnehmen, ich muss es selbst tun. Gott kann mich 365 Mal im Jahr an diesen Punkt führen, aber er kann mich nicht über die Schwelle schieben. Ich muss die harte Schale meiner eigenen Unabhängigkeit zerbrechen, dann wird mein Inneres frei und kann mit ihm eins werden — nicht so, wie ich mir das denke, sondern in absoluter, freiwilliger Treue zu Jesus. Wenn ich an diesen Punkt komme, gibt es kein Missverstehen. Nur sehr wenige von uns wissen etwas von der Treue zu Christus als dem Herrn oder verstehen, was er meint, wenn er sagt »um meinetwillen« (Mt 5,11). Aber daher kommt die Tragkraft eines Jüngers.

Habe ich auf meine Unabhängigkeit verzichtet? Alles andere ist religiöser Betrug. Der entscheidende Punkt ist der: Will ich meinen Widerstand aufgeben? Will ich mich Jesus Christus unterordnen und keinerlei Bedingungen über die Art stellen, wie er meinen Eigenwillen besiegt? Ich muss von meinem Selbstverständnis loskommen. Wenn ich das erreiche, werde ich sofort auf übernatürliche Weise eins mit Jesus Christus. Und der Heilige Geist bestätigt unmissverständlich: »Ich bin mit Christus gekreuzigt.«

Die emotionale Kraft des christlichen Glaubens erwächst daraus, dass Christen bewusst auf ihre eigenen Rechte verzichten, um Sklaven Jesu Christi zu werden. Solange ich das nicht tue, kann ich kein Jünger werden.

Wenn jedes Jahr nur ein Schüler Gottes Ruf hörte, wäre das für Gott schon Grund genug gewesen, diese Bibelschule ins Leben zu rufen. Die Schule als Institution hat keinen Wert, nicht einmal akademischen. Ihre einzige Daseinsberechtigung besteht darin, dass Gott hier Menschen für sich in Besitz nehmen kann. Lassen wir zu, dass er uns in Besitz nimmt, oder wollen wir lieber das werden, was wir selbst uns vorgestellt haben?

## 4. November

# Die Macht der Wahrheit

*»Naht euch zu Gott, so naht er sich zu euch«* (Jak 4,8).

Es ist sehr wichtig, Menschen die Möglichkeit zu geben, auf der Grundlage der Wahrheit Gottes zu handeln. Verantwortlich ist der Betreffende selbst — man kann nicht für ihn handeln. Er muss es von sich aus willentlich tun. Das Evangelium sollte einen Menschen immer zu Taten führen. Wenn er sich weigert zu handeln, bleibt er genau da, wo er vorher war, und kommt nicht weiter. Aber sobald er etwas tut, ist er nicht mehr derselbe. Hunderte von Menschen, denen Gottes Geist etwas klargemacht hat, werden dadurch vom Handeln abgeschreckt, dass die Wahrheit so unsinnig erscheint. Sobald ich mich selbst bezwinge und etwas tue, fange ich an zu leben. Alles andere ist nur Da-Sein. Erst wenn ich mit meiner ganzen Willenskraft handle, lebe ich wirklich.

Wenn Gott dir eine Wahrheit zu erkennen gibt, versäume nie, innerlich einen entsprechenden Entschluss zu fassen, wenn er sich auch nicht unbedingt in einer sichtbaren Tat äußert. Halte die Wahrheit fest, schreibe sie auf und mache sie zu deinem Maßstab; setze sie in dein praktisches Leben um. Auch der schwächste Christ, der Verbindung mit Jesus Christus hat, wird frei, sobald er etwas tut, und Gottes Allmacht steht für ihn zur Verfügung. Oft werden wir mit Gottes Wahrheit konfrontiert, geben zu, dass wir im Unrecht sind, aber dann machen wir einen

Rückzieher. Dann begegnet sie uns wieder und wir ziehen uns wieder zurück, bis wir endlich lernen, dass wir nicht zurückgehen dürfen. Wenn uns solch ein Wort der Wahrheit von unserem Erlöser erreicht, müssen wir gleich eine Vereinbarung mit ihm treffen: »Kommt her zu mir ...« (Mt 11,28). Das Wort *kommt her* bedeutet in diesem Zusammenhang »handelt«. Aber zu ihm kommen ist oft das Letzte, was wir tun wollen. Wer trotzdem kommt, der erfährt im selben Augenblick, dass die übernatürliche Kraft Gottes in ihm wirksam wird. Die Zwänge, die von der Außenwelt, der eigenen Natur und dem Teufel ausgehen, sind dann wirkungslos, nicht durch deine Tat, sondern weil deine Tat dich mit Gott verbunden und an seine Erlösungskraft »angeschlossen« hat.

## 5. November

## Mit ihm leiden

»... *sondern freut euch, dass ihr mit Christus leidet*« (1. Petr 4,13).

Wenn Gott dich gebrauchen will, führt er dich durch verschiedene Erlebnisse, die gar nicht für dich persönlich bestimmt sind. Sie dienen dazu, dass du für ihn brauchbar wirst und verstehen lernst, was andere Menschen erleben. Nach diesem Prozess wird dich nichts mehr überraschen können, was dir begegnet. Du sagst: »Ach Herr, ich komme mit diesem Menschen nicht zurecht.« Warum nicht? Gott hat dir genug Gelegenheit gegeben, von ihm zu lernen, was man da tun kann. Aber du hast nicht darauf geachtet und dich anderen Dingen zugewandt, denn es kam dir unsinnig vor, Zeit dafür aufzuwenden.

Die Leiden Christi sind nicht die von normalen Menschen. Er hat »nach Gottes Willen« gelitten (1. Petr 4, 19) und er sieht Leiden anders als wir. Nur durch unsere Beziehung zu Jesus Christus können wir verstehen, was Gott im Umgang mit uns erreichen will. Wenn wir leiden müssen, gehört es schon zu unserer christlichen Kultur, dass wir Gottes Absicht im Voraus wissen wollen. In der Kirchengeschichte haben Christen es möglichst vermieden, an den Leiden Christi teilzuhaben. Sie haben immer versucht, Gottes Befehle auf einem einfacheren, selbst ausgesuchten Weg auszuführen. Gottes Weg führt immer durch Leiden — es ist »der lange Weg nach Hause«.

Nehmen wir teil an den Leiden Christi? Sind wir darauf vorbereitet, dass Gott unsere persönlichen Pläne durchkreuzt? Lassen wir zu, dass Gott unsere eigenen Entscheidungen zerstört, indem er sie durch seine Macht verwandelt? Das bedeutet, dass wir nicht wissen, warum Gott uns so führt, denn Wissen würde uns geistlich hochmütig machen. Wir erkennen nie, was Gott gerade an uns tut — das erleben wir mehr oder weniger verständnislos. Erst danach gewinnen wir klare Sicht und erkennen: »Gott hat mich stark gemacht, ohne dass ich es merkte!«

## 6. November

## Was ich persönlich glaube

»*Glaubst du das?*« (Joh 11,26).

Marta glaubte, dass Jesus Macht hatte; sie glaubte, dass er ihren Bruder hätte heilen können, wenn er da gewesen wäre; sie glaubte auch, dass Jesus besonders eng mit Gott verbunden war und dass Gott alles tun würde, worum Jesus ihn bat. Aber — sie musste Jesus persönlich genauer kennen lernen. Marta glaubte an eine Erfüllung der Verheißungen in der Zukunft. Aber Jesus zog sie immer weiter zu sich, bis ihr Glaube zu ihrem persönlichen Besitz wurde. Erst dann konnte er sich zu einem Teil ihrer Person entwickeln: »Ja, Herr, ich glaube, dass du der Christus bist ...« (11,27).

Geht Gott auch mit dir so um? Führt Jesus dich in eine enge persönliche Freundschaft mit sich selbst? Erlaube ihm, dich allen Ernstes zu fragen: »Glaubst du das?« Bist du auf ein Gebiet gestoßen, auf dem du Zweifel hast? Bist du wie Marta durch einschneidende Erlebnisse an einen Punkt gekommen, an dem sich dein theologisches Denken in persönlichen Glauben verwandeln kann? Das passiert nur, wenn persönliche Schwierigkeiten dir bewusst machen, dass du das brauchst.

Glauben heißt sich festlegen. Im Bereich des Wissens und Lernens lege ich mich geistig fest und lehne alles ab, was sich nicht mit meiner Überzeugung vereinbaren lässt. Im Bereich des Glaubens lege ich mich auf meine sittlichen Maßstäbe fest und gehe keine Kompromisse ein. Aber in meiner persönlichen inneren Beziehung zu Jesus verpflichte ich mich ihm und bestimme, dass er allein über mich herrschen soll.

Wenn ich dann einmal Jesus Christus begegne und er mich fragt: »Glaubst du das?«, dann ist mir Glauben so natürlich wie Atmen. Und es macht mich sprachlos zu denken, dass ich so dumm war, ihm nicht schon früher zu vertrauen.

## 7. November

## Die unerkannte Heiligkeit der Umstände

*»Wir wissen aber, dass denen, die Gott lieben, alle Dinge zum Besten dienen ...«* (Röm 8,28).

Die Lebenssituation eines Christen ist von Gott gewollt. In seinem Leben gibt es keinen Zufall. Gott bringt dich nach seinem fürsorglichen Plan in Situationen, die du überhaupt nicht verstehst, aber der Heilige Geist versteht sie. Gott führt dich jeweils an einen Ort, in eine Gruppe von Menschen und in besondere Lebensbedingungen, um durch das Gebet des Heiligen Geistes, der in dir ist, etwas Bestimmtes zu erreichen. Versuche nie deine Verhältnisse selbst zu bestimmen; sage nie: »Das nehme ich selbst in die Hand, da passe ich besonders auf oder jener Gefahr will ich auf jeden Fall vorbeugen.« All deine Lebensbedingungen hat Gott in der Hand und darum brauchst du auch nie zu denken, sie seien unnatürlich oder einzigartig. Deine Aufgabe beim Beten ist nicht, dir den Kopf um die richtige Fürbitte zu zerbrechen, sondern die Alltagssituationen und die Leute, mit denen Gott dich absichtlich umgibt, bewusst vor ihn hinzustellen und dem Heiligen Geist in dir Gelegenheit zu geben, für sie einzutreten. So erreicht Gott die ganze Welt über Menschen, die ihm gehören.

Mache ich dem Heiligen Geist die Arbeit schwer, weil ich so verständnislos und unsicher bin, oder versuche ich das zu tun, was er selbst tun will? Ich muss den menschlichen Teil der Fürbitte übernehmen, also Gott für meine Lebensverhältnisse und für die Menschen um mich herum bitten. Ich muss mein Bewusstsein eigens für den Heiligen Geist offen halten. Wenn ich dann Gott bitte, die einzelnen Menschen anzusehen, tritt der Heilige Geist für sie ein.

Ich kann nie deine Fürbitte übernehmen und du nicht meine, aber »der Geist selbst vertritt uns« (Röm 8, 26), jeden an seinem Platz. Und ohne diese Gebete müssten andere unverändert in Armut und Zerrüttung leben.

## 8. November

# Die unvergleichliche Macht des Gebets

»Wir wissen nicht, was wir beten sollen, wie sich's gebührt; sondern der Geist selbst vertritt uns mit unaussprechlichem Seufzen« (Röm 8, 26).

Wir merken manchmal, dass der Heilige Geist uns zum Beten antreibt; wir wissen auch, was es heißt, im Gebet mit dem Heiligen Geist einig zu sein; aber nur selten merken wir, dass der Heilige Geist selbst in uns Dinge betet, die wir nicht sagen können. Wenn wir von Gott her neugeboren sind und der Heilige Geist in uns ist, spricht er in uns das aus, wofür wir keine Worte finden.

»Denn er«, nämlich der Heilige Geist in dir, »vertritt die Heiligen, wie es Gott gefällt« (8, 27). Und Gott schaut in dein Inneres, nicht um zu wissen, was du bewusst betest, sondern um zu sehen, was der Heilige Geist betet.

Gottes Geist gebraucht den natürlichen Menschen, der an ihn glaubt, als Tempel, in dem er Gott seine Gebete und Fürbitte bringt. ». . . dass euer Leib ein Tempel des heiligen Geistes ist . . .« (1. Kor 6, 19). Als Jesus die Händler aus dem Tempel vertrieb, ließ er »nicht zu, dass jemand etwas durch den Tempel trage« (Mk 11, 16). Der Heilige Geist erlaubt nicht, dass du deinen Körper nach eigenem Belieben gebrauchst. Jesus hat alle, die im Tempel kauften und verkauften, rücksichtslos hinausgeworfen und gesagt: »Mein Haus soll ein Bethaus heißen ... Ihr aber habt eine Räuberhöhle daraus gemacht« (Mk 11,17).

Ist uns bewusst, dass unser »Leib ein Tempel des heiligen Geistes ist«? Dann müssen wir seinetwegen darauf achten, ihn nicht zu verunreinigen. Wir dürfen nicht vergessen, dass wir unser bewusstes Leben als »Tempel des heiligen Geistes« betrachten sollen, auch wenn es nur einen kleinen Teil unseres Menschseins ausmacht. Er übernimmt die Verantwortung für den unbewussten Teil, den wir nicht kennen, aber wir müssen den bewussten Teil, für den wir verantwortlich sind, sorgfältig hüten.

## 9. November

# Dienst für Gott

»*Nun freue ich mich in den Leiden, die ich für euch leide, und erstatte an meinem Fleisch, was an den Leiden Christi noch fehlt ...*« (Kol 1,24).

Wer in der christlichen Arbeit steht, muss ein »Vermittler« im Dienst Gottes sein. Er muss mit seinem Herrn und der Erlösung, die er bewirkt, so sehr eins sein, dass Christus ununterbrochen sein schöpferisches Leben durch ihn zu den Menschen bringen kann. Ich meine damit nicht, dass eine dominierende Person eine andere beeinflusst, sondern man soll in allen Lebensbereichen des Mitarbeiters spüren können, dass Christus wirklich da ist. Wenn wir die Geschichte des Lebens und Sterbens Jesu so weitergeben, wie sie im Neuen Testament überliefert ist, werden unsere Worte zu göttlichen Worten. Gott gebraucht sie, um auf der Grundlage der Erlösung etwas in den Zuhörern zu schaffen, was sonst nie geschaffen werden könnte. Wenn wir nur weitergeben, welche Wirkung die Erlösung im Leben des Menschen hat, aber nicht die Wahrheit, die Gott uns über Jesus selbst zu erkennen gegeben hat, dann findet in den Zuhörern dadurch keine neue Geburt statt. Daraus entsteht nur ein besserer religiöser Lebensstil und den kann Gottes Geist nicht bestätigen, weil diese Art Verkündigung nicht zu seinem Reich gehört. Wir müssen sicher gehen, dass wir mit Gott so übereinstimmen, dass er durch unsere Verkündigung in anderen Menschen etwas schaffen kann, das zu schaffen nur ihm vorbehalten ist.

Wenn wir sagen: »Was für eine bewundernswerte Persönlichkeit, welch faszinierender Mensch, was für tiefe Einsichten!«, welche Möglichkeiten bleiben dann dem Evangelium Gottes, dadurch zu wirken? Es kann nicht durchdringen, denn die Aufmerksamkeit gilt nicht der Botschaft, sondern dem Überbringer. Wenn ein Mensch durch eine faszinierende Persönlichkeit wirkt, spricht diese Persönlichkeit die Menschen an. Wenn er aber mit Christus selbst eins ist, dann spricht das, was Jesus Christus tun kann, die Menschen an. Es besteht immer die Gefahr des Personenkults, aber Jesus sagt, wir sollen nur ihn allein »erhöhen« (s. Joh 12,32).

## 10. November

# Gemeinschaft durch das Evangelium

*»... Mitarbeiter am Evangelium Christi ...«* (1. Thess 3, 2).

Wenn du Gott gehörst, ist es schwierig, etwas über dein Lebensziel zu sagen, denn Gott hat dich durch den Heiligen Geist in seinen Plan einbezogen. Er gebraucht dich jetzt für seine Ziele überall in der Welt, so wie er seinen Sohn gebraucht hat, um uns zu retten. Wenn du große Pläne für dich selbst hast und denkst: »Gott hat mich zu dem oder jenem berufen«, hinderst du Gott daran, dich einzusetzen. Solange du eigene Pläne und Interessen verfolgst, kannst du dich nicht ganz auf Gottes Interessen einstellen und dich mit ihnen identifizieren. Das kann man nur erreichen, indem man alle persönlichen Pläne ein für alle Mal aufgibt und zulässt, dass Gott uns direkt in seinen Plan für die Welt einbezieht. Auch über das Verhalten, das du anstrebst, musst du Gott bestimmen lassen, denn es soll von nun an das Verhalten Jesu sein.

Ich muss lernen, dass Gott mein Lebensziel bestimmt und nicht ich selbst. Gott setzt mich so ein, wie er mich gebrauchen kann, und verlangt nichts weiter, als dass ich ihm vertraue. Ich sollte nie sagen: »Herr, das fällt mir doch zu schwer, das möchte ich lieber nicht.« Wenn ich so rede, bin ich Gott im Weg. Wenn ich aufhöre Gott zu sagen, was ich will, kann er ungehindert seinen Willen in mir ausführen. Er kann tun, was er richtig findet, ob es mich nun begeistert oder bedrückt. Er bittet mich nur, bedingungslos zu glauben, dass er Gott ist und gut ist. Selbstmitleid ist teuflisch und wenn ich mir darin gefalle, kann Gott mich für seinen Plan in der Welt nicht gebrauchen. Dadurch schaffe ich mir eine eigene geschützte kleine »Welt in der Welt« und erlaube Gott nicht, mich herauszuholen aus Angst vor »Frostschäden«.

## 11. November

# Den Gipfel erreichen

»*Und er sprach: Nimm Isaak, deinen einzigen Sohn ...*« (1. Mose 22, 2).

Gott befiehlt: »Nimm Isaak ...« Wir kämpfen oft unglaublich hartnäckig um Vorteile! Auch wenn wir wissen, dass etwas richtig ist, suchen wir noch Ausreden, um es wenigstens nicht gleich tun zu müssen. Wenn wir die Vollkommenheit erreichen wollen, die Gott uns zeigt, gibt es kein Verhandeln um das Verlangte; es muss ganz Gott gegeben werden. Und ehe wir das Opfer in der Praxis bringen, muss unser Wille dazu bereit sein.

»*Da stand Abraham früh am Morgen auf ... und ging hin an den Ort, von dem Gott ihm gesagt hatte*« (22, 3). In Abrahams Handeln ist nichts Zwiespältiges. Als Gott sprach, »besprach er sich nicht erst mit Fleisch und Blut« (s. Gal 1, 16). Sei vorsichtig, wenn du geneigt bist, »mit Fleisch und Blut« zu beraten, wenn auch nur mit deinen eigenen Gedanken oder Erkenntnissen — mit allem, was nicht auf deine persönliche Beziehung zu Gott gegründet ist. All das konkurriert mit dem Gehorsam gegen Gott und behindert ihn.

Abraham hat sich nicht ausgesucht, welches Opfer er bringen wollte. Nimm dich davor in Acht, deinen Einsatz für Gott selbst aussuchen zu wollen. Selbstaufopferung kann krankhaft sein und unsere Arbeit für Gott beeinträchtigen. Wenn Gott dein Leben angenehm gestaltet hat, nimm es dankbar an; aber auch wenn es unglücklich ist, führe es in enger Gemeinschaft mit ihm. Wenn Gott etwas für dich vorgesehen hat, was dir schwer fällt und Probleme schafft, halte aus. Aber bestimme nie den Ort deines eigenen Märtyrertums, etwa so: »Dies will ich auf mich nehmen, nichts anderes.« Gott hat ausgesucht, was Abraham tun sollte, und Abraham hat weder widersprochen noch es aufgeschoben, sondern konsequent gehorcht. Wenn man nicht direkt mit Gott verbunden ist, kann man ihn leicht beschuldigen oder verurteilen. Erst wenn du den Test durchgemacht hast, hast du das Recht zu urteilen, denn indem du dich dem Test unterziehst, lernst du Gott besser kennen. Gott arbeitet daran, seine höchsten Ziele in uns zu verwirklichen, bis sein Plan und unser Plan eins werden.

## 12. November

# Verändertes Leben

*»Ist jemand in Christus, so ist er eine neue Kreatur; das Alte ist vergangen, siehe, Neues ist geworden«* (2. Kor 5,17).

Wie verstehst du deine ewige Rettung? Dass du gerettet bist, das bedeutet, dass auch dein jetziges Leben sich von Grund auf verändert hat. Du siehst die Dinge nicht mehr wie vorher. Du hast jetzt andere Wünsche und manches Alte hat seine Anziehungskraft verloren. Eines der Kriterien, an denen man erkennt, ob deine Rettung echt ist, ist die Frage: Sind dir jetzt andere Dinge wirklich wichtig geworden? Wenn du immer noch dasselbe haben möchtest wie früher, ist es Unsinn, von einer Geburt von oben zu reden; dann betrügst du dich selbst. Wenn du neugeboren bist, schafft der Heilige Geist einen klar sichtbaren Unterschied in deinem Verhalten und Denken. Und wenn dann eine Krise kommt, bist du selbst am meisten erstaunt, wie du dich zum Positiven verändert hast. Du kannst dir nicht einbilden, das hättest *du* getan. Gerade dieser völlige und überraschende Wandel beweist, dass du gerettet bist.

Wie wirkt es sich aus, dass ich gerettet bin und Gott gehöre? Kann ich zum Beispiel 1. Korinther 13 für mich bestätigen oder weiche ich aus und meide das Thema? Wenn meine Rettung echt ist und der Heilige Geist sie in mir verwirklicht, werde ich vollkommen frei. Und solange ich »im Licht wandle, wie er im Licht ist«

(s. 1. Joh 1, 7), hat Gott nichts an mir zu tadeln, denn sein Wesen verwirklicht sich in jedem einzelnen Teil meines Lebens, nicht nur in meinem Bewusstsein, sondern tiefer, als ich denken und wahrnehmen kann.

## 13. November

## Glaube oder Erfahrung?

*»... im Glauben an den Sohn Gottes, der mich geliebt hat und sich selbst für mich dahingegeben«*
(Gal 2, 20).

Wir sollten uns durch all unsere Stimmungen und Gefühle zur völligen Hingabe an Jesus Christus durchkämpfen. Wir müssen aus der kleinen Welt unserer eigenen Erlebnisse ausbrechen in die bedingungslose Liebe zu ihm. Denke einmal darüber nach, was das Neue Testament von Jesus sagt. Wie klein und verachtenswert ist da das bisschen Glaube, das wir erkennen lassen, wenn wir sagen: »Dies oder das habe ich noch nicht erlebt«! Überlege, was der Glaube an Jesus Christus einschließt und was er uns geben kann: Er kann uns makellos vor den Thron Gottes stellen, unvorstellbar vollkommen, ganz gerecht, ohne den kleinsten Rest von Sünde. Halte fest an der Anbetung und dem unbedingten Glauben an »Christus Jesus, der uns von Gott gemacht ist zur Weisheit und zur Gerechtigkeit und zur Heiligung und zur Erlösung«

(1. Kor 1,30). Und wir reden davon, dem Sohn Gottes Opfer zu bringen!

Wir müssen unseren Glauben immer wieder auf Jesus Christus richten und an ihm festmachen — nicht an dem Jesus Christus, den wir auf Gebetsversammlungen erleben oder in Büchern finden, sondern an dem Jesus Christus, der uns im Neuen Testament begegnet, der der Mensch gewordene Gott ist und uns eigentlich sofort vernichten müsste. Wir müssen an den Einzigen glauben, der uns gerettet hat. Jesus Christus will, dass wir ihm unbedingt und rückhaltlos ergeben sind. Wir können nicht erleben, wie Jesus Christus wirklich ist, oder ihn selbstsüchtig in die Enge unseres eigenen Gefühlslebens pressen. Unser Glaube muss sich darauf gründen, dass wir uns unerschütterlich auf ihn verlassen.

Weil wir uns auf unsere Erfahrung verlassen, weist uns der Heilige Geist immer wieder wegen Unglaubens zurecht. Alle unsere Ängste sind Sünde und wir schaffen uns diese Ängste selbst, wenn wir nicht bereit sind, aus unserem Glauben zu leben. Wie kann jemand, der mit Jesus Christus eins ist, Zweifel oder Angst haben? Unser ganzes Leben sollte ein einziges Loblied sein, das aus vollkommenem, unbesiegbarem, triumphierendem Glauben erwächst.

## 14. November

# Gottes Absicht erkennen

»... denn der Herr hat mich geradewegs geführt ...«
(1. Mose 24, 27).

Wir sollten mit Gott so eins sein, dass wir nicht ständig um Leitung bitten müssen. Heiligung bedeutet, dass wir Gottes Kinder werden. Ein Kind gehorcht normalerweise so lange, bis es sich für den Ungehorsam entscheidet. Aber sobald es das tut, entsteht zwangsläufig ein innerer Zwiespalt. Im geistlichen Leben ist der innere Zwiespalt ein Warnsignal vom Heiligen Geist. Wenn er uns so warnt, müssen wir sofort anhalten und »uns ändern durch die Erneuerung unseres Sinnes, damit wir prüfen können, was Gottes Wille ist« (s. Röm 12, 2). Wenn wir vom Heiligen Geist neugeboren sind, kann unsere Liebe zu ihm beeinträchtigt werden oder sogar verloren gehen, wenn wir ihn dauernd bitten, uns in diesem oder jenem zu leiten. Erst im Rückblick erkennen wir: »... der Herr hat mich ... geführt ...« und wir sehen seinen bewundernswerten Plan. Wenn wir neugeboren sind, erkennen wir darin seine Leitung und geben ihm die Ehre.

Wir alle können Gott in den außergewöhnlichen Dingen erkennen. Um ihn jedoch in kleinen Einzelheiten zu erkennen, bedarf es der zunehmenden Erziehung durch Gott. Die sogenannten Zufallsereignisse im Leben sind in Wirklichkeit Erscheinungsformen der Ordnung, die Gott gesetzt hat. Du kannst damit rechnen, überall, wo du hinschaust, seine göttlichen Pläne zu erkennen.

Lass dich nicht verleiten, die Treue zu deinen Überzeugungen wichtiger zu nehmen als die Liebe zu Gott. Wenn du Gott gehörst und du sagst: »Dies oder jenes werde ich nie tun«, dann wird Gott höchstwahrscheinlich genau das von dir fordern. Auf dieser Erde hat es nie ein unberechenbareres Wesen gegeben als Jesus, aber seinem Vater gegenüber war er immer konsequent und zuverlässig. Für einen Christen ist nicht Treue zu einem Prinzip wichtig, sondern Treue zum Wesen Gottes. Es ist das Wesen Gottes in uns, das uns immer neue Seiten seines Willens entdecken lässt. Es ist leichter, ein fanatischer Extremist zu sein, als beständig treu zu sein, denn wenn wir Gott treu sind, sorgt er für eine unvorstellbare Demütigung unserer religiösen Eitelkeit.

## 15. November

## »Was geht es dich an?«

»*Als Petrus diesen sah, spricht er zu Jesus: Herr, was wird aber mit diesem? Jesus spricht zu ihm: … was geht es dich an?*« (Joh 21,21.23).

Eine der größten Schwierigkeiten, geistlich weiterzukommen, kommt daher, dass wir hartnäckig darauf bestehen, uns in das Leben anderer Menschen einzumischen.

Wir merken oft erst sehr spät, wie gefährlich es ist, sich selbst als Vorsehung zu betätigen und damit Gottes Plan für andere zu stören. Wenn du jemanden leiden siehst und denkst: »Er soll nicht leiden, ich werde das auf jeden Fall ändern«, ohne dich dabei von Gott leiten zu lassen, dann versuchst du damit zu verhindern, was Gott bewusst zugelassen hat, und dann sagt Gott: »Was geht es dich an?«

Kommst du geistlich nicht weiter? Lass nicht zu, dass das so bleibt. Stelle dich der Gegenwart Gottes und kläre, warum es so ist. Es kann sein, weil du dich in das Leben eines anderen eingemischt hast: ihm etwas vorgeschlagen, was du nicht vorschlagen durftest, oder Ratschläge gegeben, wenn du kein Recht dazu hattest. Wenn du wirklich jemandem raten sollst, dann wird Gott mit der unmittelbaren Einsicht seines Geistes durch dich sprechen. Deine Sache ist es, die richtige Verbindung mit Gott aufrechtzuerhalten, damit seine Urteilskraft ständig durch dich weitergehen und sich für andere segensreich auswirken kann.

Die meisten von uns leben nur auf der Ebene des Bewusstseins — wir arbeiten bewusst für Gott und halten bewusst an ihm fest. Das ist ein Zeichen von Unreife und es ist noch nicht das eigentliche Leben eines Christen. Reife entwickelt sich bei einem Christen auf der Ebene des Unbewussten: Mit der Zeit werden wir so völlig von Gott bestimmt, dass wir nicht einmal merken, dass er uns gebraucht. Wenn wir bewusst wahrnehmen, dass er uns als Brot und Wein zur Stärkung für andere gebraucht, dann haben wir noch ein Stück Entwicklung vor uns. Auf der höchsten Stufe dieser Entwicklung nehmen wir uns selbst überhaupt nicht mehr wahr und auch nicht das, was Gott durch uns tut. Wer Gott gehört, weiß meist nicht, was er Gutes bewirkt — er weiß nur, dass er von Gott abhängig ist.

## 16. November

## Immer noch ein Mensch!

*»Ob ihr nun esst oder trinkt oder was ihr auch tut, das tut alles zu Gottes Ehre«* (1. Kor 10,31).

In den Berichten der Bibel geht das unvorstellbare Wunder der Menschwerdung in das gewöhnliche Leben eines Kindes über; dem herrlichen Erlebnis der Verklärung folgt die Begegnung mit Dämonen unten im Tal; die unbeschreibliche Freude der Auferstehung äußert sich in einem Frühstück am Seeufer. Das ist keine enttäuschende Verflachung; gerade hierin zeigt Gott seine Größe.

Wir neigen dazu, nach wunderbaren Erlebnissen auszuschauen und oft verwechseln wir heldische Taten mit wirklichem Heldentum. Es ist eine Sache, eine Krise großartig zu bestehen, aber es ist etwas ganz anderes, jeden Tag so zu bewältigen, dass es Gott Ehre macht, wenn weder Rampenlicht noch Publikum da ist und niemand uns auch nur im Geringsten beachtet. Vielleicht wollen wir gar keinen Heiligenschein, aber wenigstens möchten wir, dass die Leute von uns sagen können: »Wie innig und aufrichtig er betet!« oder: »Das ist wirklich eine gläubige Frau!« Wenn du aber die richtige Liebe zu Jesus hast, dann bewegst du dich auf Höhen, wo dich niemand persönlich wahrnimmt. Man nimmt nur die Kraft Gottes wahr, die ständig durch dich zu anderen kommt.

Wir möchten sagen können: »Oh, ich habe einen wunderbaren Auftrag von Gott bekommen!« Aber wenn wir auch nur die niedrigsten Pflichten zur Ehre Gottes tun sollen, dann brauchen wir dazu die Allmacht Gottes, die in uns wirkt. Wenn wir ganz unauffällig sein wollen, dann muss Gottes Geist in uns sein und uns auf ganz menschliche Weise völlig für sich einnehmen. Ob ein Christ aufrichtig lebt, zeigt sich nicht am Erfolg, sondern daran, wie treu er ist. In der christlichen Arbeit setzen wir uns gern Erfolg zum Ziel, aber unser Ziel sollte sein, Gottes Ehre in unserer Lebensführung sichtbar zu machen und in unserem Alltag ein Leben zu führen, das »verborgen (ist) mit Christus in Gott« (Kol 3, 3). Unser menschliches Umfeld ist genau die Umgebung, in der Gottes vollkommenes Leben sich zeigen soll.

## 17. November

# Das ewige Ziel

*»Ich habe bei mir selbst geschworen, spricht der Herr: Weil du solches getan hast ..., will ich dein Geschlecht segnen ...«* (1. Mose 22,16.17).

Hier hat Abraham den Punkt erreicht, an dem er dem eigentlichen Wesen Gottes begegnet. Jetzt versteht er Gottes Wirklichkeit.

> *Mein Ziel ist Gott selbst ...*
> *auf jedem Weg, o Herr, um jeden Preis.*

»Auf jedem Weg ..., um jeden Preis«, das heißt Gott entscheiden lassen, wie er uns zum Ziel bringen will.

Wenn Gott zu seinem eigenen Wesen in mir spricht, spricht er so, dass ich keine Fragen stellen kann. Die einzige Möglichkeit ist gleich zu gehorchen. Wenn Jesus sagt: »Komm«, dann komme ich; wenn er sagt: »Lass los«, lasse ich los; wenn er sagt: »Verlass dich in dieser Beziehung auf Gott«, tue ich das. Dieser Gehorsam ist das Zeichen, dass Gottes Wesen in mir ist.

Wie Gott mir erscheint, das hängt nicht so sehr von seinem Charakter ab als vielmehr von meinem Charakter:
*Nur weil ich selber klein und nichtig bin, erscheinen deine Wege mir so klein* (George Mac Donald).

Nur indem ich Gehorsam übe, kann ich so weit kommen wie Abraham und sehen, wie Gott ist. Gott wird mir immer unwirklich erscheinen, bis ich ihm direkt in Jesus Christus begegne. Dann weiß ich und kann es ohne Scheu sagen: »In aller Welt ist niemand als du, mein Gott, nur du.«

Was Gott uns verspricht, bekommt erst dann Wert für uns, wenn wir durch Gehorsam dahin kommen, Gottes Wesen zu verstehen. Manches können wir ein ganzes Jahr lang jeden Tag in der Bibel lesen und es bedeutet uns nichts. Dann gehorchen wir Gott in irgendeiner kleinen Sache und plötzlich verstehen wir, was Gott meint, und sofort erschließt sich uns sein Wesen. »Denn auf alle Gottesverheißungen ist in ihm das Ja« (2. Kor 1,20). Unser »Ja« muss aus dem Gehorsam kommen; wenn wir ein Versprechen Gottes durch Gehorsam für gültig erklären, indem wir »Amen« (»so soll es sein«) dazu sagen, dann gilt dieses Versprechen uns.

## 18. November

# Freiheit gewinnen

*»Wenn euch nun der Sohn frei macht, so seid ihr wirklich frei«* (Joh 8,36).

Solange noch eine Spur von Selbstzufriedenheit in uns ist, meinen wir immer: »Ich kann mich nicht ausliefern« oder »ich kann nicht frei werden«. Aber der geistliche Teil unseres Wesens sagt nie: »Ich kann nicht«; er nimmt einfach alles an, was Gott ihm anbietet. Unser Geist ist darin nicht bescheiden. So sind wir geschaffen. Von der Schöpfung her sind wir sehr aufnahmefähig für Gott, aber die Sünde, unsere persönlichen Eigenheiten und falsches Denken hindern uns daran, zu ihm zu kommen. Von der Sünde macht Gott uns frei; von unseren Eigenheiten müssen wir uns selbst lösen. Das bedeutet unseren natürlichen Charakter Gott als Opfergabe zu bringen, damit er ihn durch unseren Gehorsam in geistliches Wesen verwandeln kann.

Bei der Entwicklung unseres geistlichen Wesens nimmt Gott keine Rücksicht auf unsere persönlichen Eigenheiten. Sein Plan durchkreuzt unser natürliches Leben. Wir müssen darauf achten, uns nach Gottes Plan zu richten und ihn nicht dadurch aufzuhalten, indem wir sagen: »Das kann ich nicht.« Gott wendet keine Druckmittel an; wir müssen uns selbst erziehen. Gott nimmt auch nicht »gefangen alles Denken in den Gehorsam gegen Christus« (2. Kor 10,5) – das müssen wir tun. Sage nicht: »Ach Herr, ich bin so unkonzentriert.« Sei *nicht* unkonzentriert. Höre nicht mehr auf die tyrannischen Forderungen deines natürlichen Charakters und gewinne die Freiheit, geistlich zu leben.

»Wenn euch nun der Sohn frei macht ...« Ersetze das Wort *Sohn* hier nicht durch *Erlöser*. Der *Erlöser* hat uns von der Sünde befreit, aber hier geht es darum, dass der *Sohn* mich von mir selbst frei macht. Das ist es, was Paulus meint, wenn er in Galater 2,19 sagt: »Ich bin mit Christus gekreuzigt.« Sein individueller Charakter war entmachtet und sein Geist war mit seinem Herrn vereint; nicht nur in ihn aufgenommen, sondern so gemacht, wie er ist. »... so seid ihr wirklich frei«: frei bis ins Innerste deines Wesens; frei von innen her und auch nach außen. Wir verlassen uns gern auf unsere eigene Energie, aber wir könnten aus der Kraft leben, die das Einswerden mit Jesus freisetzt.

## 19. November

### »Wenn er kommt«

*»Und wenn er kommt, wird er der Welt die Augen auftun über die Sünde ...«* (Joh 16,8).

Nur sehr wenige von uns haben wirklich Sündenerkenntnis erlebt. Wir wissen, wie es ist, wenn man beunruhigt ist, weil man etwas Falsches getan hat. Aber die Sündenerkenntnis, die der Heilige Geist gibt, lässt alle menschlichen Dimensionen zu nichts zergehen, und wir sehen nur noch eins: »An dir allein habe ich gesündigt ...« (Ps 51,6). Wenn ein Mensch so seine Sünde erkennt, ist sein ganzes Gewissen von der Erkenntnis durchdrungen, dass Gott ihm niemals vergeben dürfte. Wenn Gott ihm vergäbe, dann hätte dieser Mensch einen stärkeren Gerechtigkeitssinn als Gott. Gott vergibt trotzdem, aber damit er das kann, musste er ertragen, dass Christus starb. Es ist ein großes Wunder und nur Gottes Liebe zu verdanken, dass er Sünde vergibt, und nur der Tod Jesu Christi macht es möglich, dass der heilige Gott vergibt und dabei doch sich selbst treu bleibt. Wenn man sagt,

Gott vergäbe uns, weil er Liebe ist, ist das oberflächliches Gerede. Wenn wir unsere Sünde einmal erkannt haben, sagen wir das nie wieder. Gottes Liebe hat zur Kreuzigung Jesu geführt – so teuer ist Vergebung. Gottes Liebe ist gerade und nur am Kreuz in aller Konsequenz zu erkennen. Der einzige Grund, warum Gott mir vergeben kann, ist das Kreuz Christi. Da wird seine Gerechtigkeit wieder hergestellt.

Vergebung bedeutet nicht nur, dass ich nicht in die Hölle komme, sondern irgendwann in den Himmel darf (eine solche Vergebung würde niemand akzeptieren). Vergebung bedeutet, dass ich ohne Sünde in eine neu geschaffene Beziehung hineingenommen werde, die mich in Christus mit Gott vereint. Das Wunder der Vergebung ist, dass Gott mich, den selbstherrlichen Menschen, in ein Wesen verwandelt, das zu ihm, dem Vollkommenen, passt. Das tut er, indem er ein neues Wesen in mich hineingibt, das Wesen Jesu Christi.

## 20. November

## Vergebung von Gott

*»In ihm haben wir ... die Vergebung der Sünden«* (Eph 1, 7).

Lass dich nicht verleiten, nur die angenehme Seite von Gottes Vaterschaft zu sehen: Gott sei so liebevoll und freundlich, dass er uns selbstverständlich vergäbe. Dieser

Gedanke kommt nur aus dem Gefühl und ist im Neuen Testament nirgends zu finden. Der einzige Grund, warum Gott uns vergeben kann, ist die unbeschreibliche Tragödie der Kreuzigung Christi. Jede andere Begründung für die Vergebung ist unbewusste Blasphemie. Einzig und allein durch das Kreuz Christi vergibt uns Gott die Sünde und bringt uns in Verbindung mit sich selbst. Es gibt keinen anderen Weg! Für uns ist die Vergebung leicht anzunehmen, aber Gott hat sie das Sterben auf Golgatha gekostet. Wenn wir die Vergebung der Sünde, den Heiligen Geist und die Heiligung im Glauben annehmen, sollten wir nie den ungeheuren Preis vergessen, den Gott zahlen musste, um uns das alles zu geben.

Vergebung ist ein Wunder, das aus Gottes Liebe kommt. Gott musste dafür seinen Sohn töten lassen. Damit er Sünde vergeben und doch der heilige Gott bleiben kann, war das notwendig. Sieh Gott nie als einen Vater an, der keine Sühne braucht. Gott selbst hat uns gezeigt, dass er ohne Sühne nicht vergeben kann — das wäre gegen sein Wesen. Der einzige Weg, Vergebung zu bekommen, ist dass wir durch die Versöhnung Jesu wieder zu Gott zurückgebracht werden. Nur in Gottes Herrschaftsbereich kann Gott vergeben.

Im Vergleich mit dem Wunder der Sündenvergebung ist das Erlebnis der Heiligung unbedeutend. Heiligung ist nur der wunderbare Ausdruck, das äußere Zeichen dafür, dass einem Menschen die Sünden vergeben sind. Aber was im Menschen die tiefste Dankbarkeit weckt, ist, dass Gott ihm die Sünde vergeben hat. Paulus ist davon nie losgekommen. Wenn man einmal erkannt hat, was es Gott gekostet hat zu vergeben, dann ist man von Gottes Liebe gefesselt und wird unwiderstehlich festgehalten.

## 21. November

# »Es ist vollbracht!«

*»Ich habe dich verherrlicht auf Erden und das Werk vollendet, das du mir gegeben hast, damit ich es tue«* (Joh 17,4).

Mit seinem Tod hat Jesus Christus Gottes Plan und Absicht in der Weltgeschichte voll erfüllt. Jesus Christus kann man nicht als Märtyrer sehen. Sein Tod ist kein Unglück, das ihm passiert ist und das man vielleicht hätte verhindern können. Er ist in der Absicht gekommen zu sterben.

Verlass dich nie darauf, dass Gott ja unser Vater ist und uns bestimmt vergeben wird, weil er uns liebt. Das widerspricht dem, was Gott uns durch Jesus Christus gesagt hat. Dann wäre das Kreuz unnötig und die Erlösung »viel Lärm um nichts«. Nur weil Christus gestorben ist, vergibt Gott Sünde. Nur durch den Tod seines Sohnes kann Gott den Menschen vergeben, und Jesus wird als Erlöser geehrt, weil er gestorben ist. »Jesus sehen wir, ..., *durch das Leiden des Todes* gekrönt mit Preis und Ehre...« (Hebr 2,9). Der größte Triumph, der je in der ganzen Schöpfung erkämpft wurde, findet Ausdruck in dem Ruf: »Es ist vollbracht!« (Joh 19,30). Damit ist die Erlösung der Menschheit vollendet.

Wenn wir Gottes Liebe falsch sehen, schmälern wir damit seine Heiligkeit oder machen sie sogar ganz unkenntlich, und das widerspricht seiner Wahrheit, die uns

Jesus Christus hat sehen lassen. Bilde dir nie ein, Jesus Christus stünde aus Mitleid auf unserer Seite und gegen Gott oder er hätte sich aus Mitgefühl für uns zum Fluch machen lassen (s. Gal 3, 13). Jesus Christus ist durch eine Entscheidung Gottes für uns zum Fluch geworden. Um die ungeheure Tragweite dieses Fluches zu begreifen, müssen wir unsere Sünde erkennen. Diese Erkenntnis gibt uns Gott als Reue und Scham; sie kommt aus seiner großen Liebe. Jesus Christus hasst die Sünde im Menschen und an Golgatha kann man ermessen, wie sehr er sie hasst.

## 22. November

## Oberflächlich und tief

*»Ob ihr nun esst oder trinkt oder was ihr auch tut, das tut alles zu Gottes Ehre«* (1. Kor 10, 31).

Lass nicht den Gedanken zu, die gewöhnlichen Seiten des Lebens seien nicht von Gott gewollt; sie sind ebenso von ihm bestimmt wie die bedeutungsvollen. Manchmal wollen wir nicht gewöhnlich sein, nicht aus einer tiefen Liebe zu Gott, sondern um andere damit zu beeindrucken, dass wir nicht oberflächlich sind. Das ist ein eindeutiges Zeichen von geistlichem Hochmut. Vorsicht! Auf diese Weise entwickelt sich in uns Verachtung gegen andere. Und dann werden wir zu einem wandelnden Vorwurf an andere, weil sie »oberflächlicher« sind als wir. Pass auf, dass du nicht in die Rolle einer tiefsinnigen Persönlichkeit fällst — Gott ist ein Baby geworden.

Alltägliche Betätigungen sind kein Zeichen von Sünde und auch die Alltäglichkeit deiner Situation ist kein Zeichen, dass dein Leben keinen Tiefgang hätte. Auch das Meer hat einen Strand. Auch die gewöhnlichen Alltagsdinge wie Essen und Trinken, Gehen und Sprechen sind von Gott vorgesehen. All das hat auch Jesus getan. Er war der Sohn Gottes und er hat gesagt: »Der Jünger steht nicht über dem Meister ...« (Mt 10,24).

Die Alltäglichkeiten in unserem Leben geben uns Schutz. Wir müssen das normale Alltagsleben normal führen. Wenn Gott uns dann das Wichtigere gibt, ist es offensichtlich unabhängig von den Alltagsbelangen. Zeige niemandem außer Gott, dass dein Leben Tiefgang hat. Wir sind oft so abstoßend ernst, so krampfhaft auf unser eigenes Wesen und unseren Ruf fixiert, dass wir uns weigern, uns in den kleinen Dingen des Alltags wie Christen zu verhalten.

Fasse den Entschluss, niemandem uneingeschränkt zu vertrauen außer Gott. Es könnte sein, dass du selbst die erste Person bist, die dein Misstrauen weckt, weil du hinter ihrer prächtigen Fassade nichts siehst.

## 23. November

# Die Gefahr der Verachtung

*»Sei uns gnädig, Herr, sei uns gnädig, denn allzu sehr litten wir Verachtung«* (Ps 123,3).

Was wir vermeiden müssen, ist nicht so sehr, dass unser Glaube an Gott Schaden nimmt, sondern dass unsere Grundhaltung oder -stimmung als Christen sich ändert. »... seht euch vor in eurem Geist und brecht nicht die Treue!« (Mal 2,16). Unsere Grundstimmung hat große Wirkungen. Sie kann zum Feind werden, der in unsere Seele eindringt und den Geist von Gott ablenkt. Bestimmte Einstellungen sollten wir darum nie dulden. Sonst merken wir irgendwann, dass sie uns vom Glauben an Gott abgebracht haben. Dann müssen wir zuerst vor ihm wieder zu einer Grundhaltung des Friedens finden; ohne das ist unser Glaube nutzlos und das Vertrauen auf natürliche Kraft und menschliche Fähigkeiten beherrscht uns.

Nimm dich in Acht vor den »Sorgen der Welt« (Mk 4,19). Gerade sie verursachen die falsche innere Haltung. Man kann es kaum glauben, welche enorme Macht die einfachen Dinge haben, unsere Aufmerksamkeit von Gott abzulenken. Erlaube nicht, dass dir die »Sorgen der Welt« über den Kopf wachsen.

Eine andere Ablenkung kommt aus unserer Leidenschaft zur Selbstrechtfertigung. Augustinus betete: »O Herr, befreie mich von dieser Begierde, mich immer zu rechtfertigen.« Das Bedürfnis, sich ständig zu rechtfertigen, kann unseren Glauben an Gott zerstören. Denke nicht: »Ich muss das erklären« oder: »Ich muss mich irgendwie verständlich machen.« Jesus hat nie etwas erklärt. Er hat die Missverständnisse und falschen Vorstellungen der Menschen sich selbst korrigieren lassen.

Wenn wir sehen, dass andere Menschen geistlich nicht wachsen, und zulassen, dass aus dieser Erkenntnis Kritik wird, dann lösen wir uns damit aus der Gemeinschaft mit Gott. Gott gibt uns Erkenntnisse nicht, damit wir kritisieren, sondern damit wir für den anderen beten.

## 24. November

## Die richtige Blickrichtung

*»Siehe, wie die Augen der Knechte auf die Hände ihrer Herren sehen ..., so sehen unsre Augen auf den Herrn, unsern Gott ...«* (Ps 123,2).

Dieser Vers beschreibt ein volles Vertrauen auf Gott. So wie ein Diener seine Augen auf seinen Herrn richtet, so sollten unser Blick und unsere Konzentration auf Gott gerichtet sein. So lernt man ihn kennen und so zeigt er sich uns (s. Jes 53,1). Wenn wir aufhören ihn anzuschauen, fängt unsere geistliche Kraft an nachzulassen. Dann verlieren wir nach und nach die Ausdauer, weniger durch äußere Probleme als durch falsches Denken. Wir denken dann: »Wahrscheinlich habe ich mir zu viel vorgenommen, ich wollte mich hervortun und wie Gott aussehen, anstatt ein normaler bescheidener Mensch zu sein.« Wir müssen erkennen, dass keine Anstrengung zu groß sein kann.

Zum Beispiel hast du eine Krise durchgestanden, du bist für Gott eingetreten und hast sogar die Bestätigung vom Heiligen Geist bekommen, dass es so richtig war. Aber jetzt ist das vielleicht Wochen oder sogar Jahre her und mit der Zeit kommst du zu dem Schluss: »Vielleicht war es zu stolz oder einfach oberflächlich von mir, das zu tun. Habe ich mich da überschätzt?« Dann kommen deine »vernünftigen« Freunde und sagen: »Mach dir nichts vor. Als du von dieser Erweckung geredet hast, wussten wir gleich, dass sich das wieder legen würde. Der Stress war zu viel für dich, das war klar. Und überhaupt erwartet Gott gar nicht, dass du das durchhältst.« Und dann sagst du: »Na ja, da habe ich wohl zu viel erwartet.« Das klingt zwar demütig, aber es zeigt, dass du dich nicht mehr auf Gott, sondern auf die Meinung von Menschen verlässt. Gefährlich wird es, wenn du, weil du Gott nicht mehr vertraust, auch nicht mehr darauf achtest, ihn anzuschauen. Erst wenn Gott dir plötzlich den Weg versperrt, merkst du, dass dir das geschadet hat. Wenn du geistlich an Kraft verlierst, unterbinde das sofort. Gestehe dir ein, dass etwas zwischen dich und Gott getreten ist, und ändere oder entferne es ohne Zögern.

## 25. November

# Das Geheimnis geistlicher Stabilität

»*Es sei aber fern von mir, mich zu rühmen als allein des Kreuzes unseres Herrn Jesus Christus ...*« (Gal 6,14).

Wenn jemand erst vor kurzem geistlich neugeboren ist, erscheint er wenig stabil wegen seiner unangemessenen Gefühle und wegen der äußeren Zustände in seinem Leben. Der Apostel Paulus hatte eine starke und gleichbleibende innere Stabilität. Folglich konnte sein Leben sich äußerlich verändern, ohne dass er innerlich Probleme bekam, denn er war fest in Gott verwurzelt und gegründet. Die meisten von uns sind geistlich nicht stabil, weil es uns wichtiger erscheint, unsere äußeren Umstände stabil zu halten. Äußerlich gesehen lebte Paulus im Keller, seine Kritiker aber in der ersten Etage. Diese beiden Ebenen sind völlig voneinander getrennt. Aber das Leben des Paulus war tief unten in seinen Fundamenten stabil. Die unverrückbare Grundlage seiner Stabilität war Gottes Leiden um die Erlösung der Welt, also das Kreuz Christi.

Stelle noch einmal fest, was du glaubst. Komm zurück auf die Grundlage, das Kreuz Christi, und lass jeden Glaubenssatz fallen, der sich nicht darauf gründet. In der Weltgeschichte ist das Kreuz ein winziger Zwischenfall, aber aus biblischer Sicht ist es wichtiger als »alle Reiche der Welt« (Lk 4,5). Wenn wir aufhören, in unseren Predigten die Tragödie zu betonen, dass Gott gekreuzigt wurde, erreichen wir mit Predigen nichts mehr. Dann vermittelt es den Menschen nicht mehr die Kraft Gottes; vielleicht ist es noch interessant, aber Macht hat es nicht. Aber wenn wir vom Kreuz sprechen, wird göttliche Energie freigesetzt; »... gefiel es Gott wohl, durch die Torheit der Predigt selig zu machen, die daran glauben ...; wir aber predigen den gekreuzigten Christus ...« (1. Kor 1,21.23).

## 26. November

# Der Brennpunkt geistlicher Kraft

»... als allein des Kreuzes unseres Herrn Jesus Christus ...« (Gal 6,14).

Wenn du Gottes Kraft (und das heißt das Leben des auferstandenen Christus) in deinem natürlichen Leben erfahren willst, musst du dich mit der Tragödie Gottes beschäftigen. Lass deine Sorge um deinen eigenen geistlichen Zustand los, öffne dich ganz und betrachte die Tragödie Gottes. Sofort wird Gottes Kraft in dir sein. »Wendet euch zu mir ...« (Jes 45,22). Achte auf die Quelle außerhalb von dir, dann wird die innere Kraft da sein. Wir verschwenden Kraft, weil wir uns nicht auf das Richtige konzentrieren. Die Wirkung des Kreuzes ist Erlösung, Heiligung, Heilung usw., aber all das sollen wir nicht verkündigen. Wir sollen nur »Jesus Christus, den

Gekreuzigten« bekannt machen. Wenn wir das tun, kommt die Wirkung von selbst. Konzentriere dich in deinen Predigten auf das, was Gott wesentlich ist, dann werden deine Zuhörer nie wieder sein wie vorher, auch wenn sie anscheinend gar nicht aufpassen. Wenn ich mitteile, was ich zu sagen habe, ist es nicht wichtiger als das, was du zu mir sagst. Aber wenn wir einander Gottes Wahrheit mitteilen, begegnen wir ihr immer wieder. Wir müssen uns auf den einen Brennpunkt geistlicher Macht konzentrieren: das Kreuz. Wenn wir mit diesem Kraftzentrum verbunden bleiben, wird seine Energie in uns frei. In Heiligungsbewegungen und Versammlungen mit besonderen Geisteswirkungen besteht immer die Gefahr, dass nicht das Kreuz in den Mittelpunkt gerückt wird, sondern seine Auswirkungen.

Man kritisiert heute, dass die Kirche schwach ist, und die Kritik ist begründet. Ein Grund für diese Schwäche ist, dass man nicht auf das eigentliche Zentrum geistlicher Kraft achtet. Wir haben uns nicht genug mit dem Drama von Golgatha oder mit der Bedeutung der Erlösung beschäftigt.

## 27. November

# Die Kraft Gott weihen

»… durch den mir die Welt gekreuzigt ist und ich der Welt« (Gal 6,14).

Wenn ich mich mit dem Kreuz Christi beschäftige, werde ich nicht einfach innerlich fromm und ganz auf meine eigene Heiligkeit konzentriert; im Gegenteil, die Interessen Jesu Christi werden mir sehr wichtig. Jesus war kein Einsiedler und auch kein fanatischer Heiliger, der Askese übte. Er hat sich nicht aus der Gesellschaft zurückgezogen, aber er hat immer einen inneren Abstand gewahrt. Er war nicht gleichgültig, er war in einer anderen Welt zu Hause. Er nahm sogar so sehr an der Alltagswelt teil, dass die Frommen seiner Zeit ihn beschuldigten, ein Schlemmer und Trinker zu sein. Aber Jesus hat immer darauf geachtet, dass seine göttliche Macht nur Gott allein zur Verfügung stand.

Wenn wir denken, wir brauchten Gott jetzt nicht zum Einsatz zur Verfügung zu stehen und könnten unsere geistliche Kraft für später aufbewahren, dann weihen wir sie nicht wirklich Gott. Das ist ein verhängnisvoller Irrtum. Sehr viele Menschen hat der Heilige Geist von ihrer Sünde befreit, aber sie erleben doch keine Erfüllung — keine echte Freiheit. Das religiöse Leben, das heute so weit verbreitet ist, hat keine Ähnlichkeit mit der gottgeweihten Tatkraft, die das Leben Jesu bestimmte. »Ich bitte dich nicht, dass du sie aus der Welt nimmst, sondern dass du sie bewahrst vor dem Bösen« (Joh 17, 15). Wir sollen *in* der Welt sein, aber nicht *von* der Welt — uns nicht äußerlich zurückziehen, aber innerlich Abstand wahren (s. Joh 17, 16).

Wir dürfen nie zulassen, dass irgendetwas unsere geistliche Kraft vom Dienst für Gott abzieht. Unser Teil ist es, Gott ganz zur Verfügung zu stehen; Gottes Sache ist es, uns zu heiligen, d. h. von der Sünde zu befreien und für sich in Besitz zu nehmen. Wir müssen eine Willensentscheidung treffen, nur das wichtig zu nehmen, was Gott wichtig ist. Wenn man vor einem verwirrenden Problem steht, kann man diese Entscheidung treffen, indem man sich fragt: »Gehört dies zu den Dingen, die Jesus Christus als wichtig ansieht, oder hat nur der Interesse daran, der in allem gegen Jesus ist?«

## 28. November

# Der Reichtum der Mittellosen

*»... und werden ohne Verdienst gerecht aus seiner Gnade ...«* (Röm 3, 24).

Das Evangelium von Gottes Gnade weckt in den Menschen eine große Sehnsucht und ebenso großen Ärger, denn die Wahrheit, die es aussagt, ist nicht angenehm oder erfreulich. Aus einem gewissen Stolz heraus können Menschen zwar geben und immer wieder geben, aber ein

Geschenk anzunehmen ist etwas ganz anderes. Ich bin bereit, mein Leben als Märtyrer zu opfern oder ganz in den christlichen Dienst zu stellen — ich bin bereit, alles zu tun. Nur stelle mich nicht auf eine Stufe mit dem hoffnungslosesten Bösewicht, indem du behauptest, ich brauchte nichts zu tun als nur die Rettung durch Jesus Christus als Geschenk anzunehmen.

Wir müssen verstehen lernen, dass wir durch unsere Bemühungen nichts von Gott verdienen oder erkämpfen können. Wir müssen es als Geschenk annehmen oder ganz darauf verzichten. Das Hilfreichste, was Gott uns geben kann, ist die Erkenntnis, dass wir mittellos sind. Solange wir das nicht einsehen, kann Gott nichts tun. Er kann uns nichts geben, solange wir meinen, wir hätten alles Nötige in uns selbst. In sein Reich können wir nur als Mittellose kommen. Solange wir »reich« sind, besonders was Stolz oder Eigenständigkeit angeht, kann Gott nichts für uns tun. Erst wenn wir geistlich hungrig werden, lassen wir den Heiligen Geist herein. Gott schenkt uns sein eigenes Wesen, durch den Heiligen Geist legt er es in uns hinein und macht es wirksam. Indem er uns die Kraft und das Leben Jesu gibt, macht er uns erst wirklich lebendig. Was »jenseits« unserer Möglichkeiten liegt, das legt er »in« uns hinein. Und sobald das »Jenseits« »in« uns ist, hebt es uns »über« unsere Natur in das Reich, wo Jesus lebt und regiert (s. Joh 3,5).

## 29. November

# Die Herrschaft Jesu Christi

»Er wird mich verherrlichen« (Joh 16,14).

Die Heiligungsbewegungen heute haben nichts von der ungeschönten Wirklichkeit des Neuen Testaments an sich. Für diese Bewegungen brauchte Jesus Christus nicht zu sterben. Sie brauchen nur eine fromme Atmosphäre, Gebet und Andacht. Erlebnisse dieser Art sind nicht übernatürlich und auch keine Wunder. Für sie brauchte Gott nicht zu leiden, sie sind nicht vom »Blut des Lammes« gezeichnet (Offb 12, 11). Der Heilige Geist bestätigt nicht ihre Echtheit und nichts daran veranlasst die Menschen, mit Verwunderung und Ehrfurcht zu sagen: »Das hat der allmächtige Gott getan!« Aber das Neue Testament handelt von nichts anderem als von dem, was Gott tut.

Das Neue Testament zeigt, wie Christen sich leidenschaftlich Jesus Christus hingeben. So erfahren sie die Hingabe an eine Person. Alle anderen sogenannten christlichen Erfahrungen sind losgelöst von der Person Jesu. Durch sie gibt es keine neue Geburt, man wird nicht in das Reich aufgenommen, in dem Christus lebt und uneingeschränkt regiert. Nach diesen Erfahrungen ist er lediglich unser Vorbild. Im Neuen Testament ist Jesus Christus aber zuallererst der Retter und erst in dritter oder vierter Linie das Vorbild. Heute stellt man ihn als Galionsfigur einer Religion dar — als Vorbild und sonst nichts. Ja, er ist Vorbild, aber er ist unendlich viel mehr. Er ist die Rettung selbst; er ist die gute Botschaft von Gott!

Jesus sagt: »Wenn aber jener, der Geist der Wahrheit, kommen wird, wird er … mich verherrlichen« (Joh 16,13.14). Wenn ich mich auf die Wahrheit des Neuen Testamentes festlege, die Gott uns gezeigt hat, bekomme ich den Heiligen Geist als Geschenk von Gott und er beginnt dann mir zu erklären, was Jesus getan hat. Gottes Geist tut all das in mir, was Jesus Christus bereits objektiv für mich getan hat.

## 30. November

# »Durch Gottes Gnade bin ich, was ich bin«

*»Aber durch Gottes Gnade bin ich, was ich bin. Und seine Gnade an mir ist nicht vergeblich gewesen …«* (1. Kor 15,10).

Die Art, wie wir ständig von unserer Unfähigkeit reden, ist eine Beleidigung für unseren Schöpfer. Wenn wir uns beschweren, wir könnten nichts, beschuldigen wir damit Gott, er habe uns benachteiligt. Das ist falsch. Gewöhne dir an, all das, was für Menschen so demütig klingt, aus Gottes Sicht zu betrachten. Dann wirst du dich wundern, wie unglaublich anmaßend und respektlos es gegen ihn ist. Wir sagen: »Nein, ich behaupte nicht, ich wäre geheiligt. Ich bin kein Heiliger.« Wenn man das vor Gott sagt, bedeutet es: »Nein, Herr, du kannst mich nicht retten und heiligen; ich bin zu unvollkommen an Körper und Geist und manche Möglichkeiten habe ich gar nicht gehabt. Nein, Herr, das geht nicht.« Das klingt für andere vielleicht wunderbar demütig, aber vor Gott ist es Trotz.

Umgekehrt können Dinge, die vor Gott demütig klingen, bei Menschen genau den gegenteiligen Eindruck erwecken. Wenn man sagt: »Gott sei Dank, ich weiß, dass ich gerettet und geheiligt bin«, ist das in Gottes Augen ein Ausdruck echter Demut. Er sagt aus, dass du dich so vollständig Gott untergeordnet hast, dass du weißt, dass er wahrhaftig ist. Mache dir nie Gedanken darüber, ob das, was du sagst, vor anderen demütig klingt oder nicht. Sei demütig vor Gott und erlaube, dass er für dich alles in allem ist.

Nur eine Beziehung zählt wirklich und das ist deine persönliche Beziehung zu deinem persönlichen Herrn und Erlöser. Wenn du sie um jeden Preis aufrechterhältst und alles andere loslässt, dann wird Gott durch dein Leben seinen Plan erfüllen. Ein einzelnes Leben kann für Gottes Pläne unendlich wertvoll sein und das kann dein Leben sein.

# Dezember

## 1. Dezember

### Gesetz und Evangelium

»Denn wenn jemand das ganze Gesetz hält und sündigt gegen ein einziges Gebot, der ist am ganzen Gesetz schuldig« (Jak 2,10).

Das moralische Gesetz rechnet nicht mit unseren menschlichen Schwächen; es berücksichtigt nicht einmal unsere Veranlagung oder Krankheiten. Es verlangt einfach, dass wir moralisch vollkommen sind. Das moralische Gesetz ändert sich nicht, weder für die höchste

Spitze der Gesellschaft noch für die Schwächsten der Welt. Es ist beständig und bleibt ewig gleich. Das moralische Gesetz hat Gott gegeben; es ist nicht nachsichtig gegen die Schwachen, so dass es ihre Unzulänglichkeit entschuldigte. Es gilt unabänderlich für Zeit und Ewigkeit. Wenn wir das nicht erkennen, dann deshalb, weil wir nicht im Vollsinn des Wortes Sinne leben. Sobald wir es aber merken, wird unser Leben zu einer unausweichlichen Tragödie. »Ich lebte einst ohne Gesetz; als aber das Gebot kam, wurde die Sünde lebendig; ich aber starb« (Röm 7,9.10). In dem Augenblick, in dem wir das Wesen des moralischen Gesetzes erkennen, zeigt uns der Heilige Geist unsere Sünde. Solange ein Mensch nicht an diesen Punkt kommt und einsieht, dass er keine Hoffnung hat, bleibt das Kreuz Christi für ihn absurd. Mit der Sündenerkenntnis kommt immer das Gefühl, dass das Gesetz uns bedroht und einengt. Es nimmt dem Menschen alle Hoffnung – er ist »unter die Sünde verkauft« (Röm 7,14). Ich bin in Schuld und Sünde verstrickt und kann es niemals schaffen, ins richtige Verhältnis zu Gott zu kommen – das ist unmöglich. Es gibt nur einen Weg, in diese Beziehung zu gelangen, und der führt über den Tod Jesu Christi. Ich muss die heimliche Vorstellung loswerden, ich könnte jemals durch meinen Gehorsam für Gott akzeptabel werden. Wer von uns könnte Gott vollkommen gehorchen?

Die Macht des moralischen Gesetzes fangen wir erst an zu begreifen, wenn wir sehen, dass es ein bedingtes Versprechen gibt. Aber Gott zwingt uns nie. Manchmal möchten wir, dass er uns gehorsam machte, und manchmal wünschen wir uns, er ließe uns in Ruhe. Immer wenn Gottes Wille uneingeschränkt zur Wirkung kommt, nimmt er allen Druck weg. Und wenn wir uns bewusst entscheiden, ihm zu gehorchen, dann setzt er Himmel und Erde in Bewegung, um uns mit seiner ganzen Allmacht zu unterstützen.

## 2. Dezember
## Die Vollkommenheit des Christen

»*Nicht, dass ich's schon ergriffen habe oder schon vollkommen sei ...*« (Phil 3,12).

Es ist ein Irrtum anzunehmen, Gott wolle uns zu vollkommenen Beispielen dessen machen, was er bewirken kann. Gott will uns mit sich selbst eins machen. Heiligungsbewegungen neigen zu der Annahme, Gott wolle Beispiele für moralische Vollkommenheit aus uns machen und in sein Museum stellen. Wenn du dieses Verständnis von persönlicher Heiligkeit übernimmst, dann ist dein Lebensziel nicht, für Gott da zu sein, sondern Zeichen von Gott in deinem Leben zu sehen. Wie kann man behaupten: »Es kann nie Gottes Wille sein, dass ich krank bin«? Wenn es Gottes Wille war, seinen eigenen Sohn zu »zerschlagen mit Krankheit« (Jes 53,10), warum sollte er das nicht auch mit dir tun? Was in deinem Leben nach außen wirkt und Gott sichtbar macht, ist nicht deine relative Treue zu einer Vorstellung davon, wie ein Heiliger sein sollte, sondern deine echte, lebendige Verbindung mit Jesus Christus und deine rückhaltlose Treue zu ihm, ob du nun gesund oder krank bist.

Die Vollkommenheit eines Christen ist keine menschliche Vollkommenheit und kann es nie sein. Christliche Vollkommenheit ist eine vollkommene Beziehung zu Gott, die sich auch in den scheinbar unwichtigen Seiten des menschlichen Lebens als beständig erweist. Wenn du dem Ruf Jesu Christi gehorchst, fällt dir als Erstes auf, wie sinnlos die Dinge erscheinen, die du tun musst. Der nächste Gedanke, der dir kommt, ist dass andere anscheinend ein völlig beständiges Leben führen. So ein Leben kann den Eindruck erwecken, Gott sei unnötig und du könntest durch eigene Anstrengung und Frömmigkeit das erreichen, was Gott von dir will. Das kann aber in einer gefallenen Welt niemand leisten. Meine Aufgabe ist, in so vollkommener Gemeinschaft mit Gott zu leben, dass ich bei anderen eine Sehnsucht nach Gott wecke, nicht Bewunderung für mich selbst. Betrachtungen über mich selbst schränken meine Brauchbarkeit für Gott ein. Gott will mich nicht perfekt machen, um ein Ausstellungsstück für seinen Schaukasten zu haben; er führt mich dahin, dass er mich gebrauchen kann. Lass ihn tun, was er will.

## 3. Dezember
# »Nicht durch Heer oder Kraft«

»Mein Wort und meine Predigt geschahen nicht mit überredenden Worten menschlicher Weisheit, sondern in Erweisung des Geistes und der Kraft« (1. Kor 2,4).

Wenn du bei der Verkündigung des Evangeliums dein Wissen, wie die Rettung vor sich geht, an die Stelle des Vertrauens auf das Evangelium setzt, dann hinderst du die Menschen daran, zur Wahrheit vorzustoßen. Wenn du erklärst, was du darüber weißt, wie man gerettet werden kann, dann sieh zu, dass du selbst durch den Glauben fest in Gott verwurzelt und gegründet bist. Verlasse dich nie auf die Klarheit deiner Darstellung, sondern auch während du erklärst, musst du dich auf den Heiligen Geist verlassen. Verlass dich auf die zuverlässige Erlösungskraft Gottes und er wird in den Menschen neues Leben schaffen.

Wenn du in der Wirklichkeit verwurzelt bist, kann dich nichts verunsichern. Wenn dein Glaube sich an Erlebnisse hält, kann irgendein Ereignis ihn umwerfen. Aber Gott und die Wirklichkeit der Erlösung können nie und durch nichts ungültig werden. Mache das zur Grundlage deines Glaubens, dann bist du für alle Ewigkeit so sicher wie Gott selbst. Wenn du erst in persönlicher Gemeinschaft mit Jesus Christus lebst, bringt dich nichts mehr davon ab. Das bedeutet Heiligung. Gott hält nichts von unseren menschlichen Anstrengungen, an der Vorstellung festzuhalten, Heiligung sei nur ein Erlebnis. Wir vergessen dabei auch, dass unsere Heiligung selbst noch geheiligt werden muss (s. Joh 17, 19). Auch mein geheiligtes, mit Christus verbundenes Leben muss ich Gott für seine Pläne zur Verfügung stellen, damit er mich als seine Hände und Füße gebrauchen kann.

## 4. Dezember
# Das Gesetz des Widerstandes

*»Wer überwindet ...«* (Offb 2, 7).

Weder in der natürlichen noch in der geistlichen Welt ist ein Leben ohne Kampf möglich. Es ist eine Tatsache, dass im körperlichen, geistigen, moralischen und geistlichen Lebensbereich ein ständiger Kampf im Gang ist.

Physische Gesundheit ist das Gleichgewicht zwischen meinem Körper und den Dingen und Einflüssen, die mich umgeben. Um gesund zu bleiben, muss ich genug innere Kraft haben, um die Einflüsse von außen abzuwehren. Alles, was von außen her Einfluss auf mein physisches Leben nimmt, kann mich umbringen. Dieselben Dinge, die mich jetzt am Leben erhalten, helfen meinen Körper zu zersetzen, sobald er tot ist. Wenn ich genug Kraft zum Kämpfen in mir habe, helfe ich damit das Gleichgewicht zu erhalten, das ich zum Gesundbleiben brauche. Dasselbe gilt für das geistige Leben: Ich muss kämpfen. Dieser Kampf stellt das geistige Gleichgewicht her, das man Denken nennt.

Auf moralischem Gebiet ist es das Gleiche. Was meine Moral nicht stärkt, schadet den guten Kräften in mir. Ob ich den Kampf bestehe und dadurch das Gute stärke, das hängt davon ab, wie hoch ich moralisch stehe. Aber um gut zu handeln, müssen wir kämpfen. Ein guter Charakter entsteht nicht durch Zufall; man muss ihn erwerben.

Auch geistlich ist das so. Jesus sagt: »In der Welt habt ihr Angst ...« (Joh 16,33). Das bedeutet, dass alles, was nicht geistlich ist, zu meinem Sturz führen kann. Jesus sagt weiter: »Aber seid getrost, ich habe die Welt überwunden.« Ich muss lernen, das, was mich angreift, zu bekämpfen und zu besiegen und so das Gleichgewicht der Heiligkeit schaffen. Dann macht es Freude, Widerstände kennen zu lernen.

Heiligkeit ist das Gleichgewicht zwischen meinem natürlichen Wesen und Gottes Gesetz, wie es sich in Jesus Christus zeigt.

## 5. Dezember

# »Ein Tempel des heiligen Geistes«

*»... allein um den königlichen Thron will ich höher sein als du«* (1. Mose 41,40).

Ich bin vor Gott dafür verantwortlich, wie ich meinen Körper unter seiner Führung behandle. Paulus sagt: »Ich werfe nicht weg die Gnade Gottes« (Gal 2,21). Gottes Gnade ist bedingungslos und grenzenlos und die Erlösung durch Christus ist voll wirksam und für immer abgeschlossen. Ich bin nicht auf dem Weg zur Rettung – ich bin gerettet. Die Rettung ist ewig wie Gottes Herrschaft, aber ich muss in die Praxis umsetzen, was Gott in mich hineingelegt hat. »Arbeitet an euch selbst in der Furcht vor Gott, damit ihr gerettet werdet!« (Phil 2,12 GN). Das bedeutet, dass ich das gebrauchen soll, was er mir gegeben hat. Es bedeutet auch, dass ich an meinem Körper das Leben des Herrn Jesus sichtbar machen soll, nicht versteckt und geheimnisvoll, sondern offen und ohne Scheu. »... ich bezwinge meinen Leib und zähme ihn« (1. Kor 9,27). Jeder Christ kann seinen Körper für Gott vollständig unter Kontrolle halten. Gott hat uns die Verantwortung gegeben, den »Tempel des heiligen Geistes« (1. Kor 6,19) einschließlich aller Gedanken und Wünsche zu beherrschen. Dafür sind wir verantwortlich und wir dürfen unerlaubten Gedanken und Wünschen nie nachgeben. Aber die meisten von uns beurteilen andere viel strenger als sich selbst. Was wir selbst tun, dafür finden wir Entschuldigungen; was andere tun, verurteilen wir, einfach weil wir von Natur aus nicht zu solchem Verhalten neigen. Paulus sagt: »Ich ermahne euch nun, liebe Brüder, ... dass ihr eure Leiber hingebt als ein Opfer, das lebendig, heilig und Gott wohlgefällig ist« (Röm 12,1). Ich muss entscheiden, ob ich meinem Herrn Recht geben will oder nicht, dass mein Körper wirklich sein Tempel sein soll. Wenn ich ihm zustimme, dann werden für mich alle Regeln und Bestimmungen des Gesetzes, die den Körper angehen, in dieser Aussage Gottes zusammengefasst: Mein Körper ist »ein Tempel des heiligen Geistes«.

## 6. Dezember

## Das Zeichen des Bundes

*»Meinen Bogen habe ich in die Wolken gesetzt; der soll das Zeichen sein des Bundes zwischen mir und der Erde«* (1. Mose 9,13).

Gott will, dass Menschen in eine richtige Beziehung zu ihm kommen und seine Bundesschlüsse sind zu diesem Zweck da. Warum rettet Gott mich nicht? Er hat vorgesorgt und alles für meine Rettung vorbereitet, aber ich habe noch keine Verbindung mit ihm aufgenommen. Warum tut Gott nicht alles, worum wir bitten? Er hat es schon getan. Die Frage ist: Will ich in diesen gemeinsamen Bund eintreten? All die großen und schönen Dinge, die Gott uns geben will, sind vollkommen da, aber sie erreichen mich nicht, wenn ich nicht auf der Basis des Bundes die Beziehung zu ihm aufnehme.

Darauf zu warten, dass Gott handelt, ist ungeistlich und Unglaube. Es zeigt, dass ich ihm nicht traue. Dann warte ich, dass er etwas in mir tut, um darauf zu vertrauen. Aber Gott tut es nicht, denn das ist nicht die Grundlage für eine Gemeinschaft zwischen Gott und dem Menschen. Der Mensch muss in seinem Bund mit Gott über seine Natur, über Körper und Gefühle hinausgehen, genau wie Gott über sich hinausgeht und mit seinem Bund dem Menschen begegnet. Es geht dabei um Glauben an Gott und der ist sehr selten. Wir glauben natürlicherweise nur unseren Gefühlen. Gott glaube ich erst, wenn er mir etwas Greifbares in die Hand gibt, so dass ich weiß, dass ich es habe. Dann sage ich: »Jetzt glaube ich.« Aber das ist kein Glaube. Gott sagt: »Wendet euch zu mir, so werdet ihr gerettet ...« (Jes 45,22).

Wenn ich mit Gott auf der Basis seines Bundes wirklich eine Verpflichtung eingegangen bin und alles andere losgelassen habe, dann habe ich nicht das Gefühl, etwas geleistet zu haben — da ist gar kein menschliches Gefühl, sondern nur das vollkommene und überwältigende Bewusstsein, mit Gott eins geworden zu sein; mein Leben wird verwandelt und strahlt Frieden und Freude aus.

## 7. Dezember

# Reue

*»Denn die Traurigkeit nach Gottes Willen wirkt zur Seligkeit eine Reue, die niemanden reut«* (2. Kor 7, 10).

Sündenerkenntnis drückt sich am besten in diesen Versen aus:

> Ach, meine Sünden, Heiland,
> wie treffen sie dich schwer!

Sündenerkenntnis gehört zu den ungewöhnlichsten Dingen, die einem Menschen begegnen können. Sie ist der Anfang zu einem Verständnis von Gott. Jesus Christus hat angekündigt, dass der Heilige Geist kommen und den Menschen die Sünde zeigen würde (Joh 16, 8). Und wenn der Heilige Geist das Gewissen eines Menschen weckt und ihn in die Gegenwart Gottes führt, dann belastet diesen Menschen nicht seine gestörte Beziehung zu anderen Menschen, sondern seine gestörte Beziehung zu Gott: »An dir allein habe ich gesündigt ...« (Ps 51, 6). Die Wunder von Sündenerkenntnis, Vergebung und Einheit mit Gott sind so ineinander verwoben, dass nur jemand, dem Gott vergeben hat, wirklich ihm gehören kann. Er ist jetzt durch Gottes Eingreifen genau das Gegenteil dessen, was er vorher war, und damit beweist er, dass ihm vergeben ist. Reue führt einen Menschen immer an den Punkt, wo er sagen muss: »Ich habe gesündigt.« Wenn er das sagt und es auch meint, ist das das sicherste Zeichen, dass Gott an ihm arbeitet. Wenn er nicht dahin kommt, bleibt es bei dem einfachen Bedauern, dass er dumm war und Fehler gemacht hat. Es entspringt dem Widerwillen vor sich selbst.

Der Weg in Gottes Reich führt durch den plötzlichen, heftigen Schmerz der Reue, die den menschlich anerkannten »guten Charakter« zunichte macht. In diesem Augenblick beginnt der Heilige Geist, der den Kampf ausgelöst hat, den Sohn Gottes in dem Menschen zu gestalten (s. Gal 4, 19). Dieses neue Leben zeigt sich in bewusster Reue, danach nimmt Gott das Unbewusste in Besitz — nie umgekehrt. Die Grundlage des Christseins ist Reue. Genau genommen kann man nicht bereuen, wann man will — Reue gibt Gott. Die alten Puritaner beteten um »die Gabe der Tränen«. Wenn du je aufhören solltest zu verstehen, wie wichtig Reue ist, dann würdest du einfach in der Sünde bleiben. Sieh dich an: Hast du vergessen, was echte Reue ist?

## 8. Dezember

# Gottes Macht ist gerecht

*»Denn mit e i n e m Opfer hat er für immer die vollendet, die geheiligt werden«* (Hebr 10,14).

Wenn wir meinen, uns würde vergeben, nur weil uns unsere Sünden Leid tun, treten wir das Blut Jesu mit Füßen. Der einzige Grund, warum Gott uns die Sünden vergibt und warum er uns das unschätzbare Versprechen gibt, sie auch zu vergessen, ist der Tod Jesu Christi. Unsere Reue ist nur Folge der persönlichen Erkenntnis, dass Christus am Kreuz die Versöhnung für uns erkämpft hat. »... Christus Jesus ... (ist uns) von Gott gemacht ... zur Weisheit und zur Gerechtigkeit und zur Heiligung und zur Erlösung ...« (1. Kor 1, 30). Sobald wir verstehen, dass Christus all das für uns ist, breitet sich die grenzenlose Freude Gottes in uns aus. Und wo Gottes Freude nicht ist, da ist das Todesurteil noch in Kraft.

Unabhängig davon, wer oder was wir sind, stellt Gott die richtige Beziehung zu uns nur durch den Tod Jesu Christi wieder her. Er tut das nicht, weil Jesus ihn darum bittet, sondern weil er gestorben ist. Man kann nichts dafür tun, man kann es nur annehmen. Alles Beten um Rettung ist zwecklos, wenn man das Kreuz Christi bewusst ignoriert. Das ist, als klopfte man an eine Tür, während Jesus schon eine andere geöffnet hat. Dann protestieren wir: »Auf diesem Weg will ich aber nicht kommen. Es ist zu entwürdigend, als Sünder aufgenommen zu werden.« Gott antwortet durch Petrus: »In keinem andern ist das Heil, auch ist kein andrer Name ..., durch den wir sollen selig werden« (Apg 4,12). Was aussieht, als wäre Gott herzlos, ist in Wirklichkeit der Ausdruck seiner herzlichen Liebe. Sein Weg ist für jeden offen. »In ihm haben wir die Erlösung durch sein Blut ...« (Eph 1,7). Wenn wir uns mit dem Tod Jesu Christi identifizieren, dann bedeutet das, dass wir allem absterben müssen, was nicht zu ihm gehört.

Gott ist gerecht. Er rettet böse Menschen nur dadurch, dass er sie gut macht. Er tut nicht so, als wäre mit uns alles in Ordnung, wenn alles in Unordnung ist. Gott versöhnt uns durch das Opfer Jesu am Kreuz und damit macht er eigensinnige Menschen zu seinen Kindern.

## 9. Dezember
# Der Widerstand des Natürlichen

*»Die aber Christus angehören, die haben ihr Fleisch gekreuzigt samt den Leidenschaften und Begierden«* (Gal 5,24).

Das natürliche Leben an sich ist nicht böse. Aber wir müssen die Sünde aufgeben und dürfen nichts mehr damit zu tun haben. Die Sünde gehört zur Hölle und zum Teufel. Ich als Gottes Kind gehöre zum Himmel und zu

Gott. Das heißt nicht mit bestimmten bösen Handlungsweisen aufzuhören, sondern ich muss mein Selbstbestimmungsrecht, mein natürliches Unabhängigkeitsstreben und meinen Eigenwillen aufgeben. Da ist der eigentliche Kampfplatz. Gerade das, was aus natürlicher Sicht gut, recht und bewundernswert ist, hält uns davon ab, für Gott ganz verfügbar zu sein. Wenn wir verstehen, dass ein für Menschen tadelloses Verhalten der Hingabe an Gott entgegensteht oder sie behindert, dann steht uns der schwerste innere Kampf bevor. Nur sehr wenige von uns würden das verteidigen, was unrecht, gemein und schmutzig ist, aber das Gute versuchen wir zu verteidigen. Allerdings widersetzt sich das Gute dem Besten. Je höher ein Mensch moralisch steht, umso heftiger ist sein Widerstand gegen Jesus Christus. »Die aber Christus angehören, die haben ihr Fleisch gekreuzigt...« Was dein natürliches Wesen aufgeben muss, das sind nicht nur ein oder zwei Dinge, sondern alles. Jesus sagt: »Will mir jemand nachfolgen, der verleugne sich selbst...« (Mt 16, 24). Das heißt, er muss sein Recht auf Selbstbestimmung aufgeben und ehe er sich dazu überwinden kann, muss er erkennen, wer Jesus Christus ist. Weigere dich nicht, am Begräbnis deiner eigenen Unabhängigkeit teilzunehmen – das ist gefährlich.

Das natürliche Wesen des Menschen ist nicht geistlich und es kann nur durch Opfer geistlich werden. Wenn wir nicht willentlich das Natürliche hergeben, kann uns das Übernatürliche nie zur Natur werden. Es gibt keinen bequemen und angenehmen Weg. Jeder hat die Mittel, das Ziel zu erreichen, selbst in der Hand. Man kann es nicht durch Beten erreichen; wir müssen hergeben und so seinen Willen tun.

## 10. Dezember

# Das Natürliche opfern

*»Denn es steht geschrieben, dass Abraham zwei Söhne hatte, den einen von der Magd, den anderen von der Freien«* (Gal 4,22).

In diesem Kapitel des Galaterbriefes spricht Paulus nicht von der Sünde, sondern vom Verhältnis zwischen dem Natürlichen und dem Geistlichen. Das Natürliche kann nur durch Opfer in Geistliches verwandelt werden. Ohne das führt man ein gespaltenes Leben. Warum forderte Gott, dass das Natürliche ihm gegeben würde? Er forderte es gar nicht. Es war nicht ursprünglich sein Wille, aber er ließ es zu. Gottes vollkommener Wille war ursprünglich, dass das Natürliche durch Gehorsam in Geistliches verwandelt würde. Erst die Sünde machte es notwendig, das Natürliche Gott zu opfern.

Schon bevor er Isaak opferte, musste Abraham Ismael hergeben (s. 1. Mose 21,8-14). Manche von uns versuchen Gott geistliche Opfer zu bringen, aber sie haben ihm noch nicht ihr natürliches Wesen ausgeliefert. Ein geistliches Opfer können wir Gott nur bringen, indem wir »unsere Leiber hingeben als ein Opfer, das lebendig ist« (s. Röm 12,1). Heiligung ist mehr als nur Befreiung von der Sünde. Sie ist die bewusste Übereignung meiner selbst an den Gott, der mich gerettet hat, und der Wille, dafür jeden Preis zu zahlen.

Wenn wir nicht das natürliche Wesen an das geistliche ausliefern, widersetzt sich das natürliche dem Wesen des Sohnes Gottes in uns und schafft ständig Unruhe. Das folgt immer daraus, wenn unser Wesen nicht von Gottes Wesen »gezähmt« wird. Dann gehen wir in die Irre, weil wir uns hartnäckig weigern, uns körperlich, moralisch oder geistig zu beherrschen. Wir entschuldigen uns mit dem Argument: »Ich habe als Kind nicht gelernt mich zu beherrschen.« Dann beherrsche dich jetzt! Sonst wird dein ganzes persönliches Leben für Gott unbrauchbar.

Solange wir unser natürliches Wesen pflegen und verhätscheln, greift Gott nicht aktiv darin ein. Aber wenn wir bereit und entschlossen sind, es »in der Wüste auszusetzen« und es unter Kontrolle zu halten, dann sorgt Gott dafür. Dann schafft er Brunnen und Oasen und hält alle seine Versprechen für das Natürliche (s. 1. Mose 21,15-19).

## 11. Dezember

# Individualität

*»Da sprach Jesus zu seinen Jüngern: Will jemand mir nachfolgen, der verleugne sich selbst ...«* (Mt 16,24).

Die Individualität ist die harte äußere Schicht, die das innere, geistliche Wesen umgibt. Unsere Individualität drängt andere zur Seite, sie trennt Menschen und isoliert sie. Sie erscheint uns als Hauptkennzeichen eines Kindes und das ist sie auch. Wenn wir die Individualität mit geistlichem Leben verwechseln, bleiben wir einsam. Diese Außenschale, die wir Individualität nennen, hat Gott als natürlichen Schutz für unser geistliches Leben geschaffen. Aber damit unser geistliches Leben hervortreten und in Gemeinschaft mit ihm kommen kann, muss die Individualität Gott ausgeliefert werden. Die Individualität tarnt sich als Geistlichkeit, so wie sexuelle Begehrlichkeit sich als Liebe tarnt. Gott hat die Natur des Menschen für sich erschaffen, aber die Individualität missbraucht sie für ihre eigenen Zwecke.

Die Kennzeichen der Individualität sind Unabhängigkeitsstreben und Eigenwille. Wenn wir unsere Individualität ständig bestärken, hindert das mehr als alles andere unser geistliches Wachstum. Wenn du sagst: »Ich kann nicht glauben«, dann darum, weil deine Individualität dir den Weg versperrt; die Individualität kann nicht glauben. Aber unser Geist glaubt, er kann nicht anders. Beobachte dich einmal genau, wenn der Heilige Geist an dir arbeitet. Er drängt dich bis an die Grenzen deiner Individualität und da musst du dich entscheiden. Du kannst nur entweder sagen: »Ich will mich nicht ausliefern« oder dich ausliefern und damit die Schale der Individualität aufbrechen, so dass dein geistliches Wesen zum Vorschein kommen kann. Der Heilige Geist zeigt dir immer eine ganz bestimmte Sache (s. Mt 5,23.24). Was sich in dir weigert, »dich mit deinem Bruder zu versöhnen«, das ist deine Individualität. Gott will dich zur Einheit mit sich selbst bringen, aber wenn du nicht bereit bist, dein Selbstbestimmungsrecht aufzugeben, kann er das nicht. »... der verleugne sich selbst ...« bedeutet: der verleugne sein

Recht auf freie Selbstbestimmung. Dann bekommt dein eigentliches Wesen — dein geistliches Wesen — die Möglichkeit zu wachsen.

## 12. Dezember

# Persönlichkeit

*»… damit sie eins seien, wie wir eins sind«* (Joh 17,22).

Die Persönlichkeit ist der einmalige und keiner Begrenzung unterworfene Teil unseres Wesens, der uns von allen anderen Menschen unterscheidet. Sie ist so umfassend, dass wir sie nicht verstehen können. Eine Insel im Meer ist oft nur der Gipfel eines großen Berges und unsere Persönlichkeit ist wie so eine Insel. Die Tiefen unseres Wesens kennen wir nicht, darum können wir uns selbst auch nicht ausloten. Am Anfang meinen wir, wir könnten es, aber wir merken bald, dass es in Wirklichkeit nur ein einziges Wesen gibt, das uns ganz versteht, und das ist unser Schöpfer.

So wie die Individualität das Merkmal des äußeren, natürlichen Menschen ist, so ist die Persönlichkeit das Kennzeichen des inneren, geistlichen Menschen. Christus kann man nicht mit Begriffen wie Individualität und Unabhängigkeitsstreben beschreiben, sondern nur als vollkommene Person — »Ich und der Vater sind eins« (Joh 10,30). Die Persönlichkeit sucht Einheit und die wahre eigene Identität findet man erst, wenn man sich mit einer anderen Person verbindet. Wenn ein Mensch liebt oder den Heiligen Geist geschenkt bekommt, verwandelt er sich. Er besteht nicht mehr darauf, seine Individualität zu erhalten. Jesus hat nie die Individualität eines Menschen oder seine Stellung als Einzelner angesprochen, sondern immer die ganze Person: »... damit sie eins seien, wie wir eins sind.« Wenn deine Rechte auf eigenständiges Handeln Gott unterworfen sind, fängt dein inneres, persönliches Wesen sofort an auf Gott zu reagieren. Jesus Christus befreit deine ganze Person und auch deine Individualität wird verändert. Die Veränderung wird durch Liebe bewirkt – durch persönliche Verbundenheit mit Jesus. Wenn eine Person sich mit einer anderen zu echter Gemeinschaft verbindet, ist Liebe das natürliche Ergebnis.

## 13. Dezember

## Fürbitte

»... *dass sie allezeit beten und nicht nachlassen sollten*« (Lk 18,1).

Man kann nicht wirklich Gott für jemanden bitten, wenn man nicht glaubt, dass er die Welt tatsächlich erlöst hat. Dann würde deine Fürbitte zu nutzlosem Mitgefühl für andere und würde sie nur darin bestärken, weiter ohne Gott zufrieden zu sein. Echte Fürbitte besteht darin, die

Person oder das Ereignis, das auf dich einzustürzen scheint, so lange vor Gott zu bringen, bis seine Einstellung zu der Person oder dem Ereignis dich verändert. Fürbitte bedeutet: Ich »erstatte an meinem Fleisch, was an den Leiden Christi noch fehlt« (Kol 1, 24), und genau darum gibt es so wenig Menschen, die Fürbitte leisten. Manche erklären Fürbitte so: »Man versetzt sich an die Stelle des anderen.« Das stimmt nicht! Beim Gebet für den anderen versetze ich mich an Gottes Stelle, ich denke und sehe von seinem Standpunkt aus.

Wenn du Fürbitte leistest, sei vorsichtig, dass du nicht von Gott zu viel erfahren willst über die Situation, für die du betest; das könnte dich überwältigen. Wenn du zu viel weißt, mehr als Gott dir zu wissen bestimmt hat, kannst du nicht mehr beten; dann werden die Schwierigkeiten der Betroffenen so übermächtig, dass du die Wahrheit dahinter nicht mehr erkennen kannst.

Unsere Aufgabe ist es, so eng mit Gott verbunden zu sein, dass wir in allem so denken können wie er, aber nur zu oft weichen wir dieser Verantwortung aus und handeln, anstatt zu beten. Und doch ist die Fürbitte das Einzige, was nicht schadet, denn sie hält uns ganz offen für unsere Beziehung zu Gott.

Bei der Fürbitte müssen wir es vermeiden, für jemanden einfach nur um Erleichterung zu bitten. Wir müssen denjenigen auf dem ganzen Weg mit unserem Gebet begleiten, bis er dem Leben Gottes selbst begegnet. Wie viele Menschen hat Gott uns schon über den Weg geschickt, aber wir haben sie fallen lassen! Wenn wir auf der Grundlage der Erlösung beten, schafft Gott etwas, was er auf keine andere Weise schaffen kann als nur durch Fürbitte.

## 14. Dezember

# Ein unvergleichliches Leben

*»Den Frieden lasse ich euch, meinen Frieden gebe ich euch. Nicht gebe ich euch, wie die Welt gibt. Euer Herz erschrecke nicht ...«* (Joh 14,27).

Immer wenn wir persönliche Schwierigkeiten durchmachen, besteht die Gefahr, dass wir Gott die Schuld geben. Aber Gott ist nicht im Unrecht, sondern wir. Wenn wir Gott die Schuld geben, ist das ein Zeichen, dass es irgendwo in unserem Leben Ungehorsam gibt, den wir nicht lassen wollen. Aber sobald wir ihn lassen, wird uns alles sonnenklar. Solange wir versuchen zwei Herren zu dienen, uns selbst und Gott, gibt es immer Schwierigkeiten, Zweifel und Verwirrung. Wir müssen uns grundsätzlich ganz auf Gott verlassen. Wenn wir diesen Punkt erreicht haben, gibt es nichts Leichteres mehr, als nach den Maßstäben Gottes zu leben. Schwierigkeiten kommen dann, wenn wir versuchen, die Macht des Heiligen Geistes für unsere eigenen Pläne zu missbrauchen.

Immer wenn du Gott gehorchst, gibt er dir Frieden zum Zeichen, dass er mit dir zufrieden ist. Dieser Friede, den er gibt, ist unermesslich tief: kein natürlicher Friede, »wie die Welt gibt«, sondern der Friede Jesu. Wenn du keinen Frieden bekommst, warte, bis er kommt, oder versuche zu klären, warum er nicht kommt. Wenn du aus eigenem Antrieb handelst oder aus dem Wunsch, ein Held zu sein und von anderen gesehen zu werden, zeigt sich sein Friede nicht, denn darin kommt weder Einheit mit Gott noch Vertrauen zu ihm zum Ausdruck. Eine klare, aufrechte Gesinnung und Einheit mit Gott kommen vom Heiligen Geist, nicht durch deine Entscheidungen. Gott stellt sich unseren eigenwilligen Entscheidungen mit der Forderung nach Aufrichtigkeit und Einheit mit ihm entgegen.

Probleme bekomme ich immer, wenn ich nicht mehr gehorche. Wenn ich ihm aber gehorche, kommen die Probleme nicht zwischen mich und Gott, sondern sie dienen dazu, dass ich immer wieder mit Staunen die Wahrheit betrachte, die Gott uns gezeigt hat. Wenn ein Problem zwischen mich und Gott kommt, ist der Grund immer Ungehorsam. Jedes Problem, das auftaucht, während ich Gott gehorche (und davon wird es viele geben), macht mich nur noch froher und glücklicher, denn ich weiß, dass mein Vater es weiß und sich darum kümmert, und ich kann voller Erwartung zusehen, wie er meine Probleme löst.

## 15. Dezember

# »Rechtschaffen vor Gott«

*»Bemühe dich darum, dich vor Gott zu erweisen als einen rechtschaffenen und untadeligen Arbeiter, der das Wort der Wahrheit recht austeilt«*
(2. Tim 2,15).

Wenn du nicht alles, was du glaubst, richtig formulieren kannst, arbeite und lerne, bis du es kannst. Sonst kann anderen Menschen der Segen entgehen, den das Wissen um die Wahrheit bringt. Versuche, einen Tatbestand, den wir glauben, für dich selbst noch einmal klar und verständlich auszudrücken, dann wird Gott dieselbe Erklärung gebrauchen, wenn du sie einem anderen gibst. Aber du musst bereit sein, deine Trauben von Gott auspressen und zu Wein machen zu lassen; du musst dir Mühe geben, ausprobieren und deine Ausdrucksfähigkeit üben, um Gottes Wahrheit klar weitersagen zu können. Dann wird eine Zeit kommen, in der genau die Formulierung, die du gefunden hast, in Gottes Hand zu Wein wird, der einen anderen stärkt. Wenn du aber nicht fleißig bist und dir sagst: »Ich will gar nicht so viel arbeiten und lernen, um diese Sache selbst zu formulieren; ich zitiere das einfach von jemand anderem«, dann nützen dir die Worte nicht und anderen auch nicht. Versuche dir selbst zu erklären, was du für die unumstößliche Wahrheit Gottes hältst, dann gibst du Gott die Möglichkeit, sie durch dich an jemand anderen weiterzugeben.

Übe es ein, deinen Geist anzustrengen und das zu durchdenken, was du so leicht geglaubt hast. Dein Standpunkt ist erst dann wirklich dein eigener, wenn du ihn durch Bemühung und Lernen dazu gemacht hast. Der Autor oder Lehrer, von dem du am meisten lernst, ist nicht der, der dir etwas mitteilt, was du noch nicht wusstest, sondern der, der dir hilft, einen Sachverhalt, mit dem du innerlich Schwierigkeiten hattest, zu formulieren und klar und eindeutig auszusprechen.

## 16. Dezember

## Vor Gott kämpfen

»*Ergreift die Waffenrüstung Gottes ... Betet allezeit ...*« (Eph 6,13.18).

Du musst lernen *gegen* das zu kämpfen, was deinen Umgang mit Gott behindert, und im Gebet *für* andere Menschen zu kämpfen. Aber im Gebet *gegen* Gott zu kämpfen ist unbiblisch. Wenn du doch gegen Gott kämpfst, wirst du für den Rest deines Lebens zum Krüppel. Wenn du Gott festhältst und gegen ihn kämpfst wie Jakob, nur weil er so wirkt, wie es dir nicht gefällt, dann zwingst du ihn, dich außer Gefecht zu setzen (s. 1. Mose 32,24.25). Mache dich nicht zum Krüppel, indem du gegen Gottes Beschlüsse ankämpfst. Es ist besser, du kämpfst vor Gott gegen die Dinge dieser Welt, denn »in dem allen überwinden wir weit durch den, der uns geliebt hat« (Röm 8, 37). In der Gegenwart Gottes zu kämpfen löst in seinem Reich eine starke Wirkung aus. Wenn du mich bittest, für dich zu beten, und ich habe nicht alles, was zum Wesen Christi gehört, nützt mein Gebet nichts. Aber wenn ich ganz mit ihm eins bin, führt mein Gebet jedes Mal zum Sieg. Beten ist nur wirksam, wenn es ein ganzer geistlicher Einsatz ist.

Wir müssen unterscheiden zwischen Gottes vollkommenem Willen und dem, was er zulässt und gebraucht, um in unserem Leben seinen göttlichen Plan auszuführen. Gottes vollkommener Wille bleibt immer gleich. Aber mit all dem, was er in unserem Leben zulässt, müssen wir kämpfen. Unser Umgang mit diesen Ereignissen, die er bewusst zulässt, macht es möglich, dass wir schließlich seinen vollkommenen Willen für uns selbst erkennen. »Wir wissen aber, dass denen, die Gott lieben, alle Dinge zum Besten dienen ...« (Röm 8, 28) — denen nämlich, die Gottes vollkommenem Willen treu bleiben: seiner Berufung in Christus Jesus. Mit dem, was Gott zulässt, schafft er uns die Möglichkeit, uns als seine wahren Söhne und Töchter zu bewähren. Wir sollen nicht gleich resignieren und automatisch sagen: »Ja, das ist Gottes Wille.« Wir brauchen nicht *gegen Gott* zu kämpfen und uns mit ihm auseinander zu setzen, sondern wir müssen vor Gott *gegen die Dinge* kämpfen. Gib nicht einfach auf — das wäre Faulheit. Im Gegenteil, kämpfe tapfer, dann wirst du merken, wie er dir seine Kraft gibt.

## 17. Dezember

# Sündenerkenntnis: ein Schritt zur Erlösung

»*Der natürliche Mensch aber vernimmt nichts vom Geist Gottes; es ist ihm eine Torheit …*« (1. Kor 2,14).

Das Evangelium schafft erst die Erkenntnis, dass wir das Evangelium brauchen. Ist das Evangelium auch denen unverständlich, die schon Gott gehören? Nein, Paulus sagt: »Ist nun aber unser Evangelium verdeckt, so ist's denen verdeckt, die verloren werden, den Ungläubigen, denen der Gott dieser Welt den Sinn verblendet hat …« (2. Kor 4,3.4). Die meisten Menschen finden sich selbst moralisch völlig in Ordnung und sehen nicht, wozu das Evangelium notwendig sein könnte. Das Bedürfnis nach ihm schafft Gott in einem Menschen, aber solange Gott sich ihm nicht zeigt, merkt der Betreffende überhaupt nichts von einem Bedürfnis. Jesus sagt: »Bittet, so wird euch gegeben …« (Mt 7,7). Gott kann nichts geben, wenn der Mensch nicht bittet. Er will uns nichts vorenthalten, aber das gehört zum Plan seiner Erlösung. Durch unser Bitten setzt Gott einen Prozess in Gang und schafft etwas in uns, das es vorher nicht gab. Das wahre Wesen der Erlösung ist immer schöpferisch. Und wie die Erlösung Gottes Wesen in uns schafft, so schafft sie auch alles, was zu seinem Leben gehört. Das Einzige, was das Bedürfnis wirklich stillen kann, ist das, wodurch es entstanden ist. So ist die Erlösung: Sie erschafft und sie erfüllt.

Jesus sagt: »Und ich, wenn ich erhöht werde von der Erde, so will ich alle zu mir ziehen« (Joh 12,32). Wenn wir unsere eigenen Erlebnisse verkündigen, ist das vielleicht interessant, aber es schafft kein echtes Bedürfnis. Aber sobald Jesus Christus erhöht wird, schafft Gottes Geist das Gespür dafür, dass man ihn braucht. Die schöpferische Kraft der Erlösung durch Gott kommt im Menschen nur dadurch zur Wirkung, dass das Evangelium verkündigt wird. Das Weitergeben von persönlichen Erfahrungen kann nie Menschen retten; das kann nur die Wahrheit der Erlösung. »Die Worte, die ich zu euch geredet habe, die sind Geist und sind Leben« (Joh 6,63).

## 18. Dezember

# Woran man Treue erkennt

»*Wir wissen aber, dass denen, die Gott lieben, alle Dinge zum Besten dienen ...*« (Röm 8,28).

Nur ein treuer Mensch glaubt wirklich, dass alles, was er erlebt, vollkommen unter Gottes Kontrolle ist. Wir nehmen unsere Lebensumstände selbstverständlich hin und sagen, Gott sei Herr darüber, aber meist glauben wir es nicht wirklich. Dann handeln wir so, als ob die Menschen alles bestimmten, was passiert. Unter allen Umständen treu zu sein bedeutet, dass es nur einen gibt, dem wir verpflichtet sind und an den wir glauben: Jesus Christus, den Herrn. Wenn Gott veranlasste, dass unsere Lebensverhältnisse plötzlich aus den Fugen geraten, dann könnte unsere Untreue gegen ihn darin sichtbar werden, dass wir nicht erkennen, dass er es so bestimmt hat. Wir nehmen gar nicht wahr, was er erreichen wollte, und genau das gleiche Ereignis wird es in unserem Leben nicht wieder geben. Hier wird unsere Treue auf die Probe gestellt. Wenn wir nur bereit sind zu lernen, Gott auch in diesen großen Schwierigkeiten anzubeten und zu ehren, dann wird er, wenn er will, sie sehr schnell zum Besseren wenden.

Jesus Christus treu zu sein ist heute die schwierigste Aufgabe, die wir haben. Meist wollen wir unserer Arbeit, dem Dienst für andere oder allem Möglichen treu sein, aber bitte nur nicht Jesus Christus. Viele Christen werden ärgerlich, wenn man von Treue zu Jesus redet. Christliche Mitarbeiter sind oft mehr an der Absetzung Gottes vom Thron interessiert als die Allgemeinheit. Sie behandeln Gott wie einen Automaten, der nur dazu da ist, uns Gutes zu tun, und Jesus betrachten sie wie einen normalen Mitarbeiter.

Das Ziel der Treue ist nicht, dass wir Arbeit für Gott erledigen, sondern dass er die Freiheit hat, durch uns zu arbeiten. Gott ruft uns, für ihn da zu sein, und gibt uns eine enorme Verantwortung. Er erwartet keine Klagen und Beschwerden von uns und gibt uns keine Erklärungen. Gott will uns so gebrauchen können, wie er seinen eigenen Sohn gebraucht hat.

## 19. Dezember

# Der Kern unserer Botschaft

»*Ich bin nicht gekommen, Frieden zu bringen, sondern das Schwert*« (Mt 10,34).

Wenn jemand in einer solchen Lage ist, dass du meinst, Gott behandle ihn ungerecht, bedaure ihn nicht. Gott kann sanfter und zartfühlender sein, als wir ahnen, und ab und zu lässt er uns streng mit jemandem umgehen, damit man sieht, dass er der Zartfühlende ist. Wenn jemand nicht zu Gott kommen kann, dann darum, weil er etwas für sich behält, was er nicht aufgeben will — vielleicht gibt er seine Sünde zu, aber diese Sache will er nicht aufgeben; er kann es nicht wollen, so wie er nicht aus eigener Kraft fliegen kann. Mit solchen Menschen kann man nicht mitfühlend umgehen. Wir müssen tief in ihr Inneres bis zur Wurzel des Problems vordringen und das erzeugt Groll und Feindschaft gegen das Evangelium. Die Menschen möchten das Gute haben, das Gott ihnen geben kann, aber sie können nichts ausstehen, was den Kern des Problems anrührt.

Wenn du als sein Diener ein Gespür für Gottes Wege hast und bereit bist, sie anzunehmen, dann wird deine Botschaft so schonungslos und eindringlich sein, dass sie das Problem an der Wurzel packt. Ohne das gibt es keine Heilung. Unsere Verkündigung muss so eindeutig sein, dass man unmöglich ausweichen kann, sondern die Wahrheit Gottes für sich selbst anerkennen muss. Nimm die

Menschen, wie sie sind, bis sie anfangen zu sehen, was sie wirklich brauchen. Dann zeige ihnen, was Jesus von ihnen erwartet. Vielleicht antworten sie dann: »So können wir nie werden.« Dann stoße weiter vor und sage: »Jesus Christus sagt, du musst.« »Aber wie denn?« »So geht es nicht, du brauchst einen neuen Geist« (s. Lk 11,13).

Erst muss ein Bedürfnis da sein, bevor unsere Botschaft jemandem nützen kann. Tausende von Menschen in dieser Welt erklären, sie seien ohne Gott glücklich. Aber wenn wir ohne Jesus wirklich glücklich und gut sein könnten, warum ist er dann gekommen? Er ist gekommen, weil dieser Friede und dieses Glück nur oberflächlich sind. Jesus Christus ist gekommen, um »das Schwert« zu bringen und allen Frieden zunichte zu machen, der nicht auf persönlicher Gemeinschaft mit ihm beruht.

## 20. Dezember

### Die richtige Hilfe

*»Und ich, wenn ich erhöht werde von der Erde, so will ich alle zu mir ziehen«* (Joh 12,32).

Nur wenige von uns verstehen ein wenig davon, warum Jesus Christus gestorben ist. Wenn die Menschen nur Mitgefühl brauchen, dann ist das Kreuz Christi absurd und vollkommen unnötig. Was die Welt braucht, ist nicht »nur ein bisschen Liebe«, sondern eine große Operation.

Wenn du dich jemandem gegenübersiehst, der keine Verbindung mit Gott hat, dann denke an Jesus Christus am Kreuz. Wenn dieser Mensch auch auf andere Weise zu Gott kommen kann, ist das Kreuz Christi unnötig. Wenn du glaubst, du könntest Menschen durch dein Verständnis und Mitgefühl helfen, zu Gott zu finden, verrätst du Christus. Du musst selbst eine intakte Beziehung zu ihm haben und du musst dein Leben daran verwenden, ihnen auf seine Weise zu helfen — nicht auf menschliche Weise ohne Rücksicht auf Gott. Die weltliche Religion erwartet heute, dass man auf angenehme Weise und ohne Konfrontation hilft.

Aber unser erstes Ziel muss sein, Jesus Christus als Gekreuzigten bekannt zu machen — ihn immer wieder zu »erhöhen« (s. 1. Kor 2, 2). Jeder Glaube, der nicht fest im Kreuz Christi verwurzelt ist, führt die Menschen in die Irre. Wenn der Mitarbeiter selbst an Jesus Christus glaubt, wenn er sich darauf verlässt, dass die Erlösung Wirklichkeit ist, dann fesseln seine Worte die Zuhörer. Besonders wichtig ist, dass die vertrauensvolle Gemeinschaft des Mitarbeiters mit Jesus Christus stark ist und wächst. Wie gut Gott ihn gebrauchen kann, das hängt von dieser Gemeinschaft ab und nur von ihr.

Die Aufgabe eines Mitarbeiters im neutestamentlichen Sinn ist es, Sünde aufzudecken und zu zeigen, dass Jesus Christus rettet. Folglich kann er nicht immer freundlich und charmant sein, er muss, wenn es nötig ist, auch streng sein und größere Operationen durchführen. Gott hat uns beauftragt, Jesus Christus zu »erhöhen«, nicht besonders schöne Reden zu halten. Wir müssen bereit sein, andere so gründlich zu erforschen, wie Gott uns erforscht hat. Wir müssen auch besonders darauf achten, die Bibelstellen zu erspüren, die die Wahrheit klarmachen, und dürfen keine Angst haben sie anzuwenden.

## 21. Dezember
# Erfahrung oder Wahrheit von Gott?

*»Wir aber haben ... empfangen ... den Geist aus Gott, dass wir wissen können, was uns von Gott geschenkt ist«* (1. Kor 2,12).

Die Erlösung wird nicht durch meine Erfahrung zur Wirklichkeit; sie ist schon Wirklichkeit. Aber die Erlösung bedeutet mir erst wirklich etwas, wenn sie durch mein bewusstes Leben wirksam wird. Wenn ich neugeboren werde, führt mich der Heilige Geist über mich selbst und meine Erfahrungen hinaus und vereinigt mich mit Jesus Christus. Wenn ich nur meine persönlichen Erfahrungen habe, habe ich keine sichtbaren Ergebnisse der Erlösung. Aber Erlebnisse, die die Erlösung bewirkt, weisen sich selbst aus: Sie führen mich so weit über mich selbst hinaus, dass ich Erlebnisse nicht mehr als Basis der Wirklichkeit betrachte. Dann sehe ich, dass Erfahrungen nur ein Produkt der Wirklichkeit selbst sind. Meine Erlebnisse sind nur etwas wert, wenn sie mich nahe an der Quelle der Wahrheit halten: Jesus Christus.

Wenn du versuchst, den Heiligen Geist in dir festzuhalten, weil du mehr innere geistliche Erfahrungen sammeln möchtest, dann wird er ausbrechen und dich wieder zu dem historischen Christus führen. Suche nie ein Erlebnis, das nicht von Gott ausgeht und zum Glauben an Gott führt. Wenn du es doch tust, richtet sich dein Erlebnis gegen Christus, gleich welche Einblicke oder Visionen du gehabt hast. Ist Jesus Christus Herr über deine Erlebnisse oder wertest du deine Erlebnisse höher als ihn? Gibt es irgendeine Erfahrung, an der du mehr hängst als an deinem Herrn? Du musst ihm die Herrschaft über dich einräumen und darfst auf kein Erlebnis Wert legen, wenn er nicht Herr darüber ist. Dann wird eine Zeit kommen, in der Gott dich über deine eigenen Erfahrungen ärgerlich macht, und dann kannst du ehrlich sagen: »Es ist nicht entscheidend, was ich erlebe – ich kann mich auf ihn verlassen!«

Sei unnachgiebig und hart mit dir selbst, wenn du die Gewohnheit hast, von dem zu reden, was du erlebt hast. Glaube, der sich an Erfahrungen festhält, ist kein Glaube; der einzige Glaube, den es gibt, beruht auf der Wahrheit, die Gott uns zeigt.

## 22. Dezember
# Wie der Vater uns zieht

*»Es kann niemand zu mir kommen, es sei denn,
ihn ziehe der Vater, der mich gesandt hat …«* (Joh 6,44).

Wenn Gott anfängt mich zu sich zu ziehen, taucht augenblicklich das Problem auf, was ich will. Will ich mich von der Wahrheit ansprechen lassen, die Gott mir zeigt? Will ich zu ihm kommen? Wenn Gott ruft, ist es respektlos, sich erst eine Meinung über eine geistliche Entscheidung zu bilden oder darüber zu diskutieren. Wenn Gott spricht, dann rede nie mit anderen darüber, wie du reagieren könntest (s. Gal 1,15.16). Glaube ist nicht das Ergebnis eines Denkprozesses, sondern eines Willensentschlusses, mit dem ich mich bewusst festlege. Aber will ich mich so verpflichten, mich unbedingt und vollständig von Gott abhängig machen und bereit sein, nur nach dem zu handeln, was er sagt? Wenn ich das will, wird sich zeigen, dass ich damit auf dem Boden einer Wirklichkeit stehe, die so zuverlässig ist wie die Herrschaft Gottes.

Wenn du das Evangelium predigst, betone immer die Willensentscheidung. Glaube muss aus dem *Willen* zum Glauben entstehen. Der Mensch muss sich aus eigenem Willen ausliefern, nicht auf starke und überzeugende Argumente hin. Ich muss willentlich handeln und mich auf Gott und seine Wahrheit verlassen. Und ich darf nichts von meinen eigenen Leistungen erwarten, sondern nur von Gott. Wenn ich mich auf meinen Verstand verlasse, hindert mich das, ganz auf Gott zu vertrauen. Ich muss bereit sein, meine Gefühle nicht wichtig zu nehmen und hinter mir zu lassen. Ich muss glauben wollen. Das kann nicht erreicht werden ohne die starke, entschlossene Bemühung, mich von meinen alten Ansichten zu trennen. Ich muss mich vollständig Gott übereignen.

Jeder Mensch ist mit der Fähigkeit geschaffen worden, über seine eigenen Möglichkeiten hinauszugehen. Aber es ist Gott, der mich zieht, und meine Verbindung mit ihm ist in erster Linie innerlich und persönlich, nicht verstandesmäßig. Diese Verbindung entsteht durch ein Wunder, das Gott tut, und durch meinen Willen zu glauben. Erst dann fange ich an, das Wunder der Verwandlung in meinem Leben richtig einzuschätzen und zu verstehen.

## 23. Dezember

## Unser Teil an der Sühne

»*Es sei aber fern von mir, mich zu rühmen als allein des Kreuzes unseres Herrn Jesus Christus ...*« (Gal 6,14).

Die Botschaft von Jesus Christus zwingt uns immer zu einer Willensentscheidung. Habe ich Gottes Beschluss akzeptiert, dass die Sünde zum Tod am Kreuz Christi verurteilt ist? Interessiert mich der Tod Jesu überhaupt? Will ich mit seinem Tod eins werden: allem Interesse an der

Sünde, irdischen Belangen und mir selbst völlig abgestorben? Wünsche ich mir, so sehr mit Jesus eins zu werden, dass ich zu nichts mehr zu gebrauchen bin außer für ihn und seine Pläne? Ein Jünger hat ein großes Vorrecht: Er kann sich selbst dazu verpflichten, sich mit dem Kreuz Jesu zu verbinden — und das bedeutet den Tod für die Sünde. Du musst allein mit Jesus sprechen und ihm entweder sagen, dass du nicht willst, dass die Sünde in dir abstirbt, oder dass du um jeden Preis in seinen Tod mit eingeschlossen werden willst. Wenn du in festem Glauben an das handelst, was Christus am Kreuz getan hat, findet dieses übernatürliche Einswerden sofort statt. Und dann weißt du mit einer Gewissheit, die nicht aus dir selbst kommt, dass dein altes Wesen »mit ihm gekreuzigt« ist (Röm 6,6). Der Beweis, dass dein altes Wesen tot ist, »mit Christus gekreuzigt« (Gal 2,19), ist die verblüffende Leichtigkeit, mit der du jetzt der Stimme Jesu Christi gehorchen kannst, seit das Wesen Gottes in dir ist.

Von Zeit zu Zeit lässt Christus uns ahnen, wie wir ohne ihn wären. Das bestätigt seine Worte: »Ohne mich könnt ihr nichts tun« (Joh 15,5). Weil wir das nicht können, ist die Grundlage des Christseins persönliche, leidenschaftliche Hingabe an Jesus, den Herrn. Wir meinen leicht, Gott führte uns dahin, damit wir die Freude erleben, die erwacht, wenn uns die Herrschaft Gottes das erste Mal begegnet. Aber sein eigentliches Motiv, uns in sein Reich aufzunehmen, ist dass wir ganz erkennen und verwirklichen sollen, was Einssein mit Jesus Christus bedeutet.

## 24. Dezember

# Das verborgene Leben

»... und euer Leben ist verborgen mit Christus in Gott« (Kol 3,3).

Der Heilige Geist lehrt und bestätigt, dass das Leben, das »verborgen ist mit Christus in Gott«, einfach durch nichts zu besiegen ist. Paulus hat das in seinen Briefen im Neuen Testament immer wieder betont. Wir reden oft so, als wäre ein Leben als Jünger Jesu das Unsicherste und Bedenklichste, auf das man sich einlassen kann. Dabei ist es das Sicherste, was es gibt, denn der es leitet und schützt, ist der allmächtige Gott. Das Gefährlichste und Unsicherste, dem man sich aussetzen kann, ist der Versuch, ohne Gott zu leben. Wenn jemand neugeboren ist, ist es leichter für ihn, in der richtigen Verbindung mit Gott zu leben, als eigenen Entscheidungen zu folgen — vorausgesetzt wir »wandeln im Licht« (s. 1. Joh 1,7).

Die Vorstellung, von der Sünde befreit und vom Heiligen Geist erfüllt zu sein und »im Licht zu wandeln«, ist für viele Menschen wie der Gipfel eines großen Berges: sehr hoch und schön, aber wir denken: »Da oben könnte ich nie leben!« Aber wenn Gott uns tatsächlich dorthin bringt, sehen wir, dass dort gar keine Bergspitze ist, sondern eine Ebene mit viel Platz zum Leben und zum Wachsen. »Du gibst meinen Schritten weiten Raum, dass meine Knöchel nicht wanken« (Ps 18,37).

Wenn du Jesus wirklich siehst, bin ich sicher, dass du

nicht mehr an ihm zweifeln kannst. Wenn du ihn siehst, wie er sagt: »Erschreckt nicht, habt keine Angst« (Joh 14, 27 GN), dann kannst du dich einfach nicht ängstigen. Man kann unmöglich zweifeln, wenn er da ist. Jedes Mal, wenn du Jesus persönlich begegnest, erlebst du die Wirklichkeit seiner Worte: »... gebe ich euch den Frieden, *meinen* Frieden ...« (Joh 14, 27 GN). Dieser Friede schafft ein ungezwungenes Vertrauen und umschließt dich ganz und gar von Kopf bis Fuß. »... euer Leben ist verborgen mit Christus in Gott« und Jesus Christus lässt dich an seinem Frieden teilhaben, den nichts stören kann.

## 25. Dezember

# Seine Geburt und unsere neue Geburt

*»›Siehe, die Jungfrau wird schwanger sein und einen Sohn gebären, und sie werden ihm den Namen Immanuel geben‹, das heißt übersetzt: Gott mit uns«* (Mt 1, 23).

**Seine Geburt in der Geschichte.** »Darum wird auch das Heilige, das geboren wird, Gottes Sohn genannt werden« (Lk 1, 35). Jesus Christus wurde *in* diese Welt geboren, nicht *von* ihr. Er ist nicht aus der Geschichte hervorgegangen; er kam von außen in die Geschichte hinein. Jesus Christus ist nicht der beste Mensch, den die Menschheit hervorgebracht hat — er ist jemand, für dessen Entstehung die Menschheit gar nichts kann. Er ist nicht ein Mensch, der Gott geworden ist, sondern Gott in Menschengestalt. Gott hat sich von außen her in die natürliche Welt der Menschen begeben. Er ist der Höchste und Vollkommenste und er kommt durch den bescheidensten und unauffälligsten Eingang zu uns. Die Geburt unseres Herrn war ein Advent, ein Kommen: Gott ist in die menschliche Gestalt hereingekommen.

**Seine Geburt in mir.** »Meine lieben Kinder, die ich abermals unter Wehen gebäre, bis Christus in euch Gestalt gewinne!« (Gal 4,19). Wie Christus von außerhalb in die Weltgeschichte hereingekommen ist, so muss er auch in mich von außen hereinkommen. Habe ich zugelassen, dass mein menschlich-persönliches Leben eine Unterkunft für den Sohn Gottes wird? Ich kann nicht in das Reich Gottes kommen, außer dass ich noch einmal von oben her geboren werde, also ganz anders als durch eine natürliche Geburt. »Ihr müsst von neuem geboren werden« (Joh 3,7). Das ist kein Befehl, sondern eine Tatsache, die Gott so gesetzt hat. Diese neue Geburt kann man daran erkennen, dass ich mich so völlig Gott zur Verfügung stelle, dass »Christus in mir Gestalt gewinnt«. Und wenn das eintritt, fängt sein Wesen sofort an, durch mich zu wirken.

**Gott wird im natürlichen Menschen sichtbar.** Genau das wird für dich und mich mit allen Konsequenzen möglich, weil Jesus Christus die Menschen freigekauft hat.

## 26. Dezember

# »Im Licht wandeln«

»Wenn wir aber im Licht wandeln, wie er im Licht ist, so haben wir Gemeinschaft untereinander, und das Blut Jesu, seines Sohnes, macht uns rein von aller Sünde« (1. Joh 1,7).

Wenn wir nur auf der Ebene des Bewusstseins frei von Sünde sind und meinen, das sei die völlige Befreiung von der Sünde durch das Sühnopfer Christi am Kreuz, dann ist das ein großer Irrtum. Niemand versteht ganz, was Sünde ist, solange er nicht neugeboren ist. Die Sünde ist das, was Jesus Christus auf Golgatha ertragen musste. Das Zeichen, dass ich von der Sünde befreit bin, ist dass ich weiß, wie die Sünde in mir wirklich ist. Damit jemand wirklich begreift, was Sünde ist, muss er erkennen, was Jesu Sühnetod bedeutet und dass das Opfer Jesu ihm persönlich gilt. Dann wird er Anteil haben an der Vollkommenheit Christi.

Der Heilige Geist macht die Sühne nicht nur in unserem Bewusstsein, sondern auch tief unten im Unbewussten wirksam. Und erst wenn wir die unvergleichliche Kraft des Heiligen Geistes in uns richtig wahrnehmen, verstehen wir, was 1. Johannes 1,7 bedeutet: »... das Blut Jesu, seines Sohnes, macht uns rein von aller Sünde.« Dieser Vers bezieht sich nicht nur auf bewusste Sünde, sondern auch auf den riesigen Bereich dessen, was ich nur dadurch als Sünde erkennen kann, dass der Heilige Geist es mir so zeigt. Ich muss »im Licht wandeln, wie er im Licht ist« – nicht im Licht meines Gewissens, sondern in Gottes Licht. Wenn ich da bleibe und nichts für mich behalte oder verstecke, dann erkenne ich diese kaum glaubliche Tatsache: »... das Blut Jesu, seines Sohnes, macht uns rein von aller Sünde«, so dass der allmächtige Gott nichts Tadelnswertes an mir findet. Auf der Ebene des Bewusstseins entsteht dadurch eine klare, schmerzhafte Erkenntnis, was Sünde wirklich ist. Die Liebe Gottes, die in mir wirkt, schafft in mir einen Hass, wie ihn der Heilige Geist gegen die Sünde hat, gegen alles, was nicht zu Gottes vollkommener Reinheit passt. »Im Licht wandeln«, das bedeutet, dass alles, was aus dem Dunklen kommt, mich noch näher zum Mittelpunkt des Lichtes treibt.

## 27. Dezember

# Wo die Schlacht geschlagen wird

»*Willst du dich, Israel, bekehren, spricht der Herr ...*« (Jer 4, 1).

Unsere Entscheidungen für oder gegen Gott fallen zuerst vor Gott in unserem Willen, nie da, wo andere es sehen. Gottes Geist macht mir das so deutlich, dass ich gezwungen bin, mir eine ungestörte Zeit mit Gott zu nehmen und die Sache vor ihm auszutragen. Solange ich das nicht tue, verliere ich jedes Mal. Die Entscheidung kann eine Minute oder ein Jahr dauern, aber das hängt von mir ab und nicht von Gott. Jedenfalls muss ich mich allein vor Gott mit ihr auseinander setzen und ich muss entschlossen sein, die Tortur der Entscheidung zwischen Verzicht und bewusstem Ungehorsam vor ihm durchzumachen. Wenn jemand etwas vor Gott geklärt und sich da zum Gehorsam entschieden hat, dann kann ihn nichts mehr beeinflussen.

Man sollte nie denken: »Ich will warten, bis ich in Schwierigkeiten komme, und dann Gott auf die Probe stellen.« Wenn man das versucht, kann es nicht gut gehen. Zuerst muss ich die Sache in meinem Innersten, wo sich niemand einmischen kann, ganz allein mit Gott regeln. Dann kann ich weitergehen und weiß sicher, dass die Entscheidung für Gott gefallen ist. Wenn sie da nicht fällt, dann sind Unglück, Elend und eine öffentliche Niederlage so sicher wie Gottes Gesetze. Die Entscheidung kann darum nicht gelingen, weil ich sie zuerst in der äußeren Welt treffen will. Suche Gott ganz allein auf, setze dich vor ihm mit der Sache auseinander und kläre sie ein für alle Mal.

Im Umgang mit anderen Menschen sollten wir immer versuchen, sie zu einer Willensentscheidung zu bringen. Damit beginnt die Hingabe an Gott. Nicht oft, aber von Zeit zu Zeit stellt Gott uns vor eine wichtige Entscheidung, die unser Leben für die nächste Zeit bestimmen wird. Von da an werden wir entweder immer langsamere, faulere und nutzlosere Christen oder wir sind immer mehr von ihm begeistert und geben unser Äußerstes für sein Höchstes — unser Bestes zu seiner Ehre.

## 28. Dezember

# Ständige Umkehr

*»Wenn ihr nicht umkehrt und werdet wie die Kinder, so werdet ihr nicht ins Himmelreich kommen«*
(Mt 18, 3).

Diese Worte Jesu gelten für unseren anfänglichen Entschluss, ihm zu gehören, aber wir sollten uns auch weiterhin als Kinder an Gott orientieren, so dass wir unser Leben lang jeden Tag umkehren. Wenn wir uns nicht auf Gottes Möglichkeiten verlassen, sondern auf unsere eigenen, dann wird Gott uns für die Folgen verantwortlich machen. Wenn Gott uns nach seinem Beschluss in eine neue Situation bringt, sollten wir sofort dafür sorgen, dass unser natürliches Wesen sich dem geistlichen unterordnet und den Befehlen des Heiligen Geistes gehorcht. Wenn wir in der Vergangenheit richtig reagiert haben, ist das noch keine Garantie, dass wir es wieder tun werden. Der natürliche Mensch sollte auf das, was von Gott kommt, mit ständiger Umkehr reagieren, aber gerade hier sind wir so oft ungehorsam. Unabhängig von unserer Situation bleibt Gottes Geist immer gleich und die Rettung bleibt bestehen. Aber wir müssen »den neuen Menschen anziehen« (s. Eph 4, 24). Immer wenn wir uns weigern, von uns aus umzukehren, macht Gott uns dafür verantwortlich, und für ihn ist diese Weigerung Eigensinn und Ungehorsam. Unser natürliches Wesen darf nicht bestimmen — Gott muss in uns bestimmen.

Wenn wir uns weigern, immer wieder umzukehren, behindert das unser geistliches Wachstum. Es gibt ganze Bereiche in uns, in denen unser Eigenwille und Stolz sich über Gottes Herrschaft hinwegsetzen und sagen: »Ich will nicht nachgeben.« Wir vergöttern unser Unabhängigkeitsstreben und unseren Eigenwillen und geben ihnen den falschen Namen: Was für Gott Trotz und Schwäche ist, nennen wir Kraft. Ganze Bereiche in uns haben sich noch nicht Gott untergeordnet und sie können es nur durch ständige Umkehr. So können wir langsam aber sicher unsere ganze Person dem Geist Gottes zum Besitz geben.

## 29. Dezember
# Jünger oder Deserteur?

*»Von da an wandten sich viele seiner Jünger ab und gingen hinfort nicht mehr mit ihm«* (Joh 6,66).

Wenn Gott dir durch seinen Geist und sein Wort einen klaren Einblick in seinen Willen gibt, musst du »im Licht« dieser Einsicht »wandeln« (1. Joh 1,7). Auch wenn du von ihr fasziniert bist, musst du das tun, sonst verfällst du in eine Abhängigkeit, die Christus nie vorgesehen hat. Wenn du dich gedanklich nicht nach der »himmlischen Erscheinung« (Apg 26,19) richtest, wirst du zum Sklaven von Vorstellungen und Ansichten, die

Jesus Christus völlig fremd sind. Schiele nicht auf andere und denke: »Wenn der oder jener mit solchen Ansichten gut fährt, warum nicht ich?« Du musst »im Licht« der Einsicht »wandeln«, die *dir* gegeben worden ist. Vergleiche dich nicht mit anderen und beurteile sie nicht — was sie tun, geht nur Gott und sie selbst an. Wenn du siehst, dass eine Lieblingsansicht, die du vehement vertrittst, der »himmlischen Erscheinung« widerspricht, fange nicht an, deine Einsicht zu bezweifeln. Sonst verteidigst du deinen Besitz und dein persönliches Recht und auf diese Dinge legt Jesus keinen Wert. Er hat sich gegen sie gewendet, weil mit ihnen alles anfängt, was ihm fremd ist: »Denn niemand lebt davon, dass er viele Güter hat« (Lk 12, 15). Wenn wir das nicht erkennen und verstehen, dann weil wir die wesentlichen Grundsätze dessen, was Jesus lehrt, nicht anerkennen.

Wir neigen dazu, uns zurückzulehnen und die Erinnerung an das wunderbare Erlebnis zu genießen, dass Gott uns seinen Willen gezeigt hat. Aber wenn uns im Licht Gottes eine Forderung des Neuen Testaments klar wird und wir nicht versuchen sie zu erfüllen und vielleicht noch nicht einmal Lust dazu haben, dann fangen wir an zurückzufallen. Das bedeutet, dass unser Gewissen sich nicht an der Wahrheit orientiert. Man kann nie derselbe bleiben, wenn man eine Tatsache neu erkannt hat. Der Augenblick des Erkennens entscheidet, ob du noch treuer mit Jesus Christus mitgehst oder ob du dich abwendest und desertierst.

## 30. Dezember

# »Jede Tugend, die wir haben«

*»Alle meine Quellen sind in dir«* (Ps 87,7).

Christus versucht nie, unsere natürlichen Fähigkeiten, also unsere menschlichen Charakterzüge, Eigenschaften und Kennzeichen aufzubessern. Er macht einen Menschen innerlich völlig neu. »... zieht den neuen Menschen an ...« Das heißt: Sieh zu, dass dein natürliches menschliches Wesen all das anzieht, was zum neuen Wesen gehört. Das Wesen, das Gott in uns legt, entwickelt eigene Kräfte, nicht die Kräfte der Nachkommen Adams, sondern die Jesu Christi. Wenn Gott einmal angefangen hat dich in Besitz zu nehmen, kannst du beobachten, wie er dein Vertrauen auf deine eigenen Fähigkeiten und Kräfte verkümmern lässt. Das tut er so lange, bis du gelernt hast, deine Lebenskraft aus dem Leben des auferstandenen Jesus zu beziehen. Wenn du diese Zeit des »Austrocknens« erlebst, dann danke Gott!

Das Zeichen, dass Gott an uns arbeitet, ist dass er unser Vertrauen auf unsere natürlichen Fähigkeiten zerstört, denn sie geben uns keine Vorausschau auf das, was wir einmal sein werden; sie sind nur ein minderwertiger Rest von dem, wozu Gott den Menschen ursprünglich geschaffen hat. Wir möchten an unseren natürlichen Fähigkeiten festhalten, aber Gott versucht die ganze Zeit, uns mit dem Wesen Jesu Christi in Verbindung zu bringen — und dieses Wesen kann man nicht mit natürlichen Fähigkeiten beschreiben. Es ist traurig, wenn man Menschen sieht, die Gott dienen wollen und doch von Dingen abhängig sind, die Gott ihnen gar nicht persönlich gegeben hat. Sie verlassen sich nur auf das, was sie ererbt haben. Gott nimmt nicht unsere natürlichen Kräfte und formt sie um, denn unsere natürlichen Kräfte können nicht annähernd das erreichen, was Jesus Christus will. Keine natürliche Liebe oder Geduld und keine anspruchsvolle menschliche Moral können je an seine Ansprüche herankommen. Aber wenn wir alle Bereiche unseres natürlichen körperlichen Lebens dem neuen Leben angleichen, das Gott in uns gelegt hat, dann wird er in uns die Kräfte sichtbar machen, die den Herrn Jesus kennzeichneten.

*Jede Tugend, die wir haben, kommt von ihm.*

### 31. Dezember

# Gestern

»Denn ihr sollt nicht in Eile ausziehen und in Hast entfliehen; denn der Herr wird vor euch herziehen und der Gott Israels euren Zug beschließen« (Jes 52,12).

**Sicher vor dem Gestern.** »... und Gott holt wieder hervor, was vergangen ist« (Pred 3,15). Am Ende des Jahres schauen wir gespannt auf all das, was Gott uns in

Zukunft geben will, aber wenn wir an die Vergangenheit denken, kann leicht Unruhe aufsteigen. Die Erinnerung an die Sünden und Fehler von gestern trübt vielleicht unsere gegenwärtige Freude an Gottes Güte. Aber Gott ist auch der Gott des Vergangenen und er ermöglicht, dass die Erinnerung an unsere Vergangenheit zu einer Quelle geistlichen Wachstums für die Zukunft wird. Gott erinnert uns an die Vergangenheit, um uns vor einem allzu oberflächlichen Sicherheitsgefühl in der Gegenwart zu schützen.

**Sicherheit für morgen.** »… der Herr wird vor euch herziehen …« Das ist eine freundliche Zusicherung: Wo wir nicht für Sicherheit gesorgt haben, wird er es tun. Er wird auf uns achten, damit wir nicht wieder an denselben Stellen versagen, denn wenn er nicht »unseren Zug beschlösse«, würde das unweigerlich passieren. Und Gott hat unsere Vergangenheit in der Hand; er hat alle Ansprüche befriedigt, die unser Gewissen belastet haben.

**Sicherheit für heute.** »Denn ihr sollt nicht in Eile ausziehen …« Wenn wir in das kommende Jahr hineingehen, wollen wir das nicht in stürmischer, allzu vergesslicher Begeisterung tun und auch nicht in der Hast impulsiver Gedankenlosigkeit. Lasst uns mit Geduld und Kraft gehen, weil wir wissen, dass der Gott Israels vor uns hergeht. In unserer Vergangenheit liegt unwiederbringlich Zerstörtes. Wir haben wirklich Möglichkeiten verpasst, die nie wiederkommen, aber Gott kann unsere zerstörerische Unruhe in eine konstruktive Aufmerksamkeit für die Zukunft verwandeln. Lass die Vergangenheit ruhen, aber nicht irgendwo, sondern in den liebevollen Händen Christi.

Überlass ihm die Vergangenheit mit ihren unabänderlichen Verlusten und geh vorwärts in eine Zukunft mit ihm, der dich unbesiegbar macht.

# Biographische Skizze

Oswald Chambers wurde am 24. Juli 1874 in Aberdeen in Schottland geboren. Im Kreise seiner Brüder und Schwestern verbrachte er eine glückliche Kindheit. Als Schüler zeigte er eine seltene künstlerische Begabung. Schon als Jüngling nahm er, nachdem er eine Predigt von Rev. C. H. Spurgeon gehört hatte, Jesus Christus als seinen Erlöser an und wurde in London, wo er damals lebte, ein eifriger Arbeiter für Christus. Da er sich noch immer auf die Kunst konzentrieren wollte, besuchte er die Kunstschule in South Kenington. Mit 18 Jahren erhielt er ein Meisterdiplom für Unterricht und Illustration. Obschon »l'art pour l'art« die Einstellung jener Zeit war, erkannte Oswald Chambers schon damals, dass er seine künstlerische Begabung der christlichen Berufung unterordnen musste, dass sie die Dienerin sein musste, nicht die Meisterin. Im Jahre 1895 trat er in die Universität Edinburg ein, um Archäologie und Kunstgeschichte zu studieren. Dort vernahm er den göttlichen Ruf, alles zu verlassen und Jesus Christus nachzufolgen. Dies bahnte seinem späteren Leben in stetigem Gehorsam und in der äußersten Hingabe an Jesus Christus den Weg. Er wurde an den Ort geführt, den Gott für ihn bereithielt, nach Dunoon, wo er an der Bibelschule zuerst Schüler und dann Lehrer war. Dort blieb er bis 1906. Während jener Jahre erkannte er die Bedeutung des Heiligen Geistes im Leben eines Glaubenden. Er wurde von Lukas 11,13 (»So denn ihr, die ihr arg seid, könnet euren Kindern gute Gaben geben, wie viel mehr wird der Vater im Himmel den Heiligen Geist geben denen, die ihn bitten!«) erfasst und erbat den Heiligen Geist, den er in einer entscheidenden Weise erhielt. Es folgen vier eigenartige Jahre, während derer Gott mit seinem Wort und seinem Heiligen Geist in den verborgensten Winkel seines Herzens hineinzündete. Es kam zu einem Höhepunkt, wo Gott seinem Knecht sein Siegel aufdrückte und ihn in die Welt hinausführte, damit er durch sein Leben und durch seine Verkündigung ein Zeuge werde, hinaus in jenes Leben der Hingabe an den Herrn Jesus Christus, das er mit den Worten »Mein Äußerstes für sein Höchstes« bezeichnete.

Im Jahre 1911 wurden er und seine Frau Leiter der Bibelschule (Bible-Training-College) in London. Eine große Zahl von Männern und Frauen besuchten seine Kurse, in denen sie in den wahren Glauben an Gott, in das Verständnis seines Wortes und in ein praktisches Christentum eingeführt wurden. Jene vier Jahre bildeten den Ursprung von Segensströmen, die heute durch die ganze Welt fließen. Während des Weltkrieges diente Oswald Chambers mit dem C.V.J.M. in Ägypten, wo er mit seiner Frau und einigen Studenten eine Stätte der christlichen Nächstenliebe und des geistlichen Zeugnisses aufrechterhielt. Mit unerschütterlicher Treue schärfte er den Menschen die Forderungen Jesu Christi ein. Um seiner großen Treue zu Gott und zu den Menschen willen wurde er sehr geliebt; und als er im November 1917 plötzlich heimgerufen wurde, hinterließ er eine große Lücke. Doch waren fast alle seine bemerkenswerten Ansprachen von seiner Frau stenografiert worden, so dass dieser hingebungsvolle Dienst ohne Unterbrechung fortgesetzt werden konnte, indem seine Botschaften durch Drucklegung veröffentlicht wurden. Rev. David Lambert

# Verzeichnis der Begriffe

Abhängigkeit von Gott/Jesus 2.1., 9.3., 5.5., 28.7., 9.8., 15.11.

Abraham, Abram 6.1., 8.1., 19.1., 19.3., 20.3., 26.4., 25.5., 11.11., 17.11., 10.12.

Absicht, Ziel, Plan, Wille Gottes 24.1., 8.5., 22.5., 28.5., 3.6., 8.6., 28.7., 3.8., 4.8., 5.8., 8.8., 30.8., 1.9., 2.9., 21.9., 23.9., 25.9., 29.9., 30.9., 1.10., 11.10., 12.10., 15.10., 24.10., 25.10., 30.10., 1.11., 5.11., 10.11., 11.11., 30.11., 2.12., 23.12.

Adam 30.12.

Ai 6.1.

Allein mit Gott 12.1., 13.1.

Allgegenwart Jesu 17.5.

Allmacht Gottes 11.4., 17.5., 15.6.

Allwissenheit Jesu 17.5.

Anbetung der Arbeit 23.4.

Anbetung, Gott ehren 6.1., 30.3., 31.3., 1.4., 31.7., 9.8., 11.8., 12.8., 10.9., 14.10., 18.12.

Angst 22.2., 15.3., 24.5., 5.6., 12.8., 13.11.

Ängstlichkeit 2.8.

Anstrengung 22.2., 2.8., 19.10., 21.10.

Ärger 30.6., 6.8.

Armut 9.6., 26.6., 21.7., 4.8., 18.8., 21.8., 7.11.

Asa 15.4.

Askese 27.11.

auf Recht bestehen 28.1., 30.6., 1.7., 14.7., 29.12.

auf Recht verzichten 25.5., 15.8., 26.9., 2.11., 3.11., 9.12.

Auferstehung des Menschen 15.1., 8.4., 11.4.

Auferstehung Jesu 7.4., 8.4., 11.4., 17.5., 16.8., 4.9., 5.9.

Auferstehungskraft 29.5.

Auferstehungsleben 28.2., 28.5., 16.11., 26.11., 30.12.

ausgleichende Gerechtigkeit 22.6.

Äußerstes 1.1., 11.3., 7.7., 15.9., 27.12.

Autorität Gottes/Jesu 10.1., 8.4., 11.4., 18.4., 6.5., 19.7., 14.10., 27.10., 5.12., 14.12., 25.12.

Barmherzigkeit Gottes 30.8., 21.11.

Bartimäus 29.2.

Befriedigung, eigene, Selbstzufriedenheit 29.1., 12.6., 27.8., 2.9., 3.9.

Begehrlichkeit, Lust, Befriedigung 27.1., 7.2., 14.3.,

23. 3., 3. 9., 17. 9., 23. 10.,
23. 11., 11. 12.
beherrscht 8. 6.
Bekanntschaft mit Gott/
  Jesus 7. 1., 17. 4., 8. 5.,
  29. 5., 3. 6., 6. 8., 10. 8.,
  16. 8., 11. 10., 6. 11.
Bekennen, zugeben 26. 2.,
  1. 3.
Belastungen 13. 4., 14. 4.
Bereitschaft 18. 4., 15. 5.
Berg der Verklärung 22. 3.,
  7. 4., 17. 5., 16. 6., 29. 8.,
  16. 11.
Bergpredigt 22. 1., 27. 6.,
  1. 7., 14. 7., 21. 7., 25. 7.,
  25. 9.
Berufung zum Prediger 2. 2.,
  23. 2., 10. 3., 28. 6., 29. 9.
Bestes 23. 1., 25. 5., 9. 12.
Betanien 11. 10.
Bethel 6. 1., 11. 8.
Bethlehem 31. 5., 3. 9., 25. 12.
Betrug 15. 9.
Bitten 9. 6., 10. 6., 16. 7.,
  20. 8., 24. 8., 28. 8., 12. 9.,
  17. 10., 17. 12.
Blasphemie 12. 6., 20. 11.
Bleiben in Gott/Jesus 23. 1.,
  22. 3., 7. 6., 12. 6., 14. 6.,
  19. 8., 19. 9., 14. 10.
Blut Jesu 9. 1., 4. 5., 29. 11.,
  8. 12.
Bosheit 24. 6., 4. 7.
Botschaft Gottes 10. 3.,
  19. 12.
Brot und Wein 2. 2., 9. 2.,
  10. 2., 15. 2., 25. 2., 15. 5.,
  15. 7., 30. 9., 15. 11.

Bund 6. 12.
Charakter, Wesen des Menschen 12. 1., 31. 1., 19. 2.,
  19. 3., 26. 3., 27. 3., 2. 4.,
  26. 4., 15. 6., 13. 7., 20. 7.,
  21. 8., 20. 9., 1. 10., 4. 10.,
  9. 10., 9. 11., 22. 11.,
  10. 12.
Damaskus 24. 1.
David 19. 4.
Demut, Bescheidenheit 28. 1.,
  10. 6., 20. 6., 22. 6., 25. 8.,
  20. 10., 16. 11., 30. 11.
Demütigung, Beschämung
  11. 1., 12. 2., 14. 2., 14. 3.,
  26. 6., 6. 7., 12. 7., 14. 7.,
  13. 8., 11. 9., 14. 9., 24. 9.,
  2. 10., 3. 10., 8. 10., 14. 11.,
  28. 11., 8. 12.
Depression 17. 2.
Dienst, dienen, Arbeit für
  Gott 4. 1., 6. 1., 17. 1.,
  18. 1., 21. .1., 26. 1., 2. 2.,
  3. 2., 5. 2., 9. 2., 11. 2.,
  15. 2., 19. 2., 23. 2., 24. 2.,
  25. 2., 4. 3., 5. 3., 17. 3.,
  24. 3., 29. 3., 22. 4., 23. 4.,
  24. 4., 1. 5., 19. 6., 28. 6.,
  8. 7., 9. 7., 30. 8., 21. 9.,
  23. 9., 25. 9., 27. 9., 30. 9.,
  3. 10., 16. 10., 19. 10.,
  20. 10., 24. 10., 25. 10.,
  26. 10., 9. 11., 11. 11.,
  16. 11., 28. 11., 3. 12.,
  18. 12.
Disziplin 9. 3., 17. 3., 20. 3.,
  11. 5., 12. 5., 9. 9., 21. 10.,
  14. 11., 17. 11., 18. 11.,
  10. 12.

Dunkelheit 3.1., 19.1., 10.2., 14.2., 15.3., 4.4., 24.6., 16.7., 27.7., 29.7., 27.8., 5.10., 10.10., 26.12.
Egoismus, Eigeninteresse 16.5., 12.6., 22.7., 31.7., 23.10.
egozentrisch, selbstbezogen 12.3., 20.6., 21.6.
Ehre Gottes/Christi 23.1., 2.10., 16.11., 21.11., 22.11.
Ehrlichkeit 9.5.
Eifersucht 15.9.
Eigenliebe 18.8.
Eigenschaften Gottes 9.5.
Eigenwille 28.1., 24.9., 9.12., 11.12., 14.12., 28.12.
Einfachheit, klare Gesinnung 26.1., 5.4., 21.4., 12.5., 18.5., 29.7., 5.8., 8.8., 9.8., 14.9., 16.9., 22.10., 11.11., 14.12.
Einheit mit Menschen 12.12.
Einheit, Einssein mit Gott/ Jesus 6.1., 15.1., 28.1., 8.2., 3.3., 8.3., 9.3., 13.3., 6.4., 7.4., 18.4., 27.4., 28.4., 22.5., 26.5., 28.5., 29.5., 22.7., 2.8., 5.8., 6.8., 7.8., 8.8., 9.8., 12.8., 13.8., 19.8., 31.8., 1.9., 12.9., 13.9., 16.9., 28.9., 7.10., 12.10., 13.10., 15.10., 20.10., 2.11., 3.11., 14.11., 18.11., 2.12., 6.12., 11.12., 14.12.
Eli 30.1.

Elia 17.2., 11.8.
Elisa 11.8.
Enttäuschung 12.1., 13.1., 22.2.
Erfahrungsbericht 13.8.
Erfolg 19.3., 24.4., 13.6., 25.6., 28.7., 30.8., 2.9., 26.10., 27.10., 16.11.
Erfüllung 20.8.
Erfüllung, Taufe mit dem Heiligen Geist 3.1., 5.1., 23.1., 28.1., 4.2., 10.3., 12.3., 16.3., 27.5., 29.5., 16.6., 8.7., 22.8., 5.9., 6.10., 15.10., 28.11., 21.12., 24.12.
Erlösung, Rettung 31.1., 1.2., 3.2., 14.3., 6.4., 6.6., 21.6., 7.7., 12.7., 15.7., 17.7., 18.7., 19.7., 21.7., 24.7., 26.7., 31.7., 28.8., 8.9., 16.9., 5.10., 6.10., 7.10., 9.10., 17.10., 18.10., 19.10., 22.10., 1.11., 2.11., 9.11., 13.11., 19.11., 21.11., 25.11., 26.11., 3.12., 8.12., 13.12., 17.12., 20.12., 21.12., 25.12.
Erschöpfung 9.2., 11.2., 11.6., 19.6.
Erwählung 14.1., 24.1., 3.8., 4.8.
Erziehung, Strafe 30.1., 14.8.
Evangelium 31.1., 1.2., 2.2., 3.2., 15.7., 17.7., 7.10., 1.11., 9.11., 10.11., 28.11., 29.11., 1.12., 17.12., 23.12.

ewige Sicherheit 3.12.
ewiges Leben 8.4., 12.4.,
  8.5., 17.5., 27.5.
Faulheit 12.1., 16.4., 20.4.,
  10.7., 31.7.
Feindschaft 15.9.
fleischlich 23.3.
Forschen in der Bibel 15.12.
Freiheit 21.4., 23.4., 6.5.,
  18.11., 27.11., 12.12.
Freude 19.1., 21.1., 5.3.,
  7.3., 15.3., 24.3., 14.4.,
  24.5., 25.8., 31.8., 27.10.,
  6.12., 14.12., 23.12.
Freude für Jesus 9.8., 12.8.,
  2.9.
Freundschaft mit Gott/Jesus
  7.1., 13.2., 24.2., 20.3.,
  24.3., 25.3., 16.6., 4.8.,
  5.8., 25.8., 12.9.,
Friede Gottes/Jesu 3.4.,
  24.5., 26.8., 6.12., 14.12.,
  24.12.
Fürbitte 10.2., 30.3., 31.3.,
  1.4., 3.5., 4.5., 7.6., 20.6.
Fürsorge Gottes/Jesu 4.4.,
  16.5., 7.8., 23.10., 7.11.,
  11.11.
Fußabtreter 5.2., 23.2.,
  24.2., 19.6.
Gebet im Namen Jesu 29.5.,
  7.6., 6.8., 9.8.
Gebet, Schlüssel zur Mission
  16.10.
Gebet, Sinn, Bedeutung 7.3.,
  30.3., 27.4., 22.5., 26.5.,
  3.6., 26.6., 16.7., 7.8.,
  8.8., 23.8., 28.8., 12.9.,
  16.9., 11.10., 16.10.,
  17.10., 8.11.
Geburt Jesu 25.12.
Geduld 22.2., 6.3., 2.5.,
  6.5., 8.5., 20.5., 6.7.,
  26.6., 23.7., 31.7.
Geduld Gottes 15.4., 6.5.,
  11.5., 23.7., 13.9., 8.10.
Gefühl 19.8., 23.8., 6.9.,
  22.10., 31.10., 13.11.,
  20.11., 25.11.
Geheimnisse Gottes 3.6.
Gehorsam 1.1., 11.1., 26.1.,
  30.1., 7.2., 12.2., 14.2.,
  17.2., 19.2., 20.2., 28.2.,
  11.3., 18.3., 22.3., 28.3.,
  8.4., 11.4., 15.4., 25.4.,
  26.4., 29.4., 13.5., 14.5.,
  16.5., 23.5., 25.5., 30.5.,
  31.5., 6.6., 8.6., 14.6.,
  15.6., 19.6., 30.6., 1.7.,
  2.7., 7.7., 8.7., 18.7.,
  19.7., 25.7., 27.7., 1.8.,
  15.8., 27.8., 9.9., 14.9.,
  22.9., 24.9., 26.9., 27.9.,
  8.10., 9.10., 10.10.,
  22.10., 24.10., 28.10.,
  29.10., 2.11., 11.11.,
  14.11., 17.11., 18.11.,
  1.12., 2.12., 10.12.,
  14.12., 23.12., 28.12.
Gemeinschaft mit Gott/Jesus
  6.1., 26.1., 5.3., 6.4.,
  14.4., 5.8., 7.8., 8.8.,
  13.8., 31.8., 12.9., 13.9.,
  16.9., 23.9., 13.10., 1.11.,
  11.11., 23.11., 11.12.,
  12.12.
Gemeinschaft mit Menschen
  20.9., 10.11., 12.12.

Gerechtigkeit 8.3., 20.4.,
21.5., 27.6., 1.7., 14.7.,
24.7., 27.8., 21.9., 7.10.,
9.10., 29.10., 13.11., 8.12.
Gericht Gottes 16.3., 5.5.,
22.6., 1.7., 27.8.
Geschenke von Gott 22.1.,
28.4., 7.9., 23.10., 28.11.
Gesetz Gottes 22.6., 1.12.,
5.12., 27.12.
Gesundheit 4.12.
Gethsemane 18.2., 5.4., 7.5.,
5.9., 19.9.
Gewissen 13.5., 6.6., 1.7.,
19.11., 29.12., 31.12.
Gewohnheiten, gute 10.5.,
12.5., 13.5., 14.5., 15.5.,
16.5., 15.6., 5.7., 23.8.,
17.10., 30.11.
Gewohnheiten, schlechte
14.3., 18.3., 12.5., 30.5.,
21.6., 19.8., 21.12.
Gipfelerlebnis 19.3., 22.3.,
7.4., 15.4., 16.4., 27.8.,
29.8., 1.10., 2.10., 3.10.,
4.10.
Glaube 21.3., 28.3., 4.4.,
26.4., 6.5., 8.5., 18.5.,
21.5., 30.5., 1.6., 5.6.,
19.6., 21.6., 17.7., 18.7.,
27.8., 29.8., 6.9., 12.9.,
9.10., 28.10., 30.10.,
6.11., 13.11., 23.11.,
3.12., 6.12., 15.12.,
22.12., 23.12.
Glaubensleben 19.3., 20.3.,
1.5., 25.5., 7.6., 23.7.,
29.7., 12.8., 7.9., 20.10.,
31.10., 6.11., 10.11.,
21.12., 22.12.
Glaubensprüfung 26.4.,
29.8., 30.10., 31.10.
Gnade, Freundlichkeit, Handeln Gottes 10.1., 6.3.,
23.3., 26.3., 27.3., 12.4.,
24.4., 14.5., 16.5., 31.5.,
1.6., 4.6., 15.6., 17.6., 22.
6., 26.6., 28.6., 7.7., 18.7.,
23.7., 24.7., 30.7., 6.8.,
20.9., 23.9., 25.9., 9.10.,
21.10., 25.10., 28.10.,
19.11., 20.11., 28.11.,
30.11., 5.12., 7.12.,
24.11., 30.12., 31.12.
Golgatha 7.3., 5.4., 7.5.,
19.11., 20.11., 21.11.,
26.12.
Gott ansehen 22.1., 26.1.,
27.1., 10.2., 11.2., 27.2.,
6.3., 17.3., 29.3., 2.4.,
9.4., 22.4., 18.5., 25.5.,
26.8., 6.9., 24.11., 26.11.,
6.12., 24.12.
Gott erkennen 27.7., 8.9.
Gott Raum geben 25.1.
Gott spielen 30.1., 24.3.,
25.3., 1.8., 15.11.
Gottes Hingabe 12.3., 13.3.
Göttlichkeit Jesu 7.2., 27.2.,
12.4., 17.5., 8.8., 13.11.,
25.12.
Götzendienst, andere Götter
10.2., 11.2., 3.4., 15.4.,
23.4., 25.4., 12.5., 16.5.,
12.6., 27.6., 17.9., 21.12.,
28.12.
Hagar 19.1., 10.12.
Handeln 16.2., 17.2., 18.2.,

19.2., 20.2., 10.5., 10.7.,
11.7., 2.8., 11.8.
Harmonie 29.9.
Heiliger Geist 26.1., 28.1.,
8.2., 3.3., 18.3., 22.3.,
31.3., 8.4., 10.4., 20.4.,
13.5., 14.5., 7.7., 11.7.,
13.8., 14.8., 25.8., 14.9.,
24.9., 26.9., 8.10., 8.11.,
20.11., 12.12., 28.12.
Heiligkeit Gottes/Christi
1.1., 4.2., 11.4., 23.7.,
1.9., 6.10., 21.11., 26.12.
Heiligungsbewegungen
26.11., 29.11., 2.12.
Heiligung, Gott gehören
4.1., 10.1., 15.1., 8.2.,
9.3., 18.3., 23.3., 23.4.,
24.4., 22.7., 23.7., 12.8.,
14.8., 27.8., 30.8., 8.9.,
15.10., 20.10., 28.10.,
10.11., 12.11., 13.11.,
14.11., 20.11., 26.11.,
27.11., 3.12., 8.12.,
10.12., 24.12., 30.12.
Heldentum 16.6., 24.9.,
26.9., 16.11., 14.12.
Henoch 12.10.
Herrschaft Gottes 30.1.,
26.3., 4.4., 22.5., 16.7.,
29.7., 5.8., 12.8., 15.8.,
26.8., 9.10., 14.10.,
14.11., 22.11., 16.12.,
18.12., 28.12.
Heuchelei 31.3., 22.6.
Hilflosigkeit 22.8.
Himmel 2.3., 1.5., 9.5.,
17.5., 12.6., 15.6., 28.6.,
1.7., 10.10., 24.10.,
19.11., 9.12.
Himmelfahrt Jesu 17.5.,
27.5., 29.5.
Hindernis 5.5., 6.9., 1.11.,
10.11., 28.12.
Hingabe an Gott 1.1., 2.1.,
31.1., 4.2., 21.2., 24.2.,
27.2., 4.3., 8.3., 12.3.,
13.3., 17.4., 27.4., 28.4.,
29.4., 8.5., 23.5., 30.5.,
13.6., 18.6., 20.6., 11.7.,
12.7., 24.8., 25.8., 31.8.,
2.9., 13.9., 28.9., 22.10.,
23.10., 3.11., 10.11.,
13.11., 15.11., 30.11.,
9.12., 11.12., 12.12.,
22.12., 27.12.
Hiob 8.5., 20.6.
Hoffnungslosigkeit 24.5.,
31.5., 1.6.
Hoheit Gottes 16.5., 24.5.
Hölle 16.3., 6.4., 14.4.,
28.4., 5.5., 14.5., 22.6.,
29.6., 1.7., 27.8., 19.11.,
9.12.
Hören auf Gott/Jesus 19.1.,
30.1., 12.2., 13.2., 14.2.,
24.3., 5.6., 17.8.
Ich, natürliches 1.3.
Identifikation Jesu mit dem
Menschen 17.5., 7.10.,
29.10.
Identifikation Jesu mit der
Sünde 4.5., 7.10.
Identifikation mit Gottes
Liebe 10.1., 24.2., 3.5.,
4.5., 20.9., 18.10.
Identifikation mit Leiden
und Tod Jesu 8.1., 8.3.,

21.3., 10.4., 11.4., 22.7.,
13.9., 29.10., 5.11., 8.12.,
23.12.
Identifikation, Einswerden
mit Gott/Jesus 17.1.,
13.2., 29.2., 31.3., 12.4.,
14.4., 11.5., 16.5., 6.8.,
7.8., 8.8., 9.8., 5.9., 28.9.,
1.11., 3.11., 9.11., 13.11.,
18.11., 19.11., 21.12.,
23.12.
Impulsivität 31.7., 21.10.,
30.10.
Individualität 3.3., 21.3.,
13.10., 18.11., 11.12.,
12.12.
Inspiration von Gott 16.2.,
17.2., 19.2., 25.4., 1.5.,
2.5., 15.6., 26.10., 30.10.
Isaak 26.4., 11.11., 10.12.
Ismael 10.12.
Israel 31.12.
Jakobus 31.7.
Jeremia 27.6.
Jericho 11.8.
Jerusalem 3.4., 27.5., 3.8.,
4.8., 23.9., 14.10.
Jesaja 14.1., 16.1., 30.1.,
10.2., 3.7., 13.7.
Jesus als Herr 22.9.
Jesus als Lehrer 13.1., 1.8.
Jesus, Erlöser und Retter
5.3., 5.4., 19.7., 21.7.,
15.10., 29.10., 18.11.,
21.11., 28.11., 29.11.,
30.11., 8.12., 20.12.
Jesus folgen 4.1., 5.1., 14.1.,
15.3., 30.5., 19.6.
Jesus, Gottes Sohn 17.1.,
3.2., 10.3., 18.3., 21.3.,
5.4., 8.4., 11.4., 13.5.,
14.5., 15.5., 17.5., 31.5.,
11.6., 2.7., 14.7., 18.7.,
19.7., 24.7., 7.8., 8.8.,
9.8., 28.8., 2.9., 9.9.,
16.9., 18.9., 19.9., 22.9.,
6.10., 7.10., 1.11., 10.11.,
13.11., 18.11., 22.11., 7.12.,
10.12., 18.12., 25.12.
Jesus, Lamm Gottes 15.10.
Jesus, Menschensohn 23.2.,
5.4., 7.4., 17.5., 5.8.,
12.9., 27.9.
Jesus, unser Vorbild 11.9.,
29.11.
Joab 19.4.
Johannes (Jünger) 24.5.
Johannes (Täufer) 22.8.
Jona 9.5.
Jordan 11.8.
Josua 9.7.
Judäa 14.10.
Jüngerschaft 4.1., 2.2., 15.2.,
12.3., 24.4., 6.5., 7.5., 19.6.,
2.7., 7.7., 14.7., 22.7., 24.7.,
16.8., 17.8., 18.8., 4.9.,
13.9., 19.9., 20.9., 23.9.,
24.9., 25.9., 28.9., 14.10.,
21.10., 26.10., 27.10.,
2.11., 22.11., 9.12., 23.12.
Klagen 27.6.
Kompromisse 28.3.
Konsequente Lebensführung
19.3., 2.7., 14.11., 25.11.
Konzentration auf Gott,
Gott anschauen 22.1.,
23.1., 3.10.
Kraft 5.1., 16.2., 2.8.

Kraft Gottes/Jesu 5.5., 16.5.
17.5., 9.7., 17.7., 23.7.,
28.7., 14.8., 15.8., 8.9.,
2.10., 17.10., 4.11., 16.11.,
25.11., 26.11., 27.11.,
1.12., 3.12., 8.12., 16.12.

Kraft, Wirkung des Heiligen
Geistes 9.1., 24.1., 8.2.,
8.3., 13.3., 23.3., 1.4.,
4.4., 8.4., 11.4., 12.4.,
5.5., 13.5., 21.5., 29.5.,
1.6., 9.6., 17.6., 29.6.,
30.6., 1.7., 3.7., 8.7.,
15.7., 22.7., 25.7., 27.7.,
29.7., 9.8., 13.8., 14.8.,
4.9., 5.9., 18.9., 20.9.,
24.9., 26.9., 27.9., 6.10.,
15.10., 18.10., 23.10.,
27.10., 30.10., 7.11.,
10.11., 12.11., 13.11., 14.
11., 15.11., 16.11., 19.11.,
27.11., 28.11., 29.11.,
1.12., 7.12., 11.12.,
14.12., 21.12., 26.12.,
27.12., 29.12.

Kreuz Christi 7.3., 5.4., 6.4.,
8.4., 12.4., 4.5., 7.5.,
17.5., 7.6., 12.6., 14.6.,
15.6., 20.6., 21.6., 22.6.,
6.8., 27.8., 1.9., 23.9.,
5.10., 6.10., 7.10., 9.10.,
20.10., 28.10., 19.11.,
20.11., 21.11., 25.11.,
26.11., 27.11., 1.12.,
8.12., 20.12., 26.12.

Kreuzigung, Tod Jesu 24.1.,
2.4., 23.6., 23.9., 25.10.,
28.10., 29.10., 19.11.,
21.11., 25.11., 26.11.,
29.11., 1.12., 8.12.,
20.12., 23.12.

Krise 1.1., 16.1., 6.2., 8.3.,
25.3., 1.4., 17.4., 19.4.,
30.5., 8.6., 7.7., 12.8.,
13.8., 10.9., 11.9., 13.9.,
15.9., 16.10., 21.10.,
12.11., 16.11., 24.11.

Kritisieren 31.3., 17.6.,
22.6., 29.6., 30.7., 23.11.

Launen, Stimmungen 20.5.,
12.6., 17.6., 13.11.

Lazarus 6.11.

Leben, Wesen Gottes/Jesu
14.5., 15.5., 17.5., 31.5.,
23.6., 25.8., 12.10., 4.11.,
5.12., 13.12., 23.12.,
30.12.

Leiden 11.1., 13.1., 30.1.,
2.2., 5.3., 7.3., 25.6.,
14.7., 29.7., 30.7., 8.8.,
10.8., 5.11., 9.11., 15.11.,
19.11., 13.12., 15.12.

Leiden Jesu teilen 1.11.,
5.11.

Liebe Gottes/Jesu 4.2., 3.3.,
7.3., 13.3., 30.4., 5.5.,
8.5., 11.5., 19.5., 23.7.,
21.9., 18.10., 20.10.,
19.11., 20.11., 26.12.

Liebe zu Gott/Jesus 17.1.,
21.1., 21.2., 23.2., 24.2.,
1.3., 2.3., 3.3., 19.3.,
18.4., 30.4., 7.5., 11.5.,
12.5., 2.7., 18.8., 25.8.,
18.10., 2.11., 12.12.

Liebe zu Menschen 11.5.,
3.9., 20.9.

Liebe, natürliche 4.1., 12.3.

Liebe, Treue zu Gott/Jesus 17.1., 18.1., 21.1., 24.1., 13.2., 24.2., 2.3., 6.3., 9.3., 23.4., 24.4., 2.5., 7.5., 19.6., 26.6., 27.6., 2.7., 18.8., 25.8., 13.9., 18.10., 13.11., 14.11., 16.11., 29.11., 2.12., 12.12., 23.12., 29.12.
Liebe, Zeichen der 16.6., 22.9., 18.10.
List 15.9.
Maria von Betanien 21.2., 2.9.
Maria von Magdala 16.8.
Maria, Mutter Jesu 8.8., 25.12.
Marta 6.11.
Menschwerdung, Verkörperung 6.3., 10.3., 6.4., 8.4., 16.11.
Mission, Arbeitsweise 27.10.
Missionar 4.9., 26.10.
Missionar, Aufgabe 18.10.
Missionar, Botschaft 15.10.
Missionar, Treue 18.10.
Missionar, Waffen 10.9., 11.9.
Missionar, Ziel 21.9., 23.9.
Missionsarbeit 14.10.
Mitgefühl, Gefühlsbindung, Mitleid 6.2., 3.5., 4.5., 5.5., 10.8., 1.9., 7.10., 26.10., 29.10., 1.11., 21.11., 13.12., 19.12., 20.12.
Mitgekreuzigt 21.3., 10.4., 11.4., 3.11., 18.11., 23.12.
Mittellosigkeit 28.11.
Moral 4.12.

Mose 22.4., 2.5., 13.10.
Mut 5.6., 16.6., 7.7., 29.8.
Mutlosigkeit 7.2.
Nachdenken über Gottes Wahrheit 9.1.
Nachdenken vor Gott 6.1., 20.2.
Nachgeben, Auslieferung an Gott/Jesus 1.1., 5.1., 14.3., 3.4., 24.4., 18.8., 21.8., 13.9., 11.12., 25.12.
Nachlässigkeit 31.7.
Nathanael 10.9.
Natur, Gott in der 10.2., 11.2., 13.2.
Nazareth 7.5.
Neid 12.1., 15.9.
Neue Geburt 20.1., 24.1., 8.3., 12.4., 6.6., 13.7., 21.7., 15.8., 24.8., 28.8., 18.9., 21.9., 10.10., 23.10., 8.11., 12.11., 14.11., 25.11., 29.11., 21.12., 24.12., 25.12., 26.12.
Neuwerden, neugeboren 10.1., 29.6., 16.9., 6.10., 29.11.
Nikodemus 15.8.
Nützlichkeit 18.5., 10.8., 21.8., 30.8., 19.10., 25.10., 5.11., 2.12., 20.12.
Offenheit vor Gott 23.1., 13.12.
Opfer 5.1., 8.1., 5.2., 6.2., 24.2., 8.6., 25.8., 2.9., 24.9., 15.10., 28.10., 11.11., 13.11., 18.11., 5.12., 9.12., 10.12.

Paulus 1.1., 24.1., 31.1.,
1.2., 2.2., 3.2., 4.2., 8.2.,
23.2., 24.2., 25.2., 4.3.,
16.3., 17.3., 21.3., 23.3.,
2.4., 10.4., 11.4., 22.4.,
30.4., 2.5., 19.5., 15.7.,
17.7., 18.7., 9.9., 20.10.,
24.10., 25.10., 18.11.,
20.11., 25.11., 5.12.,
10.12., 17.12., 24.12.
persönliche Heiligkeit, Gott/
Jesus gehören, Vollkommenheit, Integrität 31.1.,
4.2., 21.2., 12.3., 13.3.,
16.3., 18.3., 25.3., 11.4.,
12.5., 1.7., 7.7., 9.7.,
23.7., 15.8., 1.9., 8.9.,
30.9., 9.10., 20.10.,
21.10., 27.11., 4.12., 7.12.
Persönlichkeit 12.12.
Petrus 4.1., 5.1., 9.2., 3.3.,
9.3., 12.3., 26.4., 12.6.,
15.6., 16.6., 18.6., 10.7.,
16.8., 2.10., 21.10.,
15.11., 8.12.
Pfingsten 7.1., 10.3., 20.4.,
27.5.
Pharisäer 16.3., 3.4., 18.7.,
24.7., 16.8., 27.8.
Philippus 7.1., 21.4.
Planen 4.7., 5.7.
Predigen 1.2., 2.2., 10.3.,
22.4., 25.4., 5.5., 28.6.,
17.7., 1.9., 29.9., 14.10.,
15.10., 9.11., 25.11.,
26.11., 3.12., 17.12.,
22.12.
Priesterschaft der Christen
21.6.

Prioritäten 13.7., 20.12.
Quelle des Lebens 20.1.,
16.5., 18.5., 6.9.
Rechtfertigung 23.3., 20.4.,
27.7., 28.10., 13.11.,
23.11., 28.11.
Reich, Herrschaft Gottes
20.4., 21.5., 13.7., 21.7.,
24.7., 15.8., 21.8., 27.8.,
8.9., 19.10., 28.11.,
29.11., 7.12., 16.12.,
23.12., 25.12., 28.12.
reicher Jüngling 17.8., 18.8.,
28.9.
Reife 15.11.
Reinheit 26.3., 24.6., 30.6.,
1.7., 23.7., 24.7., 26.7.,
25.8., 13.11.
Reinigung, Befreiung 6.2.,
13.7.
Religion 29.3., 18.7., 15.8.,
16.9., 29.11., 20.12.
Rettung 6.4., 24.4., 5.5.,
16.6., 20.6., 28.6., 7.7.,
20.10., 27.10., 28.11.,
5.12., 6.12.
Rettung durch Kreuz / Tod /
Gehorsam Jesu 19.6.,
23.9., 28.10., 26.11.
Rettung, Sinn und Bedeutung
10.1., 22.1., 2.2., 10.3.,
13.3., 14.5., 15.5., 24.7.,
30.8., 21.9., 28.9., 7.10.,
12.11., 16.11., 29.11.,
8.12., 17.12., 28.12.
Reue, Buße 21.1., 15.8.,
22.8., 15.10., 20.10.,
28.10., 21.11., 7.12.,
8.12.

Richten 16.3., 17.6., 22.6., 30.7., 5.12., 29.12.
Rückfall 29.12.
Ruf Gottes 1.1., 14.1., 16.1., 17.1., 31.1., 1.2., 2.2., 4.3., 5.3., 13.3., 15.5., 16.6., 28.6., 5.8., 13.9., 27.9., 30.9., 4.10., 13.10., 25.10., 26.10., 27.10., 3.11., 2.12., 16.12., 20.12.
Ruhe in Gott 12.8., 19.8., 20.8., 13.9.
Samaria 14.10.
Samariterin 26.2., 27.2.
Samuel 30.1.
Sanftmut 19.6.
Sara 10.12.
Satan, Teufel 2.3., 16.3., 27.3., 5.4., 26.4., 20.5., 23.5., 6.7., 6.8., 10.8., 14.8., 9.9., 18.9., 19.9., 4.11., 10.11., 27.11., 9.12., 17.12.
Schmerz 23.6.
Schrecken 15.3.
Schutz Gottes 2.6., 27.6., 2.8.
Schweigen Gottes 11.10.
Schwierigkeit 22.1., 1.5., 22.5., 5.6., 25.6., 4.7., 7.7., 16.7., 26.8., 6.9., 24.10., 14.12.
Schwierigkeiten, Widrigkeiten, Probleme 22.1., 27.1., 1.2., 3.2., 11.2., 6.3., 7.3., 19.4., 1.5., 15.5., 19.5., 2.6., 26.6., 29.7., 2.8., 26.8., 29.8., 11.11., 4.12., 14.12.

selbst wählen 11.11.
Selbstbestimmungsrecht 21.3., 13.6., 28.9., 5.10., 9.12., 11.12., 12.12.
Selbstmitleid 6.2., 14.5., 16.5., 10.6., 27.6., 10.8., 20.8., 1.11., 10.11.
Selbstprüfung 9.1., 12.1., 12.5., 19.8.
Selbstsicherheit 19.1., 28.8.
Selbstsucht 14.3., 20.6., 24.6., 1.10., 2.10., 17.10.
Selbstsucht, geistliche 12.7.
Selbstvertrauen 5.1., 29.1., 5.5., 4.8., 7.10.
Selbstverwirklichung 10.7., 11.7., 2.9., 5.10.
Seligpreisungen 25.7.
Sich verschenken 18.1., 5.2., 6.2., 23.2., 3.3., 20.6., 26.6., 20.12.
Sicherheit 4.6., 5.6., 28.10.
Simon von Kyrene 11.1.
Sklave 2.7., 15.7., 18.7., 3.11.
Sklave, Sklaverei 14.3.
Sorge, Unruhe 2.1., 22.1., 26.1., 27.1., 29.2., 20.4., 21.5., 23.5., 2.6., 21.6., 27.6., 4.7., 5.7., 2.8., 26.8., 24.12.
Stellvertretung 29.10.
Stimme Gottes 14.1., 16.1., 17.1., 29.1., 30.1., 12.2., 13.2., 24.3., 17.4., 18.4., 1.5., 13.5., 25.5., 18.6., 13.8., 23.12.
Stolz 11.1., 12.1., 3.4., 12.5., 12.6., 17.6., 25.6., 9.8.,

21.8., 27.8., 15.9., 21.10.,
5.11., 8.11., 22.11.,
28.11., 28.12.
Strafe 16.3., 1.7.
Sühnopfer 8.4., 4.5., 7.6.,
12.6., 14., 15., 20., 21.,
22.6., 7.7., 27.8., 1.9.,
9.10., 20.10., 28.10.,
20.11., 8.12., 23.12.,
26.12.
Sünde als Tatsache 23.6.,
24.6., 25.6.
Sünde aufdecken 20.12.
Sünde aufgeben 8.3., 11.6.,
9.12., 19.12., 26.12.
Sünde bekennen 16.3.,
23.3., 30.6., 24.9.
Sünde, Folgen der 14.3.,
16.3., 21.9., 18.11., 10.12.
Sünde, Freiwerden/Freiheit
von 9.1., 12.3., 13.3.,
18.3., 3.7., 15.8., 8.9.,
5.10., 6.10., 10.10.,
22.10., 29.10., 18.11.,
27.11., 24.12., 26.12.
Sünde, Last der 13.4.
Sünde, Sühne für 9.10.
Sünde, Tod der 6.4., 10.4.,
11.4., 12.4., 6.10., 23.12.
Sünde, Veranlagung zur
11.4., 5.10., 6.10., 7.10.
Sünde, Verantwortung für
3.4., 9.9.
Sündenerkenntnis 8.3.,
10.3., 18.3., 1.7., 3.7.,
24.9., 26.9., 16.10.,
19.11., 21.11., 1.12., 7.12.
sündige Natur 21.3., 6.6.,
3.7., 5.10., 6.10., 7.10.

Tagträume 20.2., 21.2.
Taten, gute 11.7.
Test, Probe, Prüfung 31.1.,
25.5., 30.5., 10.7., 27.7.,
5.8., 19.8., 29.8., 18.9.,
25.9., 1.10., 8.10., 9.10.,
16.11., 16.12.
Thomas 16.8.
Thron Gottes 17.5.
Totes Meer 7.9.
Trauer, heilsame 21.1., 7.12.
Trauer, Schmerz 23.6., 25.6.,
29.7., 18.8., 26.8.
Trennung, Absonderung
26.1., 31.1., 2.2., 3.2.,
6.2., 8.2., 19.3., 4.4.,
11.8., 27.11., 22.12.
Tretmühle 19.2., 6.3.,
4.6., 15.6., 2.10.,
21.10.
Treue 11.1., 5.3., 11.3.,
25.3., 28.3., 29.4., 16.6.,
28.6., 8.7., 28.7., 30.7.,
2.10., 18.10., 14.11.,
16.11., 18.12.
Treue Gottes 29.4., 12.9.
Treue zu Gott/Jesus 18.1.,
5.3., 15.4., 27.9., 3.11.,
18.12.
Trost 24.5.
Trotz, Eigensinn 28.1., 4.5.,
6.6., 11.6., 30.11.
Tugend, Kraft zum Guten
4.12., 30.12.
Überwinden 16.2.
überzeugt von sich 5.1.
Übung, Schulung 19.1.,
30.1., 8.5., 25.5., 14.8.,
12.10., 13.10.

Umkehr 10.1., 28.12.
Gott, Herr über 4.4., 14.5.,
  16. 5., 13.6., 15.6., 18.6.,
  20.6., 11.7., 29.7., 13.8.,
  30.8., 11.9., 19.9., 29.9.,
  30.9., 16.10., 17.10.,
  30.10., 2.11., 7.11.,
  14.11., 18.12.
Allgemein: 3.1., 30.1., 14.2.,
  26.2., 27.2., 7.3., 1.4.,
  12.5., 18.5., 19.5., 5.6.,
  14.6., 18.6., 26.6., 4.7.,
  5.7., 11.7., 13.7., 25.7.,
  7.8., 8.8., 19.8., 29.8.,
  30.8., 31.8., 10.9., 13.9.,
  29.9., 6.11., 25.11.,
  13.12., 27.12.
Unabhängigkeit(sstreben),
  Eigenständigkeit 11.1.,
  22.5., 31.7., 7.10.,
  2.11., 3.11., 28.11.,
  9.12., 11.12., 12.12.,
  28.12.
Ungerechtigkeit ertragen
  25.9.
Unglaube 23.5., 9.7.
Unreife 15.11.
Unschuld 26.3., 24.6., 26.7.,
  8.8., 8.9.
Unsicherheit, innere 19.8.,
  20. 8.
Unterordnung unter Gott/
  Gottes Plan/Willen 10.3.,
  18.3., 6.5., 15.5., 28.5.,
  14.6., 3.7., 19.7., 9.8.,
  25.8., 14.9., 1.11., 6.11.,
  17. 11., 28.12.
Unwissenheit 26.7., 27.7.,
  26. 8.

Urteilsvermögen 31.3., 21.4.,
  22.5., 8.6., 13.8., 15.8.,
  14.9., 9.10., 14.11.,
  15.11., 23.11.
Usija 13.7.
Verachtung 25.6., 22.11.,
  23.11.
Verfolgung 7.3.
Vergebung 10.1., 15.10.,
  19.11., 20.11., 21.11.,
  7.12., 8.12.
Verlust 29.7., 26.8.
Vernunft, Verstand 27.1.,
  28.2., 29.2., 4.3., 29.4.,
  23.5., 26.5., 30.5., 1.6.,
  3.6., 27.6., 2.8., 8.8., 9.8.,
  29.8., 3.9., 16.9., 17.10.,
  22.10., 30.10.
Versagen, Misserfolg 18.2.,
  5.8., 17.8.
Versöhnung 15.10., 8.12.
Versöhnung mit Gott 12.7.,
  7. 10., 28.10.
Versöhnung mit Menschen
  30. 6., 27.7., 24.9., 26.9.,
  11. 12.
Versprechen, Verheißungen
  Gottes 18.3., 20.4., 16.5.,
  27.6., 17.11.
Versuchung 27.3., 19.4., 6.7.,
  2.8., 17.9., 18.9., 19.9.
Vertrauen auf Gott/Jesus/die
  Bibel 2.1., 19.1., 8.5., 1.6.,
  27.6., 5.7., 16.7., 30.7.,
  11.8., 12.8., 29.8., 12.9.,
  11.10., 22.10., 23.10.,
  27.10., 30.10., 31.10.,
  6.11., 13.11., 17.11.,
  22.12., 24.12.

Verurteilung 5.10.
Verwirrung 26.8., 12.9., 14.9., 17.9., 20.9., 14.12.
Verzicht 15.9., 27.9., 28.9., 27.12.
Verzweiflung 18.2., 24.5., 9.6., 17.6., 21.7., 30.7., 6.10.
Vision, Erscheinung, geistlicher Einblick 19.1., 20.1., 24.1., 11.3., 22.3., 26.3., 27.3., 2.4., 9.4., 2.5., 9.5., 13.5., 24.5., 1.6., 6.7., 8.7., 13.7., 28.7., 15.8., 4.10., 12.10., 13.10., 29.12.
Vollkommenheit 2.12., 26.12.
Vorbereitung 24.9.
Vorurteil 23.10.
Wachen mit Jesus 5.9.
Wachsamkeit 15.9.
Waffenrüstung Gottes 16.12.
Wandel im Licht 11.3., 11.4., 13.8., 24.8., 27.8., 30.8., 20.9., 10.10., 12.11., 24.12., 26.12., 29.12.
Wandel im neuen Leben, Glauben, Liebe 15.1., 9.3., 23.3., 8.4., 29.7., 25.8., 12.10., 31.10.
Wandel vor, Leben mit Gott 25.5., 20.7., 1.9.
Warten auf Gott 4.1., 6.1., 19.1., 22.2., 11.3., 2.5., 27.5., 4.7., 20.7., 1.8., 12.9.

Wein 2.2., 9.2., 10.2., 15.2., 25.2., 15.5., 15.7., 30.9., 15.11.
Weisheit 9.6., 5.8., 11.8., 26.10., 13.11., 8.12.
Wesen Gottes/Jesu 23.1., 29.5., 2.9., 31.10., 17.11., 30.12.
Widerstand, Gesetz des 4.12.
Widrigkeiten 14.5., 15.5., 19.5., 2.8.
Wille des Menschen 1.1., 28.1., 6.2., 17.4., 10.5., 6.6., 1.7., 8.7., 26.8., 13.9., 16.9., 20.10., 4.11., 9.12., 11.12., 14.12., 22.12., 23.12., 27.12., 28.12.
Wille Gottes 1.1., 4.1., 29.1., 20.2., 20.3., 25.3., 26.4., 13.5., 28.5., 29.5., 31.5., 3.6., 6.6., 7.6., 8.6., 16.6., 19.6., 16.7., 22.7., 27.7., 3.8., 7.8., 8.8., 10.8., 20.8., 31.8., 9.9., 14.9., 23.9., 25.9., 20.10., 5.11., 8.11., 11.11., 14.11., 15.11., 1.12., 6.12., 9.12., 10.12., 16.12., 29.12.
Wissen erwerben 10.10., 23.12., 26.12.
Wolken 3.1., 29.7.
Wort Gottes, Bibel 28.1., 1.3., 2.3., 6.3., 14.5., 28.6., 22.9., 24.9., 26.9., 25.10., 30.10.
Zeichen der Rettung 10.1., 16.6., 12.11.

Zeit der Stille, tägliche 6. 1., 16. 9.
Zerstreutheit 31. 7., 23. 8., 14. 9., 18. 11.
Zeuge Gottes 24. 1., 4. 2., 15. 2., 10. 3., 31. 8., 4. 9., 14. 10.
Zeugnis des Geistes 22. 10., 3. 11., 9. 11., 24. 11., 24. 12.
Zugang zu Gott 5. 4., 17. 5.
Zweifel 26. 2., 28. 3., 13. 4., 15. 4., 3. 6., 18. 6., 16. 8., 23. 8., 26. 8., 22. 9., 6. 11., 13. 11., 14. 12., 24. 12.

# Verzeichnis der Bibelstellen

Das erste Buch Mose
| | |
|---|---|
| 5,24 | 12.10. |
| 9,13 | 6.12. |
| 12,8 | 6.1. |
| 13,9 | 25.5. |
| 15,12 | 19.1. |
| 16,1-15 | 19.1. |
| 17,1 | 19.1., 25.5., 20.7. |
| 18,7 | 20.3., 27.3. |
| 21,8-14 | 10.12. |
| 21,15-19 | 10.12. |
| 22,2 | 26.4., 11.11. |
| 22,3 | 11.11. |
| 22,9 | 8.1. |
| 22,16.17 | 17.11. |
| 24,27 | 14.11. |
| 32,24.25 | 16.12. |
| 41,40 | 5.12. |

Das zweite Buch Mose
| | |
|---|---|
| 2,11 | 13.10. |
| 3,4 | 18.4. |
| 3,10.11 | 13.10. |
| 3,14 | 4.10., 14.10. |
| 14,13 | 8.9. |
| 16,20 | 6.1. |
| 20,19 | 12.2. |
| 34,29 | 22.4. |

Das fünfte Buch Mose
| | |
|---|---|
| 5,32 | 28.6. |
| 28,14 | 25.10. |
| 33,27 | 24.5. |

Josua
| | |
|---|---|
| 24,15.22 | 8.7. |
| 24,19.21 | 9.7. |

Das erste Buch Samuel
| | |
|---|---|
| 3,9.15 | 30.1. |
| 3,10 | 13.2. |
| 15,22 | 8.6. |

Das zweite Buch Samuel
| | |
|---|---|
| 23,16 | 3.9. |

Das erste Buch der Könige
| | |
|---|---|
| 2,28 | 19.4. |
| 19,5 | 17.2. |
| 19,12 | 13.8. |

Das zweite Buch der Könige
| | |
|---|---|
| 2,11.12, 13,15.23 | 11.8. |

Das zweite Buch der Chronik
| | |
|---|---|
| 15,17 | 15.4. |

Das Buch Nehemia
| | |
|---|---|
| 8,10 | 14.4. |

Das Buch Hiob
| | |
|---|---|
| 13,15 | 8.5., 31.10. |
| 42,10 | 20.6. |

Der Psalter
| | |
|---|---|
| 18,25.26 | 26.4., 22.6. |
| 18,29 | 15.5. |

| | | | |
|---|---|---|---|
| 18,36 | 24.12. | 6,1.5 | 18.7. |
| 25,12 | 2.6., 3.6. | 6,5 | 3.7. |
| 25,13 | 2.6., 3.6. | 6,7 | 3.7. |
| 25,14 | 3.6. | 6,8 | 14.1., 16,1., 30.9. |
| 37,4 | 20.3. | | |
| 37,5 | 5.7. | 8,11 | 29.1., 30.1. |
| 37,7 | 4.7., 1.8. | 9,6 | 13.4. |
| 37,8 | 4.7. | 26,3 | 11.2. |
| 37,34 | 1.8. | 35,7 | 6.7. |
| 40,8 | 29.1., 25.8., 31.8. | 40,26 | 10.2. |
| | | 40,28 | 9.2. |
| 46,1 | 27.2. | 40,29 | 14.4. |
| 46,2 | 20.7. | 40,31 | 19.3., 20.7., 3.10. |
| 46,10 | 22.2. | | |
| 51,4 | 19.11., 7.12. | 42,4 | 12.10. |
| 55,22 | 13.4. | 45,22 | 22.1., 2.2., 11.2., 26.11., 6.12. |
| 87,7 | 9.2., 16.5., 30.12. | | |
| 91,1 | 4.7. | 49,2 | 19.1., 14.2. |
| 91,1.10 | 2.8. | 49,5 | 21.9. |
| 91,15 | 19.5. | 50,7 | 15.3. |
| 97,2 | 3.1. | 50,10.11 | 19.1. |
| 106,6.7 | 11.2. | 52,12 | 31.12. |
| 116,12.13 | 2.5. | 53,1 | 24.11. |
| 118,27 | 6.2. | 53,3 | 23.6. |
| 123,2 | 24.11. | 53,10 | 2.12. |
| 123,3 | 23.11. | 55,1 | 10.6. |
| 139 | 9.1. | 59,16 | 30.3. |
| | | 60,1 | 19.2. |
| Die Sprüche Salomos | | 61,1 | 14.3. |
| 3,5.6 | 27.6. | | |
| 29,18 | 9.5. | Der Prophet Jeremia | |
| | | 1,8 | 27.6. |
| Der Prediger Salomo | | 2,2 | 21.1. |
| 3,15 | 31.12. | 4,1 | 27.12. |
| 9,10 | 23.4. | 39,18 | 27.6. |
| | | 45,5 | 27.4., 28.4. |
| Der Prophet Jesaja | | | |
| 1,10.11 | 15.3. | | |
| 6,1 | 13.7. | | |

Der Prophet Hesekiel
37,3   1.6.
37,12  1.6.

Der Prophet Jona
4,2    9.5.

Der Prophet Nahum
1,3    29.7.

Der Prophet Habakuk
2,3    11.3., 2.5.

Der Prophet Maleachi
2,16   23.11.

Das Evangelium nach Matthäus
1,23   25.12.
3,11   28.1., 22.8.
3,17   13.10.
4,1    18.9.
4,19   14.1., 19.9.
5,3    9.6., 21.7., 21.8.
5,3-11 25.7.
5,8    26.3.
5,8.11 21.7.
5,11   6.10., 3.11.
5,20   24.7., 27.8.
5,23   26.9.
5,23.24 27.7., 24.9., 11.12.
5,24   26.9.
5,25   30.6.
5,25.26 1.7.
5,26   30.6., 1.7.
5,29.30 30.1.
5,30   29.6.
5,39   14.7.
5,41   11.9., 25.9.
5,45   9.6., 24.8.
5,48   29.6., 20.9.
6,6    23.8., 16.9.
6,7    16.9.
6,8    20.3., 27.4., 6.8.
6,10   3.6.
6,23   27.8.
6,25   27.1., 21.5., 23.5.
6,26   26.1.
6,26.28 18.5.
6,28   26.1.
6,30   26.1., 27.1.
6,33   20.4., 21.5., 30.10.
6,34   27.1.
7,1    17.6., 22.6.
7,2    22.6.
7,3-5  17.6.
7,7    27.4., 16.7., 17.12.
7,8    26.5., 24.8., 16.9.
7,9    24.8., 11.10.
7,11   16.7.
7,12   24.8.
7,13.14 7.7.
8,26   12.8.
9,28   27.10.
9,38   16.10., 17.10.
10,24  23.9., 22.11.
10,27  14.2.
10,34  24.3., 22.7., 19.12.
11,1   1.8.
11,6   29.8.

| | | | |
|---|---|---|---|
| 11,25 | 14.9., 10.10., 17.10. | 28,10 | 10.7. |
| 11,28 | 11.6., 19.8., 20.8., 13.9., 8.10., 14.10., 22.10., 4.11. | 28,16 | 14.10. |
| | | 28,18.19 | 14.10., 27.10. |
| | | 28,19 | 6.5., 4.9., 26.10., 27.10. |

Das Evangelium nach Markus

| | |
|---|---|
| 11,29 | 28.1., 14.4. |
| 11,30 | 14.4. |
| 12,13 | 16.2. |
| 13,22 | 26.1., 27.1., 19.5., 23.5. |
| 13,58 | 9.7. |
| 14,29 | 28.3. |
| 14,29.30 | 18.6. |
| 14,31 | 18.6. |
| 15,18-20 | 26.7. |
| 16,21-23 | 10.8. |
| 16,24 | 13.9., 9.12., 11.12. |
| 17,20 | 31.10. |
| 18,3 | 29.4., 28.8., 28.12. |
| 18,5 | 31.5. |
| 19,29 | 20.6. |
| 20,22 | 12.9. |
| 20,28 | 23.2. |
| 20,14 | 14.1. |
| 23,8 | 22.9. |
| 23,11 | 25.2. |
| 23,27 | 3.4. |
| 25,14-30 | 20.4. |
| 25,21 | 5.3. |
| 26,33-35 | 1.3. |
| 26,36.38 | 5.4. |
| 26,38 | 5.9. |
| 26,42 | 22.5. |
| 26,46 | 18.2. |
| 26,56 | 5.9. |
| 26,69-75 | 5.1., 16.8. |

| | |
|---|---|
| 4,10 | 13.1. |
| 4,19 | 31.8., 23.11. |
| 4,34 | 12.1. |
| 6,31 | 20.2. |
| 6,45 | 28.7. |
| 6,49 | 28.7. |
| 9,1-9 | 22.3. |
| 9,1-29 | 16.6. |
| 9,2 | 1.10. |
| 9,2-8 | 29.7. |
| 9,5.6 | 2.10. |
| 9,9 | 7.4. |
| 9,14-18 | 1.10. |
| 9,14-23 | 2.10. |
| 9,22 | 2.10. |
| 9,28.29 | 3.10. |
| 10,21 | 28.9. |
| 10,28 | 12.3. |
| 10,29 | 12.3. |
| 10,32 | 15.3. |
| 11,16 | 8.11. |
| 11,17 | 8.11. |
| 14,3.4 | 2.9. |
| 14,6 | 21.2. |
| 14,9 | 2.9. |
| 14,54 | 21.10. |
| 16,12 | 9.4. |
| 16,13 | 9.4. |

Das Evangelium nach Lukas

| | |
|---|---|
| 1,35 | 8.8., 25.12. |
| 2,46.49 | 7.8. |

| | | | |
|---|---|---|---|
| 2,49 | 8.8. | 14,28 | 7.5. |
| 4,13 | 5.4. | 14,30 | 7.5. |
| 4,18 | 14.3. | 15,10 | 10.8. |
| 4,26.27.33 | 2.7. | 17,20.21 | 19.10. |
| 8,1-3 | 11.1. | 18,1 | 13.12. |
| 8,2 | 16.8. | 18,1-8 | 12.9. |
| 9,23 | 2.11. | 18,9-14 | 12.6. |
| 9,28-42 | 29.8. | 18,22 | 13.6., 18.8. |
| 9,33 | 1.8. | 18,22.23 | 17.8. |
| 9,34 | 29.7. | 18,23 | 18.8. |
| 9,51 | 3.8. | 18,31 | 3.8., 4.8., 23.9. |
| 9,55 | 29.1. | 18,31.34 | 5.8. |
| 9,57 | 27.9. | 18,39.41 | 29.2. |
| 9,57-62 | 12.3. | 19,42 | 3.4. |
| 9,58.59.61 | 27.9. | 21,19 | 20.5. |
| 9,61 | 30.5. | 22,27 | 23.2. |
| 9,62 | 13.8. | 22,28 | 19.9. |
| 10,17-20 | 27.10. | 22,33 | 8.1., 26.4. |
| 10,18-20 | 7.1. | 22,53 | 24.6. |
| 10,20 | 24.4., 30.8. | 23,26 | 11.1. |
| 11,1 | 28.8. | 23,33 | 23.9. |
| 11,5-8 | 12.9. | 24,21 | 7.2. |
| 11,9 | 10.6. | 24,26 | 8.4. |
| 11,9-13 | 22.10. | 24,32 | 22.3. |
| 11,10 | 9.6., 10.6., 12.9. | 24,47 | 15.10. |
| 11,11-13 | 12.9. | 24,49 | 27.5., 31.5., 1.8., 4.9. |
| 11,13 | 30.1., 9.6., 19.12. | 24,51 | 17.5. |
| 12,8 | 1.3. | | |
| 12,15 | 29.12. | Das Evangelium nach Johannes | |
| 12,22 | 2.1. | | |
| 12,40 | 29.3. | 1,12 | 15.8. |
| 14,26 | 2.2., 19.3., 7.5, 11.5., 19.6., 22.7., 28.9., 2.11. | 1,29 | 18.9., 15.10., 29.10. |
| | | 1,35.36 | 20.7. |
| 14,26-33 | 12.3. | 1,35-37 | 12.10. |
| 14,26.27.33 | 7.5. | 1,38.39 | 12.6. |
| | | 1,42 | 12.6. |

| | | | |
|---|---|---|---|
| 1,48 | 10.9. | 11,6 | 11.10. |
| 2,5 | 28.3. | 11,7.8 | 28.3. |
| 2,24.25 | 31.5., 30.7. | 11,26.27 | 6.11. |
| 2,25 | 27.9, 5.10. | 11,40 | 29.8. |
| 3,3 | 20.1, 15.8. | 11,41 | 13.2., 9.8. |
| 3,4 | 15.8. | 12,24 | 19.6. |
| 3,5 | 28.11. | 12,27.28 | 25.6. |
| 3,7 | 15.8., 25.12. | 12,32 | 1.2., 17.7., |
| 3,16 | 13.3., 21.9. | | 9.11., 17.12., |
| 3,17 | 2.9. | | 20.12. |
| 3,19 | 5.10. | 12,35 | 27.8. |
| 3,19-21 | 30.6., 18.7. | 12,36 | 16.4. |
| 3,29 | 24.3., 25.3. | 13 | 19.2. |
| 3,30 | 24.3., 12.10. | 13,1-17 | 6.3. |
| 4,7 | 18.1., 21.1. | 13,3-5 | 15.6., 11.7. |
| 4,11 | 26.2., 27.2. | 13,13 | 19.7. |
| 4.14 | 7.9. | 13,13.16 | 22.9. |
| 5,19 | 9.9. | 13,14 | 19.2., 11.9. |
| 5,30 | 3.8. | 13,15 | 11.9. |
| 5,39.40 | 6.5. | 13.16 | 16.10. |
| 6,29 | 6.9. | 13,17 | 8.6. |
| 6,35 | 11.10. | 13,34.35 | 20.9. |
| 6,44 | 22.12. | 13,36 | 5.1. |
| 6,63 | 3.1., 10.3., | 13,37.38 | 4.1., 16.6. |
| | 26.8., 17.12. | 14,1 | 27.2., 29.4., |
| 6,66 | 9.3., 19.9., | | 28.5., 5.7. |
| | 29.12. | 14,1.27 | 21.4., 24.12. |
| 6,67.70 | 9.3. | 14,8 | 21.4. |
| 7,17 | 8.6., 27.7., | 14,9 | 7.1., 21.4., |
| | 10.10. | | 29.10., 30.10. |
| 7,38 | 18.5., 21.8., | 14,12.13 | 17.10. |
| | 30.8., 9.2., | 14,13 | 7.6. |
| | 9.3., 6.9., 7.9. | 14,15 | 12.2., 2.11. |
| 7,39 | 27.5. | 14,23 | 12.6. |
| 8,36 | 18.11. | 14,26 | 13.1. |
| 9,1-41 | 9.4. | 14,27 | 26.8., 14.12. |
| 9,25 | 9.4. | 14,31 | 20.2. |
| 10,3 | 16.8. | 15,1-4 | 7.1. |
| 10,30 | 19.7., 12.12. | 15,4 | 14.6. |

| | | | |
|---|---|---|---|
| 15,5 | 23.12. | | 12.12. |
| 15,7 | 7.6., 16.9., 14.10. | 18,36 | 19.10. |
| | | 19,30 | 28.10., 21.11. |
| 15,8 | 11.3. | 20,11-18 | 16.8. |
| 15,11 | 31.8. | 20,14.16 | 16.8. |
| 15,12 | 11.5. | 20,21 | 3.3., 5.3., 26.10. |
| 15,13 | 24.2. | | |
| 15,13.14 | 25.8. | 20,22 | 5.1. |
| 15,13.15 | 16.6. | 20,24-29 | 16.8. |
| 15,14 | 13.2. | 20,25 | 16.8. |
| 15,15 | 7.1., 25.8. | 20,28 | 18.1., 16.8. |
| 15,16 | 24.1., 3.8., 25.9., 29.9., 25.10. | 21,7 | 17.4. |
| | | 21,15-17 | 16.8. |
| | | 21,16 | 19.6. |
| 15,22-24 | 29.10. | 21,17 | 9.2., 1.3., 2.3., 3.3., 5.3., 16.8., 18.10. |
| 16,7 | 7.1. | | |
| 16,8 | 19.11., 7.12. | | |
| 16,12 | 7.4. | 21,18.19 | 5.1., 13.9. |
| 16,13.14 | 29.11. | 21,21-22 | 15.11. |
| 16,23 | 28.5., 29.5. | | |
| 16,24 | 28.8. | Apostelgeschichte | |
| 16,26 | 6.8., 9.8. | 1,8 | 18.1., 4.2., 15.2., 10.3., 1.4., 4.9., 5.9., 6.9., 14.10. |
| 16,26.27 | 29.5., 6.8. | | |
| 16,30-32 | 28.2. | | |
| 16,32 | 4.4. | 2,4 | 5.9. |
| 16,33 | 4.4., 2.8., 4.12. | 2,33 | 27.5. |
| | | 4,12 | 8.12. |
| 17 | 22.5. | 9,5 | 18.7. |
| 17,2 | 8.4. | 9,16 | 5.3. |
| 17,3 | 8.5., 27.5. | 9,17 | 2.4. |
| 17,4 | 13.9., 21.11. | 13,22 | 2.4. |
| 17,6 | 4.9. | 17,28 | 2.6. |
| 17,15.16 | 27.11. | 20,24 | 4.3., 5.3., 14.10. |
| 17,19 | 8.2., 3.12. | | |
| 17,21 | 22,5. | 24,16 | 13.5. |
| 17,21-23 | 8.2. | 26,14 | 28.1. |
| 17,22 | 20.1., 20.3., 18.4., 27.4., 22.5., 29.5., | 26,15 | 29.1. |
| | | 26,16 | 24.1. |

| | |
|---|---|
| 26,17-18 | 10.1. |
| 26,19 | 24.1., 11.3., 29.12. |

**Der Brief des Paulus an die Römer**

| | |
|---|---|
| 1,1 | 31.1., 2.2., 3.2. |
| 1,14 | 15.7. |
| 2,1 | 22.6. |
| 2,17-24 | 17.6. |
| 3,24 | 28.11. |
| 4,3 | 19.3. |
| 5,5 | 24.2., 30.4., 11.5., 2.7., 18.10. |
| 5,8 | 20.10. |
| 5,10 | 28.10. |
| 5,12 | 5.10. |
| 5,12-19 | 6.10. |
| 6,3 | 15.1. |
| 6,4 | 15.1., 8.4. |
| 6,5 | 11.4., 13.9. |
| 6,6 | 10.4., 23.12. |
| 6,9-11 | 12.4. |
| 6,11 | 10.4., 11.4. |
| 6,13 | 9.10. |
| 6,16 | 14.3. |
| 6,19 | 15.9. |
| 7,9.14 | 1.12. |
| 7,18 | 24.5., 1.6. |
| 8,16 | 22.10. |
| 8,26 | 7.11., 8.11. |
| 8,27.34 | 1.4. |
| 8,27 | 8.11. |
| 8,28 | 30.10., 7.11., 16.12., 18.12. |
| 8,35 | 19.5. |
| 8,37 | 7.3., 19.5., 24.10., 16.12. |
| 8,39 | 7.3., 20.10. |
| 9,3 | 31.1., 24.2. |
| 12,1 | 8.1., 13.6., 5.12., 10.12. |
| 12,1.2 | 8.6. |
| 12,2 | 13.5., 9.9., 14.11. |
| 14,7 | 15.2. |

**Der erste Brief des Paulus an die Korinther**

| | |
|---|---|
| 1,2 | 4.10. |
| 1,17 | 1.2. |
| 1,21.23 | 25.11. |
| 1,26-31 | 4.8. |
| 1,30 | 22.7., 23.7., 20.10., 13.11., 8.12. |
| 2,2 | 24.1., 13.3., 2.4., 25.10., 26.11., 20.12. |
| 2,4 | 17.7., 3.12. |
| 2,12 | 21.12. |
| 2,14 | 17.12. |
| 3,3 | 23.3. |
| 3,9 | 23.4. |
| 3,10-15 | 7.5. |
| 4,9-13 | 3.2. |
| 6,19 | 19.2., 4.3., 18.3., 9.8., 4.9., 1.11., 8.11., 5.12. |
| 6,19.20 | 15.7. |
| 9,16 | 2.2., 29.9., 15.10. |
| 9,22 | 24.2., 25.10. |
| 9,27 | 15.2., 17.3., 5.12. |

| | | | |
|---|---|---|---|
| 10,11-13 | 19.4. | 10,4 | 8.9. |
| 10,13 | 17.9. | 10,5 | 11.2., 14.6., 8.9., 9.9., 14.9., 24.10., 18.11. |
| 10,31 | 16.11., 22.11. | | |
| 12,36 | 15.2. | | |
| 13 | 29.1., 12.11., 30.4. | | |
| 13,4 | | 11,3 | 14.9. |
| 13,4.5 | 5.7., 23.10. | 12,9 | 13.9. |
| 13,4-8 | 18.10. | 12,15 | 24.2., 25.2. |
| 15,10 | 30.11. | 13 | 12.11. |

Der zweite Brief des Paulus an die Korinther

Der Brief des Paulus an die Galater

| | | | |
|---|---|---|---|
| 1,20 | 20.4., 17.11. | 1,15 | 25.1., 31.1. |
| 2,14.15 | 24.10. | 1,15.16 | 17.1., 6.10., 22.12. |
| 3,5 | 15.2. | | |
| 3,18 | 23.1., 22.4. | 1,16 | 30.1., 3.2., 18.3., 8.7., 11.11. |
| 4,2 | 15.9. | | |
| 4,3.4 | 17.12. | | |
| 4,5 | 23.2. | 2,20 | 8.3., 21.3., 10.4., 3.11., 13.11., 18.11., 23.12. |
| 4,10 | 14.5., 15.5. | | |
| 5,7 | 1.5., 31.10. | | |
| 5,9 | 17.3. | | |
| 5,10 | 16.3. | 2,21 | 5.12. |
| 5,14 | 4.2. | 4,19 | 18.3., 13.5., 8.8., 9.8., 16.9., 18.9., 6.10., 29.10., 7.12., 25.12. |
| 5,15 | 29.10. | | |
| 5,17 | 12.11. | | |
| 5,17.18 | 23.10. | | |
| 5,17-19 | 28.10. | | |
| 5,20 | 17.7. | 4,22 | 10.12. |
| 5,21 | 6.4., 7.10., 29.10. | 5,1 | 6.5. |
| | | 5,16 | 23.3. |
| 6,1 | 26.6. | 5,24 | 9.12. |
| 6,4 | 6.3. | 6,14 | 25.11., 26.11., 27.11., 23.12. |
| 6,4.5.10 | 26.6. | | |
| 7,1 | 18.3. | | |
| 7,4 | 7.3. | Der Brief des Paulus an die Epheser | |
| 7,10 | 21.1., 7.12. | | |
| 8,9 | 25.2. | 1,7 | 20.11., 8.12. |
| 9,8 | 16.5. | 1,18 | 15.5. |

| | |
|---|---|
| 2,6 | 15.2. |
| 2,8 | 21.3. |
| 3,19 | 12.4. |
| 4,13 | 12.7., 23.9. |
| 4,23 | 13.5. |
| 4,24 | 28.12., 30.12. |
| 4,30 | 13.5., 14.5. |
| 5,14 | 16.2. |
| 5,18 | 7.9., 24.12. |
| 6,13.18 | 16.12. |
| 6,18 | 3.5. |

Der Brief des Paulus an die Philipper

| | |
|---|---|
| 1,20.21 | 1.1. |
| 2,5 | 18.3., 30.3., 31.3., 20.5. |
| 2,12 | 10.5., 15.5., 5.12. |
| 2,12.13 | 6.6., 7.7. |
| 2,17 | 5.2. |
| 3,10 | 8.4., 11.7., 12.7., |
| 3,12 | 2.5., 28.6., 2.12. |
| 3,13.14 | 28.6. |
| 4,12 | 5.2., 23.2. |
| 4,13 | 3.10. |
| 4,19 | 14.5., 29.8., 13.9. |

Der Brief des Paulus an die Kolosser

| | |
|---|---|
| 1,24 | 3.2., 14.7., 8.8., 30.9., 9.11., 13.12. |
| 1,27 | 23.7. |
| 3,3 | 23.1., 24.4., 28.4., 2.6., 14.6., 31.8., 16.11., 24.12. |

Der erste Brief des Paulus an die Thessalonicher

| | |
|---|---|
| 3,2 | 10.11. |
| 4,3 | 15.1., 22.7., 20.10. |
| 5,17 | 26.5. |
| 5,19 | 13.8., 14.8. |
| 5,23 | 9.1., 30.1., 8.2. |
| 5,23-24 | 22.7., 14.8. |

Der erste Brief des Paulus an Timotheus

| | |
|---|---|
| 1,13 | 23.2. |
| 3,16 | 6.4. |

Der zweite Brief des Paulus an Timotheus

| | |
|---|---|
| 2,15 | 17.3., 15.12. |
| 4,2 | 10.3., 25.4. |
| 4,6 | 6.2. |
| 4,16.17 | 22.4. |

Der Brief an die Hebräer

| | |
|---|---|
| 2,9 | 21.11. |
| 2,10 | 8.4., 7.7., 30.8., 8.9. |
| 2,18 | 17.9. |
| 3,14 | 29.8. |
| 4,12 | 1.3. |
| 4,15 | 18.9. |
| 4,15.16 | 17.9. |
| 5,8 | 19.7., 22.9. |
| 7,25 | 1.4. |
| 9,11-15 | 5.4. |
| 9,26 | 5.10. |

| | |
|---|---|
| 10,9 | 31.5. |
| 10,14 | 8.12. |
| 10,19 | 4.5. |
| 10,24.25 | 10.7. |
| 11,6 | 30.10. |
| 11,8 | 2.1., 19.3. |
| 11,27 | 9.4., 2.5. |
| 12,1-2 | 25.8. |
| 12,2 | 17.3., 29.3., 26.8., 31.8. |
| 12,5 | 14.8. |
| 12,6 | 14.4. |
| 13,5 | 4.6. |
| 13,5.6 | 4.6., 5.6., 29.8. |
| 13,13 | 24.4., 19.9. |

Der Brief des Jakobus
| | |
|---|---|
| 1,4 | 31.7. |
| 1,5 | 9.6. |
| 1,14 | 18.9. |
| 2,10 | 1.12. |
| 4,3 | 10.6. |
| 4,8 | 4.11. |
| 4,8-10 | 10.6. |

Der erste Brief des Petrus
| | |
|---|---|
| 1,5 | 19.4., 23.7. |
| 1,16 | 1.9. |
| 2,9 | 21.6. |
| 2,24 | 6.4. |
| 4,1-3 | 15.9. |
| 4,12 | 3.2., 15.5. |
| 4,13 | 5.11. |
| 4,17 | 5.5. |
| 4,19 | 10.8., 5.11. |

Der zweite Brief des Petrus
| | |
|---|---|
| 1,4 | 16.5. |
| 1,4.5 | 15.6. |
| 1,5 | 10.5., 15.6. |
| 1,5.7 | 11.5. |
| 1,8 | 12.5. |
| 1,13 | 10.7. |
| 3,9 | 11.5. |

Der erste Brief des Johannes
| | |
|---|---|
| 1,6.7 | 13.8. |
| 1,7 | 9.1., 20.1., 28.2., 11.3., 16.3., 13.8., 24.8., 30.8., 20.9., 10.10., 12.11., 26.12., 29.12. |
| 2,2 | 15.10. |
| 4,18 | 21.2. |
| 3,2 | 29.4. |
| 3,9 | 15.8. |
| 3,16 | 16.6. |
| 5,16 | 31.3. |

Der dritte Brief des Johannes
| | |
|---|---|
| 7 | 18.10. |

Der Brief des Judas
| | |
|---|---|
| 20 | 21.10. |

Die Offenbarung des Johannes
| | |
|---|---|
| 1,7 | 29.7. |
| 1,17 | 24.5. |
| 2,7 | 2.8., 4.12. |
| 3,10 | 22.2., 8.5. |
| 4,1 | 27.3. |
| 4,11 | 19.7. |
| 12,11 | 29.11. |
| 13,8 | 6.4. |

## Die Biographie:

*David McCasland*
**Oswald Chambers**
*Ein Leben voller Hingabe*
Pb., 330 S., 16 Bildseiten,
Nr. 392.112, ISBN 3-7751-2112-9

Auf beeindruckende Weise und unter Verwendung von Tagebuchauszügen, Briefen usw. versteht es der Autor, das Leben dieses beeindruckenden Mannes selbst sprechen zu lassen. Ein mitreißendes Buch, das Sie persönlich berühren wird.

*Oswald Chambers*
**Woher kommt mir Hilfe?**
*Seine Stärke für meine Schwachheit*
Pb., 280 S., Nr. 71.344, ISBN 3-7751-1732-6

Die menschliche Seele ist heutzutage oft ein einziger Hilfeschrei. In diesen 48 Betrachtungen zeigt Oswald Chambers einfühlsam, dass allein bei Christus Hilfe, Rat und Stärkung zu finden sind. Er macht Mut, die Verheißungen der Bibel persönlich in Anspruch zu nehmen. Ideal für die persönliche Andacht oder für Bibelgesprächskreise.

Erhältlich in Ihrer Buchhandlung!
Erschienen im Hänssler-Verlag, Neuhausen.

*Oswald Chambers*
## Mein Äußerstes für Sein Höchstes
*Tägliche Betrachtungen*
Übersetzung nach dem Originaltext.
Taschenbuch. 376 Seiten (erscheint 1999).
Bestell-Nr. 1431, ISBN 3-89175-146-X

Schon wenige Jahre nach der Veröffentlichung von »Mein Äußerstes für Sein Höchstes« erschien diese deutsche Übersetzung von Paula Hüni. Sie hält sich eng an das »in seiner Eigenart fast unübersetzbare« englische Original, wie sie schreibt. Dadurch kommt dieses Buch gerade der Eigenart des Verfassers und seiner besonderen Botschaft sehr nahe.

*Oswald Chambers*
## Was ihn verherrlicht
*Tägliche Wegweisung für Nachfolger Jesu*
*Ein Andachtsbuch*
Fester Einband. 384 Seiten.
Bestell-Nr. 1400, ISBN 3-920106-31-8

Oswald Chambers war von einer leidenschaftlichen Liebe zu Jesus Christus erfüllt. Das teilt sich in diesem schon seit Jahrzehnten in deutscher Übersetzung vorliegenden Andachtsbuch mit. Es spricht besonders Menschen an, die ihr Verhältnis zu Gott ernst nehmen und es vertiefen möchten. Jede der Andachten ist ein Gewinn für die persönliche Nachfolge.

Erhältlich in Ihrer Buchhandlung!
Erschienen im Blaukreuz-Verlag, Wuppertal.

Leseprobe aus: McCasland: Oswald Chambers

## 3. KINDHEIT IN SCHOTTLAND
## (1874 - 1889)

Aberdeen, Schottland — Sonntag, 14. Juni 1874

Um 7 Uhr 30 morgens erreichte eine große Gruppe von Dienstboten die Music Hall in Aberdeen in der Hoffnung, zu dem Morgengottesdienst von Dwight L. Moody eingelassen zu werden. Da Einlaß nur mit Karten gewährt wurde, sangen die Dienstboten mehr als eine Stunde lang Lobgesänge auf der Straße, bis man ihnen endlich gestattete, an dem Gottesdienst teilzunehmen. Moody predigte vollmächtig über den Text: »Hier bin ich, sende mich.«

Am Nachmittag desselben Tages versammelte sich eine Menge von etwa 20.000 Menschen an dem grasbewachsenen Abhang des Broadhill in Aberdeen zu einem Gottesdienst im Freien. Arbeiter in Aberdeens bekannten Granitsteinbrüchen saßen neben Heringsfischern, Bankiers und Universitätsprofessoren. Auch Frauen und Kinder nahmen ihre Plätze unter der immer größer werdenden Menge ein. Die Atmosphäre war gespannt.

Alle waren gekommen, um einen ungebildeten Amerikaner mit Namen Dwight L. Moody über Gott predigen zu hören. Obwohl sich einige wenige Kritiker darüber beklagten, daß Moodys schnellgesprochene Botschaft und sein Yankee-Gehabe ihn schwer verständlich machten, wurden seine Versammlungen in Aberdeen doch überaus gut besucht — genau wie in den anderen größeren Städten Glasgow und Edingburgh. Seine einzigartige

Schriftauslegung und seine Geschichten fesselten die Zuhörer in bemerkenswerter Weise.

Der sechsunddreißigjährige Rev. Clarence Chambers betrachtete die riesige Menge auf dem Broadhill. Die Gemeinde, deren Pastor er war, die Crown Terrace Baptist, galt als sehr wohlhabend und im Wachstum begriffen; doch auch wenn jeder Platz besetzt wäre, würde er am Sonntagmorgen vor nicht mehr als dreihundert Menschen predigen. Dies war ein überwältigender Anblick für Clarence, der im selben Jahr geboren war wie Moody.

Um drei Uhr nachmittags bestiegen Moody und sein Begleiter Ira Sankey das Podium auf einem Hügel am Fuß des Berges. Sankey, ein begnadeter Sänger und Liederschreiber, war dabei, durch sein eigenes Liederbuch der Kirchenmusik in Amerika und Großbritannien ein anderes Gepräge zu geben.

Er begleitete sich selbst auf einem Harmonium und sang mit seiner wunderschönen Baritonstimme den Text eines Gedichtes, das er kürzlich in einer Zeitung gefunden und vertont hatte: »There were ninety and nine that safely lay in the shelter of the fold.« Viele Zuhörer ließen während seines Vortrags ihren Tränen ganz ungeniert freien Lauf.

Nach mehreren Soloeinlagen dirigierte Sankey den Chor und die Gemeinde in einer zu Herzen gehenden Fassung des Liedes: »Hold the Fort.« Dann predigte Moody zwanzig Minuten lang über den Vers: »Der Lohn der Sünde ist der Tod.« Der ganze Gottesdienst dauerte nicht länger als eine Stunde.

Am selben Nachmittag lauschte Hannah Chambers mit einem Ohr auf die Geräusche ihrer sechs Kinder. Arthur, dreizehn; Bertha, elf; Ernest, sieben; Edith, fünf;

Franklin, drei; und Gertrude, zwei, genossen einen friedlichen Sonntagnachmittag.

Hannah zuckte leicht zusammen, als das Kind in ihr sich plötzlich bewegte. Ob nun Junge oder Mädchen, es war auf jeden Fall sehr aktiv. In einem Monat würde sie, so Gott wollte, sieben Kinder haben. Wie wünschte sie, es wären acht. Ihre Gedanken wanderten zurück zur kleinen Eva Mary, die an ihrem fünften Hochzeitstag, am 16. Juli 1865, geboren worden war. Wenn sie am Leben geblieben wäre, wäre sie nun fast neun Jahre alt. Doch im Alter von nur sieben Monaten war sie gestorben, und Hannah trauerte immer noch über ihren Tod.

Hannah begrüßte die ganzen Gespräche über die Moody Versammlungen mit einem zustimmenden Lächeln. Fast zwanzig Jahre zuvor hatte sie sich während der Predigt eines großen Londoner Baptistenpredigers, Charles Haddon Spurgeon, zu Christus bekehrt. Sowohl Clarence als auch Hannah waren von Spurgeon getauft worden. Durch diese Taufe bezeugten sie, daß sie entschlossen waren, Christus ganz zu dienen. Clarence gab seinen Plan, Frisör zu werden, auf und wurde einer der ersten Schüler an Spurgeons Pastor's College im Metropolitan Tabernacle in London. Nach seiner Ordination arbeitete Clarence zwei Jahre lang in einer Gemeinde in Romsey, kam 1866 nach Aberdeen, um die Crown Terrace Baptist zu übernehmen.

Clarence Chambers war ein Mann mit festen Ansichten und strengem Auftreten. Er war sehr groß und hatte buschige Augenbrauen. Sein braunes Haar trug er glatt gescheitelt und nach hinten gekämmt. Seine Augen blickten streng durch kleine, runde Brillengläser, und auf seinen dünnen Lippen zeigte sich nur selten ein Lächeln.